2019年度中宣部文化名家暨"四个一批"人才工程项目"国家发展战略背景下的语言服务研究"
"十四五"时期国家重点出版物出版专项规划项目
2022年湖南省新闻出版基金重点图书资助项目
湖南师范大学国家"双一流"学科建设经费资助

南方 语言文化研究丛书

丛书主编　唐贤清

国家发展战略背景下的语言研究

唐贤清　姜礼立　等著

湖南师范大学出版社·长沙

图书在版编目（CIP）数据

国家发展战略背景下的语言研究／唐贤清，姜礼立等著. —长沙：湖南师范大学出版社，2024.3（南方语言文化研究丛书／唐贤清主编）

ISBN 978-7-5648-5335-8

Ⅰ.①国…　Ⅱ.①唐…②姜…　Ⅲ.①现代汉语—研究　Ⅳ.①H109.4

中国国家版本馆 CIP 数据核字（2024）第 024246 号

国家发展战略背景下的语言研究

Guojia Fazhan Zhanlüe Beijingxia de Yuyan Yanjiu

唐贤清　姜礼立　等著

◇出　版　人：吴真文
◇策划编辑：赵婧男　刘苏华
◇责任编辑：赵婧男
◇责任校对：李　航
◇出版发行：湖南师范大学出版社
　　　　　　地址／长沙市岳麓区　邮编／410081
　　　　　　电话/0731-88873070　88873071　传真/0731-88872636
　　　　　　网址/https：//press. hunnu. edu. cn
◇经销：新华书店
◇印刷：长沙雅佳印刷有限公司
◇开本：710 mm×1000 mm　1/16
◇印张：26
◇字数：420 千字
◇版次：2024 年 3 月第 1 版
◇印次：2024 年 3 月第 1 次印刷
◇印数：1—1000 册
◇书号：ISBN 978-7-5648-5335-8
◇定价：88.00 元

总 序

我国南方民族众多，历史悠久，先秦时就有"百越"一说。多语言、多方言是我国南方地区最为突出的语言分布特征，特别是湖南及周边省区地处南北方言的交界处，同时也是南部方言和民族语言的过渡地带。早期汉语的一些语法结构或特点在普通话中消失或不常用，而在该地区仍得以保留。要解释某种语法现象的断代差异或历史变迁，常常要借助这一过渡地带。这一过渡地带又以不同的方式杂居着其他民族，研究与解释语言接触所导致的语言变化，揭示语言的类型与层次，湖南及周边省区语言是具有标本性的重要资源。因此该区域汉语方言、民族语言句法语义特征的研究，可以成为南北方言语法系统以及近现代汉语语法系统研究的桥梁，语言地位极其重要与独特。

基于以上认识，我们申请成立了湖南省社会科学创新研究基地"语言服务传播与南方语言文化研究中心"。湖南省社会科学研究基地"湖南省南方语言文化研究基地"建立了一支研究领域覆盖现代汉语、古代汉语、汉语方言、民族语言、应用语言学等多学科的学术团队，重点开展南方语言文化的调查研究工作。"南方语言文化研究丛书"即是中心团队成员部分研究成果的集中展现。收入丛书的著作主要是以湖南及其与贵州、广西交界区域的汉语方言和民族语言的特殊语法现象为研究对象，内容涉及形容词、副词、量词、重叠、空间范畴、程度范畴、体貌范畴、语序等多个方面。丛书的最大特点是"普方古民外"立体研究法的理论与实践。

"普方古民外"立体研究法是我们多年来倡导的一种研究范式。该范式主张立足于汉语语法结构的历史演变，利用现代汉语共同语、汉语方言、民族语言和境外语言的研究材料和理论方法来解决汉语历史语法研究的课题，为汉语历史语法研究提供新的视角，拓宽研究领域，形成"三结合"，即把历史语言学与语言类型学、接触语言学等相关理论结合起来，把文献研究与田野调查结合起来，把历时研究与共时研究结合起来，从而助推汉语历史语法研究的发展。

▶ 一、"普方古民外"立体研究法的研究思路

（一）汉语历史语法研究与汉语方言

方言语法研究可以为汉语历史语法研究提供佐证材料，为某些汉语历史语法现象提供更为合理的解释。汉语历史语法研究存在两种材料缺乏的情况：

一是某一语法现象在历史语料中曾经大量存在，但在现代汉语共同语中已经消失，这就会造成"下不联今"的假象，从而给汉语历史语法研究带来困惑。

我们在研究古汉语程度副词"伤"时，考察了大量的材料，发现"伤"作程度副词的用例。程度副词"伤"一般只修饰形容词，很少修饰其他词类和短语。如：

（1）过此以往则**伤**苦；日数少者，豉白而用费；唯合熟，自然香美矣。（贾思勰《齐民要术》卷八）

（2）今人读书**伤**快，须是熟方得。（朱熹《朱子语类·论语一》）

"伤"用作程度副词《齐民要术》共 24 例、《朱子语类》共 13 例，全部修饰形容词。南宋以后，"伤"作程度副词的用例在共同语文献中就很难找到了，到现代汉语共同语里，"伤"已不再作程度副词。这就给我们研究"伤"的语义演变带来了困难。通过检索和调查，我们发现"伤"作程度副词在中原官话、闽语、赣语、苗话（民汉语）里存在大量用例，如：

（3）中原官话（山西万荣话）：你<u>伤相信</u>他了，不要被他骗了。你太相信他了，不要被他骗了。①

（4）闽语（福建泉州话）：恁阿妈<u>伤</u>忝汝喽。你奶奶太疼你了。（许亚冷 2010）②

（5）赣语（江西樟树话）：你刚做<u>伤欺负</u>人哩。你这么做太欺负人了。

（6）苗话（龙胜伟江话）：箇个人额头<u>伤简单</u>很哇。这个人头脑太简单了。

（7）苗话（资源车田话）：你<u>伤行快</u>□tie，我跟不到。你走得太快了，我跟不上。

（8）苗话（城步五团话）：伊坐咧<u>伤背底</u>呱，望不到。他坐得太后面了，看不见。

（9）苗话（城步兰蓉话）：伊<u>伤担心</u>伊□nie⁵⁵□nie⁵⁵弟呱，不眼死。他太担心他的孩子了，睡不着。

从这些用例我们看到，程度副词"伤"在现代汉语方言里不仅用例丰富，可以修饰形容词，而且也能修饰心理动词、方位词、动词短语等，搭配功能也比较强。这就为我们研究古汉语的程度副词"伤"的语义演变提供了线索和旁证。

二是某一语法现象虽然在历史语料中存在，但是用例很少，有些甚至是孤例。我们知道，虽然中国古代语言研究的成果颇丰，但自觉的语法研究成果很少，很多汉语历史语法现象是靠自然语料来记录的，而不是用语法专著来记录的。自然语料对语法现象的记录具有真实可靠的优点，但也存在不系统和不全面的缺点，难免造成有些语法现象语料丰富，有些语法现象语料极少的不均衡局面。语言学界历来信奉"例不十，法不立"的原则，研究者往往对这些出现次数少的用例不敢加以利用，甚至怀疑这些用例的准确性和真实性。如果这些用例在方言中大量存在，则可大大提高其可信度和使用价值。

---

① 文中所用方言例句，除标明来源外，均为笔者调查所得。发音人信息如下：谢志忍（山西万荣话），男，汉族，1966 年生，高中文化。饶芳（江西樟树话），女，汉族，1995 年生，研究生文化。以下为苗话发音人：石生武（龙胜伟江），男，苗族，1948 年生，中专文化；兰支珍（城步五团），男，苗族，1964 年生，大专文化；雷学品（城步兰蓉），男，苗族，1972 年生，大专文化；杨建国（资源车田），男，苗族，1947 年生，中专文化。

② 许亚冷. 泉州方言程度副词研究 [D]. 福州：福建师范大学，2010：16.

关于近代汉语复数词尾标记"们"的来源，学界一直存在争议，其中比较有代表性的说法有三种："辈"字说、"门"字说、"物"字说。争议产生的主要原因之一是历史文献资料不足，导致论证不够，缺乏直接有力的确证。江蓝生从多种语音演变途径和现代汉语方言的直接证据两方面，对"们"源于"物"的旧说做了进一步的阐述和修正。"们"源于"物"说，由于在历史文献资料中没有找到直接有力的证据，虽然这一判定有其理据，但是很难从假说成为定论。江蓝生通过考察江西安福话、福建建瓯话、福建顺昌洋口话、陕西关中方言、甘肃唐汪话、甘肃甘沟话以及晋北、陕北等西北方言的复数词尾标记，发现在部分汉语方言中存在复数词尾标记"们"源于"物"的直接而有力的证据，使这一具有争议性的汉语历史语法问题得到了更加合理的解释。①

此外，我们这里说的汉语方言还应包括海外汉语方言。由于汉民族向海外迁徙，乡情维系，海外华人移民通常按地缘、族缘关系集结，自然形成了华人华语社区。在华语社区内，人们多使用汉语方言进行交流，而且方言的通行也具有相对的区域集中性，如新加坡牛车水、马来西亚吉隆坡通行客家话，马来西亚槟城、菲律宾马尼拉通行闽南话，美国旧金山、澳大利亚悉尼通行粤语等。② 这些形成于不同时期的同源异境海外汉语方言也可为汉语历史语法研究提供参考。

（二）汉语历史语法研究与民族语言

汉语历史语法研究还需要有民族语言视角。汉语有为数众多的亲属语言，汉藏语系语言约占我国语言总数的一半以上。③ 许多与汉语具有亲属关系的民族语言中，至今仍然保留着不少古代汉语的语法形式。

较早提出汉语和民族语言结合研究的是陈寅恪先生。1934 年他在致沈兼士的信中曾强调汉语的词源研究联系亲属语言的重要性："读大著（注：《右文说在训诂学上之沿革及其推阐》，1933）所列举诸方法外，必须再详

---

① 江蓝生. 再论"们"的语源是"物"［J］. 中国语文，2018（3）：259-273.
② 陆露，唐贤清. 同源异境视野下汉语方言比较研究的新探索［J］. 南京师大学报（社会科学版），2022（2）：141.
③ 孙宏开，胡增益，黄行. 中国的语言［M］. 北京：商务印书馆，2007：10，12.

考与中国语同系诸语言，如：西藏、缅甸语之类，则其推测之途径及证据，更为完备。"①

李方桂 1939 年 12 月 29 日为国立北京大学文科研究所做的《藏汉系语言研究法》报告中也曾说："但是我也不希望，比方说，专研究汉语的可以一点不知道别的藏汉系语言。印欧的语言学者曾专门一系，但是也没有不通别系的。就拿汉语来说，其中有多少问题是需要别的语言帮助的。单就借字一个问题在研究汉语的历史看来，就没有人系统地做过……只有别的语言借汉字而没有汉语借别的语言的字。原因是近来研究汉语的人根本不知道别的语言，而别的语言如南方的苗瑶台等对于汉语不能没影响，北方的蒙古等语也不能没影响。只是我们对于这些语言没有做过科学的研究，而研究汉语的人更无从取材了。"②

我国是一个统一的多民族国家，民族融合程度高，语言接触频繁。汉语与民族语言在长期的接触中，互相借鉴和吸收了对方很多语言成分，特别是古汉语中的一些语法成分和特点至今仍保留在许多民族语言历史文献中。我们通过参照民族语言，可以为汉语历史语法研究提供有力的证据和更加合理的解释。例如，戴庆厦 2008 年指出，古汉语中出现过的"田十田""牛十牛"等反响型量词，在现代的哈尼语、载瓦语里还大量存在。古汉语曾经有过的使动范畴的形态变化这一语法形式，在藏缅语许多语言（如景颇语、载瓦语、独龙语等）中仍然使用。汉语与其亲属语言之间的关系，使得民族语言能为汉语的历史研究提供大量的、有价值的线索和旁证，也能为构拟原始汉藏语和揭示汉藏语历史演变规律提供证据。③

除境内民族语言外，我国与周边国家还分布有 50 余种跨境民族语言，约占我国语言总数的 40%，④ 如哈尼语、拉祜语、傈僳语、毕苏语、彝语、

---

① 沈兼士．右文说在训诂学上之沿革及其推阐 [G] //沈兼士学术论文集．北京：中华书局，1986：183.

② 李方桂．藏汉系语言研究法 [G] //汉藏语学报（第 7 期）．北京：商务印书馆，2013：9-10.

③ 戴庆厦．古汉语研究与少数民族语言 [J]．古汉语研究，2008（4）：3.

④ 黄行，许峰．我国与周边国家跨境语言的语言规划研究 [J]．语言文字应用，2014（2）：10.

阿侬语、怒苏语、阿昌语、载瓦语、勒期语、浪速语、独龙语、景颇语、藏语、傣语、壮语、仡佬语、拉基语、佤语、苗语、瑶语、巴哼语、布朗语、德昂语、克木语、越南语（京语）、宽话、布辛话等。从跨境民族语言的对比研究中，我们能够获取有关语言演变的新规律，[①] 从而有助于深化我们对汉语历史语法演变规律的认识。

（三）汉语历史语法研究与境外语言

汉语历史语法研究除了要具有汉语方言学、民族语言学视角，还应该关注境外其他语言的相关语法现象。通过观察境外其他语言的相关语法现象，不仅可以帮助我们更好地认识单一语言内部的某一语法现象，还可以帮助我们对这些语法现象做出更加合理的解释。吴福祥 2003 年也指出，人类语言之所以会存在大量的普遍语法特征，原因在于这些语言具有某些相同的语法演变模式，而语法演变模式的类同本质上是因为具有相似的语法演变机制和认知语用动因。因此在考察某个特定语言的语法演变时，如果能够将单个语言的语法演变放到人类语言演变的背景下来考察，我们对它的演变模式、机制和动因就会有更本质的把握和更深入的解释。[②]

例如汉语史中陈述句句末"也"有静态和动态两种用法，汉语学界对这两种用法的关系有两种说法：一是"记音说"，认为后者是"矣"或其他语气词的记音；一是"扩展说"，认为后者是前者的功能扩展。陈前瑞 2008 年在前人研究的基础上，参考体貌类型学的相关研究，发现境外其他语言中的体貌标记存在"类助动词＞结果体＞先时体或完成体＞过去时或完整体"的语法化路径。比如英语中类似于结果体的意义是由"be＋ed"构成，如"He is gone."，表示状态还存在（他此刻不在这里），"have＋ed"构成的完成体则是从"be＋ed"构成的结果体发展而来的。而汉语史中陈述句句末"也"的典型用法为判断用法，与英语"be"的词源意义非常接近。陈文认为汉语史句末静态"也"也表示状态，属于广义的结果体，是由判断用

---

① 戴庆厦，乔翔，邓凤民. 论跨境语言研究的理论与方法 [J]. 云南师范大学学报（哲学社会科学版），2009（3）：25.

② 吴福祥. 汉语伴随介词语法化的类型学研究：兼论 SVO 型语言中伴随介词的两种演化模式 [J]. 中国语文，2003（1）：55.

法发展而来；而动态"也"大部分用法属于完成体，则是静态"也"进一步语法化的结果。汉语史句末"也"的语法化路径正好符合上述的语法化链，这充分阐释了句末"也"由静态功能向动态功能扩展的路径。①

汉语历史语法与现代汉语共同语的比较研究，属于典型的古今演变的范畴，这里不再阐述。

▶▶ 二、"普方古民外"立体研究法的价值

(一) 发展了历史比较语言学理论，形成了具有中国特色的理论视角

打破时空限制，将不同时期、不同地域的汉语语法现象勾连起来，以古鉴今，以今证古，实现时空互证的立体研究，是汉语历史语法研究在方法论上的突破，能使汉语历史语法的某些特殊现象得到更加合理的解释。事实上，以黎锦熙、王力、吕叔湘、蒋礼鸿、朱德熙、邢福义等为代表的老一辈语言学家早已意识到，研究汉语应当打破时空限制，实现纵横比较。江蓝生、邵敬敏、曹广顺、贝罗贝、张谊生、汪维辉、吴福祥、杨永龙等也指出，加强语言学内部纵横两方面的沟通，采用纵横结合的方法来研究汉语词汇、语法是一条可行的途径，前景广阔。

邢福义 1990 年提出了"普方古"大三角理论，此理论将普通话视为基角，方言和古代汉语对"普"角起着外证的作用，即"以方证普""以古证今"，形成现代汉语语法的立体研究思路。② 三十余年来，学界又引进了诸多的国外语法理论来研究汉语语法，并取得了丰硕的成果。总体来看，利用历史文献材料来为现代汉语共同语、汉语方言和民族语言研究服务的成果较为常见，而利用现代汉语共同语、汉语方言、民族语言和境外语言来为汉语历史语法研究服务的成果则相对较少。我们立足于汉语历史语法研究，提炼出了服务于汉语历史语法研究的"普方古民外"立体研究法。

"普方古民外"立体研究法是对老一辈语言学家所提出的"时空结合"理念的继承、深化与发展，尝试为汉语历史语法研究提供新思路，形成具

---

① 陈前瑞. 句末"也"体貌用法的演变 [J]. 中国语文，2008 (1)：28-36.
② 邢福义. 现代汉语语法研究的两个"三角"[J]. 云梦学刊，2009 (1)：81-84.

有自身特色和优势的学术话语体系。它是以汉语语法结构的历史演变为基角，利用现代汉语共同语、汉语方言、民族语言以及境外语言的研究材料、理论方法来对汉语历史语法进行全方位的立体的研究。图示如下：

江蓝生 2018 年指出，考察语言演变的历史，包括考证一些语法成分的来源，不得不利用历史文献数据。但是历史文献资料往往有很大的局限性：它们多数是零星的、不连贯不完整的，有的甚至是被扭曲的。在这种情况下，要想溯源求本，就要从现代汉语方言中去找线索、找旁证，通过方言比较寻绎古今语言演变的轨迹。①

比如，吕叔湘 1941 年在《释〈景德传灯录〉中在、著二助词》一文中探讨近代汉语语助词"在里"的由来时，就借助了汉语方言材料进行佐证：②

在里一词由处所副词变而为纯语助词，方言中亦有事象可相比勘者。蜀语与北京语同属官话系统，迄今仍以在字为语尾助词，其音作 tsai 或作 tai，如云"睡到在"，"放到在"，"忙到在"；惟为用殊窄，仅限于与到（＝着）相连（B组之一部分），此外皆已用哩（l-或 n-），与北京之呢大体相符。

最足资为印证者为吴语。今以苏州语为例。……

同理，现代汉语共同语、民族语言以及境外语言的研究材料与理论方法也可为汉语历史语法研究提供参照与证据。现代汉语共同语、汉语方言、民族语言和境外语言对汉语历史语法研究的作用受语法结构的类别制约，

① 江蓝生 . 再论"们"的语源是"物"[J]. 中国语文，2018（3）：272.
② 吕叔湘 . 汉语语法论文集（增订本）[G]. 北京：商务印书馆，1984：62-63.

比如句法结构是比较普遍的语言现象，一般语言中都有主谓、动宾、定中、状中、并列结构，所以在探讨某一句法结构的历史演变时，现代汉语共同语、汉语方言、民族语言和境外语言均可以提供线索和证据，而在探讨量词的历史演变时，相比句法结构的演变能够参照的语言或方言要受限得多，因为量词主要分布在东亚、东南亚语言区域中，世界大多数语言量词不显赫，且该语言区域内部的语言、方言之间量词的显赫度也存在差异，如藏缅语的量词一般不显赫，而壮侗语族、苗瑶语族以及汉语南方方言的量词则比较显赫。① 世界语言量词的不均衡分布自然而然会制约各种语言、方言对量词历史演变研究的作用。

（二）倡导了跨方言跨语言的类型学研究范式

现在语言学界的倾向或者说新的标准是：哪怕是个别语言或方言的研究，也要考虑共性和类型，更进一步考虑对语言理论的贡献。这无疑提高了研究的难度，但同时也提升了研究的水准。以往汉语历史语法研究多是集中对汉语历史文献资料进行考察，很少将其置于历史类型学视角下进行探讨。如此就会产生两大弊端：一是只局限于汉语史内部寻绎某一语法现象的演变轨迹及动因，如果汉语历史文献资料不充足，就会造成论证不够，从而判断错误。二是无法确定哪些语法演变是汉语的特性，哪些是世界语言普遍出现的演变模式，不利于汉语历史语法研究的深入。吴福祥 2005 年指出，在汉语历史语法研究中借鉴历时类型学的理论、方法，不仅可以帮助我们判定哪种演变方式更为可能，还可以帮我们检验我们对语法演变的解释是否合理。比如上古汉语的"及、与"，中古汉语的"将、共"，近代汉语的"和、跟、同"，吴语的"搭、帮"，闽语的"合"等，在汉语的不同历史阶段以及汉语不同的方言里，都出现了同一个语素既可以用作伴随介词又可以用作并列连词的现象。以往学界对于伴随介词和并列连词之间的演变方向有两种对立的观点，即"伴随介词＞并列连词"和"并列连词＞伴随介词"。如何判定哪种观点更加科学有据，不仅要把着眼点放在汉语历史文献上，还应该开阔视野，吸取类型学形态句法的研究成果。已有

---

① 刘丹青. 语言库藏类型学构想［J］. 当代语言学，2011（4）：289-303.

成果表明"伴随介词＞并列连词"是 SVO 语言中一种普遍常见的演变模式，而"并列连词＞伴随介词"的演变模式在迄今已知的人类语言形态句法演变中却未被证实。因此，我们可以确定汉语中伴随介词和并列连词之间的演变方向应该是"伴随介词＞并列连词"，而非相反。如此可见，类型学的方法和成果对汉语历史语法的研究是十分必要的。①

（三）丰富了历时类型学研究

"普方古民外"立体研究法的引入，突破了汉语史的框架束缚，将汉语语法现象的演变置于世界语言普遍语法演变模式的范围内考察，不仅有助于我们拓宽研究视角，加深对世界语言普遍语法演变模式的认知，还可以帮助我们更加深入地探讨汉语语法现象演变的轨迹，进而区分哪些语法演变是汉语的特性，哪些是世界语言普遍出现的语法演变模式，同时也能够为历时类型学研究提供汉语历史语法研究的实证。完成体到最近将来时这一语义演变路径是类型学上罕见的语法现象，在波斯语、新阿拉米语（Neo-Aramaic）、印度尼西亚中部苏拉威西岛的语言 Pendau 等极少数语言中发现有此类语义演变模式。而陈前瑞、王继红 2012 年参照类型学的演变模式，考察汉语历史文献和汉语方言材料后发现，从完成体向最近将来时方向的演变，是汉语通用语和汉语方言时体演变的常见现象，如现代汉语的句尾"了"、近代汉语的"去"和"也"、吴语汤溪话"得"等。② 汉语通用语和汉语方言中的这种常见的时体演变模式，不仅可以为完成体到最近将来时这一类型学罕见形态句法现象提供佐证，验证其正确性，还能够将汉语通用语及其方言纳入类型学考察的语言样本中，从而在语言学研究领域增强我国科学研究的国际影响力。

▶ 三、"普方古民外"立体研究法的难点

（一）语料的收集与甄别难度大

"普方古民外"的立体研究需要大量的语料，但汉语方言和民族语言的

---

① 吴福祥. 汉语历史语法研究的目标 [J]. 古汉语研究，2005（2）：2-14.

② 陈前瑞，王继红. 从完成体到最近将来时：类型学的罕见现象与汉语的常见现象 [J]. 世界汉语教学，2012（2）：158-174.

语料并不丰富，有些语法现象没有材料，或者已有的材料不够精细，这都需要研究者亲自进行田野调查，要求研究者要有较强的语言调查能力。对境外语言材料的收集，则还要求研究者要有较高的外语水平。要解决这一难题，组建各有特长的研究团队势在必行。

除了材料少外，已有材料的查找也是一项艰苦的工作。目前，古汉语和现代汉语共同语都有了方便查找的语料库，但是方言和民族语言的语料库建设还相当薄弱，能利用计算机进行智能搜索的材料很少，大多要采用人工检索。在大量材料中对某一语法现象进行人工检索，有时如大海捞针，费时费力，且收效甚微。要解决这一难题，需要大力加强方言和民族语言语法的语料库建设。

（二）句法语义演变的识别和判定难度大

一个语言中特定的句法语义演变，既有可能是该语言本身内部因素作用的结果，也有可能是语言接触的产物。语言独立发生的句法语义演变和语言接触引发的句法语义演变在很多方面并无二致，因此在大多数情况下，面对一个特定的句法语义演变，我们常常并不容易判定它是语言接触引发的，还是该语言内部因素导致的。比如汉语方言虽与古汉语一脉相承，但方言分化的历史久远，相同的语法现象是方言对古汉语的继承，还是分化以后方言独立发展的结果，难以判定。同样，境内的民族语言，特别是汉藏语系语言，与汉语有着共同的原始祖语，历史上又有过长期而密切的接触，共同的语法现象是继承自共同的祖语，还是接触的影响造成的，也很难分辨。而且部分民族语言的系属并不明确，更加大了判定的难度，如果不是同一祖语，则还有可能是类型学上的相似性。例如，对于中古译经中"亦"的并列连词用法的来源，学界就有不同看法。许理和（1987）、龙国富（2005）、徐朝红（2012）将其归因于译经者的误用，蒋冀骋（1994）诠释为外来语的影响，张延成（2002）认为是汉语自身的演变，徐朝红、吴福祥（2015）则认为"亦"是类同副词变为并列连词，是一种比较典型的接触引发的语义演变。[①]

---

① 徐朝红，吴福祥. 从类同副词到并列连词：中古译经中虚词"亦"的语义演变 ［J］. 中国语文，2015（1）：38.

针对这一难点，我们除了要具有历时类型学视角，把汉语形态句法演变置于世界语言普遍语法演变模式范围内考察，还应该熟悉各语言之间的亲属关系，善用排除法，逐一判定。

（三）句法语义演变的共性与差异的解释难度大

语言研究的高层次追求是"解释的充分性"，如何对通过"普方古民外"的立体比较得出的句法语义演变的共性和差异进行充分的解释，尤为困难。例如，我们2011年指出汉语方言中保留了古汉语程度补语"煞"的五种用法，但是不同的汉语方言继承了不同的形式，探讨这种差异形成的原因，就非常困难。①

要提高这种解释能力，对研究者的理论素养提出了更高的要求。要求我们从事历史语法研究的学者，不仅要有扎实的历史语法功底，还要抛弃对各种理论流派的成见，兼擅接触语言学、比较语言学、语言类型学等学科理论。

历史语法研究的目标是揭示已有演变的规律、解释共时语言现象以及预测未来演变的方向。②"普方古民外"立体研究法的引入不仅有助于我们判断汉语历史语法中相关语法结构的演变方向，帮助我们更加合理地解释某一语法现象产生的根源，而且还可以拓宽我们的研究视角，让我们对世界其他语言的形态句法演变有更加深入的了解，同时也能够为语言类型学研究提供汉语历史语法研究的实证。

"普方古民外"立体研究法并非只局限于汉语历史语法，它为跨语言比较研究提供了一个新的思路，即多维比较、多角互证的时空立体观。多维比较是指语言研究的普方比较、古今比较、民汉比较、中外比较；多角互证是指语言研究的普方互证、古今互证、民汉互证、中外互证。通过多维比较、多角互证的语言研究，把现代汉语共同语、汉语方言、古代汉语、民族语言、境外语言结合起来，既有利于看清某一语言系统的真实面貌，也可以让一些语言现象得到更加科学、合理的解释。

---

① 唐贤清，陈丽. 程度补语"煞"的历时来源及跨方言考察［J］. 理论月刊，2011（2）：5-9.
② 吴福祥. 汉语历史语法研究的目标［J］. 古汉语研究，2005（2）：2-14.

　　"南方语言文化研究丛书"包括《跨语言副词比较研究》《跨语言语序类型研究》《湘方言持续体的语法化研究》《湘方言名量词研究》《湘方言重叠研究》《黔东苗语空间范畴认知研究》《湖南凤凰山江苗语形容词研究》《湘桂边苗族平话程度范畴研究》《湘桂边苗族平话名量词研究》《湘桂边苗族汉话体貌研究》等，后续还将有系列成果推出。本次有 10 册图书成功入选"十四五"时期国家重点出版物出版专项规划项目。这些成果均是团队成员多年潜心研究的学术结晶，突出了"普方古民外"研究范式的立体感，不敢说很成功，但是力图这样去做，是非功过，交由学界评说，如能抛砖引玉，引起各位同仁的注意，展开更深入的讨论，亦为丛书价值所在，即感欣慰。

　　"南方语言文化研究丛书"能够顺利面世，得力于湖南师范大学语言与文化研究院的鼎力资助，并获得了湖南师范大学出版社的大力支持，在此表示衷心感谢。

唐贤清

2022 年 10 月 9 日于岳麓山下

序

政治语言学：一门新兴交叉学科①

唐贤清

国内外学者很早就开始关注语言与政治之间的紧密关系，中国先秦的"正名"思想和古希腊对从政者进行演讲和辩论能力的培训等都是明证。但从学理上提出相关概念，对语言与政治的关系进行自觉研究则从上世纪中叶以后才开始起步。二十世纪九十年代以来，西方学者对政治语言研究的领域逐步扩大，呈现出全球化的趋势，其学科独立性逐步凸显，如 U. Ozolins②、А. А. Романов③、 А. П. Чудинов④⑤⑥、 J. E. Joseph⑦、 В. А. Маслова⑧、

---

① 《政治语言学：一门新兴交叉学科》一文曾在《湖南师范大学社会科学学报》2021 年第 1 期上发表，主要阐述我们对政治语言学学科体系建构所做的一些初步思考和尝试，后又有所修订，本书以其作为序。

② U. Ozolins. Language policy and political reality [J]. Journal of the Sociology of Language, 1996 (118)：181-200.

③ А. А. Романов. Политическая лингвистика: функциональный подход [M]. Москва-Тверь: ИЯ РАН, ТвГУ, 2002.

④ А. П. Чудинов. Политический нарратив и политический дискурс [J]. Лингвистика: Бюллетень Уральского лингвистического общества, 2002 (2)：129.

⑤ А. П. Чудинов . Метафорическая мозаика в современной политическойкоммуникации/Урал. гос. пед. ун-т [M]. Екатеринбург, 2005：39.

⑥ А. П. Чудинов. Дискурсивные характеристики политической коммуникации [J]. Политическая лингвистика, 2012 (40).

⑦ J. E. Joseph. Language and Politics [M]. Edinburgh: Edinburgh University Press Ltd, 2006.

⑧ В. А. Маслова. Политический дискурс: языковые игры или игры в слова? [J]. Политическая лингвистика, 2008, 24 (1)：3-48.

О. И. Воробьёва[①]、А. В. Зайцев[②]、С. А. Тихонова[③] 等学者均有开创性的研究。

国内对政治语言学的研究尚处于起步阶段。目前有少数学者从不同角度对政治语言学的理论方法进行了探讨。例如田海龙[④]、卢婷婷[⑤⑥⑦]、孙玉华[⑧]、王振顶[⑨]、孙吉胜[⑩⑪]等分别把政治文本或政治话语、语言传播规划、语言与国际关系等作为政治语言学的主要研究对象。上述学者多是从单一范畴出发对政治语言学进行研究，而雷大川[⑫]则认为政治语言学的研究对象具有多维性，政治视域中的语言问题、语言范畴中的政治问题以及政治与语言之间的关系等均是其研究对象。由此可知，国内学者对政治语言学这一新兴的交叉学科的学科性质及研究对象等还未形成统一认识，因此建构能够反映政治语言学学科规律的学科体系显得尤为重要。鉴于此，我们拟在已有研究的基础上尝试就政治语言学的定义、学科性质、研究对象、研究方法以及研究意义进行分析，并初步构建其学科系统。

▶▶ 一、政治语言学的定义、学科性质及其内涵

关于政治语言学的归属，国内外学者因为研究视角的不同，目前还未形

---

① О. И. Воробьёва. Политическая лингвистика. Политический язык как сфера социальной коммуникации [M]. ИКА，2008：5.

② А. В. Зайцев. Лингвополитология vs политическая лингвистика: возможен ли диалог? [J]. NB：Филологические исследования，2012 (1)：25-81.

③ С. А. Тихонова. Политическая лингвистика: учебное пособие [M]. Омск：Изд-во ОмГУ，2012.

④ 田海龙. 政治语言研究：评述与思考 [J]. 外语教学，2002 (1)：23-29.

⑤ 卢婷婷. 政治语言学的学科构建：《政治语言学》述介 [J]. 当代外语研究，2011 (1)：60-61.

⑥ 卢婷婷. 俄罗斯政治语言学的主要论题及其特点 [J]. 外语学刊，2016 (5)：41-46.

⑦ 卢婷婷. 政治语言学：理论与方法 [M]. 上海：上海人民出版社，2018.

⑧ 孙玉华，彭文钊，刘宏. 语言的政治 vs. 政治的语言：政治语言学的理论与方法 [J]. 外语与外语教学，2015 (1)：1-7.

⑨ 王振顶. 汉语国际传播推广的语言政治学方略研究 [G] //吴应辉，牟岭. 汉语国际传播与国际汉语教学研究（上）. 北京：中央民族大学出版社，2011：32-43.

⑩ 孙吉胜. 跨学科视域下的国际政治语言学：方向与议程 [J]. 外交评论（外交学院学报），2013 (1)：12-29.

⑪ 孙吉胜. 国际政治语言学：理论与实践 [M]. 北京：世界知识出版社，2017.

⑫ 雷大川. 政治：一种语言的存在：兼论政治语言学的建构 [J]. 文史哲，2009 (2)：162-168.

成一个为学界共同接受的认识。比如 В. А. Маслова①、А. П. Чудинов②、田海龙③、孙玉华④、卢婷婷⑤等从语言学的角度来定义政治语言学，认为政治语言学是在语言学和政治学的交叉的基础上产生的，属于语言学分支；而孙吉胜⑥⑦等则认为政治语言学是在政治学背景下对语言进行研究，属于国际政治下设的一个分支。

我们认同 В. А. Маслова、田海龙、孙玉华等学者的观点，应该将政治语言学作为语言学的分支学科。同社会语言学的学科定位相类似，政治语言学也是在跨学科视域下将与政治相关的语言问题纳入语言学研究的范畴，并从语言学角度对相关政治议题进行合理解读，所以把政治语言学归入语言学的分支学科更为恰当。借鉴相关语言学分支学科的学科定位，结合已有研究成果，我们将政治语言学定义为：政治语言学是综合运用语言学和政治学的理论方法来研究与政治相关的语言问题的一门新兴的应用语言学分支学科。与王振顶⑧、孙玉华等从微观单一范畴出发对政治语言学进行界定分析有所不同，我们主要是基于宏观视角，以语言与政治之间的共变关系作为研究基础，研究语言、交际、思维、政治主体与社会状况之间的复杂关系，尝试揭示语言和政治之间的共变规律，属于广义的政治语言学。其研究内容和研究方法均具有综合交叉性，虽以语言学和政治学的理论方法为主，但也旁及经济学、社会学、民族学、统计学等相关学科。

在了解政治语言学的定义及其学科性质的同时，我们还需要厘清政治语言学的学科内涵与基本属性。

---

① В. А. Маслова. Политический дискурс: языковые игры или игры в слова？[J]. Политическая лингвистика，2008，24（1）：43.

② А. П. Чудинов. Метафорическая мозаика в современной политическойкоммуникации/Урал. гос. пед. ун-т [M]. Екатеринбург，2005：39.

③ 田海龙. 政治语言研究：评述与思考 [J]. 外语教学，2002（1）：23-29.

④ 孙玉华，彭文钊，刘宏. 语言的政治 vs. 政治的语言：政治语言学的理论与方法 [J]. 外语与外语教学，2015（1）：1-7.

⑤ 卢婷婷. 政治语言学：理论与方法 [M]. 上海：上海人民出版社，2018.

⑥ 孙吉胜. 跨学科视域下的国际政治语言学：方向与议程 [J]. 外交评论（外交学院学报），2013（1）：12-29.

⑦ 孙吉胜. 国际政治语言学：理论与实践 [M]. 北京：世界知识出版社，2017.

⑧ 王振顶. 汉语国际传播推广的语言政治学方略研究 [G] //吴应辉，牟岭. 汉语国际传播与国际汉语教学研究（上）. 北京：中央民族大学出版社，2011：32-43.

第一，政治语言学是研究语言与政治共变关系的应用语言学分支学科。所谓"共变关系"是指语言与政治作为社会发展的自变量与因变量要素，一个要素的变化必然带来另一个要素的相应变化，二者之间存在依存与影响的相互关系。① 在政治活动中，无论是权力的角逐，统治秩序的维持，还是政务活动的开展，都凸显出语言的巨大作用。在政治和语言有意识或无意识进行的多层次互动中，政治理念、政治活动、政治形势、政治变革以及政治决策等也会对语言产生深刻的影响。因此高度重视语言的政治功能、关注政治活动中的语言问题、探究语言与政治之间共变关系，是政治语言学不可忽视的重要议题。

第二，广义的政治语言学所谈论的语言除具有政治功能的政治语言外，还应包括具有经济价值和文化价值的语言资源。政治与经济、文化之间是相辅相成、协调发展的，语言经济、文化价值的保护与开发也是实现社会繁荣、政治稳定的重要途径。

第三，狭义的政治语言学以政治文本或政治交际话语为研究对象，探讨政治活动参与者如何运用语言"发号施令"达到自己的目的以及受众又是如何通过这些语言来认识和理解这些政治活动的。② 而广义的政治语言学的研究范畴不再局限于政治文本或者政治交际话语，而是以语言与政治之间的共变关系作为研究对象，具体研究范畴涉及理论研究和实践研究两个方面，比如语言的政治功能，语言与精准扶贫、语言与民族团结、语言与国家统一、语言与软实力的提升、语言冲突与语言和谐以及语言与国家战略等。

▶▶ 二、政治语言学的研究对象

政治语言学是建立在语言学和政治学交叉点上的一门新兴的应用语言学分支学科，它是研究多民族、多文化、多语言共存的国家决策机构如何运用语言学和政治学的理论、方法来制定科学的语言政策，解决与政治相关的语言问题。我们认为政治语言学除应从微观视角研究语言（政治文本或政治交

---

① 孙玉华，彭文钊，刘宏．语的政治 vs. 政治的语言：政治语言学的理论与方法［J］. 外语与外语教学，2015（1）：1-7.

② 田海龙．政治语言研究：评述与思考［J］. 外语教学，2002（1）：23-29.

际话语）的政治功能外，还应从宏观视角来审视语言与政治的共变关系，其研究对象可归纳为以下几个方面：

（一）语言的政治功能

政治语言传递政治信息，必然制约和影响政治交流及其他政治活动。在政治活动中，政治语言有传播政治信息、设置议题、阐释与联系、行为鼓动、政治认同等功能。[①] 政治语言学将语言的政治功能研究作为研究重点之一，主要是利用语言学的理论、方法和知识去探索语言是如何发挥其"言语行为"功能并作用于政治的，在语言发挥政治功能的过程中会受哪些因素影响；如何利用语言学相关理论去探究并解决因语言而引起的政治纠纷；根据语言的政治语境下的功能分析，研究如何建立和推广民族共同的标准语言，在建立和推广民族共同语时需要规避哪些由语言带来的政治风险。在语言政治功能研究过程中，我们必须具体问题具体分析，结合某地方语言的实际情况和当地政治、经济、历史文化背景，研究语言政治的规则，确立以什么地方方言或外语作为教育、文化、商业、贸易和技术交流等领域中共同交际的媒介，使语言的功能发挥最大作用；同时，语言作为政治信息传播的工具，在对语言进行政治功能研究时，不可回避研究使用何种符号作为文件和文学作品的文字等内容，以最大限度发挥其信息传播功能。比如我们可以通过研究政治文本或政治话语中决策者选用的词汇的特征，进而分析词汇背后所蕴含的政治意图，探讨决策者通过语言运用获得政治权力与意识形态操控的规律与策略。

（二）语言与经济发展

语言与经济的关系非常密切，是经济活动中不可缺少的要素。随着以语言信息处理为核心的信息技术的发展和互联网的普及，语言的经济功能更加显现，语言日益成为影响当代经济发展和经济竞争力的重要因素。作为一种人力资本，语言的价值由市场决定，与语言信息、语言使用的密度、语言使用的主客体、市场对语言的需求、国家或地区的经济实力、语言教育的投入力度等因素密切相关。与此同时，语言作为一种重要的经济资源，可以为社

---

① 胡亚云. 试析政治语言的功能 [J]. 信阳师范学院学报（哲学社会科学版），2002（4）：88.

会经济发展提供动力，进而获取语言红利。因此，有必要基于深入的调查分析，进一步明确语言在服务社会经济发展过程中发挥的作用和价值。

以长江中游城市群为例，它是以武汉城市圈、环长株潭城市群、环鄱阳湖城市群为主体形成的特大型国家级城市群。该城市群承东启西、连南接北，是长江经济带的重要组成部分，也是实施促进中部地区崛起战略、全方位深化改革开放和推进新型城镇化的重点区域，在我国区域发展格局中占有重要地位。我们通过对长江中游城市群的语言服务情况开展调查研究，可以掌握该区域语言使用的现状及其存在的问题，了解该区域的语言需求，进而促进该区域语言文化与语言服务产业的发展；通过统筹规划和协同合作，建立长江中游城市群语言服务行业发展协同机制，提升长江中游经济圈的语言服务能力，助力内陆开放合作新高地建设。再如粤港澳大湾区建设，语言文字问题同样是必须考虑的重要事项之一。大湾区在城市运作、经济活动、文化生活，以及教育、媒体和政务等领域中如何处理好普通话、粤方言、英语、葡语及简化汉字、繁体汉字、英文、葡文等多语言多文字的关系；面对新的语言需求，如何构建多样化的语言服务；应对各种突发事件，如何提升语言应急服务能力；在智能语言学习、智慧城市群建设和湾区经济科技发展中如何充分运用信息化手段等，都将成为粤港澳大湾区语言研究的重点内容。[1]

（三）语言与民族团结

维护民族团结是多语言、多民族国家政府的重要政治目标。语言问题的处理与民族团结的实现息息相关。因而语言与民族团结之间的关系研究也是政治语言学的重要研究对象之一。"民族是在一定的历史发展阶段形成的稳定的人们共同体。一般来说，民族在历史渊源、生产方式、语言、文化、风俗习惯以及心理认同等方面具有共同的特征。"[2] 可见语言是民族的一个重要特征，在民族认同中起到了重要作用。语言问题往往成为别有用心的政客、民族主义者挑起民族矛盾的借口，因而每个国家在处理民族语言问题时都要特

---

[1] 李宇明，王海兰. 粤港澳大湾区的四大基本语言建设 [J]. 语言战略研究，2020（1）：11.

[2] 关于"民族"的定义，学界没有形成统一的意见，此处我们引用了《中共中央、国务院关于进一步加强民族工作，加快少数民族和民族地区经济社会发展的决定》（中发〔2005〕10 号）这一重要文献对"民族"的定义。

别重视，处理不当，则后患无穷。

乌克兰政府在语言问题上处理不慎，导致民族矛盾加剧，成为其东部三个州分裂的直接导火索。乌克兰是个典型的双语国家，通用俄语和乌克兰语，1989 年的人口普查数据显示，乌克兰境内熟练掌握乌克兰语和熟练掌握俄语的人数相当，分别为 78% 和 78.4%。① 乌克兰独立以后，政府把乌克兰语确定为唯一的国语和官方语言，从 1991 年到 2008 年，共颁布了七十多条限制俄语使用的法令，伤害了俄罗斯族的民族情感和利益，激发了民族矛盾，助长了分裂主义情绪。矛盾最终升级为内战，东部以俄语为通用语言的三个州相继宣布独立。

（四）语言与国家统一

语言是民族意志的体现，是民族身份的象征，是民族团结的凝聚力。一方面，掌握国家通用语言有利于构建民族或国族身份，加强各民族、各地区经济文化的交流，消除因语言差异带来的不安，维护国家统一和民族团结；另一方面，掌握传统母语有助于保护语言多样性、推进语言资源的可持续发展。② 因此，在多民族、多语言的国家中如何正确处理好各种语言之间的关系，规避语言冲突，实现语言和谐，强化"多元一体"的国家语言文化认同，从而达到维护国家统一和民族团结的目的也是政治语言学亟须解决的重要议题。

印度是一个多种姓、多语言、多宗教、多人种、多族裔的国家，平衡各方利益是国家治理的难题，处理不慎，则容易激化矛盾，造成国家分裂。印度的决策者们认识到了每一种语言都具有天然平等性，且有其代表的典型区域和独特的文化内涵，所以提出了按语言分布特点重新划分行政区域的邦改组法，即"语言建邦"。依靠"语言建邦"，印度联邦照顾了不同地区的发展水平和历史文化差异，实现了政治一体化和国家的统一，不失为应对复杂多样性国情的智慧之举。虽然"语言建邦"带来了一些负面的政治影响，但并未伤及国家的核心利益，且可以通过研究和出台各种政策，逐步化解。因此

① 李发元. 论国家层面语言政策制定对国内民族团结和睦的影响：以乌克兰为例 [J]. 西南民族大学学报（人文社会科学版），2017（9）：56-62.
② 戴曼纯. 国家语言能力、语言规划与国家安全 [J]. 语言文字应用，2011（4）：123-131.

处理好推广国家通用语言文字与保护语言文字多样性之间的关系，也是政治语言学需要研究的重要议题。

（五）语言与国家软实力提升

软实力，又称"软国力""软力量""软权力"，最早是由约瑟夫·奈在20世纪90年代初提出的，他指出软实力是一种能力，它能通过吸引力而非威逼利诱达到目的，是一国综合实力中除去传统的、基于军事和经济实力的硬实力之外的另一组成部分，其外延涵盖文化渊源、思想意识、价值观念、民族凝聚力等。① 语言作为思维的工具和交流的手段，是文化生产和传承的主要载体。语言作为一种特殊形态的文化，也是衡量一个国家软实力的重要指标之一。而语言软实力的提升又涉及语言能力、语言教育、语言国际传播以及国防语言战略等多个方面，因此厘清语言能力、语言教育、语言国际传播、国防语言战略等与语言软实力之间的关系，弄清它们各自的核心内涵，创新语言软实力的发展模式与路径等也是政治语言学研究的重要议题。

英语作为一种强有力的软实力，进一步强化了英美在政治、经济和文化方面的实力。首先，英语的全球化为英美带来了丰硕的经济利润；其次，英语是联合国等国际组织最主要的工作语言，英美往往借助英语这种话语权来操纵国际政治，干涉他国内政；再次，英美国家运用英语教育"援助"和文化交流等手段推行西方的民主观、价值观，进行文化渗透和扩张，实现全球文化霸权。近些年来，英语在全球范围内的传播和使用，使第三世界国家的人民在无意识中对英美文化的优越性深信不疑，潜移默化地影响着这些国家的人民尤其是年轻一代的价值取向。②

（六）语言冲突与语言和谐

实现社会生活的和谐与国家的长治久安是各国政府共同的政治目标。各类社会冲突则是造成社会动荡的主要原因。何俊芳③认为语言冲突是社会冲突

---

① 约瑟夫·奈. 软实力 [M]. 马娟娟，译. 北京：中信出版社，2013：8-11.

② 李洪乾，唐贤清. 加强国防语言战略研究，提升国家软实力 [J]. 湖南社会科学，2014（6）：253-255.

③ 何俊芳. 论语言冲突的若干基本理论问题 [J]. 中央民族大学学报（哲学社会科学版），2009（3）：140-144.

的一种表现形式，包括语言文字问题引发的某些语言社团之间的激烈争斗，乃至战争，也包括言论上的争执、争端等不和谐现象。戴庆厦①认为语言和谐是指不同的语言（包括不同的方言）在一个社会里能够和谐共处、互补互利，既不相互排斥或歧视，也不发生冲突。可见语言冲突与语言和谐是同一事物的两个不同方面，是矛盾的统一体。只有处理好语言冲突，才能实现语言和谐。因而语言冲突与语言和谐不仅是语言问题，在一定程度上也是政治问题，是政治语言学需要研究的重要内容。

新加坡是一个语言和谐的典范。新加坡实行多官方语言制，英语、华语、马来语和泰米尔语都是官方语言。"四种语文，分工并存"，英语是各民族之间的日常交际的共同语和工作行政语言，华语、马来语和泰米尔语分别是华族社区、马来族社区和印度族社区的社区语言。新加坡实行"英语+X语"的语文教育制度，各族学生均需学习英语和本族语言。从国家整体层面来说，多语政策保障民族和谐和政治稳定，通用英语推动了经济繁荣和社会进步；从个人层面来说，学习英语保障了个人的生存和发展空间，学习本族语言保障了族内的交流和本族文化的传承。

（七）语言与国家发展战略

语言文字作为文化传承的载体，是国家繁荣发展的根基，在服务国家发展战略中发挥了极其重要的作用。人类命运共同体和"一带一路"倡议是新时代中国外交理念和实践的创新之举，② 对加强国际合作和全球治理、促进世界和平与发展都具有里程碑式的意义。

2017 年 1 月 18 日，习近平总书记在日内瓦出席"共商共筑人类命运共同体"高级别会议，并发表了题为"共同构建人类命运共同体"的主旨演讲，向世界阐释了"构建人类命运共同体，实现共赢共享"的意义。而对话、合作、交流的基础是语言的互通，语言也是各国及全人类共同价值观的载体，因此保护语言的多样性，加强语言文化的交流是推动构建人类命运共同体的重要方式，也是政治语言学研究的重要议题。

---

① 戴庆厦. 开展我国语言和谐研究的构想［J］. 黔南民族师范学院学报，2013（3）：1-5.
② 徐海娜. 在理论与实践之间：人类命运共同体理论暨"一带一路"推进思路会议综述［J］. 当代世界，2016（04）：20-21.

构建人类命运共同体是一种理念，更是一种实践。正如习近平总书记①所指出的"构建人类命运共同体，关键在行动。我认为，国际社会要从伙伴关系、安全格局、经济发展、文明交流、生态建设等方面作出努力"②。而共建"一带一路"正好是推动构建人类命运共同体的重要实践平台。

"一带一路"建设主要做好五通——政策沟通、设施联通、贸易畅通、资金融通、民心相通，而和谐的语言环境对"五通"的实现将起到至关重要的作用。"一带一路"共建国家广泛分布在亚洲、欧洲地区，中国周边国家就达26个。这26个周边国家的语言有近千种，其中与我国共有的跨境语言就有40多种，③ 是世界语言多样性最为丰富、文化差异性最为突出的地区之一。我们通过对"一带一路"共建国家语言的调查研究，特别是跨境语言的研究，不仅可以加强双边的沟通与交流，进一步增强跨境民族之间的民族认同感，维系边疆民族团结，保护边境地区安宁，还可以加强相关国家的文化交流，促进文明互鉴，推动边疆经贸发展，开启中国与周边国家的地缘经济合作新布局，服务"一带一路"倡议，为新时代构建和而不同、兼收并蓄的人类命运共同体贡献力量。

▷ 三、政治语言学的研究方法

政治语言学主要是综合运用语言学、政治学以及跨学科等理论方法来研究与政治相关的语言问题，常用的理论方法有批评性话语分析法、语言政治制度分析法、语言政治效应分析法、调查比较分析法以及数据统计分析法等。

（一）批评性话语分析法

语言是思维的工具，是思维的直接现实，表现出不同思维基础上的不同文化、权力以及意识形态。批评性话语分析理论是现代语言学研究的新分支，其源头是批评性语言学，产生于西欧20世纪70年代末，该理论将语言的形

---

① 习近平. 共同构建人类命运共同体：在联合国日内瓦总部的演讲［N］. 人民日报，2017-01-20（02）.

② 崔希亮. 汉语国际教育与人类命运共同体［J］. 世界汉语教学，2018（4）：435-441.

③ 黄行. 我国与"一带一路"核心区国家跨境语言文字状况［J］. 云南师范大学学报（哲学社会科学版），2015（5）：1-8.

式、语言的生产、语言的消费与社会权势结构联系起来，揭示话语的政治性并透过表面的语言形式，从语言学、社会学、心理学和传播学的角度揭示意识形态与语言形式的相互关系。批评性话语分析理论在政治语言学中的运用，主要是通过对政治语篇（如报刊、官方文件和法律法规等）的分析，来揭示语言与意识形态之间的关系，以及二者是如何源于社会结构的，权力阶层又是如何运用语言来影响人们的思想意识以维护自身利益的。[①] 政治语言学利用批评性话语分析来研究语言、权力、意识形态之间的关系，能帮助认清和解决语言与族群之间所隐含的平等性问题、语言对意识形态和社会主体的建构作用、语言规划与语言政策中的政治行为问题以及语言霸权等。

（二）语言政治制度分析法

制度分析法是政治学广泛使用的研究方法之一，政治语言学要研究语言政治制度，制度分析也是其常用方法之一。语言政治制度是组织和安排语言政治生活，规范人们语言政治行为、语言教育与学习行为的规则。人们在长期的语言生活实践中形成的语言政治制度，通过法律、规定、程序、习俗等形式表现出来，用于约束社团群体或个体的语言学习及使用行为，解决语言间的冲突，维护语言政治秩序，从而为政治共同体的存在和稳定服务。[②] 制度分析法从制度的角度考察与政治相关的语言问题，探讨语言政治制度的产生、演变及形成过程，分析人类的语言政治行为及语言政治制度的执行效果，讨论制度系统之间的相互作用和影响，寻找各种制约因素在语言政治生活中的利弊，探索并创建更加科学合理的语言政治制度，将有助于我们维护民族的团结和国家的统一，从而构建和谐的语言生活。

（三）语言政治效应分析法

语言经济学的有关理论和方法可以运用到政治语言学研究中，主要是用来论述语言的"政治效应"的相关问题。语言的政治效应，主要是统治阶级或政治集团运用"语言文字"为主的文化"软实力"围绕国家政权或团体政

---

① 张红燕. 论批评性话语分析 [J]. 内蒙古民族大学学报（社会科学版），2005（3）：29-34.
② 肖舜良. 浅析汉语国际传播中的语言政治：以泰国汉语快速传播模式为例 [J]. 汉语国际传播研究，2012（1）：142-151.

治利益所进行的一切政治活动时而达到的目的或效果，以调和社会矛盾（如语言冲突）、维持社会秩序（如实现民族语言平等、构建语言和谐）、施加国家影响（如普及普通话、汉语的国际推广等）。① 我们认为，语言作为文化的载体，是国家实力的一部分，其文化的扩散性和吸引力必然会给国家或政治集团带来一定的"软实力"，通过传播语言文化的方式使其他国家自觉领会其文化模式和意识形态，来增加其国际影响。如中国推行的"和平崛起"战略就是通过语言文化的交流、传播来实现其"政治效应"的手段之一。汉语热的出现、孔子学院的兴建等也切实扩大了中国的国际影响力，提高了中国的国际地位，发挥了语言的巨大政治效应功能。而西方推行的"语言帝国主义""英语霸权"等文化征服和文化渗透也是实现其语言政治效用的重要手段，是政治扩张的重要方面。

（四）调查、比较分析法

调查、比较分析法是语言学、政治学和其他多种社会科学学科最常见的研究方法之一，也是政治语言学的常用方法。我们在研究与政治相关的语言问题时，除了要运用调查法收集相关数据，并对相关内容进行定量与定性分析外，还要善于运用比较法对不同国家、不同地区的语言国情、语言政策等进行对比分析。例如为了实现"一带一路"共建国家的语言互通，杨亦鸣等② 就对"一带一路"共建的 64 个国家的语言国情、语言政策等开展了调查、比较分析，包括各国的官方语言、主要民族语言、语言历史、语言与民族或社会关系等。这不仅可为对外交流人员提供更加方便快捷、全面准确的语言国情咨询服务，也为国家制定合理的语言规划和语言政策提供了更为广泛的借鉴基础。

（五）数据统计分析法

随着大数据时代的到来，基于数据统计分析的政治语言学研究越来越受到重视。通过选取或构建政治话语或政治文本语料库，并借助相关软件对语料进行核心词提取，从而分析、归纳出核心词汇与政治意向拟合性的潜在影

---

① 黄勇昌. 论语言文化与政治效用的关系 [J]. 中州学刊，2009（5）：299-300.
② 杨亦鸣，赵晓群. "一带一路"沿线国家语言国情手册 [M]. 北京：商务印书馆，2016.

响，可帮助受众有效理解决策者通过文本信息向受众所传递的社会政治意图。具体研究方法可分为两个方面：一，词族搭配分析法。首先利用AntConc3.5.8软件从语料库中提取高频词，然后再以指定代表性关键词为检索词项，高频词为语境词，来探讨指定代表性关键词与高频词之间的搭配特征，进而厘清相关政治文本中所蕴含的政治意图。胡元江①正是基于上述方法，通过考察两份报告中"develop"词族与高频词和低频词之间的搭配特征，来对比分析中美政府年度报告中语言与政治的交互作用和相互影响；二，文本数据建模分析。首先利用AntConc3.5.8词频分析软件对相关政治文本进行数据处理，然后观察关键词，选取高频词汇进行抽样汇总，最后利用SPSS软件对高频词在文本中出现的次数进行描写统计，并作相关分析和回归分析。比如曾婧②基于文本数据建模分析，发现日本的安全政策调整会提前反映在首相演讲的意识形态变化之中，且二战后至今日本的政策偏好结构具有在经济手段和军事手段之间权衡的特征。大数据时代，数据统计分析法的运用不仅可以更好地帮助我们了解政治话语或政治文本中所蕴含的语言与政治的深层关系，对决策者的政治意图的实施、政策的调整等也具有重要参考价值。

政治语言学作为跨学科的新兴学科，除以上常用的研究方法外，还需借鉴其他学科的成熟理论和方法，来拓宽和加深其研究。

▶ 四、政治语言学研究的重要意义

全球化、信息化时代，语言与政治、经济、文化等社会生活各个领域的关系越加密切，语言问题之于政治更具有非常特殊的意义。经济的发展、民族的团结、国家的统一、软实力的提升、国家战略的实施等均与语言有着密切的关联。因此，构建政治语言学学科体系，从语言学与政治学的交叉视角来探讨与政治相关的语言问题，具有重要的理论和实践价值。

（一）有助于完善学科体系建设，拓宽相关学科的研究视野

构建政治语言学学科体系，整合语言学和政治学等学科的相关理论与方

---

① 胡元江. 中美政府年度工作报告词族搭配特征的政治语言学研究：以"develop"为例 [J]. 外语研究，2019（5）：14-19.

② 曾婧. 文本数据建模的政治语言学应用研究：以日本安全和经济政策偏好分析为例 [J]. 东北亚外语研究，2018（4）：39-47.

法，将拓展语言学和政治学的研究领域，形成新的理论框架、方法论体系与实践分析领域。同时其理论、方法和成果也会对相关学科产生较大的影响，促进相关学科共同发展。

（二）有助于语言的国际传播，提升国家软实力

以汉语国际传播为例，构建政治语言学的学科体系对汉语国际传播规划具有重要的指导意义。运用政治语言学的研究成果指导汉语国际传播，可以促使国际语言文化圈向着有利于汉语使用者或者社团的方向发展，使其更加国际化，扩大汉语的国际红利。习近平总书记倡导的"人类命运共同体"的理念为汉语国际传播提供了发展动力，那么新时代汉语国际传播应该如何顺应时代潮流、更好地为构建人类命运共同体服务，这也需要政治语言学的相关研究为我们提供理论和实践指导。

（三）有助于解决语言冲突，构建和谐社会

因受民族文化传统的影响，文化交流势必会产生语言冲突，由语言问题引发的族内、族际冲突是社会冲突的表现形式之一，因而语言冲突成了多语国家不可回避的政治问题。然而不切合实际的语言规划政策导致的语言利益分配不均衡也是语言冲突产生的主要原因。政治语言学通过语言冲突的案例分析和原因探索、对比国内外语言规划政策等相关研究，可以为规避语言冲突风险和解决语言矛盾提供理论支持和方法借鉴。

（四）有助于语言资源的保护、开发与利用

习近平总书记呼吁维护各国各民族文明的多样性，加强相互交流、相互学习、相互借鉴，而不应该相互隔膜、相互排斥、相互取代，这样世界文明之源才能万紫千红、生机盎然。① 语言多样性既是文明多样的载体，也是文明多样性的表现形式。2018 年 9 月首届世界语言保护大会在湖南长沙召开，形成了以保护语言多样性为主题的《岳麓宣言（草案）》，倡议政府、专家学者、社会各方面力量都积极参与，保护语言的多样性。② 政治语言学的研究对科学

---

① 习近平呼吁维护世界文明多样性 [EB/OL]．（2014-09-24）［2024-03-12］．http：//www. xinhuanet. com/politics/2014-09/24/c＿1112609669. htm.

② 首届世界语言资源保护大会发布《岳麓宣言（草案）》［EB/OL］．（2018-09-20）［2024-03-12］．https：//www. chinanews. com. cn/cul/2018/09-20/8632726. shtml.

保护、开发和利用语言资源具有方法论意义，从而为保护语言文化多样性贡献智慧。

（五）为国家制定合理的语言政策提供理论依据

语言政策的制定和实施以及语言政策对社会产生的影响是政治语言学研究的重要内容之一。语言政策的决策过程及实施效果的研究，对保证语言决策的合理化和科学化具有重要意义。2013 年乌克兰爆发的暴力冲突事件，究其原因，这与乌克兰独立后采取的全方位排斥俄语的语言政策有直接的关系。因为这一政策与乌克兰语言国情的基本现实相矛盾。如果乌克兰语言政策的制定者能够借鉴政治语言学的相关理论和方法，事先加强对语言政策的研究，就能够规避不合理的语言政策，避免因语言问题产生的矛盾而导致国家局势动荡。

经济的发展、民族的团结、国家的统一、软实力的提升、国家战略的实施等均与语言有着密切的联系。因此，构建政治语言学学科体系，从语言学和政治学交叉视角来探讨与政治相关的语言问题，具有重要的理论和实践价值。构建政治语言学学科体系，整合语言学和政治学等学科的相关理论与方法，将拓展语言学和政治学的研究领域。同时其理论、方法和成果也会对相关学科产生较大的影响，促进相关学科共同发展。运用政治语言学的研究成果指导汉语国际传播，可以促使国际语言文化圈向着有利于汉语使用者或者社团的方向发展，使其更加国际化，扩大汉语的国际红利。政治语言学通过语言冲突的案例分析和原因探索、对比国内外语言规划政策等相关研究，可为规避语言冲突风险和解决语言矛盾提供理论支持和方法借鉴。政治语言学的研究对科学保护、开发和利用语言资源具有方法论意义，从而为保护语言文化多样性贡献智慧。语言政策的决策过程及实施效果的研究，对保证语言决策的合理化和科学化具有重要意义。①

---

① 唐贤清，等．政治语言学研究的重要意义 [J]．中国社会科学文摘，2021 (6)：154-155.

目　录

导 言

2023 年 6 月 2 日，习近平总书记在文化传承发展座谈会上强调，在新的起点上继续推动文化繁荣、建设文化强国、建设中华民族现代文明，是我们在新时代新的文化使命。[①] 语言文字是中华优秀传统文化的重要载体，承载着历史脉络和文明递嬗，蕴藏着中华民族的理想信仰、价值理念、道德观念和民族精神，因此持续推进中华优秀语言文化传承发展，是推动中华优秀传统文化创造性转化、创新性发展的应有之义，是推动语言文字事业更好地服务文化强国建设、人类命运共同体构建的关键突破点。[②] 2021 年 11 月 30 日，国务院办公厅印发的《关于全面加强新时代语言文字工作的意见》指出，语言文字事业具有基础性、全局性、社会性和全民性特点，事关国民素质提高和人的全面发展，事关历史文化传承和经济社会发展，事关国家统一和民族团结，是国家综合实力的重要支撑。[③] 这充分说明语言文字作为文化传承的载体，是国家繁荣发展的根基，在服务国家发展战略中发挥了极其重要的作用。党的二十大报告也明确提出，加大国家通用语言文字推广力度，充分体现了以习近平同志为核心的党中央对语言文字工作的高度重视，也为新时代语言文字事业的发展指明了方向。

[①] 在新的起点上继续推动文化繁荣、建设文化强国、建设中华民族现代文明：习近平总书记在文化传承发展座谈会上的重要讲话引发强烈反响 [EB/OL]. （2023-06-05）[2023-06-25]. http://politics. people. com. cn/n1/2023/0605/c1001-40006661. html.

[②] 田立新. 以史为鉴开创未来　推动中华优秀语言文化传承发展 [N]. 中国教育报，2021-08-19（01）.

[③] 国务院办公厅. 关于全面加强新时代语言文字工作的意见 [EB/OL]. （2020-09-14）[2024-01-28]. https://www.gov. cn/gongbao/content/2021/content _ 5661979. htm.

强国必须强语，强语助力强国。近年来，"一带一路"倡议、人类命运共同体理念、乡村振兴工程、区域协调发展战略、"网络强国"战略、"互联网＋"行动计划等国家发展战略的实施，都需要语言文字提供重要支撑力量。比如"一带一路"倡议的实施，互联互通是重要基础，而互联互通又需要语言铺路。截至 2023 年，我国已经与 152 个国家、32 个国际组织签署了 200 多份共建"一带一路"合作文件，覆盖我国 83％的建交国，① 使用语言数量达数千种。因此，要真正实现"五通"（政策沟通、设施联通、贸易畅通、资金融通、民心相通），"语言文字筑桥工程"是基础工程，它不仅可以满足"一带一路"倡议的语言服务需求，还可以确保国家在处理国内外各类事务中都能得到语言能力的保障和支持。② 铸牢中华民族共同体意识，推进乡村振兴，更需语言助力。习近平总书记指出，语言相通是人与人相通的重要环节。语言不通就难以沟通，不沟通就难以达成理解，就难以形成认同。③ 如在"三区三州"等深度贫困地区，推广普及国家通用语言文字，有效构建推普、脱贫、民族融合一体化建设机制，为各民族之间的交往提供了共同的语言基础，有助于增强国家和民族认同感，提升个人语言能力，促进民族融合与经济发展。国家应急语言服务团的成立，国家语言资源服务平台的搭建，"中国语言资源保护工程"、"古文字与中华文明传承发展工程"、"中华经典诵读工程"和"中华思想文化术语传播工程"的实施，《通用规范汉字表》的研制，冬奥智能问答系统的开发、"语言文字信息化关键技术研究与应用工程"的建设以及粤港澳大湾区语言生活与语言服务建设联盟的建立等，均是我国语言文字事业主动服务国家重大发展需求，为中国式现代化建设贡献语言文字智慧的体现。

在全球化、信息化和文化多元化发展背景下，多领域、多形态的"应用型"语言研究一跃成为聚焦热点，这是语言内涵不断丰富、功能不断拓

---

① 严赋憬，陈炜伟. 我国已与 152 个国家、32 个国际组织签署共建"一带一路"合作文件 [EB/OL]. （2023-08-24）[2023-05-31]. http：//www. news. cn/silkroad/2023-08/24/c_1129822163. htm.

② 杨亦鸣. 提升语言能力　服务国家战略 [N]. 中国教育报，2016-10-18（10）.

③ 柴如瑾. 通用语言：一把通向未来的钥匙 [EB/OL]. （2021-03-14）[2024-01-28]. http：//www. moe. gov. cn/jyb_xwfb/s5147/202103/t20210315_519736. html.

展、价值不断提升①的集中体现，更是服务国家战略大局与发展全局的迫切需求。

　　语言服务亟须"拓展、跟进、完善"。作为国家现代化进程中的一种重要的语言生活现象和生产实践性活动，语言服务既是观察语言生活的重要窗口，也是提高语言生活质量的重要途径，② 其涵盖语言产业、语言技术、公共语言服务等多个层面，呈现出领域与形态上的多样性。我国当下的语言服务基本显现出"与时俱进，按需跟进"的蓬勃发展势头，但仍存不少亟待解决的问题，如语言产业有待进一步突破，语言经济、语言服务、语言产业三者之间的关系有待进一步明确，语言资源、语言技术、语言能力等方面与语言产业之间的良性互动有待进一步加强；又如语言技术应用水平不高、服务意识不强，③ 有碍国家智能经济发展与语言产业的"数字化"转型；再如语言服务水平相对滞后，在"质"和"量"上无法满足社会经济的发展与语言生活的需要。以语言应急服务为例，我国目前还没有一套成熟的语言应急机制和预案，部门之间协调沟通不足，对外信息发布不及时，语言服务者在实施服务的过程中存在法律法规条例不熟悉，应急管理知识、专业术语、跨文化背景知识匮乏，权利与义务不明晰等短板。④ 对此，我们亟须做到三个"应当"：应当充分发挥语言在语言产业发展中的"铺路"作用，拓宽产业发展领域；应当努力跟进语言技术，为产业发展"赋能"；应当持续完善语言服务水平，为语言生活助力。

　　语言安全亟须"固本、强末、持衡"。语言安全是国家安全的一个次分支，⑤ 可以分为内源性语言安全、外源性语言安全、双源性语言安全以及多

　　① 赵世举．语言与国家［M］．北京：商务印书馆，2015：1.
　　② 《中国语言服务发展报告（2020）》有关情况［EB/OL］．（2020-06-02）［2023-05-10］．ht-tp：//www. moe. gov. cn/fbh/live/2020/52038/sfcl/202006/t20200602_461639. html.
　　③ 邓坤宁，王海兰．面向信息无障碍的精准语言服务［G］//中国语言战略（第2期）．南京：南京大学出版社，2022：66.
　　④ 滕延江，王立非．应急语言服务团能力提升培训：现状、内容与路径［J］．山东外语教学，2023（1）：22.
　　⑤ 张治国．语言安全分类及中国情况分析［J］．云南师范大学学报（哲学社会科学版），2018（3）：35.

源性语言安全四类。① 就我国来看，内源性语言安全包括国家通用语言文字安全、汉语方言安全、少数民族语言安全、语言关系安全等四个方面。如"多元一体"语言格局下，推动人类命运共同体构建的国家通用语言文字的地位及推广问题；粤港澳大湾区建设、"网络强国"战略、"互联网＋"行动计划中所涉及的语言污染问题，语言文字信息化问题；"一带一路"倡议、乡村振兴计划中所关涉的语言濒危，语言扶贫以及中华民族共同体建设下的国家通用语、汉语方言、民族语言三者的关系问题等。外源性语言安全涉及语种、外语能力不足等方面。② 双源性语言安全主要牵涉到跨境语言问题。多源性语言安全则具有交互性与复杂性，如"一带一路"倡议下非传统安全领域的语言问题，在参与处理国际公共安全问题时，对相关人员的外语能力有新的要求，又如"网络强国"战略、"互联网＋"行动计划中无法规避的语言信息技术安全以及舆情与话语权等问题。③ 对此，"内"即"本"，"固本"应为先；"外"即"末"，"强末"当并举；"双源性"或"多源性"安全问题则贵在"持衡"。④

语言治理亟须"顺势、切实、科学"。语言治理是指政府、社会组织、企事业单位、社区以及个人等多种主体通过平等的合作、对话、协商、沟通等方式，依法对语言事务、语言组织和语言生活进行引导和规范，最终实现公共事务有效处理、公共利益最大化的过程。⑤ 目前，世界语言生活总体上呈现出"和谐有序"的发展态势，但尚存一些"不和谐"因素，亟须引起重视，如语言冲突在世界语言中普遍存在，包括乌克兰境内的俄语和乌克兰语、加拿大境内的法语和英语等；如在方言区的城市家庭里，很多年轻家长都不重视甚至反对孩子学习当地方言，这与国家的"语言资源"理念和"普通话为主导的多语生活"导向相悖；⑥ 又如语言脱贫过程中出现

① 沈骑. "一带一路"建设中的语言安全战略 [J]. 语言战略研究，2016 (2)：21-23.
② 王建勤. 语言问题安全化与国家安全对策研究 [J]. 语言教学与研究，2011 (6)：34-35.
③ 沈骑. "一带一路"建设中的语言安全战略 [J]. 语言战略研究，2016 (2)：23.
④ 张治国. 语言安全分类及中国情况分析 [J]. 云南师范大学学报（哲学社会科学版），2018 (3)：43.
⑤ 王春辉. 论语言与国家治理 [J]. 云南师范大学学报（哲学社会科学版），2020 (3)：30-31.
⑥ 李宇明. 语言治理正当时 [N]. 光明日报，2020-04-25 (12).

的区域性"失衡"问题，据《中国语言生活状况报告》（2016—2021）的相关统计与记载，"三区三州"深度贫困地区的语言扶贫相对充分，而其他区域的贫困地带"通语"力度稍显不足；再如衍生语言资源整合、开发过程中的数据治理存在语言数据偏见、经典语言治理模型短板等方面的突出困境，① 濒危语言的保护仍需要更多的科学有效的制度配套等。② 要想妥善解决这些语言问题，既要顺国际之情势，应国内之理念、导向，又要基于实际，强调"因地制宜、因人而异"，③ 实现精准治理，力求做到"目标越来越精准，对象越来越精准，举措越来越精准"，还要主动参与、科学管理，形成"自上而下"与"自下而上"的良性互动，④ 提升语言工作的管理手段与语言问题之间的匹配度。⑤

语言传播亟须"创新、赋能、多元"，语言传播通常是指一种语言使用的区域的扩大，⑥ 其作为国家"软实力"的重要组成部分，关乎国家治理、发展、安全。国强须兴语，语兴则国强。在国际竞争的大格局下，中华民族要想实现自己的伟大复兴必须走稳、走好强国之路，⑦ 而要想走稳、走好强国之路，必须重视语言传播。在促进中外语言交流互鉴、携手共建人类命运共同体的新征程中，新的时代背景、新的历史机遇、新的现实挑战等都对语言传播提出了更高的要求。以国际中文传播为例，近年来，尽管在全球多元文化互学互鉴日益频繁、世界各国"汉语热"等因素的共同推动下，国际中文传播实现了持续快速发展，但仍存在一些不容忽视的问题，如传播内容刻板，多以"宏大叙事"为主，进行"观点式"灌输，缺乏创新；又如语言文字信息处理技术及使用水平不高，拥有自主产权的技术少，

① 张凯，薛嗣媛，周建设. 语言智能技术发展与语言数据治理技术模式构建［J］. 语言战略与研究，2022（4）：43-44.

② 茅亩. 拯救"濒危语言"需要更多制度配套［N］. 北京青年报，2022-05-26（A02）.

③ 王海兰. 深化语言扶贫　助力脱贫攻坚［N］. 中国社会科学报，2018-09-11（003）.

④ 张日培. 提升国家语言治理能力［N］. 语言文字周报，2017-01-18（001）.

⑤ 高宁，宋晖. 论语言治理的问题域、困境与原则［J］. 社会科学战线，2022（12）：160.

⑥ 郭熙. 汉语的国际地位与国际传播［J］. 渤海大学学报（哲学社会科学版），2007（1）：56.

⑦ 崔希亮. 新时代国际中文教育面临新的课题（代主持人语）［J］. 云南师范大学学报（哲学社会科学版），2022（3）：46.

语言文字技术标准相对滞后，语言学大数据发展不足等；再如传播渠道相对单一，多数只把课堂搬到其他媒体，充分利用各种媒体优势或特点的较少见到。① 2021 年 5 月 31 日，习近平总书记在中共中央政治局第三十次集体学习时的讲话中指出：讲好中国故事，传播好中国声音，展示真实、立体、全面的中国，是加强我国国际传播能力建设的重要任务。② 面对当前国际形势和国际格局的"剧变"，国际中文传播机遇与挑战并存。在传播过程中，我们亟须微观切入，实现内容创新；科技加持，实现技术赋能；媒体融通，实现渠道多元。

语言与国家发展战略二者之间的密切互动关系所反映出来的"必要性"，以及当前服务于国家战略发展大局的多领域、多形态的"应用型"语言研究所凸显出来的"紧迫性"，要求我们在新时代、新征程、新伟业的大背景下处理好语言与国家发展战略之间的关系。具体而言，包括如下八个方面：

（一）语言与经济发展

语言与经济的关系非常密切，是经济活动中不可缺少的要素。随着以语言信息处理为核心的信息技术的发展和互联网的普及，语言的经济功能更加显现，语言日益成为影响当代经济发展和经济竞争力的重要因素。③ 作为一种人力资本，语言的价值由市场决定，④ 与语言信息、语言使用的密度、语言使用的主客体、市场对语言的需求、国家或地区的经济实力、语言教育的投入力度等因素密切相关。与此同时，语言作为一种重要的经济资源，可以为社会经济发展提供动力，进而获取语言红利。因此，有必要基于深入的调查分析，进一步明确语言服务在社会经济发展过程中发挥的作用和价值。

以长江中游城市群为例，它是以武汉城市圈、环长株潭城市群、环鄱

① 郭熙. 华语传播与传承：现状和困境［J］. 世界华文教育，2013（1）：9.

② 习近平主持中共中央政治局第三十次集体学习并讲话［EB/OL］.（2021-06-01）［2023-03-29］. http：//www.gov.cn/xinwen/2021/06/01/content_5614684.htm.

③ 赫琳，张丽娟. 语言经济功能再认识［J］. 武汉大学学报（人文科学版），2017（6）：105.

④ 张卫国. 论语言的经济效应：理论、经验与启示［J］. 上海交通大学学报（哲学社会科学版），2022（6）：121-122.

阳湖城市群为主体形成的特大型国家级城市群。该城市群承东启西、连南接北，是长江经济带的重要组成部分，也是实施促进中部地区崛起战略、全方位深化改革开放和推进新型城镇化的重点区域，在我国区域发展格局中占有重要地位。我们通过对长江中游城市群的语言服务情况开展调查研究，可以掌握该区域语言使用的现状及其存在的问题，了解该区域的语言需求，进而促进该区域语言文化与语言服务产业的发展；通过统筹规划和协同合作，建立长江中游城市群语言服务行业发展协同机制，提升长江中游经济圈的语言服务能力，助力内陆开放合作新高地建设。再如粤港澳大湾区建设，语言文字问题同样是必须考虑的重要事项之一。大湾区在城市运作、经济活动、文化生活，以及教育、媒体和政务等领域中如何处理好普通话、粤语、英语、葡语及简化汉字、繁体汉字、英文、葡文等多语言多文字的关系；面对新的语言需求，如何构建多样化的语言服务；应对各种突发事件，如何提升语言应急服务能力；在智能语言学习、智慧城市群建设和湾区经济科技发展中如何充分运用信息化手段等，都将成为粤港澳大湾区语言研究的重点内容。①

（二）语言与民族团结

维护民族团结是多语言、多民族国家政府的重要政治目标。语言问题的处理与民族团结的实现息息相关。"民族是在一定的历史发展阶段形成的稳定的人们共同体。一般来说，民族在历史渊源、生产方式、语言、文化、风俗习惯以及心理认同等方面具有共同的特征。"② 可见语言作为民族的一个重要特征，在民族认同中起到了重要作用。语言问题往往成为别有用心的政客、民族主义者挑起民族矛盾的借口，因而每个国家在处理民族语言问题时都要特别重视，处理不当，则后患无穷。

乌克兰政府在语言问题上处理不慎，导致民族矛盾加剧，成为其东部三个州分裂的直接导火索。乌克兰是个典型的双语国家，通用俄语和乌克

---

① 李宇明，王海兰. 粤港澳大湾区的四大基本语言建设 [J]. 语言战略研究，2020 (1)：11.
② 关于"民族"的定义学界没有形成统一的意见，此处我们引用了《中共中央、国务院关于进一步加强民族工作，加快少数民族和民族地区经济社会发展的决定》（中发〔2005〕10号）中对"民族"的定义。

兰语，1989 年的人口普查数据显示，乌克兰境内熟练掌握乌克兰语和熟练掌握俄语的人数相当，分别为 78% 和 78.4%。① 乌克兰独立以后，政府把乌克兰语确定为唯一的国语和官方语言，从 1991 年到 2008 年，共颁布了七十多条限制俄语使用的法令，伤害了俄罗斯族的民族情感和利益，激发了民族矛盾，助长了分裂主义情绪。

（三）语言与国家统一

语言是民族意志的体现，是民族身份的象征，是民族团结的凝聚力。一方面，掌握国家通用语言有利于加强民族或国族身份认同，促进各民族、各地区经济文化的交流，消除因语言差异带来的不安，维护国家统一和民族团结；另一方面，掌握传统母语有助于保护语言多样性、推进语言资源的可持续发展。② 因此，在多民族、多语言的国家中必须处理好各种语言之间的关系，以规避语言冲突，实现语言和谐，强化"多元一体"的国家语言文化认同，从而达到维护国家统一和民族团结的目的。

印度是一个多种姓、多语言、多宗教、多人种、多族裔的国家，平衡各方利益是国家治理的难题，处理不慎，则容易激化矛盾，造成国家分裂。印度的决策者们认识到了每一种语言都具有天然平等性，且有其代表的典型区域和独特的文化内涵，所以提出了按语言分布特点重新划分行政区域的邦改组法，即"语言建邦"。依靠"语言建邦"，印度联邦照顾了不同地区的发展水平和历史文化差异，实现了政治一体化和国家的统一，不失为应对复杂多样性国情的智慧之举。虽然"语言建邦"带来了一些负面的政治影响，但并未伤及国家的核心利益，且可以通过研究并出台各种政策，逐步化解。在此过程中，处理好推广国家通用语言文字与保护语言文字多样性之间的关系亦至关重要。

（四）语言与国家软实力提升

软实力，又称"软国力""软力量""软权力"，最早是由约瑟夫·奈在

① 李发元. 论国家层面语言政策制定对国内民族团结和睦的影响：以乌克兰为例 [J]. 西南民族大学学报（人文社会科学版），2017 (9)：58.

② 戴曼纯. 国家语言能力、语言规划与国家安全 [J]. 语言文字应用，2011 (4)：129.

20 世纪 90 年代初提出的，他指出软实力是一种能力，它能通过吸引力而非威逼利诱达到目的，是一国综合实力中除去传统的、基于军事和经济实力的硬实力之外的另一组成部分，其外延涵盖文化渊源、思想意识、价值观念、民族凝聚力等。① 语言作为思维的工具和交流的手段，是文化生产和传承的主要载体。语言作为一种特殊形态的文化，也是衡量一个国家软实力的重要指标之一。而语言软实力的提升又涉及语言能力、语言教育、语言国际传播以及国防语言战略等多个方面，必须厘清它们与语言软实力之间的关系，弄清各自的核心内涵，创新语言软实力的发展模式与路径等。

英语作为一种强有力的软实力，进一步强化了英美在政治、经济和文化方面的实力。首先，英语的全球化为英美带来了丰厚的经济利润；其次，英语是联合国等国际组织最主要的工作语言，英美往往以此为话语权来操纵国际政治，干涉他国内政；最后，英美国家运用英语教育"援助"和文化交流等手段推行西方的民主观、价值观，进行文化渗透和扩张，取得全球文化霸权。近些年来，英语在全球范围内的传播和使用，使第三世界国家的人民在无意识中对英美文化的优越性深信不疑，这不知不觉地影响着这些国家的人民尤其是年轻一代的价值取向。②

（五）语言冲突与语言和谐

实现社会生活的和谐与国家的长治久安是各国政府共同的政治目标。各类社会冲突是造成社会动荡的主要原因。何俊芳（2009：140）认为语言冲突是社会冲突的一种表现形式，包括语言文字问题引发的某些语言社团之间的激烈争斗乃至战争，也包括言论上的争执、争端等不和谐现象。戴庆厦（2013：2）认为语言和谐是指不同的语言（包括不同的方言）在一个社会里能够和谐共处，互补互利，既不相互排斥或歧视，也不发生冲突。可见语言冲突与语言和谐是一体两面，是矛盾的统一体。只有处理好语言冲突，才能实现语言和谐。

新加坡是一个语言和谐的典范。新加坡实行多官方语言制，英语、华

---

① 约瑟夫·奈. 软实力 [M]. 马娟娟，译. 北京：中信出版社，2013：8-12.
② 李洪乾，唐贤清. 加强国防语言战略研究，提升国家软实力 [J]. 湖南社会科学，2014 (6)：254.

语、马来语和泰米尔语都是官方语言。"四种语文，分工并存"，英语是各民族之间的日常交际共同语和工作行政语言，华语、马来语和泰米尔语分别是华族社区、马来族社区和印度族社区的社区语言。新加坡实行"英语＋X语"的语文教育制度，各族学生均需学习英语和本族语言。从国家整体层面来说，多语政策保障民族和谐和政治稳定，通用英语推动了经济繁荣和社会进步；从个人层面来说，学习英语保障了个人的生存和发展空间，学习本族语言保障了族内的交流和本族文化的传承。

（六）语言与"一带一路"倡议

"一带一路"倡议是新时代中国外交理念和实践的创新之举，[1] 对加强国际合作和全球治理、促进世界和平与发展都具有里程碑式的意义。

共建"一带一路"倡议主要做好五通：政策沟通、设施联通、贸易畅通、资金融通、民心相通，而和谐的语言环境对"五通"的实现将起到至关重要的作用。"一带一路"共建国家广泛分布在亚洲、欧洲地区，中国周边国家就达 26 个。这 26 个周边国家的语言有近千种，其中哈萨克斯坦、泰国、越南等 8 个"一带一路"的核心区国家与我国共有的跨境语言约有 40 种，[2] 该区域是世界语言多样性最为丰富、文化差异性最为突出的地区之一。我们通过对"一带一路"共建国家语言的调查研究，特别是跨境语言的研究，不仅可以加强双边的沟通与交流，进一步增强跨境民族之间的民族认同感，维系边疆民族团结，保护边境地区安宁，还可以加强相关国家的文化交流，促进文明互鉴，推动边疆经贸发展，开启中国与周边国家的地缘经济合作新布局，服务"一带一路"倡议，为新时代构建和而不同、兼收并蓄的人类命运共同体贡献力量。

（七）语言与乡村振兴

乡村振兴是我国继脱贫攻坚战取得决定性胜利后新时代党和国家的又一重大发展战略。根据《乡村振兴战略规划（2018—2022 年）》设定的远景

① 徐海娜. 在理论与实践之间：人类命运共同体理论暨"一带一路"推进思路会议综述 [J]. 当代世界，2016（4）：20.

② 黄行. 我国与"一带一路"核心区国家跨境语言文字状况 [J]. 云南师范大学学报（哲学社会科学版），2015（5）：1-2.

规划，"到 2050 年，乡村全面振兴，农业强、农村美、农民富全面实现"，乡村振兴战略覆盖区域更广、时间跨度更长、目标维度更全，涉及地域、人群和问题更为多样，对语言种类、语言水平、语言功能都提出了更高的要求。在脱贫攻坚阶段，语言曾以"推普脱贫""语言扶贫"等形式发挥了不可替代的作用，① 乡村振兴是脱贫攻坚的巩固和深化，更需要充分挖掘语言的经济价值、文化价值和社会价值，进而实现语言助力乡村振兴的可持续性发展。2021 年，教育部、国家乡村振兴局、国家语委三部门联合印发的《国家通用语言文字普及提升工程和推普助力乡村振兴计划实施方案》，明确指出了要充分发挥国家通用语言文字在服务乡村教育振兴、繁荣发展乡村语言文化、助力乡村产业振兴、提高乡村人才语言文化素养、助力乡村治理体制建设等方面的重要作用。例如：河北滦平县依托普通话资源优势，做足"普通话"文章，着力打造集普通话推广、体验、培训、实习、研学于一体，"能看、能学、能住"的普通话文化小镇，把普通话资源优势变成产业优势。② 贵州黔西南康养小镇通过高质量推普，将农牧民普通话交流水平上的优势与地方景观和生态上的特色相融合，形成了休闲、旅游、养生等乡村产业新业态。③

国家通用语言文字的普及提质可为乡村振兴铸牢坚实的语言基础。在此基础上，我们还应重点关注外语、跨境语言、通用手语以及盲文教育，提升乡村语言治理水平，拓宽乡村语言服务范围，保护和开发乡村语言文化资源，实现语言产业与文化、旅游等产业的融合发展，助力乡村实现人才振兴、组织振兴、文化振兴、产业振兴和生态振兴。④

(八) 语言与突发公共事件

国家应急语言服务是指当国家突发自然灾害、事故灾难、危重疫情、社会安全事件等紧急状况时所提供的快速救援语言产品、语言技术，或开展的语言救援活动，包括中外语言、少数民族语言、汉语方言、残障人手

① 银晴，田静，苏新春. 语言何以助力乡村振兴 [J]. 语言战略研究，2022 (1)：26-33.
② 河北滦平：打造"普通话之乡"品牌 [N]. 人民日报，2021-09-17 (14).
③ 杨亦鸣. 推普助力乡村振兴的三个着力点 [N]. 光明日报，2023-05-07 (05).
④ 银晴，田静，苏新春. 语言何以助力乡村振兴 [J]. 语言战略研究，2022 (1)：26-33.

语的急救翻译、救灾语言软件研发、灾情信息传播、抗灾语言资源管理、应急语言标准研制、急救语言培训、语言治疗与康复、语言咨询与危机干预等。① 国家应急语言服务是国家语言能力的重要组成部分，也是国家应急能力的重要体现。加强国家应急语言服务建设对我国面临重大公共突发事件或其他紧急事件有着深远的意义。《国家中长期语言文字事业改革和发展规划纲要（2012—2020年）》明确指出要"建立国家语言应急服务和援助机制。根据国家战略需求，制定应对国际事务和突发事件的关键语言政策，建设国家多语言能力人才资源库。促进制定外语语种学习和使用规划。推动社会建立应急和特定领域专业语言人才的招募储备机制，提供突发条件下的语言应急服务"。

当前我国应急语言服务体系和应急语言响应机制还不够完善，存在应急语言服务基础设施建设不完备、应急语言服务意识不强、应急语言服务人才缺乏、应急部门之间协调不足等短板。2022年，国家应急语言服务团成立，并编写发布了《国家应急语言服务团三年行动计划（2023—2025年）》（以下简称《行动计划》）。为了提升我国应急语言服务能力和水平，我们亟须根据《行动计划》的目标、任务，全面调研不同领域、不同地域、不同语种、不同人群的应急语言服务需求，并在此基础上搭建应急语言服务智慧化平台，完善应急语言服务机制，建立应急语言服务人才培养体系。另外，还应推进应急语言服务与信息技术、人工智能的融合，协同开发适用于各类应急场景的语言信息技术服务产品。② 例如：为了解决新冠疫情时期武汉地区医患间语言沟通问题，科大讯飞公司的研究人员根据中国方言库收集的语料对医用和日常对话场景进行标注，在极短时间内完成了武汉话与普通话对齐音频，并通过迁移学习模型训练，有效提升方言转普通话的性能。科大讯飞旗下讯飞输入法也同步上线了武汉话转普通话功能，助力解决医患沟通障碍。③

---

① 王立非．"战疫"应急语言服务报告［M］．北京：对外经济贸易大学出版社，2020：6.

② 刘宏伟，郭进，房佳美．把握研究热点 提升应急语言服务能力［N］．中国应急管理报，2022-09-06（7）．

③ AI+方言保护计划 讯飞输入法武汉话转普通话助力武汉战疫［EB/OL］．（2020-03-12）［2022-11-11］．https：//caijing.chinadaily.com.cn/a/202003/12/WS5e69d428a3107bb6b57a603e.html.

此外，语言与人工智能、语言与健康、语言与国家治理、语言与国家安全、语言与中华文明传承发展、语言与生态文明等均是值得探讨的研究议题。

新时代确立了语言文字在中华民族伟大复兴中的基础性、战略性地位，为语言文字研究开辟广阔前景的同时，语言文字工作也面临着新的要求与挑战。在此背景下，语言文字工作者理应心怀"国之大者"，积极主动融入并服务国家发展战略，推动语言学学科内部、学科外部的交叉融合，构建"大团队共培""大项目共研""大平台共建"的协同机制，聚焦语言与经济发展、语言与民族团结、语言与国家统一、语言与软实力提升、语言冲突与语言和谐、语言与"一带一路"倡议、语言与乡村振兴、语言与突发公共事件等关乎国家发展战略的重要议题，坚持团队攻关，加强协同创新，为推进中国式现代化，实现中华民族伟大复兴贡献独特的"语言学力量"。

第一章
语言与经济的发展

全球化、信息化时代，语言与经济的联系日益彰显。信息化程度发展越高，越能体现语言的经济效益。信息化已经把语言知识及其应用，变为工业标准，变为语言技术产品，形成了各种专利，[①] 并催生了新兴语言产业，如语言数据业、语言智能业、语言翻译业、语言创意业等。语言作为一种经济资源，作用于经济活动的不同层面，语言的经济价值逐渐成为当代经济发展和经济竞争力的重要因素，[②] 对社会经济的发展起到了巨大的推动作用。

语言作为一种人力资本，与其他经济商品和服务一样，其价值是由市场来决定的，[③] 受语言信息的承载量、语言信息的准确性、语言信息的艺术性、语言的使用密度、市场对语言的需求、国家或地区的经济实力、语言使用者的熟练程度、语言理解者的心理活动、语言教育的投入力度等多重因素的影响。因此，我们必须树立清晰的语言经济意识，仔细观察语言经济活动，全面收集语言经济数据，认识语言经济的运行规律，做好顶层设计，合理开发与利用语言资源，加快语言文字信息化建设，提升国家和公民语言能力，发展语言产业，培育语言职业，促进语言消费，充分获取语言红利，[④] 服务国家发展战略。

[①] 李宇明.语言也是"硬实力"[J].华中师范大学学报（人文社会科学版），2011（5）：70.

[②] 赫琳，张丽娟.语言经济功能再认识[J].武汉大学学报（人文科学版），2017（6）：110.

[③] 张卫国.论语言的经济效应：理论、经验与启示[J].上海交通大学学报（哲学社会科学版），2022（6）：121.

[④] 李宇明.认识语言的经济学属性[J].语言文字应用，2012（3）：7.

第一节 语言与经济的关系

语言与经济既相互依存，又互相促进。经济发展是促使语言变化的最大外力之一，为语言发展提供了必要的条件，也推动了语言传播。新时代，随着语言经济价值的日益彰显，语言也逐渐成为影响个人收入、企业效益和国家经济发展的重要因素。

▶ 一、经济对语言的影响

（一）经济发展影响语言的结构系统

语言是一种社会现象，它的发展变化必然会受到社会发展变化的影响。一方面，社会经济的发展对语言的使用和创新提出了新的要求，[①] 例如新词新语的产生、网络流行语的出现等均是社会经济发展在语言方面的体现；另一方面，社会经济的发展加快了语言的传播速度，促进了语言之间的融合与借用，比如外来词被借入汉语，主要就是通过不同国家、不同民族之间经济、文化的交流来实现的。而语言的使用与创新、语言之间的融合与借用又是通过语言的结构系统呈现的。因此，社会经济的发展势必会间接地推动语言结构系统的发展与变化。语言结构系统的发展主要指语音、语法、词汇的历史变化，具体表现在：旧的语言事实的退隐、部分语言事实的改变以及新的语言事实的产生。在语言结构系统中，语音和语法的发展相对稳定，变化比较缓慢；相比之下，词汇的发展与社会经济的变化关系较为密切，反映社会的变化也比较直接。

1. 经济发展与语音变异

语音方面的变化是由政治、历史、地理、经济等多重因素引起的，例如民族之间的交流与融合、强势语言文化的冲击、人口的迁移、区域经济发展的不平衡以及国家的语言政策规划，等等。但是如果某一语音系统主

---

① 贺宏志，陈鹏. 语言产业引论［M］. 北京：语文出版社，2013：47.

动向另一语音系统靠拢，经济因素往往是重要的动因。

在中华人民共和国成立以前，国家经济落后、交通不便，再加上中国地域辽阔，长期受封建社会影响而形成的割据局面，使得各地区之间交流较少，因此汉语方言纷繁复杂，多数方言之间无法沟通。中华人民共和国成立以后，国家开始在全国范围内推广普通话。随着社会经济的发展，全国交通运输条件的改善，各地区之间的交流日趋频繁，普通话逐渐成为各地区相互交际的重要工具。同样，受到普通话的影响，一些地区方言词语的读音也渐渐发生了变化，逐渐向普通话读音靠拢。

当然其中另一个重要原因是说普通话会带来较高的经济效益。普通话的使用人群比某一方言要广得多，会普通话意味着可以与更多人沟通，交际面更广，赚钱的机会更多，所以很多人在经济利益的驱动下，说话时主动向普通话的语音靠拢，从而导致方言的语音产生变化。比如，按照语音演变规律，湘语衡阳话"车"的读音为 $[tɕ^hia^{45}]$，但是在普通话的影响下，现在"车"在衡阳方言中有三个读音，农村年长的人在"车前草"中仍然读 $[tɕ^hia^{45}]$，但是"汽车"已经改读"$[tɕ^hie^{45}]$"，中年人大部分已经把地名车江 $[tɕ^hia^{45} kuan^{45}]$ 改读 $[tɕ^hie^{45} tɕian^{45}]$，韵母开口度变小，向普通话靠拢；而市区的年轻一代已经在"公交车""校车"等词中将 $[tɕ^hie^{45}]$ 进一步改读 $[ts^he^{45}]$ 了，韵头丢失，声母变为舌尖音，听感更加接近普通话。再如，一些少数民族与汉族杂居的地区，受经济因素的影响，部分少数民族为了更好地与汉族进行商贸往来，就自觉放弃使用本族语言而转用汉语，但在语言深处还保留着一些原语言成分，进而形成了语音特异的混合语，如湘桂边苗族转用汉语形成的苗话，湘西南苗族转用汉语形成的酸汤话等。

2. 经济发展与语法变异

语法同语音一样随着社会的变迁、经济的发展、新事物的产生也在缓慢地发生着变化，而且不断地将新的语法规则纳入自己的系统，使自己适应客观物质世界的发展变化。以英语为例，随着美国的经济发展并逐渐成为世界政治、经济中心，美国英语对整个现代英语发展的影响逐渐显现。现在越来越多的英国人喜欢使用美国的"命令虚拟结构"，即用"have to"

代替 need 或者 must 来表示"必须"之意。另外，受美国英语的影响，将 like 作连词与 as 互换使用的现象在英国也颇为流行。英国报刊也常常模仿美国英语，用现在分词充当形容词，还常使用由表示地点的词语附加上"'s"构成的所有格形式充当定语。①

改革开放以来，我国南方地区经济发展迅速，南方方言也逐渐成为地区强势语言，许多语法规则开始被吸收到普通话中，并成为普通话的一部分。例如：粤语、闽南语、吴语、客家话中普遍存在着"有（没有）VP"句式：

粤语：听日如果佢有问起呢件事，你就语唔清楚。明天如果他问起这件事，你就说不清楚。②

闽南语：有去北京。去过北京。

吴语：我阿哥这年有走归。我哥哥今年回家了。

客家话：你丁人有养鸡无？你们养了鸡没有？（施其生，1996：29）

受粤语、闽南语等影响，"有（没有）VP"句式也开始在普通话中出现，且使用范围越来越广。例如：

普通话：目前有投资一家汽车检测中心。（山东卫视，2012.06.18《爱情来敲门》）

普通话：那你今天也跟我们说实话，你有没有吃过减肥药，有没有想瘦过。（CCTV1，2006.05.15《实话实说》）

教育部、国家语言文字工作委员会印发的《普通话水平测试大纲》现也将"有（没有）VP"句式列为合乎规范的表达。

普通话作为我国国家通用语言，其通用性远高于其他汉语方言和民族语言，所以它作为强势语言势必会对其他弱势语言产生影响。比如部分少数民族为提升个人语言能力，增加个人市场竞争力，在学习普通话的过程中，不自觉地受普通话影响，将普通话中的部分语法系统借用到民族语言中。以差比句为例，湘西苗语本身具有其固有的比较标记和比较结构，例如：

湘西苗语：ɕə^{31} mĩ^{31} qɑ^{53} ʂɛ^{53} ŋən^{22} dʑɛ^{35} tɕɑ^{35}.

　　　　　小明　更　高　和　他们 父亲

---

① 王家鲲. 当代英语发展的某些趋势 [J]. 解放军外国语学院学报，1999（6）：21.

② 文中未标明来源的汉语方言和民族语言例句，均为语言调查所得，下文不再赘述。

小明比他们的父亲更高。

受普通话影响，湘西苗语又从汉语中借用了新的比较标记和比较结构，形成了本族语固有比较标记、比较结构和借用汉语的比较标记、比较结构并存使用的现象。例如：

湘西苗语：pəŋ⁵³ də⁴⁴ məŋ³¹ pi⁴⁴ we⁴⁴ qa⁵³ tɕu⁵³.

    书 你 比 我 更 多

书你比我多。

这些事例正说明语言与社会的经济发展是密不可分的。一种语言会随着使用该语言的地区经济的发展逐渐成为强势语言，从而去影响其他语言的系统。同时，该语言也会受到其他更为强势的语言影响，吸收新的语言成分。但是在语言系统中，语法和语音、词汇相比，变化相对缓慢一些。这是因为语言的语法系统具有较强的稳定性，比语音系统和词汇系统要稳定得多。因而语言的语法系统在较长时期内都能保持着它本身的特点。

3. 经济发展与词汇变异

词汇是整个语言系统中最为活跃的部分，也最容易受社会经济文化的影响。社会的发展与变迁都会引起词汇的变化。随着社会的发展，一些旧事物会逐渐消亡，记录这些旧事物的词语也会逐渐消失；随着社会变化发展，也会出现一些新事物，记录这些新事物的词汇也就会补充到语言系统中。比如古代汉语中的"宝货""酒市""大贝""百贾""法钱""解债""监市"等词，随着封建社会的灭亡，它们失去了存在的基础，自然也就渐渐成为历史的尘封之物。改革开放以来，新词汇层出不穷，据于根元、刘一玲主编的《汉语新词语》编年本（1991 年起）的记录，新词语以每年数百条乃至上千条的速度递增，不仅口语在变，书面语也在变，① 如"再就业""电视""下岗""打的""光盘""中国梦""倒逼""逆袭""女汉子""点赞""微 XX""大 V"，等等，反映出 40 余年间我国社会生活发生的巨大变化。改革开放初期，由于广州、香港等地经济的繁荣，粤语、港式普通话曾一度风靡全国，成为很多人模仿学习的对象，粤语中的一些方言词

---

① 李如龙 . 汉语词汇学论集［G］. 厦门：厦门大学出版社，2011：127.

也被吸收到普通话中，如"仔""蛋挞""芝士"等。后来，随着港澳回归，大陆经济实力的增强，港澳社会各界对普通话学习的需求也在不断增加。再如，"中国式现代化、全人类共同价值、全球安全倡议、新型实体企业、冰雪经济、数字人、数字藏品、场所码、精准防控、雪糕刺客"，这是 2022 年度十大新词语，这些新词语正是 2022 年中国政治经济生活大事在语言中留下的印记。2022 年重新修订的《现代汉语规范词典》新增补了数千条词语，诸如"共享经济""互联网＋""移动支付""供给侧"等经济类词语也均是经济发展的产物。

（二）经济发展影响国家语言政策的制定

经济发展对国家语言政策的影响是多方面的。一方面，影响本国语言政策的制定与调整；另一方面，对其他国家地区的语言政策的设立也会产生一定的影响。中华人民共和国成立初期，由于受到西方国家的封锁，我国与苏联在经济、文化、政治等方面都保持着密切的关系。此时，学习和推广俄语成为我国外语教育的重要任务之一。国家开始在全国大力推广俄语教育，使俄语逐渐成为我国使用人数最多的外语语种。改革开放以后，中国经济的发展模式由内向型经济向外向型经济转变，我国与欧美国家的经贸合作愈加频繁，英语人才成为我国迫切需求的人才之一，于是国家开始调整语言政策，在全国中小学、高等院校开设英语课程，使英语逐渐成为我国的"第一外语"。随着我国全方位对外开放举措的不断深化，与我国有经贸往来的国家日益增多，特别是 2013 年习近平总书记提出的"一带一路"倡议，更加大了我国对小语种人才的需求。为满足经济发展和"一带一路"倡议的需要，国家又通过调整专业布局、增加语种数量、改善语种结构等方式，来加快小语种人才的培养。如北京外国语大学 2015 年上半年就新增了蒙古语、泰米尔语、孟加拉语及菲律宾语等 4 个语种，① 2017 年新增了茨瓦纳语、恩德贝莱语、科摩罗语等 11 个非通用语言，② 2018 年又新

---

① 我校新设四个语种，受到媒体广泛关注 [EB/OL]．（2015-03-17）[2023-07-15]．https：//news. bfsu. edu. cn/archives/248493.

② 助力"一带一路"北外今年新增 11 个小语种专业 [EB/OL]．（2017-03-29）[2023-07-20]．http：//news. cctv. com/2017/03/29/ARTIdzsioUenSVKlcDYVlOCX170329. shtml.

增了比斯拉马语、达里语、德顿语、迪维希语等 14 个小语种专业。① 截至目前，北京外国语大学外国语专业总量已达 101 种，其中非通用语种 90 余种，覆盖所有与中国建交国家的官方用语。②

一个国家或民族的经济实力无疑是该国家或民族语言影响力的重要决定因素，经济的强势很大程度上决定或者助推相应语言的强势。③ 因此，强势经济体在一定程度上也会影响与其存在经贸关系的国家或地区的语言政策的确立或调整。例如，马来西亚在殖民时期，英国殖民政府采用了"马来语与英语并重"的语言政策。独立后，马来西亚于 1967 年制定了国家语言法，确立马来语是国家唯一的国语及官方语言，废除了英语作为官方语言的规定。21 世纪，马来西亚受英美国家在全球政治、经济等领域主导地位的影响，为了提升马来西亚的经济竞争力，融入全球化市场，马来西亚政府又推行了"数理英化"政策，即在各教学阶段逐步推行以英语教授数理科目。④ 马来西亚语言政策的转变，与英美国家在全球的经济主导地位密切相关。

随着中国经济的发展，特别是党的十八大以来，我国国际地位显著提升，国际影响力日益强大，"汉语热"全球盛行，截至 2023 年年底，全球已有 160 个国家和地区设立了 499 所孔子学院和 793 个孔子课堂，190 多个国家和地区开展了中文教育项目，85 个国家通过颁布法令政策等方式将中文纳入国民教育体系。160 个国家设立中文水平考试点 1300 多个，累计考试人数达 5800 多万人次。据不完全统计，目前海外正在学习中文的人数超过 3000 万。⑤

---

① 我校获批新增 18 个本科专业，开设外语语种数量达到 98 个 [EB/OL]. （2018-03-22）[2023-08-15]. https：//news. bfsu. edu. cn/archives/268574.

② 北京外国语大学官网大学简介 [EB/OL]. ［2023-08-15］. http：//www. bfsu. edu. cn/overview.

③ 黄少安，苏剑. 语言经济学的几个基本命题 [J]. 学术月刊，2011（9）：86.

④ 李洁麟. 马来西亚语言政策的变化及其历史原因 [J]. 暨南学报（哲学社会科学版），2009（5）：111-114.

⑤ 柴如瑾，唐培兰，李健涛. 中文为桥　让世界相通相亲 [EB/OL]. （2023-12-12）[2024-01-31]. http：//epaper. gmw. cn/gmrb/html/2023-12/12/nw. D110000gmrb_20231212_3-07. htm.

（三）经济发展促进语言传播

经济发展是影响语言传播的主导因素之一。一个国家或地区的经济实力直接决定着该国家或地区所使用语言的影响力。语言的影响力越强，该语言在国家或地区政治、经济交往中使用的频率就越高，其传播的速度也就越快。无论是英语演变为世界通用语，还是当前世界各地兴起的"汉语热"现象，均是经济发展促进语言传播的最好诠释。

1. 英语演变为世界通用语

16 世纪前后，英语只是英格兰普通民众使用的语言。18 世纪 60 年代至 19 世纪中期，英国工业革命的顺利完成促进了英国的经济发展，扩大了其在世界的影响力。随着经济实力的增强，英国开始实施殖民扩张政策，英语作为其进行殖民扩张的工具，也逐渐在世界各地传播开来。20 世纪 40 年代后，经济飞速发展的美国成为名副其实的超级大国，这对英语的国际传播起到了巨大的推动作用。

如今，英语已成为世界上使用范围最广的语言。根据《民族语言志：世界的语言（Ethnologue：Languages of the World）》（第 26 版）在线网站的最新统计，英语在全球的使用人口约为 14.53 亿，其中以英语为第一语言的人口数约为 3.73 亿，以英语为第二语言的人口数约为 10.8 亿，全球使用英语的国家有 146 个。[①] 英语之所以能够在全球范围内广泛传播，是因为以美、英为首使用英语的国家经济实力的驱动。从某种意义上讲，一个国家语言地位的高低是该国综合经济实力的真实体现。

2. "汉语热"现象的出现

改革开放 40 多年来，中国的经济飞速发展，综合国力和国际地位迅速提升。无论是发展中国家还是发达国家，为了本国经济的发展，都会选择同中国进行交往，而语言又是人类沟通必不可少的交际工具，因此很多国家开始开设汉语课堂，学习汉语，全球范围内的"汉语热"现象逐渐形成。

2005 年 7 月，来自 60 多个国家的 500 余位政府官员、汉学家和汉语教师在北京人民大会堂参加了首届世界汉语大会；[②] 2010 年 6 月，由国家汉

---

① Ethnologue：Languages of the World [EB/OL]．（2023-02-21）［2023-08-20］．https：//www.ethnologue.com/insights/most-spoken-language/.

② 首届世界汉语大会在京开幕　探讨汉语教学趋势［EB/OL］．（2005-07-20）［2023-07-25］．http：//www.chinanews.com.cn/news/2005/2005-07-20/26/601789.shtml.

办/孔子学院总部主办的亚洲地区孔子学院 2010 年联席会议在新加坡隆重举行，来自亚洲 11 个国家和地区 52 所孔子学院的 120 余人参加了会议；① 2011 年 7 月在法国举办了"汉语年"活动；② 2014 年 9 月，全球孔子学院（课堂）共同开展了首个"孔子学院日"活动，123 个国家和地区的近 1200 所孔子学院（课堂）参加了活动；③ 2015 年 4 月，由孔子学院总部/国家汉办与美国大学理事会、亚洲协会联合主办的第八届全美中文大会在美国亚特兰大开幕，来自美国多个州政府教育部门的官员、大中小学校长、汉语教育专家及教师等 1200 余人参加了大会；④ 2016 年 12 月，第十一届孔子学院大会在昆明国际会展中心开幕，140 个国家和地区的大学校长、孔子学院代表共 2200 多人参加大会；⑤ 2017 年 12 月，以"合作与创新构建人类命运共同体"为主题的第十二届孔子学院大会在西安曲江国际会议中心召开，来自 140 多个国家和地区的大学校长、孔子学院代表近 2500 人出席大会；⑥ 2018 年 12 月，第十三届全球孔子学院大会在成都开幕，来自 154 个国家和地区的大学校长、孔子学院代表近 1500 人参加大会；⑦ 2019 年 12 月，首届国际中文教育大会在湖南长沙举行，此次大会以"新时代国际中文教育的创新和发展"为主题，来自 160 多个国家的 1000 多名中外代表围绕深化体制改革、丰富办学资源、提高办学质量、推动多元发展等议题展开深入讨论。⑧ 这些活动的成功举办标志着世界范围内的"汉语热"达到了一个新高潮。

---

① 亚洲地区孔子学院 2010 年联席会议在新加坡召开 [EB/OL]. （2010-06-26）[2023-07-25]. https：//news. sina. com. cn/o/2010-06-26/140517713671s. shtml.

② 2011 年法国"汉语年"启动 贺国强出席开幕式 [EB/OL]. （2014-01-25）[2023-07-25]. http：//www. china. com. cn/newphoto/zf50/2014-01/25/content _ 31304003. htm.

③ 孔子学院举办首个全球"孔子学院日"纪念成立 10 周年 [EB/OL]. （2014-09-27）[2023-07-25]. https：//news. sina. com. cn/o/2014-09-27/122530924007. shtml.

④ 第八届全美中文大会在亚特兰大召开 [EB/OL]. （2015-04-17）[2023-07-25]. http：//usa. people. com. cn/n/2015/0417/c241376-26863138. html.

⑤ 第十一届孔子学院大会在中国昆明召开 [EB/OL]. （2017-01-20）[2023-07-25]. https：//www. sohu. com/a/124817833 _ 508488.

⑥ 深化合作 创新发展 为构建人类命运共同体贡献力量 [EB/OL]. （2017-12-12）[2023-07-25]. https：//epaper. gmw. cn/gmrb/html/2017-12/13/nw. D110000gmrb _ 20171213 _ 4-03. htm.

⑦ 第十三届孔子学院大会在成都举行 [EB/OL]. （2018-12-05）[2023-07-25]. https：//www. sc. gov. cn/10462/10464/10797/2018/12/5/10464251. shtml.

⑧ 国际中文教育大会在长沙开幕 [EB/OL]. （2019-12-10）[2023-07-25]. http：//www. hunan. gov. cn/hnszf/hnyw/sy/hnyw1/201912/t20191210 _ 10828596. html.

2021 年起中文正式成为联合国世界旅游组织官方语言，中文在国际交往中的作用日益凸显，中文的国际影响力不断攀升。①

（四）经济全球化加剧弱势语言的消亡

当今世界经济全球化趋势逐渐增强，这进一步加剧了弱势语言消亡的速度，语言的多样性也受到严重影响。据《民族语言志：世界的语言》在线网站 2021 年的统计数据，目前世界上共有 7168 种语言，全世界 94.6% 的人口使用 6.0% 的语言（329 种），使用人口低于 1 万的语言占语言总数的 54.3%；使用人数不到 1000 的语言有 1900 种，占语言总数的 26.5%；使用人数不到 100 人的语言有 305 种；使用人数不到 10 人的语言有 117 种，还有 334 种语言已经没有人使用。当前全世界共有 3045 种语言处于濒危状态，约占世界语言总数的 42%。②

由上述数据我们可以看出语言濒危现象十分严重。"英国语言学家 Crystal 估计，在 21 世纪，全世界现有的语言中，80% 的语言将面临消亡。美国阿拉斯加土著语言中心主任 Michael Krauss 甚至认为，到 2100 年，世界上会消亡的语言可能多达 90%。"③

语言濒危与消亡是一个全球性的现象，无论是在发达国家还是发展中国家，弱势语言都无一例外受到强势语言的威胁而处于濒危状态。Gordon（2005）在《民族语言志：世界的语言》中列举出了 516 种接近消亡（nearly extinct）的语言，其中有 58 种是美国境内的少数民族语言。然而，语言濒危与消亡现象最为严重的地区是发展中国家的边远山区。联合国教科文组织的有关资料表明，仅在马来西亚的巴布亚和马鲁古群岛地区，已有 10 多种语言消失，33 种语言的使用人数不足百人，还有很多语言的使用者不足千人。这些语言由于不能适应科技的发展和全球化的趋势而只能逐渐消

① 教育部：《关于政协第十三届全国委员会第四次会议第 2624 号（教育类 091 号）提案答复的函》[EB/OL]. (2021-11-04) [2023-05-01]. http://www.moe.gov.cn/jyb_xxgk/xxgk_jyta/yuhe/202111/t20211104_577702.html.

② Ethnologue：Languages of the World [EB/OL]. (2023-02-21) [2023-07-10]. https://www.ethnologue.com/insights/how-many-languages-endangered/.

③ 刘汝山，王美玲. 全球化趋势与世界语言问题 [J]. 中国海洋大学学报（社会科学版），2007（6）：75.

失。① 在全球化背景下，中国境内的一些方言和少数民族语言也受到了极大冲击。中国境内 140 余种语言中，使用人口 100 人以内的语言有 7 种，使用人口少于 1000 人的语言有 22 种，还有一些语言，如阿龙语、赫哲语，现在只剩下极少数老人会讲，有的语言甚至已经消亡，如满语、羿语、木佬语和哈卡斯语。②

▶ 二、语言对经济的影响

随着经济全球化、信息化和互联网的普及，语言的经济属性日益彰显，逐渐成为影响个人收入、企业效益、国家经济社会发展的重要因素。

（一）语言能力影响个人经济收入

语言能力与个人经济收入一般成正比率关系。不同语言群体之间有时会存在收入差异，其中一个重要的原因是个体的语言能力存在差异。以英语为例，Grin（2001）通过实证研究的方法，计算出了瑞士从业者的英语能力与收入之间的数量关系。③ 如下表 1-1 所示：

表 1-1　根据英语水平测度的瑞士平均劳动收入

（1994—1995 税前收入和社会保障金）

水平	男性（n=1141）				女性（n=803）			
	报告结果		全职等值		报告结果		全职等值	
	CHF[1]	指数[2]	CHF	指数	CHF	指数	CHF	指数
流利	7636	148	7896	150	4096	149	5468	143
好	6603	128	6799	129	3934	143	5031	132
一般	5767	112	6094	116	3268	119	4200	110
无	5164	100	5255	100	2751	100	3818	100

注：[1] CHF 指瑞士法郎；其时瑞士法郎和美元兑换率约为 1.5∶1；

　　[2] 收入指数按全职等值计算；指数值 100 表示无英语能力。

① 刘汝山，王美玲. 全球化趋势与世界语言问题 [J]. 中国海洋大学学报（社会科学版），2007（6）：75.

② 李玉坤. 中国 130 种语言大部分走向濒危 "国家队" 加入拯救 [EB/OL]. （2017-12-09）[2023-07-10]. http://news.china.com.cn/2017/12/09/content_41976480.htm.

③ Grin, Francois. English as economic value：facts and fallacies [J]. World Englishes，2001，20（1）：71-72.

从表中可以看出：在瑞士，英语水平和收入之间表现出强烈的相关性，从业者的英语水平越高，他的收入也相对越高。懂英语者可以将其收入水平提高 12%～13%。

2013 年 11 月 8 日，在武汉科技大学城市学院举行了校园招聘会，多数企业都对学生的英语水平提出了要求。东莞某公司甚至在招聘宣传海报中，根据应聘者的英语水平的程度，列出了不同的基本工资，其中具有英语四级水平的基本工资为 3200 元，英语六级水平的基本工资为 3400 元，专业英语四级水平的基本工资为 3600 元，而具有专业英语八级水平的基本工资最高为 3800 元。该企业招聘人员表示，因公司拓展海外业务需要招聘一批具有一定外语能力的职员，根据外语水平给出不同工资，也是为了更加公平。① 通过 58 同城、智联招聘等网站搜索，我们发现还有很多招聘启事对具有外语交际能力的应聘者开出的工资都要明显高于不具备外语交际能力的应聘者。可见，应聘者的外语技能与工资水平成正比率关系，外语熟练程度越高、经验越丰富，其竞争力就越强，待遇也相对越好。

不少学者还就不同国家移民对移居国优势语言掌握的流利程度和在劳动力市场上的表现之间的关系进行了研究。这些实证研究几乎一致表明，语言能力对收入产生正面效应。具体来看，Chiswick & Miller（1992）指出，根据美国 1980 年的人口普查结果，英语流利的美国移民收入同比高出 17%；加拿大 1981 年的普查结果是 12%；澳大利亚 1986 年的结果为 8%；Chiswick & Miller（1995）在对四个不同国家所作的对比研究中，发现美国移民的语言资本回报率（17%）高于澳大利亚（5%～8%）、加拿大（12%）和以色列（11%）的移民。Dustmann（1994）对德国社会经济资料库（German Socio-Economic Panel，GSOEP）的数据分析发现，在移民中，德语口语水平居于中等以上者，男性和女性的收入比低于该语言水平者分别高出 6.9% 和 7.1%；同样地，书面语能力居于中等水平以上者，男性和女性的收入比低于该水平者分别高出 7.3% 和 15.3%。②

---

① 黄敏. 一企业招聘根据英语水平开工资［EB/OL］.（2013-11-09）［2023-05-15］. http://www.changjiangtimes.com/2013/11/461759.html.

② 江桂英. 中国英语教育：语言经济学的视角［M］. 厦门：厦门大学出版社，2010：60.

我国居民语言能力的多样性及其熟练程度也会直接影响个人的就业能力与择业选择，进而影响其收入水平。无论是外语能力、普通话能力还是方言能力，它们均对个人收入有积极的正向效应。[①] 卞成林、刘金林、阳柳艳（2019）对中越边境广西东兴市居民的多语能力与经济收入之间的相关性进行了调查分析，研究表明3种及以上语言的使用者高收入段居民占比较高，收入处于36001~72000元和72001元及以上的居民占比分别比单一语言使用者高 4.75 和 1.23 个百分点。由此可知，东兴市边境居民多语能力和平均收入之间也存在一定的正相关性，即居民多语能力越强，高收入的可能性越大。

普通话能力对我国劳动者的收入的影响也比较明显。夏历（2007）曾对在京务工人员的普通话水平在"经济收入"上表现出的差异进行了调查分析。如下表 1-2 所示：

表 1-2　不同经济收入在京务工人员普通话水平均值比较表

经济收入	交流能力	发音情况	运用能力
0~500 元	4.19	2.88	3.49
501~1000 元	4.21	3.16	3.61
1001~1500 元	4.19	3.15	3.71
1501~2000 元	4.49	3.49	3.88
2000 元以上	4.77	3.49	4.11

从上表可以看出，在京务工人员收入在 1500 元以下的普通话"交流能力"差别不大，而经济收入高于 1500 元时对普通话的"交流能力"的要求就逐渐提高；而在京务工人员普通话的"发音情况"和"运用能力"大致与经济收入成正比：经济收入越高，对普通话"发音情况"和"运用能力"的要求就越高；相反，经济收入越低，对普通话的"发音情况"和"运用能力"的要求相应就低些。因此，在京务工人员的经济收入与普通话水平，大致是以 1500 元为界，普通话水平与经济收入之间呈正相关，普通话水平

[①] 雷昊，王善高，姜海. 语言能力对劳动者收入的影响效应研究：基于外语、普通话和方言的实证分析 [J]. 西北人口，2020（6）：23.

越高，收入就越高；普通话水平越低，收入也就越低，见下图1-1所示：

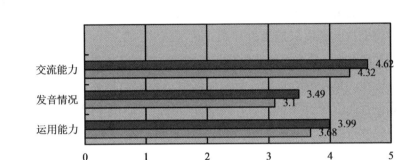

图 1-1　不同经济收入在京务工人员普通话水平差异图

（二）语言能力事关国家经济发展

语言能力包括国家语言能力和个人语言能力。个人语言能力是指个人用语言完成人生事务的能力，主要体现为"三语层"能力和"三语体"能力。而国家语言能力是国家处理海内外各种事务需要的语言能力，包括行政领域的语言能力、外事领域的语言能力、军事安全领域的语言能力、新闻舆论领域的语言能力、科技教育领域的语言能力、经济贸易领域的语言能力。① 语言是软实力，也是硬实力，语言能力事关国家经济发展。它不仅可以为国家经济的发展创造良好的软环境，还能够给国家和地区带来直接的经济效益。

以瑞士为例，由于其特殊的地理、历史等因素，瑞士成为一个典型的语言多样性国家，拥有丰富的语言资源，仅官方语言就有德语、法语、意大利语和罗曼什语4种，是世界上官方语言最多的国家之一。在语言多样性环境下，瑞士人表现出较高的语言能力，人均掌握两门外语，公司员工一般会讲三四种，甚至五种语言，这使得瑞士与其他国家相比具有明显的语言人力资本优势。语言多样性所带来的高语言人力资本积累和蓬勃发展的语言产业，成为拉动瑞士经济发展的重要因素。据统计，语言产业每年为

① 李宇明．试论个人语言能力和国家语言能力［J］．语言文字应用，2021（3）：6-14.

瑞士创造约 500 亿瑞士法郎的 GDP，对 GDP 的贡献度达到 10%。①

国家语言能力与国家经济实力密切相关，是国家综合实力的重要体现之一。我国现在已经发展成为世界第二大经济体、第一大货物贸易国，是 120 多个国家和地区最大的贸易伙伴，在华设立的外资企业已经超过 100 万家。② 2021 年北京外国语大学发布的《国家语言能力指数报告》指出，我国的国家语言能力居世界第二位，说明中国在语言人才储备、语言技术开发、语言资源挖掘与利用等方面已经取得了显著成就。③ 国家语言能力的提升为国家经济的发展提供了动力。比如每年 10 月在广西南宁举办的中国——东盟博览会，志愿者除了使用英语外，还同时使用老挝语、泰语、越南语、柬埔寨语、马来语、印尼语、缅甸语等多种语言进行服务。多种非通用语言的使用吸引了众多东盟不同国家客商前来参展，这也间接地促进了中国与东盟双边贸易额的增长。再比如科大讯飞公司启动科技创新 2030 重大项目"以中文为核心的多语种自动翻译研究"，聚焦我国"一带一路"倡议实施中语言大互通需求，通过多语种语音识别、语音合成、图文识别和机器翻译等智能语音语言核心技术研究，实现语音、文字、图片等多种输入模态下中文与其他语种的自动翻译，推动各地区、各民族人民沟通交流无碍，进而推动"一带一路"共建国家经济的发展。④

（三）语言政策是经济发展的驱动力

语言对国家更直接的影响是语言政策的制定。语言政策包括语言规范化、文字改革、语言选择、语言协调、文字创制等方面的内容，其目的是解决信息交流与人际沟通问题。国家的语言政策不但可以影响语言自身的发展和变化，而且还可以对社会经济的发展起到促进或抑制的作用。

以菲律宾的语言政策为例。纵观其语言政策变迁，不难发现，菲律宾

① 王海兰. 语言多样性与经济发展的互动关系分析 [J]. 制度经济学研究，2017（4）：169.

② 外交部：2021 年 4 月 1 日外交部发言人华春莹主持例行记者会 [EB/OL].（2021-04-01）[2023-07-26]. http：//newyork. fmprc. gov. cn/web/wjb _ 673085/zzjg _ 673183/gjs _ 673893/gjzz _ 673897/lhgyffz _ 673913/fyrth _ 673921/202104/t20210401 _ 9176101. shtml

③ "国家语言能力指数"发布，中国居世界第二 [EB/OL].（2021-09-03）[2023-01-21]. https：//mp. weixin. qq. com/s/EIrRq1yKaa _ GGPuitH _ qEQ.

④ 助力"一带一路"高质量发展，科大讯飞亮相中阿博览会 [EB/OL].（2021-08-19）[2023-01-21]. http：//www. iflytek. com/news/2580.

在殖民时期受到外来语强势入侵，以英语为甚。菲律宾国语确立后，当权者试图兼顾发展民族传统文化和汲取现代文明，出台了双语教育政策，但英语影响深远和国语发展缓慢的客观现实使得菲律宾各届政府的双语政策趋于"弱势"。由此带来的积极效应是菲律宾人的语言优势，这无形中增强了人力资源的市场竞争力。菲律宾海外劳工因为能说流利的英语，足迹遍布世界160多个国家和地区，为菲律宾创造了大量外币汇款，他们的就业竞争力正是语言经济价值体现的典型范例。①

语言政策之于经济发展就好比一把双刃剑，当语言政策适应社会经济形势，它就会促进经济的发展，相反，不合理的语言政策就会阻碍经济的发展。

加拿大蒙特利尔的历史就是一个典型的语言政策毁掉经济的案例。1980年以前，蒙特利尔在加拿大是首屈一指的城市，在整个北美的排名也非常靠前，经济相当发达。然而，1980年和1995年的两次公投之后，蒙特利尔的经济情况一落千丈。造成其经济衰落的重要原因之一就是蒙特利尔政府实施的不合理的语言政策。蒙特利尔最初是法国的殖民地，人称"小巴黎"，有着浓厚的法国文化特色，这里一半以上的人口是法国人后裔。20世纪60年代，法裔魁北克人在政治上争取到了更大的发言权后，蒙特利尔就确立了法语的主导地位。

1977年，魁北克《101语言法案》通过，这个强制认可法语在魁省官方地位的法案，要求境内所有商业广告和招牌一律使用法文（电影院可以播放英文电影），其他语言只能用不起眼的小字标注在旁边。甚至一些本身来自英语国家的产品在这里也要打上法语的广告。

虽然说推广民族语言是一个国家竭力保持文化传统的行为，无可非议，但是政府以异常强硬之手段为推广法语立法，给蒙特利尔带来的只能是巨大的经济损失。根据《蒙城华人报》的报道："蒙特利尔由于地缘优势吸引到大批国外移民的定居，人口增长率在全加拿大较为迅猛。"正因为蒙特利尔拥有着大量来自世界上各个国家的移民，拥有丰富的语言资源，才吸引

---

① 叶萍．语言政策对菲律宾经济文化的影响［J］．东南亚纵横，2010（4）：105.

了大量的外资进入蒙特利尔，也推进了蒙特利尔本土公司的国际化，为蒙特利尔经济的发展作出了很大的贡献。但是《101语言法案》的颁布实施，给新移民的工作和生活造成了很大的困难，导致大量人才流失，像皇家银行 RBC、蒙特利尔银行 BMO、TD 和 Scotiabank 的总部也纷纷搬离蒙特利尔，蒙特利尔逐渐走向了没落。①

（四）语言资源开发提供新的经济增长点

李宇明指出，基于语言资源理念的学术发展，要有语言产业意识。② 而语言经济的快速、成规模发展将会形成语言产业。以加拿大为例，2004 年加拿大语言产业对加拿大 GDP 的贡献额保守估计约为 27 亿美元。其中，语言翻译行业带来的收益约 12 亿美元，各类语言培训学校为 GDP 的贡献额约为 15 亿美元。同时，加拿大语言产业为全国提供了 50000 多个就业岗位，其中，语言学校提供了 10000 多个工作岗位；语言学校的留学生在加拿大的花费又创造了 10000 多个就业岗位。可见，语言产业已成为国民经济的重要组成部分，是社会经济发展中不可忽视的部分。③ 同时，语言资源作为人力资本，对企业的发展至关重要。

Coleman & Cree（2002）对 1000 家德国中小型出口公司所做的调查中显示，60%被访者和英国没有生意往来。但是如果要建立业务关系，受调查者中的 80%表示将选择用德语交流，只有 20%选择使用英语。而在那些用英语和英国做生意的公司中，有半数表示他们绝对更希望用德语交流，并且看好那些努力使用德语与其交流的英国公司。而在 20 世纪 90 年代的美国，97%的出口增长来自中小型企业。可是，这些企业中只有 10%出口其产品，是他们缺乏了解国外市场所需的背景知识和语言技能。纳菲尔德质询报告也指出，英国的企业正在遭受因语言技能缺乏所致的打击，为了保护英国企业，政府必须开始彻底修订其语言政策。英国劳动力长期以来缺

---

① 谈谈魁北克的语言政策对于蒙特利尔经济的影响 [EB/OL]. (2013-11-16) [2014-06-23]. http://www.firstcrab.com/life/wen/idea/2013-11-16/228.html.

② 李宇明. 保护和开发语言资源 [G] //"中国语言生活状况报告"课题组. 中国语言生活状况报告 2008 上编. 北京：商务印书馆，2009：6.

③ 李现乐. 语言资源与语言经济研究 [J]. 经济问题，2010 (9)：26.

乏应有的外语技能，这一事实使得英国企业在海外的竞争力越来越处于劣势。[①] 这些事例都说明作为人力资本的语言资源，对企业的发展有着至关重要的作用

　　全球化、信息化时代，语言资源产业化发展愈来愈引起全球性的关注。2009 年《欧盟语言行业市场规模报告》指出，2008 年欧盟成员国的语言市场总产值达 84 亿欧元，其中语言技术领域的产值为 5.68 亿，电影字幕和配音领域为 6.33 亿，语言教学领域为 16 亿，会议组织中的多语言服务为 1.43 亿。该报告预测，欧盟 2015 年语言行业的实际产值可达到 200 亿欧元。[②] 据报道，瑞士的命名产业 1999 年的年产值就达到了 150 亿美元。有人估计，全世界翻译市场年产值可达 1 万亿元人民币；全球英语教育市场，除大学和政府培训机构外，约有 600 亿美元的规模。[③] 事实表明，语言资源产业化已经成为经济增长中的一个新的重要因素。

　　人口流动和信息化已经成为我国经济发展的重要引擎。2017 年，我国公民出境旅游突破 1.3 亿人次，境外旅游消费达到 1152.9 亿美元；[④] 2019 年度我国出国留学人员总数为 70.35 万人；[⑤] 2019 年国家铁路完成旅客发送量 35.7 亿人；[⑥] 2022 年，我国常住人口的城镇化率由 1978 年的 17.92% 上升到 2022 年的 65.2%，这一增量超过了欧洲人口总和。[⑦] 人口流动的加快增加了居民对语言教育、语言翻译、语言技能、语言技术等的需求，语言资源作为一种人力资本的价值就愈加凸显。据中国翻译协会统计，2021 年，中国含有语言服务业务的企业共 423547 家，语言服务为主营业务的企业

①　江桂英．中国英语教育：语言经济学的视角［M］．厦门：厦门大学出版社，2010：55.

②　贺宏志，陈鹏．语言产业引论［M］．北京：语文出版社，2013：3.

③　杨书俊．发展语言产业　助力产业调整［EB/OL］．（2015-07-28）［2023-07-29］. http：// sscp. cssn. cn/xkpd/yyx_20148/201507/t20150728_2096528. html.

④　中国与世界贸易组织［EB/OL］．（2018-06-28）［2019-01-07］. http：//www.gov.cn/xin-wen/2018-06/28/content_5301884. htm.

⑤　2019 年度出国留学人员情况统计［EB/OL］．（2020-12-14）［2023-07-29］. http：// www. moe. gov. cn/jyb_xwfb/gzdt_gzdt/s5987/202012/t20201214_505447. html.

⑥　2019 年全国铁路成绩单亮眼：发送旅客 35.7 亿人发送货物 34.4 亿吨．［EB/OL］．（2020-01-02）［2023-07-29］. https：//economy. gmw. cn/2020-01/02/content_33450049. htm.

⑦　邱海峰．中国常住人口城镇化率突破 65%　城镇化进入"下半场"．［EB/OL］．（2023-03-29）［2023-07-29］. https：//www. chinanews. com. cn/gn/2023/03-29/9980448. shtml.

9656 家，语言服务为主营业务的企业全年总产值为 554.48 亿元，相较 2019年年均增长 11.1%。① 我国信息化发展日新月异，截至 2022 年 12 月，我国网民规模为 10.67 亿，互联网普及率达 75.6%，网民中使用手机上网的比例为 99.8%，短视频用户首次突破十亿。② 语言数据作为数字经济时代的重要生产要素，催生了大量的数字服务产业，比如语言数据库建设、语言数据产品营销、语言数据云存储、机器翻译、语音撰写、语音输入法、语音智能测评、智能教学、智能写作、智能客服、交互式智能问答等，③ 这些业态的产生与发展都得益于语言大数据的集聚与应用。经过多年的发展，我国已经涌现出一批较具代表性的语言产业，如外语教学与研究出版社、上海外语教育出版社、语文报社等语言出版企业，新东方、环球雅思等语言培训企业，王码五笔、汉王科技、北大方正、科大讯飞等语言信息技术企业，北京传神等语言翻译企业。语言产业作为绿色产业、智慧产业，几乎不消耗自然资源，而且很多都跟高新文化、高新技术相关。它的发展前景无限，经济效益巨大，能提供大量的就业岗位，应当引起国民的高度重视。有研究指出，2010 年我国的外语培训市场、翻译市场以及外语出版市场的总值接近 1000 亿元；我国手机产量约占全世界手机产量的 60%，基于输入法所产生的收入高达 8000 亿元；未来 5 年，中文语音市场将达到 1300 亿元。④ 从事语音识别、语音合成、机器翻译的科大讯飞公司 2021 年的营业收入达到 183.14 亿美元，⑤ 基于先进的汉字识别技术的汉王科技公司 2021年实现营业收入 16.13 亿元。⑥ 这些产值增长的背后，无不体现语言资源作为一种重要的生产要素，起到了至关重要的作用，也为企业提供了新的经

① 中国翻译协会发布《2022 中国翻译及语言服务行业发展报告》[EB/OL]. (2022-04-01) [2022-07-14]. http://www.tac-online.org.cn/index.php? m=content&c=index&a=show&catid=395&id=4164.

② 中国互联网络信息中心. 第 51 次中国互联网络发展状况统计报告 [R]. 北京：中国互联网络信息中心，2023：1.

③ 王海兰. 试论语言数据的经济属性 [J]. 语言战略研究，2022（4）：31.

④ 李宇明. 发掘语言的经济价值：《语言产业引论》序 [J]. 语文建设，2014（1）：77.

⑤ 科大讯飞 2021 年营收 183 亿，同比增长 40.6% [EB/OL]. (2022-04-11) [2022-08-16]. https://www.iflytek.com/news/2606.

⑥ 汉王科技 2021 年营收 16.13 亿元，智慧阅读系统落地数十所中小学 [EB/OL]. (2022-04-04) [2023-04-12]. https://new.qq.com/rain/a/20220404A0208900.html.

济增长点。

（五）语言国际传播创造经济发展条件

一个国家的国际影响力不仅表现在经济水平和科学技术方面，语言的国际传播能力也是一个国家综合实力强弱的标志之一，它为经济的发展架起了语言互通的桥梁，对促进产业升级与发展起着不可或缺的重要作用。

以国际中文教育为例。随着中国经济的发展、综合国力的增强，国际中文教育也日趋成熟，这将有助于中国走向世界，也有助于世界更多地了解中国。促使人们学习外语的因素有很多，但是最根本的因素是为了提升个人经济价值。外国人汉语学习的需求大致有了解新鲜事物、到中国旅游与就业、到中国学习、研究中国、欣赏传播中国语言与中国文化等，而为获取新的就业机会或更多的商业机会应该是其学习汉语最主要的动机。[①] 当前世界经济进入低迷期，而中国经济依然保持中高速增长的态势，这使得汉语的经济价值不断提高。日益增强的经济价值，成为汉语国际传播的重要因素之一。通过国际中文教育，中华优秀语言文化逐渐被世界所认可，这将有利于推动中国经济的进一步发展。

另外，国际中文教育的发展加强了我国与世界各国之间的合作交流，对我国文化、教育等事业的发展也起到了助推作用。比如印度尼西亚有8039所高中开设了中文课程；德国于2004年将中文纳入了中学会考科目；日本有120余万人正在以各种方式学习汉语；韩国学习汉语的人数也达30多万人；美国、法国、英国、墨西哥、阿根廷、智利、巴西、秘鲁、葡萄牙、西班牙等国也已逐步将汉语教学列入大学课程甚至学位课程中。[②] 伴随着汉语经济价值的提高，世界上学习汉语的人数也会逐渐增多，因此，各国对汉语教师以及教材、教学设备的需求量也会逐渐加大，这就间接推动了国内相关专业的就业和文化产业的发展。

此外，随着国际中文教育的深入发展，世界各国直接来中国学习语言

---

① 尹海良. 对世界汉语热和汉语国际推广工作的认识与思考［J］. 前沿，2009（2）：187.
② 姜红. 论汉语国际推广的经济价值［J］. 华东经济管理，2009（6）：152.

文化的人数逐年增加，"十五"期间来华留学生的数量以年均 20％ 的速度增长①，2005—2014 年间，来华留学生人数年平均增速为 13.19％。② 2018 年共有来自 196 个国家和地区的 492185 名各类外国留学人员在全国 31 个省（区、市）的 1004 所高等院校学习，比 2017 年增加了 3013 人，增长比例为 0.62％，③ 从而形成了巨大的汉语培训市场，对我国经济的发展起到了直接的推动作用。中国汉语培训市场仅非学历教育收入每年约为 20 亿元人民币，而且未来的汉语市场还会以翻番的速度增长。作为一种产业，有业内人士估计，中国的汉语培训市场最少有 50 亿的规模。④ 国际中文教育不仅是国家的一项语言文化事业，其本身也具有重要的现实经济价值。

总之，随着经济全球化的推进，语言在国家发展中的经济价值和作用逐渐凸显。从经济学的角度认识语言的价值对国家现在和未来的发展都具有重要意义。一国语言一旦成为国际语言，则标志着该国已具有强大的经济竞争力和国际影响力。由此可见，国际语言正以其有形力量和无形力量推动或制约着现代经济的发展，成为国际经济竞争的新元素。

第二节　语言经济价值的实现

语言作为一种资源，蕴含着巨大的经济价值。我国是世界上语言资源最丰富的国家之一，拥有汉藏、阿尔泰、南岛、南亚和印欧五大语系 130 多种语言，其中边疆地区还分布了 50 余种跨境语言，占中国境内语言总数的 40％以上。⑤ 这些多样性的语言资源在促进经济发展、维护政治稳定、推动

---

① "十五"期间来华留学生人数年均增长 20％［EB/OL］.（2007-03-03）［2023-08-20］. http：//news. cctv. com/education/20070303/101646. shtml.

② 2014 年来华留学调查报告［EB/OL］.［2023-07-26］. https：//www. eol. cn/html/lhlx/content. html＃111.

③ 忠建丰 . 2018 年来华留学统计［EB/OL］.（2019-04-12）［2023-07-29］. http：//www. moe. gov. cn/jyb _ xwfb/gzdt _ gzdt/s5987/201904/t20190412 _ 377692. html.

④ 孟怡昭 . 漫谈国家营销之中华文化国际传播与促进对外贸易［EB/OL］.（2008-05-15）［2023-07-29］. http：//www. emkt. com. cn/article/365/36586-3. html.

⑤ 黄行，许峰 . 我国与周边国家跨境语言的语言规划研究［J］. 语言文字应用，2014（2）：10.

文化建设、保障国家安全等方面发挥了积极作用,[①] 对"一带一路"倡议的实施,乡村振兴的全面推进以及中华民族共同体的构建具有重要意义。当前语言文字事业进入新的发展阶段,亟须厘清语言经济价值的影响因素,因地制宜、多措并举,深入挖掘语言资源的经济价值,提升其服务党和国家战略全局的能力。

▶▶ 一、语言经济价值的影响因素

语言的经济价值主要是由该语言的社会文化功能和使用该语言所产生的经济效益决定的。[②] 而语言所产生的经济效益则受供求法则的支配,受语言内外多重因素的影响。语言的经济价值不但与语言信息的承载量、语言信息的准确性、语言信息的艺术性等内在因素有关外,也会受到国家或地区的经济实力、语言的使用密度、语言的市场需求、语言使用者的熟练程度、语言理解者的心理活动、语言教育的投入力度等外在因素的制约。

(一)影响语言经济价值的内在因素

1. 语言信息的承载量

在经济活动中,语言所包含的经济信息的承载量直接影响其经济效用。语言信息的承载量应该坚持适度原则,既不能不足,也不应冗余。例如广告语,是一种非常特殊而又常见的经济语言,它不仅要真实地向广大消费者传递商品信息,更要调动消费者的购买欲,以实现其经济效用。为保证广告语经济价值的实现,就必须保证广告语的信息量适中,传递多余或过少的经济信息,都会产生不良的经济效应。心理学研究资料表明,人类短时记忆与信息数量有关,一般人一次只能接收 7 个信息单位。有人做过实验,结果表明,就广告标题而言,6 个字以下的广告标题的记忆率为 34%,6 个字以上的广告标题的记忆率则只有 13%。因此,为了使受众迅速记忆广告所传递的信息,广告行为主体必须在简明扼要上下功夫,力求做到言简

---

① 刘博超. 学好普通话,也要保留家乡话! 你觉得家乡话好听吗 [EB/OL]. (2019-02-22) [2023-07-29]. https://mp. weixin. qq. com/s/dhz7lR3 _ FTJ4ILx7q9hnjQ

② 陈章太. 语言规划概论 [M]. 商务印书馆,2015:117.

意赅，获得一种简练的风格美。① 比如宝洁公司多款洗发水的广告词："头屑去无踪，秀发更出众"（海飞丝），突出它的去屑功能；"拥有健康，当然亮泽"（潘婷），突出它的养护功能；"那种柔顺，一触，就知道是她"（飘柔），突出它的飘逸效果；"动感造型，怎么变都有型"（沙宣），突出它的造型功能。这些广告语承载了适度的信息量，因而都成了耳熟能详的广告语。我们知道洗发水都有一个共同的功能，那就是去污，如果在广告语里过分强调这一功能，就会显得信息冗余，降低广告的经济效应。又如"一旦拥有，别无所求——飞亚达手表"这一广告语，并没有将手表的全部信息表达详尽，而是让消费者通过遐想，把手表同身份联想起来，传达一种戴上飞亚达手表就有不凡的气质和唯我独享之感受的信息，从而给消费者留下深刻印象。

2. 语言信息的准确性

语言是人们交际或从事其他活动的桥梁和媒介，它能不能发挥作用，带来经济效用，除语言信息的承载量之外，语言输入与输出的准确性也能对其产生重要影响。由于语言交流不是单向的，它往往涉及参与者双方，因此语言输入与输出的准确性，是言语交际得以顺利进行的基本保障。在日常生活中，语言使用不准确，不但容易造成人们理解上的隔阂，导致误解，甚至会带来重大损失。如翻译工作，往往差之毫厘，谬以千里。中国某厂商生产的"金鸡"牌闹钟出口海外，品牌的译名为"Golden Cock"，在国外销路不佳，原因不是产品质量不过关，而是在品牌译名时未充分考虑到英文词语背后蕴含的中西方文化差异所致。"雄鸡"在中国象征雄性美，具有勤劳、吉祥等文化意义，但是"Cock"一词在英美国家除了指"雄鸡"外，还是一个蕴含"下流、低俗"含义的忌讳语，看到这一译名，消费者心生厌恶，自然就降低了购买欲。"Golden Cock"这个商标译文在海外的窘境当时引起了中国出口商——天津进出口公司的重视，他们立即把商标"Golden Cock"改为"Golden Rooster"，销路也就随之打开了。②

---

① 曹炜，高军. 广告语言学教程［M］. 广州：暨南大学出版社，2007：283.
② 陈炼. 从中外文化差异看商标翻译［J］. 湖南商学院学报，2002（1）：115.

3. 语言信息的艺术性

语言的修辞艺术旨在提高言语的表达效果，而修辞运用所产生的经济价值也有高低之分。使用语言来做商业宣传，如果能够做到得体、新颖，做到以言悦人，以言感人，语言的经济效用就越高。

修辞艺术已经成为当前经济生活中具有市场价值的资源，修辞活动直接影响企业的经济效益。在经营管理、商务往来中都少不了修辞艺术，商品命名、品牌拟定、广告宣传等无一例外地与修辞紧密相关。例如：2004年飞利浦推出新广告标语"Sense and simplicity"（精于心，简于形）以取代"Let's make thing better"（让我们做得更好），很好地诠释了飞利浦确保消费者轻松简便地使用新技术或享受新的生活方式的经营理念。新广告标语"精于心，简于形"是对旧广告标语"让我们做得更好"的概括与升华，将营销的重心从产品转向消费者，同时兼顾新老市场，给飞利浦带来了丰厚的利润回报。[①] 修辞艺术不仅能给企业和个人带来丰厚的经济回报，还能为经济增长开辟新思路。例如：由"托儿所"而衍生出"托老所"，由"导游"衍生出"导读""导医""导修""导购"，由"酒吧"衍生出"氧吧""贴吧""网吧"等就是修辞启迪智慧，增加经济增长点，创造经济价值的典型事例。[②]

品牌名称修辞同样可以起到吸引消费者，产生品牌联想，促进销售，创造经济价值的作用。[③] 如将化妆品牌"REVLON"巧妙地译成"露华浓"，语出李白《清平调》"云想衣裳花想容，春风拂槛露华浓"的名句，据典贴音，优雅别致；将计算机芯片牌号"PENTIUM"译成"奔腾"，既保留了与原词相近的读音，又能使人们联想到它的快捷、便利以及产品的先进。这些修辞艺术的运用赋予了品牌一定的寓意及浓厚的感情色彩，发挥了很好的促销作用，为商家带来了极高的经济价值。[④]

---

① 占俊英. 论修辞艺术在广告标语中的经济价值 [J]. 湖北社会科学，2014 (11)：144.
② 黄知常. 修辞与语言经济学 [J]. 衡阳师范学院学报（社会科学），2002 (1)：108.
③ 占俊英. 品牌名称修辞的经济价值分析 [J]. 湖南科技大学学报（社会科学版），2014 (2)：104.
④ 黄知常. 修辞与语言经济学 [J]. 衡阳师范学院学报（社会科学），2002 (1)：109.

（二）影响语言经济价值的外在因素

1. 国家或地区的经济实力

理论上语言是一律平等的，现实中语言是有强有弱的。语言的强弱与语言所属社团的强弱盛衰呈正相关。古罗马帝国的强盛，造就了拉丁语在古欧洲的"超级语言"地位；法兰西的崛起，使法语在 17 世纪成为欧洲外交用语。[①] 而一个国家或地区的语言在世界上的地位越重要、使用的程度越高，其蕴含的经济价值也会越大。从语言经济学角度来看，即语言使用的国家或地区的经济发展水平越高，外部社会与它交流、交易往来就会越多，该语言的经济收益自然也会越多。同时，为了与该国家或地区交易，外部社会就不得不学习该语言，导致该国家或地区语言的扩散，这又增加了该国家或地区语言的潜在收益。所以，国家或地区经济社会发展水平越高，该国家或地区的语言经济收益就越高。[②]

比如，20 世纪 80 年代，随着国内经济实力的迅猛发展，日本很快变成一个富裕国家，在某些高科技领域也是全球遥遥领先，越来越多的西方人对日语情有独钟，掀起了"日语热"。西方人从实用动机出发，掌握了日语，有利于在当地同日本人进行交易，或学到日本的高科技，从而可以获取更多的经济利益。在澳大利亚农民市场，当地生意人一见到东方人总是用日语招揽生意，原因是日本人有钱，使用日语可以拉近彼此之间的心理距离，有助于做成各种买卖。因此，西方人曾一度把学日语叫作学"挣钱的语言（money language）"。如今，日语也是一种具有较大市场价值的语言。

回溯整个英语的全球化历程，国家综合实力对英语扩张的影响居于首要地位。虽然英语在早期是依仗殖民语言同化政策的强制性手段实现英语在地缘上的扩张，与拉丁语在欧洲中世纪前期的向外扩张、西班牙语和葡萄牙语在海外殖民地的扩张具有相似特征，使得语言带有某种国际性色彩，但拉丁语、西班牙语以及葡萄牙语未能像英语一样获得语言扩张的终极形

---

① 李宇明：强国的语言与语言强国［N］. 光明日报，2004-07-28（B1）.

② 罗立彬．中国经济崛起为汉语国际传播提供最有利条件：兼论汉语国际传播中的导向问题［EB/OL］.（2017-06-29）［2023-07-29］. http://www.rmlt.com.cn/2017/0629/480829.shtml.

态——全球化，主要原因是英语有着英美等国强盛的经济作为后盾，维系并加速英语的持续扩张。①

当今世界，美国在经济上的超级霸权地位使得英语实现了全球性的再度扩张，成为一种占据主导地位的全球性语言。随着中国经济的增长和迅速崛起，世界对汉语的需求也不断增长。2022 年 6 月 28 日，教育部召开"教育这十年""1＋1"系列发布会，时任教育部语言文字信息管理司司长田立新介绍，截至 2021 年底，联合国教科文组织、世界旅游组织等 10 个联合国下属专门机构将中文作为官方语言。② 截至 2023 年 7 月，全球 180 多个国家和地区开展中文教育，83 个国家将中文纳入国民教育体系，开设中文课程的各类学校和培训机构有 8 万多所，正在学习中文的人数超过 3000 万。③ 汉语使用需求的增长也会使汉语的效用和经济价值得到大幅提升。由此可知，一个国家或地区经济实力的增强，有助于推动其语言的传播，从而提高该语言的经济价值。

2. 语言的使用密度

在某一特定地区内，使用某一特定语言的个人和机构的数量，即使用该语言的密度，是决定该语言经济效用的首要因素。④ 一种语言（特别是被作为第二语言）使用的人口数量越多，分布的范围越广，那么它的经济价值也就越高。英语作为全球使用国家最多的第二语言，也是世界上使用人口最多的语言之一，在许多地区和专业领域占有主导地位，是当今世界的超级语言。⑤ 以至于在有些国家和地区会说英语的人的收入比不会说英语的人要多出许多倍。英国文化协会的报告《英语对个人和社会的好处：喀麦隆、尼日利亚、卢旺达、孟加拉国和巴基斯坦的量化指标》发现，这些国

① 马云霞. 语言在国际交往中的经济价值研究：以英汉两种语言为例［D］. 武汉：武汉理工大学，2012：117-118.

② 李东煌. 教育部：76 个国家将中文纳入国民教育体系［EB/OL］. （2022-06-28）［2023-07-29］. http://www.xinhuanet.com/edu/20220628/4c7b64da859141bf9f3d6c34d2b7fba0/c.html.

③ 陈杰副部长为成都大运村"汉语桥"中文学习互动体验区揭幕［EB/OL］. （2023-07-27）［2023-08-01］. http://www.moe.gov.cn/jyb_zzjg/huodong/202307/t20230727_1071029.html.

④ 许其潮. 语言经济学：一门新兴的边缘学科［J］. 外国语，1999（4）：46.

⑤ 李宇明. 努力发展我国的辞书事业：在汉语辞书研究中心揭牌仪式上的讲话［J］. 鲁东大学学报（哲学社会科学版），2008（2）：3.

家会说英语的人的收入比不会说英语的同事高出 25%，在卢旺达的一些工作岗位中，这一差距达到 181%。①

就我国而言，现代汉语普通话作为我国法律规定的国家通用语言，是国内使用密度最高、流通范围最广的语言。它是个人获得教育、信息和就业机会等各种人类资本的重要手段。② 所以现代汉语普通话无疑是我国经济价值最高的语言。根据《民族语言志：世界的语言》在线网站 2022 年的统计数据，除官话外，全球使用人数最多的汉语方言是粤语、吴语、闽南语，分别排名全球第 19、22 和 37 位。③ 语言本身在一定条件下也可能成为一种投资环境，优越的语言投资环境是双向投资的必要条件之一。以粤语和闽南语为例，粤语除分布在我国广东、广西、香港、澳门等地外，在东南亚的新加坡、印尼北苏门答腊省棉兰市、马来西亚、越南东北部（山由族聚居地）以及北美、英国和澳大利亚、新西兰等地的华人社区中也广泛使用。闽南语除在我国福建、台湾、广东、浙江等地区使用外，还在马来西亚、新加坡、印度尼西亚、菲律宾和泰国等东南亚华人地区使用。正因为粤语和闽南语在这些地区和国家之间使用密度高、流通范围广，所以大大优化了该区域的语言投资环境，促进了区域经济的发展。根据 1987 年《国家统计局统计报告》，香港地区投资内地的资金，65% 流向了广东珠江三角洲地区，12% 流向了广东潮汕地区，服务业（包括食品业）投资 5 亿多美元，其中 75.6% 流向了潮汕地区。同年，台湾地区投资大陆的资金，78.9% 流向了福建，其中闽南地区占了 48%；另据《福建省统计年鉴 2017》显示，2015 年福建省实际利用外资 768339 万美元，2016 年为 819465 万美元，来自中国台湾、中国香港、印度尼西亚、新加坡的外资 2015 年占了 68.9%，2016 年占了 64.5%。反向投资情况也大致如此，2015 年福建省对外投资为 128640 万美元，其中投向印度尼西亚、新加坡等东南亚国家的所占比例达

---

① 徐天辰. 第二语言为英语的人收入最高 平均高出 25% [EB/OL]. （2014-01-08）[2023-07-29]. http：//edu. sina. com. cn/en/2014-01-08/121478719. shtml.

② 王海兰，崔萌，尼玛次仁. "三区三州"地区普通话能力的收入效应研究：以西藏自治区波密县的调查为例 [J]. 云南师范大学学报（哲学社会科学版），2019（4）：50.

③ Ethnologue：Languages of the World [EB/OL]. （2023-02-21）[2023-08-20]. https：//www. ethnologue. com/insights/ethnologue200/.

到 72.43%;《2016 年度中国对外直接投资统计公报》也显示，2016 年流向亚洲地区的直接投资流量为 1302.7 亿美元，同比增长 20.2%，占当年对外直接投资流量的 66.4%。其中中国香港的投资为 1142.3 亿美元，同比增长 27.2%，占对亚洲投资的 87.7%。对东盟 10 国的投资为 102.8 亿美元，占对亚洲投资的 7.9%。上述数据反映的现象，恰恰可以说明一个特定地区语言或方言环境对区域经济发展的重要性。[①]

3. 语言的市场需求

市场对语言的需求受供求关系的影响。如果某一语言的市场需求大，而能够提供这一语言服务的人数又少，那么该语言就具备较高的经济效用；反之，如果某一语言的市场需求小，而能够提供这一语言服务的人数又多，那么该语言的经济价值就低。

例如，我国在 20 世纪 50 年代掀起了学习俄语的热潮，受当时政治因素的影响，经济运行仿照俄国模式，技术、设备、管理、人才都是俄式的，市场供不应求，因而俄语的价值就高。改革开放后，我国加强了与英美国家的合作，学习英语又掀起热潮，英语的经济价值至今居高不下。80 年代，广东经济的崛起使得粤语成为"挣钱的语言"，90 年代，中央开发浦东新区，上海话又成为人们竞相追逐的时尚语。2013 年，习近平总书记提出了旨在加强我国与亚欧大陆、中东、欧洲以及非洲之间的互联互通的"一带一路"倡议。十年来，加入"一带一路"倡议的国家由最初的 34 个增至 152 多个，"一带一路"倡议吸引了世界上超过 3/4 的国家和 32 个国际组织的参与。[②] 随着"一带一路"倡议的实施，我国对"一带一路"沿线非通用语种人才的需求不断增大，出现了供不应求的现象。王辉等（2019）调查智联招聘和前程无忧这两大求职招聘网站发现，诸如菲律宾语、阿尔巴尼亚语、乌孜别克语、印地语、罗马尼亚语、印尼语、波斯语、尼泊尔语等多种语种处于供不应求的状态，约占"一带一路"沿线非通用语种的 67%。

---

① 张振兴. 汉语方言资源应用随想［EB/OL］.（2018-10-10）［2023-07-29］. https：//nan-tonghua．net/archives/7239/.

② 我国已与 152 个国家、32 个国际组织签署"一带一路"合作文件［EB/OL］.（2023-08-25）［2024-01-31］. http：//www. news. cn/silkroad/2023-08/24/c _ 1129822163. htm.

正因如此，广西中越边境兴起了"越南语热"，不少人通过学习越南语，从事翻译、旅游和边境贸易工作，而随着越南语使用程度的提高，又进一步促进了越南语经济价值的提升。

4. 语言使用者的熟练程度

在劳务市场上，语言交流能满足社会不同层次的需要，取得不同的经济效益。受雇者的身价与其语言熟练程度成正相关，语言熟练程度越高，经验越丰富，身价也就越高。

秦广强（2014）运用适应性区群抽样的方法，调查研究了进京务工人员普通话熟练程度与其工资收入之间的关系。如图 1-2 和图 1-3 所示：

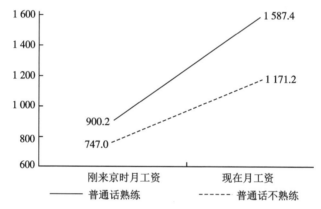

图 1-2　进京务工人员普通话水平与月工资收入

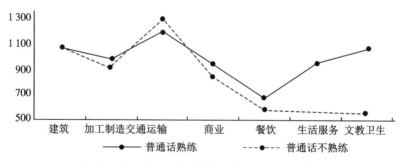

图 1-3　分行业（初次进入时）务工人员的月收入

图 1-2 是进京务工人员在刚来京时和调查时点普通话水平与月收入之间的关系。从图中可以看出，普通话熟练的在京务工人员的月收入两个阶段均高于不熟练者；虽然随着工作时间的增长，在京务工人员的月收入也会

有所增加，但是普通话熟练者与普通话不熟练者的月收入的差距却在不断拉大，二者之间比值从来京时的 1.20 扩大到调查时点的 1.36。

图 1-3 是从进京务工人员初次进入的行业来看普通话熟练程度与经济收入的关系。调查显示，除交通运输行业，进京务工人员普通话熟练者的月收入低于不熟练者，其他行业均是普通话熟练者的月收入高于普通话不熟练者。特别是在餐饮、生活服务以及文教卫生等行业中，普通话熟练者与普通话不熟练者月收入的差距更大。这也说明在需要与人交际的行业中，普通话熟练程度对经济收入的影响更大。

从业者外语水平的高低与工资收入之间也呈现出强烈的相关性。从业者外语水平越高，他的工资收入就越高。陈丽君（2011）通过电话调查了17 名外语导游员的工资，显示导游员的外语程度和收入之间有一定的关联，如图 1-4 所示：

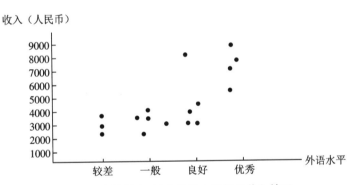

图 1-4　电话调查 17 人外语水平与月收入情况

从图 1-4 中可以看出，外语水平优秀的导游员收入相当可观，月平均收入在 1 万元以上，而外语水平较差的导游员月平均收入在 3000 元左右，只有外语水平优秀的导游员月收入的 1/3。可见，语言的熟练程度对从业者的工资收入有很大的影响。

5. **语言理解者的心理活动**

语言经济价值的高低只是个相对概念。影响语言经济价值高低的原因极其复杂，有可能是因为使用者本身难以估计语言手段所能产生的潜在经济价值，也有可能是受语言理解者的心理活动、信仰和语言的使用环境的影响。例如：广州迪彩公司（Decolor）自 1998 年成立以来逐渐发展为广东省名牌产品，并力争创立中国头发护理产品第一民族品牌。"迪彩"作为化妆品公司的品牌名称是一个不错的名字，"彩"字非常符合化妆品的特点，但是其英文名称"Decolor"却给迪彩公司走向国际市场设置了障碍。根据英语构词法，"de-"是表示否定的前缀，如"deface"意为"丑化"，"defect"意为"缺陷，瑕疵"；"color"意为"色彩"，由此可以推断"Decolor"意为"去色，漂色"。迪彩作为生产洗发水、染发剂等洗护产品的公司，品牌译名"Decolor"势必会对其海外销售产生影响。[①] 因此，根据语言使用的具体环境，因时、因地制宜，恰当使用语言为商品命名，对企业而言至关重要。

又如广西京族地区对越南语持有较高的市场价值评价，这种现象的出现与京族的民族心理有关。戴庆厦（2000）指出，语言文字的应用受到诸多因素的制约，其中一个重要因素就是民族心理。民族心理指归属于同一民族的人的共同心理，包括民族感情、宗教信仰等等。这里所说的民族感情包括了同一民族在长期的历史发展进程中逐渐形成的对民族共同语的认同感。广西的京语与越南语同源，京族人作为一个跨境民族，基于共同的民族记忆，对该民族的共同语京语有天然的亲近感，在民族语言使用上有"求同"心理，越南语在京族地区的利用和普及是越南语反哺京族语言文化传承的体现。因此，在京族地区推广越南语学习，一定程度上是出于民族情感的需要。

6. 语言教育的投入力度

"历史告诉我们，任何一种语言在国际的流行，并不是由语言本身决定的，而是由该种语言使用人数的多寡、所代表的文化的吸引力和生产力的先进性，以及在世界的影响力来决定的。"[②] 当然该国家对本民族语言的推广以及语言教育的投入也起到至关重要的作用。当今社会，信息的重要性是显而易见的，在国际竞争中，一个国家快速获取各种可能的信息对其取得有利地位具有举足轻重的作用。为了在获取信息时保证语言成为工具而

---

① 品牌折射出的中西方文化差异［EB/OL］.（2012-10-15）［2023-06-15］. https：//www.cnr.cn/advertising/ywyj/201210/t20121015_511127930. html.

② 章新胜. 加强汉语的国际传播 促进多样文化的共同发展［J］. 求是，2005（16）：46.

非障碍，许多国家都极其看重语言教育教学的投资。比如：在英国与欧洲以及其他地区合作日益紧密的背景下，英国政府宣布，计划投资 1490 万英镑，用于提高语言教学质量，具体内容包括增加英国普通初级中学毕业文凭（GCSE）与英国高中课程（A-Level）中学习法语、德语和西班牙语等语言的学生人数；鼓励普通学校与以语言为特色的学校深入合作，提高语言教学质量；设立德语推广项目；成立新的语言卓越中心等，旨在让数以万计的学生受益于高质量的语言教学。[①]

以我国外语教育为例，因投入费用不同带来的收入差异也十分明显。外语教师普遍比清洁工的工资要高。原因很简单，训练一个清洁工需要的时间短，投资少，而培养一个外语教师却要花费长达 10～12 年的时间，投资大、周期长。而同样授课或做家教，从在读的本科生、研究生至助教、讲师、副教授、教授每小时得到的报酬也是各不相同，差异显著。在中外合资企业中，懂外语的人才所获的报酬也是按质论价，因人而异。这些例子间接反映了外语教育人力资本的投资会为社会经济发展取得不同的经济效益，也为个人赢得不同的收入。[②] 刘国辉、张卫国（2016）的研究也表明外语能力（特别是精通外语）在我国有较高的经济回报，精通外语对人们月工资的提高区间在 34.5%～47.6%，外语能力一般对月工资的提高区间在 8%～14.8%。语言投资与其他投资一样，具有生产性，可以提高收入。

▶ 二、挖掘语言的经济价值

近年来，随着人口流动和信息化程度的加剧，语言在经济发展中的贡献越来越明显。特别是数字经济时代，语言作为数据成为语言要素参与社会生产的一种新形式，展现出更加显著的经济属性。[③] 中国互联网络信息中心发布的《第 51 次中国互联网络发展状况统计报告》显示，截至 2022 年12 月，我国网民规模达 10.67 亿，短视频用户规模达 10.31 亿，语言数据、语言智能等新兴语言产业市场前景广阔，发展潜力巨大。但与语言经济的

① 任霄云 . 英国：加大语言教学投资［N］. 中国教育报，2023-01-12（09）.
② 许其潮 . 从语言经济学角度看我国的外语教育［J］. 外语与外语教学，1999（8）：36.
③ 王海兰 . 试论语言数据的经济属性［J］. 语言战略研究，2022（4）：26.

市场需求相比，我国对语言经济的认识明显不足，语言产业发展相对滞后。因此，亟须增强语言经济意识，做好顶层设计；多措并举，推进国家通用语言文字的普及提升；融合创新，促进语言资源产业化发展；科技赋能，加快语言文字信息化建设；战略转型，提升国家外语能力。

（一）增强语言经济意识，做好顶层设计

语言资源的属性决定了语言必然具有经济价值。[①] 特别是在人口流动和信息化两大驱力推动下，语言对经济的贡献越来越显著。[②] 语言不仅可以作为一种重要的人力资本，影响个人经济收入，还可以作为经济生产的对象，发展成语言产业，比如语言教育培训业、语言翻译业、播音业、排版校对业、导游、导医、导购、辞书编纂业、广告业、语言治疗与语言康复业等。[③] 尤其是当前数字经济的发展，又催生了大量新兴语言产业，例如语言数据业（包括语言数据的收集、语言数据库的建设、语言数据的云存储、语言数据的计算机应用、语言数据产品的营销、语言数据及其各种规范标准、语言数据产业人才的培养等）和语言智能业（包括机器翻译、语音转写、语音输入法、语言智能测评、智能教学、智能写作、智能客服、交互式智能问答、情绪识别等）。[④] 英国凭借其强大的英语产业，每年从各国获净利100亿欧元。英国文化协会2010年表示，英国从英语教材及相关方面获得的收入已经超过英国的石油和船运收入。[⑤]

我国语言产业前景广阔，语言翻译、语言培训、语言出版、语言文字信息处理等均具有较大发展空间和市场潜力。中国语音产业联盟发布的《中国智能语音产业发展报告（2021—2022）》显示，2022年我国智能语音产业市场规模将达341亿元，同比增长13.4%，据德勤统计数据，预计到2030年，智能语音消费级和企业级应用市场将分别超过700亿元和千亿元

① 李现乐. 语言资源与语言经济研究［J］. 经济问题，2010（9）：26.
② 王海兰. 试论语言数据的经济属性［J］. 语言战略研究，2022（4）：27.
③ 贺宏志，陈鹏. 语言产业引论［M］. 北京：语文出版社，2013：1.
④ 王海兰. 试论语言数据的经济属性［J］. 语言战略研究，2022（4）：31.
⑤ 赵世举. 语言与国家［M］. 北京：商务印书馆，2015：83-84.

的规模。① 但是同欧美等发达国家相比，我国语言产业的发展相对滞后，语言经济意识不足，"语言产业"在我国尚未正式作为一个产业门类进入国民经济的统计范畴，缺少整体的发展规划和统一管理，各个业态之间尚未建立有机的关联，这种闭合式发展的状况，无疑将影响语言产业的整体、高效发展。② 所以，增强语言经济意识，做好语言经济规划，构建协同发展机制，是当前我国语言经济发展的当务之急。正如李宇明（2012）所说，在当今社会，不包含语言的经济学属性的意识，不是与时代契合的语言意识。在语言经济可能影响到 10% 的经济生活的今天，社会必须树立清晰的语言经济意识，仔细观察语言经济活动，全面收集语言经济数据，认识语言经济的运行规律，发展语言产业，培育语言职业，促进语言消费，使国家和个人充分赚取语言红利。

新时代以来，我国政府高度重视语言文字工作，先后出台了《国家中长期语言文字事业改革和发展规划纲要（2012—2020 年）》《国家语言文字事业"十三五"发展规划》《关于全面加强新时代语言文字工作的意见》《国家语言文字事业"十四五"发展规划》等指导性文件，明确提出"要结合文化产业发展，注重开发语言资源，支持发展语言产业，为社会提供多样化语言文字服务"，为我国语言资源的开发与利用奠定了较好的基础。但是从总体上看，我国专门关于语言产业化的顶层设计仍存在不足，需要国家从语言战略的高度，充分发挥政府的主导作用：

一是加强顶层设计，制定语言经济发展规划。政府及相关部门应该组织专家学者加强对我国语言产业现状以及经贸领域语言能力的调查、分析，制定出符合我国国情的语言经济发展规划。比如"一带一路"倡议的实施更加彰显语言的经济价值，也更加凸显我国在"一带一路"共建国家经贸领域语言能力的不足，这就需要政府统筹规划，做好"一带一路"共建国家关键语言及其分层的设计，及时调整我国外语教育政策，培育急需的关

---

① 智能语音市场规模高速增长　行业发展进入黄金期［EB/OL］.（2023-01-12）［2023-02-15］. https：//baijiahao. baidu. com/s？ id＝17548145903236652912&wfr＝spider&for＝pc.

② 高传智. 当前我国语言产业的发展状况及相关思考［J］. 云南师范大学学报（哲学社会科学版），2013（5）：48.

键语言人才。

二是设立国家语言产业统管机构，构建协同发展机制。当前我国语言产业尚处于自发、分散状态，未能形成完整的语言产业链条，语言产业的准入门槛较低、创新能力不足，因此亟须从国家层面设立语言产业管理机构，建立政府、企业、科研院所间的协同创新机制，加强引导各业态之间的交叉融合，汇聚语言资源优势，推进产学研融合，加快科研成果转化，增强语言产业的市场竞争力。

三是完善法律保障体系，强化语言产业知识产权保护。从产业过程看，语言经济是一个以语言文字为载体的知识创新过程，语言产业是典型的知识密集型产业。知识产权法律制度对于语言产业的发展具有尤为重要的意义。例如文字处理软件、语音刻录和存储设备、多语言识别和测试等现代语言技术与设备，[①] 字体字库、拓印制品、数据库、古籍点校等语言产品，均依赖于知识产权版权保护。以中文字库产业为例，作为世界上最大的汉字使用区，我国内地 10 人以上规模的数字化中文字库研发企业仅剩 5 家，开发的中文字体款数仅为 421 款，[②] 而日本厂商开发的中文字体款数已经达到 2973 款，我国远落后于邻国日本。[③] 这与我国知识产权法律制度不健全、使用者缺乏字库知识产权保护意识、版权维权较难等有直接关系。因此，促进语言产业的良性发展，亟须由政府主导，建立和完善关于语言产业的知识产权保护法律体系，增强公民对语言产业相关产品或技术的知识产权保护意识，为语言产业的创新发展提供法律保障。

（二）加强国家通用语言文字推广、传播，服务国家发展战略

语言文字能力是个体获得其他知识、技能、信息，提升个体综合素养的重要基础；也是群体优化社会资源配置、实现社会合作的重要基础。对个体而言，掌握国家通用语言文字可以提高个人教育水平和职业能力，拓

---

① 董涛. 从"语言＋"到"知识产权"：语言产业亟待完善知识产权保护 [EB/OL]. （2019-09-25）[2023-07-29]. https：//ttv.cn/archives/8237.

② 赵世举. 语言与国家 [M]. 北京：商务印书馆，2015：103.

③ 刘珊. 中文字库产业："脱困"需要知识产权. 中国知识产权资讯网 [EB/OL]. （2012-07-25）[2023-07-29]. http：//www.iprchn.com/Index_NewsContent.aspx？newsId=49219.

展个人发展空间，获得更高的收入。对群体而言，提高国家通用语言文字水平可以降低社会交流、合作成本，提高地区科技教育水平、劳动就业率和经济效益。①

2021 年教育部、国家乡村振兴局、国家语委联合印发了《国家通用语言文字普及提升工程和推普助力乡村振兴计划实施方案》，明确指出了当前我国民族地区、农村地区和城市地区国家通用语言文字普及存在的突出问题。② 为了充分发挥国家通用语言文字的经济价值，助力乡村振兴、"一带一路"倡议等国家发展战略，我们应当多措并举、因地制宜地开展国家通用语言文字的普及提升工作：

一是厘清需求侧，完善供给侧，助力乡村振兴。国家通用语言文字推广普及的主要对象是农村地区，特别是民族地区。比如湘黔桂滇民族地区世居有苗、瑶、壮、侗、土家、彝、傈僳、独龙等多个民族，其中分布在云南的景颇、独龙、基诺、拉祜等民族还是"直过民族"，且独龙州又属于"三区三州"地区。该地区语言现状复杂、自然条件差、贫困程度深，有些地区国家通用语言文字的普及度不足 40%，严重制约了当地经济的发展。因此，加强民族地区、农村地区国家通用语言文字推广普及力度是当下急需解决的关键问题。破解这一难题，首先应厘清需求侧，全面调查民族地区、农村地区学前儿童、教师、青壮年劳动力、基层干部等人群的语言基本情况、对普通话的掌握和需求情况以及对普通话的学习态度等，完成上述对象的语言文字信息的建档立卡，实施精准推普。其次要完善供给侧：（1）健全管理机制，聚合政府、学校、媒体、社会组织等力量，落实主体责任，协同推普；（2）编制符合不同职业、不同教育水平人群使用的普通话教材、视频课程等；（3）采用"互联网＋"模式，引入现代信息技术、人工智能等。如依托"课堂派""双优云桥—乐智悦读"大数据平台开展线上培训；云南推广使用"Superfish（树鱼）智能普通话互动学习系统"；四

---

① 殷治纲. 大力推广国家通用语言文字 助力国家发展战略［EB/OL］. （2023-02-14）［2023-07-29］. http：//www. cssn. cn/skqns/202302/t20230214 _ 5588044. shtml.

② 教育部 国家乡村振兴局 国家语委关于印发《国家通用语言文字普及提升工程和推普助力乡村振兴计划实施方案》的通知［EB/OL］. （2021-12-28）［2023-07-29］. http：//www. moe. gov. cn/srcsite/A18/s7066/202201/t20220106 _ 592708. html.

川甘孜藏族自治州理塘县藏族学生使用的普通话学习软件"语言海洋泡泡"等；（4）实现推普与乡村产业发展相结合，加强"普通话＋职业技能"培训。例如湖南凤凰山江茶林村苗族通过开展"普通话＋猕猴桃种植"培训，提升了村民普通话能力，拓宽了村民获取信息的途径，降低了猕猴桃滞销风险，增加了村民收入。

二是探索"普通话＋"和"＋普通话"的多元助力模式，服务"一带一路"倡议。对于已具备普通话能力的人员与产业，"普通话＋"模式让其成为产业升级和工作延伸的孵化器。对于需要普及和提升普通话的各类人员与各类产业，"＋普通话"模式让其成为扩大产业规模、拓展工作范围、提高生活质量的助推器，积极探索"旅游/文化/职业技能＋普通话"的融合范式，实现互补共进。①"一带一路"共建国家广泛分布在亚洲和欧洲地区，与我国相邻的国家就达 26 个，我国与上述国家接壤的省份比如辽宁、吉林、黑龙江、内蒙古、甘肃、新疆、西藏、云南和广西多是少数民族聚集的地区，语言状况错综复杂，国家通用语言文字的普及程度相比其他地区要低。"一带一路"倡议，重点在实现"五通"，而语言相通又是"五通"的前提和基础。所以加强"一带一路"沿线省份国家通用语言文字的推广力度，提升其普及程度和质量，有助于增强各类从业人员运用国家通用语言文字的能力，便于更好地为"一带一路"共建国家提供良好的语言沟通交流环境，降低因语言多样带来的沟通成本，进而加快"一带一路"沿线省份经济贸易发展。比如甘肃省白银市会宁县举行的"推普与全媒体运营技能提升"公益培训活动，既可以帮助当地学员提升普通话能力，又提升了他们的电商运营技能，极大地增强了其就业创业能力。②

除了需要加强"一带一路"沿线省份汉语普通话的普及提升外，还应该关注"一带一路"共建国家对汉语学习的需求。伴随着中资企业和民企华商"落地开花"，"一带一路"共建国家正掀起一股"汉语热"。当地民众越来越意识到，学好汉语是机会，也是财富的源泉，因为懂汉语更有利于

---

① 王春辉. 普及与提高并重，推普助力乡村振兴 [N]. 光明日报，2021-09-19（05）.
② 李敏杰. 普通话＋职业技能，"石榴籽计划"助力乡村电商人才培养 [EB/OL]. （2022-07-17）[2023-07-29]. http://www.rmzxb.com.cn/c/2022-07-17/3162085.shtml.

找到工作，由此带来汉语人才的需求空前高涨。① 因此，在"一带一路"倡议背景下，应当对接沿线不同国别的不同需求，通过加强与相关专业学院、科研院所、企业等深度合作，拓展境外办学模式，加快"中文＋职业技能"复合型国际中文人才的培养，缓解"一带一路"共建国家具备专业背景的中文人才不足的局面。例如：为推进"一带一路"共建国家"中文＋职业技能"型国际人才的培养，湖南省教育厅于 2018 年开放了省内 14 所高职院校招收共建国家留学生。此外，湖南还积极探索孔子学院特色化、差异化发展路径，如湖南师范大学、湖南中医药大学与韩国圆光大学合作共建孔子学院，在中医和黑茶文化推广方面初步探索了一些特色举措。2019 年底，长沙理工大学与马来西亚沙巴大学合作提出共同探索和建设"具有工程技术特色"的孔子学院。②

（三）保护语言多样性，合理开发利用语言资源

语言是人类文明的载体，是信息沟通的钥匙，是情感交流的纽带，语言多样性是人类文化多样性的前提，对于构建人类命运共同体发挥着重要作用。联合国教科文组织总干事奥德蕾·阿祖莱曾说，语言的多样性反映了我们丰富多彩的想象力和生活方式。2014 年 3 月，习近平总书记在联合国教科文组织总部发表演讲时指出，如果只有一种生活方式，只有一种语言，只有一种音乐，只有一种服饰，那是不可想象的。然而，目前很多语言正趋于濒危或面临消亡，目前世界上共有 7168 种语言，其中 3045 种语言处于濒危状态，约占世界语言总数的 42％。③ 中国是世界上语言资源最丰富的国家之一，拥有汉藏、阿尔泰、南岛、南亚和印欧五大语系 130 多种语言，十大汉语方言区，方言土语更是难以计数。但随着现代化和城镇化进程的推进，我国少数民族语言和汉语方言正在以前所未有的速度发生变化，一些语言、方言趋于濒危或面临消亡。据统计，我国 130 多种语言中有 68 种使用人口在万人以下，有 48 种使用人口在 5000 人以下，有 25 种使用人

① 邢欣. "一带一路"需求下的国际汉语教育 [N]. 光明日报，2016-10-16（07）.

② 沈敏. 新时代汉语国际传播的湖南对策 [J]. 湖南社会科学，2021（2）：146-147.

③ Ethnologue：Languages of the World [EB/OL]. （2023-02-21）[2023-07-10]. https：//www. ethnologue. com/insights/how-many-languages-endangered/.

口不足 1000 人，有的语言只剩下十几个人甚至几个人会说，濒临消亡。不少少数民族语言和汉语方言的消亡速度日益加快，珍贵的语言文化资源也正快速流失。①

我国党和政府高度重视语言多样性在铸牢中华民族共同体意识和构建人类命运共同体中的作用。习近平总书记在中央民族工作会议上指出："要推广普及国家通用语言文字，科学保护各民族语言文字，尊重和保障少数民族语言文字学习和使用。"2020 年，国务院办公厅印发了《关于全面加强新时代语言文字工作的意见》也明确提出要"大力推进语言资源的保护、开发和利用。科学保护方言和少数民族语言文字"。2023 年 4 月召开的全国语言文字工作会议更是从"三位一体""两个结合"的战略高度对新时代语言文字工作作出了新的部署。面对少数民族语言和汉语方言迅速衰亡的严峻形势，教育部和国家语言文字工作委员会于 2015 年正式启动"中国语言资源保护工程"，截至 2021 年，中国语言资源保护工程共完成了 1712 个调查点的数据采集，收集到 123 种语言和全国各地汉语方言的原始文件数据超过 1000 万条，其中音频数据超过 560 万条，视频数据超过 500 万条，总物理容量达 100TB，一大批少数民族语言和濒危汉语方言得到科学系统的调查保护，建成了目前世界上最大规模的语言资源库和展示平台。这些海量的多模态语言数据在很大程度上保证了资源的真实性、可靠性和科学性，同时又赋予了其新的视听性、多样性和可持续性。② 语言资源保护除需政府主导规划外，还需要引入社会力量，增强普通民众的母语意识，赓续母语代际传承，逐渐形成政府主导、专家支持、社会参与、市场推动的可持续发展机制，共同保护语言资源。比如：湖南除积极完成国家规划的 80 个调查点外，还自筹经费设立调查点 19 个。此外，2015 年湖南著名媒体人汪涵个人资助经费 465 万启动了"響應"（同"响应"）计划，计划用 5 至 10 年

---

① 朱俊玄. 中国 25 种语言使用人口不足千人！濒危语言如何保护？［EB/OL］.（2022-01-27）［2023-07-29］. https://www.sohu.com/a/255191773_114731.

② 朱德康. 少数民族语言保护要守正创新［EB/OL］.（2022-12-26）［2023-07-29］. https://mp.weixin.qq.com/s/8m64Cycu1vz6mBj2z1wR9A.

时间完成教育部立项外的 53 个方言点的调查。① 湖南构建的"官方民间互助"的语保模式，推动湖南语言资源保护事业空前繁荣，并在全国范围内推广。

语言资源的保护与语言资源的开发利用是相辅相成的关系。保护语言的多样性，是语言资源开发与利用的基础，而语言资源价值的开发与利用则是实现语言资源保护可持续性发展的重要途径。综合我国语言资源的复杂状况和现实需求，现阶段我国语言资源开发和利用应从以下三个方面着力：

一是融合创新，促进语言资源产业化。我国语言资源丰富，拥有各具特色的少数民族语言和汉语方言，如能通过融合创新，推动少数民族语言、汉语方言资源与出版、翻译、旅游、影视娱乐、新媒体等领域的深度融合，促进语言资源产业化，将会最大限度地实现语言资源的经济价值。比如部分民族地区在发展当地旅游产业时，主动把一些较具地域特色和文化特色的少数民族语言文化资源融入旅游业中，使其焕发新的活力，吸引了众多游客，成为新的经济增长点。例如湖南永州的旅游指南把"女书"列入了旅游资源；云南将纳西族的东巴文印制成"东巴文系列丛书"，包括东巴纸经、东巴纸典、东巴纸言、东巴纸印和东巴纸像等，供外地游客了解、体验东巴语言文化；② 湖南张家界景区推出的大型旅游演艺节目《张家界·魅力湘西》融入了大量的湘西土家族、苗族等少数民族语言文化元素。此外，还有一些地方将少数民族语言和汉语方言作为创意设计运用到产品包装、宣传广告中。如销售都安传统小吃的熊之初工坊，以都安壮话为创意发起点，在产品包装的"都安有礼"四个字中，融入了都安人日常使用的壮语，同时用普通话对照注释。产品一经推出，就受到了追捧。③ 再如湖南长沙的茶饮品牌"茶颜悦色"有着独树一帜的方言品牌视觉设计，塑造了亲切、自然、有情怀的品牌形象，被网友称之为"最会做设计的茶饮品牌"，"茶颜悦色"也成了长沙方言文化传播的新符号，这些都是通过少数民族语言或方言提升产品附加值的很好尝试。

---

① 湖南省教育厅. 语保"湖南模式"全国推广工程立项全国第一 [EB/OL]. (2018-09-17) [2023-07-29]. http://jyt.hunan.gov.cn/sjyt/xxgk/gzdt/tpxw/201809/t20180917_5096199.html.

② 李现乐，刘芳. 开发少数民族语言经济价值的意义与途径 [J]. 江汉学术，2013（5）：59.

③ 李冬青，付妮. 语言扶贫助力乡村振兴的理论逻辑与实践路径：以广西为例 [J]. 社会科学家，2022（9）：97-98.

二是科技赋能，加快语言资源信息化。语言资源的开发与利用应充分利用互联网、信息技术与人工智能，拓宽语言资源的传播路径和应用渠道，挖掘语言资源的经济价值。例如：科大讯飞公司通过人工智能技术实现了多种方言的语音识别、语音合成及翻译，并利用这一技术实现对濒危语言的永久留存，现已有 742837 人次贡献了 1549534 条方言语音；同时，科大讯飞正在利用人工智能技术系统地研究濒危语言的语音结构、语言结构，尝试对部分濒危语言进行语音复制。目前，在语音合成技术的支持下，湖北、上海、福建、浙江、广东、广西以及港澳台地区多地公共交通提供当地主要方言的报站服务，高德地图推出 6 种地方话语音包，百度地图"乡音"语音库采用"众包"方式搜集了包含全国上百点的地方话和地方普通话的语音包，可供在语音导航时选择使用。目前，讯飞输入法、搜狗输入法、百度输入法分别支持 26 种、10 种、7 种地方话的语音输入。① 近年来，中国民族语文翻译（中心）局（以下简称"翻译局"）利用"互联网＋"技术，成功研发了蒙古语、藏语、维吾尔语、哈萨克语、朝鲜语、彝语、壮语 7 语种民族语文智能翻译、语音识别和合成、图像识别三大系统。2019年，翻译局引入神经网络机器翻译（NMT）技术，大幅提升了民族语文翻译性能。② 此外，依托信息计划开发的机器翻译系统还能为突发公共事件（如天灾人祸、危重疫情、战争爆发等）提供语言应急服务，以便节省救援时间，降低救援成本。例如：为了解决新冠疫情时期武汉地区医患间语言沟通问题，科大讯飞公司的研究人员根据中国方言库积累的语料对医用和日常对话场景进行标注，在极短时间内完成了武汉话与普通话对齐音频，并通过迁移学习模型训练，有效提升方言转普通话的性能。科大讯飞旗下讯飞输入法现已上线武汉话转普通话功能，助力解决医患沟通障碍。③ 互联网平台对语言资源经济价值的实现也具有重要的推动作用，不仅可以丰富

---

① 王莉宁，康健侨. 中国方言文化保护的现状与思考［J］. 语言战略研究，2022（4）：83.

② 内蒙古自治区民族事务委员会. 中国民族语文翻译局研发 7 语种民族语文智能语音翻译软件［EB/OL］.（2020-02-21）［2023-07-29］. http://mw.nmg.gov.cn/xw/mwyw/202109/t20210916_1885841.html.

③ 赵广立. 用人工智能技术保护方言［EB/OL］.（2020-03-20）［2023-07-29］. https://news.sciencenet.cn/htmlnews/2020/3/437203.shtm.

语言产品的形态，还可改变语言产品的传播路径，拓宽营收渠道。例如：2021 年 11 月湘潭市新开的以"湘土俚语"为特色的本土相声园子"城发文旅伴趣社文化工作室"充分利用和发挥了主流媒体的作用，在线下相声院子开办的同时在线上开通了自己的抖音号，短短三个月时间就吸引了不少粉丝，增加了经济收入。①

三是语言融通，助力"一带一路"倡议。政策沟通、设施联通、贸易畅通、资金融通、民心相通是"一带一路"倡议的基石。而民心相通是最基础、最坚实、最持久的互联互通，是其他四通的重要基础。② 要沟通民心，则需要借助乡言乡语来拉近人与人之间的距离。③

与我国相邻的"一带一路"国家达 26 个，这 26 个周边国家的语言有近千种，是世界上语言分布最复杂的地区之一。我国与上述核心区国家共有的跨境民族语言就有 40 余种，例如：哈尼语、拉祜语、傈僳语、毕苏语、彝语、阿侬语、怒苏语、阿昌语、载瓦语、勒期语、浪速语、独龙语、景颇语、藏语、傣语、壮语、仡佬语、拉基语、佤语、苗语、瑶语、巴哼语、布朗语、德昂语、克木语、越南语（京语）、宽话、布辛话等。④ 除民族语言外，吴语、客家话、粤语、闽南语等方言在"一带一路"共建国家也已成为一种社团语言或族群语言。若能充分地发挥这些跨境民族语言和方言的纽带作用，从语言政策、语言规划、语言措施等方面入手，搭建起心灵相通、血脉相通的桥梁，使其成为我国与"一带一路"共建国家民心相通的重要工具，提升跨境民族的认同感，唤起海外侨胞思乡重土、崇乡重祖的族群意识，则更有利于构建人类命运共同体，助力"一带一路"倡议。⑤

① 石生斌，文茜．湖南相声的当代困境与出路研究［G］//重庆市鼎耘文化传播有限公司．2022 社会发展理论研讨会论文集（二），2022：23.
② 吴雅兰，柯溢能．周谷平：民心相通是"一带一路"的根基［EB/OL］．（2023-05-17）［2023-07-29］．http：//www.cawd.zju.edu.cn/index.php？m＝content＆c＝index＆a＝show＆catid＝123＆id＝195.
③ 敖晶，孟东军，叶晗，李莉．以方言打通"一带一路"倡议民心相通之路［EB/OL］．（2019-03-20）［2023-07-29］．https：//theory.gmw.cn/2019/03/20/content_32660045.htm.
④ 黄行．我国与"一带一路"核心区国家跨境语言文字状况［J］．云南师范大学学报（哲学社会科学版），2015（5）：2.
⑤ 敖晶，孟东军，叶晗，李莉．以方言打通"一带一路"倡议民心相通之路［EB/OL］．（2019-03-20）［2023-07-29］．https：//theory.gmw.cn/2019/03/20/content_32660045.htm.

以闽南语为例，伴随着闽南人的海路迁移，闽南语从闽南厦漳泉流播到了东南亚的马来西亚、印尼、菲律宾、泰国、老挝等国家，成为当地华人的主要生活语言。据中新网报道，闽南方言"全球使用人数超过一亿"。菲律宾 2014 年 7 月统计人口总数为 1 亿，其中华侨华人为 100 万～200 万，约占总人口的 1%～2%，他们的籍贯高度集中，主要是福建泉州的晋江、石狮、南安、惠安等区县。新加坡的华人华侨占全国总人口的 70%～80%，其中近一半是闽南人。① 中国和东盟自由贸易区建立后，东盟各国的商业贸易区通行闽南方言，在马来西亚、菲律宾、新加坡等国，会说闽南语的人能更快地融入商业圈，形成了"闽南语"经济圈。这带动了不少非闽南籍华侨和当地人学习闽南语，彰显了闽南语作为东南亚各国经济贸易交际工具的经济价值。因此，调动现有丰富的方言资源服务"一带一路"倡议具有很强的现实意义。②

（四）提升国家外语能力，助力"一带一路"倡议

国家语言能力是国家竞争力的基础，国家外语能力是国家语言能力的重要组成部分。以国家外语能力作为核心组成部分的国家语言能力建设事关国家发展战略。③ 国家外语能力和资源建设主要涉及外语资源的种类和质量两个方面。④ 一个国家或地区的外语资源种类越丰富、质量越高，其参与全球化的经济竞争的能力就越强。以瑞士为例，根据日内瓦大学弗朗斯瓦·格林教授的研究表明，语言的多样性为瑞士每年创造 500 亿瑞郎的收入，约占瑞士国内生产总值的 10%。⑤ 而据欧洲委员会 2007 年 2 月公布的一项调查显示，在近 2000 家欧盟中小企业中，有 11% 的中小型企业因外语障碍损失经济利益，平均每家企业损失约为 32.5 万欧元，其中还不包括隐

---

① 王曦."一带一路"视域下的闽南方言资源开发 [J]. 泉州师范学院学报，2016 (5)：24.

② 王曦."一带一路"视域下方言资源价值发掘：以闽南方言为例 [J]. 东南学术，2017 (4)：243.

③ 戴曼纯，李艳红.论基于国家语言能力建设的外语规划 [J]. 语言战略研究，2018 (5)：35.

④ 文秋芳.国家外语能力现状 [G] //国家语言文字工作委员会. 语言生活皮书：中国语言生活状况报告（2012）. 北京：商务印书馆，2012：93.

⑤ 杨书俊.发展语言产业 助力产业调整 [N]. 中国社会科学报，2015-07-28 (003).

性损失。① 外语人才的贫乏也已成为英国经济发展尤其是对外经贸的壁垒，对其全球经济地位产生了负面影响。英国卡迪夫大学商学院的一项独立研究显示，英国每年因语言和文化障碍损失的国际销售额约达 480 亿英镑（约合 4800 亿元人民币）。②

李宇明（2010）指出，外语是国家行走的先遣队，国家到哪里，外语就应当先到哪里。"一带一路"倡议的提出，意味着我国由"本土型"国家转变为"国际型"国家，这给我国外语规划提出了新的任务和挑战。③ 截至 2023 年年底，我国已与 152 个国家签署共建"一带一路"合作文件。这些国家的官方语言涵盖全球九大语系的不同语族和语支。其中将非通用语言列为官方语言的国家数量达到 84 个，占所有共建国家总数的 56.4%。④ 再加上有些国家的通用语言和官方语言并不相同，且各国还存在多种少数民族语言，所以仅"一带一路"沿线的 64 个国家使用的语言就有约 2488 种，占人类语言总数的 1/3 以上。面对如此复杂的语言使用情况，要想实现"一带一路"沿线的语言互通，有必要厘清各国语言状况和语言政策。⑤ 目前，我国外语能力和资源建设存在明显不足，主要表现在以下两个方面：一方面是外语语种单一化现象严重，非通用语言资源不足。我国外语教育仍存在英语"一家独大"的局面，尽管我国高校已经开设了大部分"一带一路"共建国家的官方语言专业，但部分非通用语言专业仅有少数高校开设，且专业学生不多。比如阿尔巴尼亚语、保加利亚语、塞尔维亚语和立陶宛语等近 30 种语言仅有一至五所高校开设。有些语种专业是近两年的新增专业，目前没有毕业生，比如普什图语和达里语等;⑥ 另一方面是国际化、复合型、研究型外语人才缺乏。从外语人才培养质量方面来看，我国还缺乏大量精通外语，懂得国际规则，熟悉对象国法律、经贸、科技、金融和文化

① 尚军. 企业因外语"短腿"痛失商机，欧盟出台计划力攻语言关 [N]. 解放日报，2007-02-25（4）.

② 黄培昭. 人民日报环球走笔：英国人越来越想学外语 [EB/OL].（2014-07-01）[2023-07-29]. http：//opinion. people. com. cn/n/2014/0701/c1003-25222143. html.

③ 沈骑. "一带一路"建设中的语言安全战略 [J]. 语言战略研究，2016（2）：21.

④ 张耀军. "一带一路"语言安全面临的现实挑战及治理路径 [J]. 人民论坛·学术前沿，2023（7）：99.

⑤ 梁琳琳，杨亦鸣. 充分掌握沿线国家语言国情 [N]. 中国社会科学报，2017-02-17（005）.

⑥ 杨洋，晏丽. "一带一路"共建国家语言状况探析：问题与对策 [J]. 社会科学前沿，2022（7）：2862.

等多领域的高层次国际化精英人才；"一带一路"等国家战略建设亟须的熟练掌握多种外语的各类专业技术与管理的复合型人才；精通国际区域与国别问题的研究型人才。①

因此，加强对"一带一路"共建国家语言国情的调查分析，结合当前我国外语能力建设存在的不足，制定科学合理的外语教育规划，推动国家外语能力建设的战略转型，已迫在眉睫。为此，我们认为可以从以下两方面着手：

一是加快国家外语资源种类从"单一型"向"多元化"转型。首先，应积极开展外语需求调研。"一带一路"所涉及的国家和地区众多，沿线各国的语言文化状况千差万别，错综复杂，"外向型"外语能力需求调查必须提前启动，需要做好"内查外调"工作。所谓"内查"指的是对"一带一路"相关重要领域和行业对外语能力的需求调查以及中西部地区外语能力现状和需求的调查，如中华文化思想术语丝路传播问题、中国海外投资语言风险调查、中国企业走出去外语需求调查，等等。所谓"外调"，是指对国外沿线语言状况和需求调查，研究"一带一路"沿线语言资源。国家需要尽快掌握"一带一路"共建国家语言国情，特别是周边国家和地区的语言生活状况，充分调研与国家利益密切相关的国家和区域的语言文化问题，例如："孟中印缅经济走廊"社会语言和文化调查研究、东南亚和中亚民族语言文化调查等等。其次，外语规划部门还要重视完善外语语种规划机制，在充分调研和分析的基础上，稳步推进小语种建设，妥善解决国家外语资源种类均衡与合理布局问题。一方面，要充分利用现有的外语语种条件，因地制宜地制定民族地区的外语教育语种规划政策，这对于实现语言多元化发展和边疆安全稳定都具有重要意义；另一方面，出于非传统安全考虑，外语规划部门必须实事求是地分析中国外语国情，从"一带一路"共建国家和地区政治、经济、安全和教育等多领域状况出发，未雨绸缪，制定出具有战略价值的外语语种规划。例如：中东的库尔德语，对于应对和打击"伊斯兰国"等恐怖组织，维护我国海外能源利益，具有重要战略价值，但

---

① 沈骑."一带一路"建设中的语言安全战略 [J]. 语言战略研究，2016 (2)：22.

目前我国开设这一语种课程的高校极少。①

此外，国家外语资源储备也应动态评估调整，并按照国内外局势变化，适时调整语言清单层级。例如：美国退出伊核协议并加大对伊朗的制裁之后，伊朗官方开始调整对外政策，明确表示伊朗准备在"一带一路"框架下同中国加强在科技、交通、农业、能源、水资源等多个领域的合作。在此背景下，我国应当在对形势进行评估后适当调整波斯语、俾路支语的重要性等级，并根据局势进一步发展做好应对准备。②

二是创新国际化、复合型外语人才培养路径。"一带一路"倡议涉及经贸投资、能源合作、基础设施建设以及人文交流等诸多领域的合作，因而对外语人才的类型提出了更高的要求，人才需求逐渐由单一型外语人才逐渐向国际化、复合型人才靠拢。因此，外语教育应在语种设置、翻译服务、特殊领域的外语需求等方面作出统筹规划和长久谋划（李宇明2017），强化"外语＋外语""外语＋专业"的人才培养目标，精心打造以培养学生基本技能和专业知识为核心的课程体系，尝试开设语言运用与国际关系、金融贸易、现代物流、土木工程、能源开发等多领域相结合的系列课程，聚焦学生的外语运用能力和跨文化交际能力提升，以市场实际需求加速人才培养路径的改革创新，③从而助力我国外语教育发展、扩充外语人才储备。近年来，我国多所高校结合自身专业优势，深化教学改革，创新外语人才培养新模式，取得了积极效果。例如：北京大学为响应习近平总书记提出建设"丝绸之路经济带"和"21世纪海上丝绸之路"的战略构想，2015年启动了"一带一路"系列课程项目，除开设"一带一路"相关国家文化与社会课程和定期举行与语言相关的文化日活动外，学校还会邀请德国、法国、俄罗斯、以色列、土耳其等国驻华使节来校举办与其国家文化、经济、政治等相关的专题讲座、研讨会等，帮助学生从不同角度更好地了解"一带一路"共建国家，旨在培养兼具本专业素养和外语交流能力的复合型人才，

---

① 沈骑."一带一路"倡议下国家外语能力建设的战略转型［J］.云南师范大学学报（哲学社会科学版），2015（5）：13.

② 邓世平，王雪梅.科学确定我国一带一路沿线关键土著语言［EB/OL］.（2020-06-16）［2023-05-15］.http://sscp.cssn.cn/xkpd/yyx＿20148/202006/t20200616＿5143560.html.

③ 蒋洪新，杨安."一带一路"倡议与中国外语教育改革［J］.外语教学，2020（1）：2.

服务国家发展战略；① 北京外国语大学通过开展海外实习实践项目，分批次向俄罗斯、西班牙、马来西亚、泰国、日本等地区派出学生实践团，旨在夯实学生专业能力、拓宽国际视野，努力培养有家国情怀、有全球视野、有专业本领的"三有"人才。② 哈尔滨工业大学外国语学院瞄准学校"立足航天、服务国防、长于工程"的优势特色，开拓"外语＋"新局，在"文工融合"探索与实践基础上，构建起"外语＋思政""外语＋专业""外语＋通识"多元复合型国际化人才培养体系，全力服务国家发展战略。③ 上海外国语大学建立"多语种＋"卓越国际化人才培养机制，实施"外语精英人才培养计划"与"领域精英人才培养计划"两项举措，从而培养出一批复合型的国际化拔尖人才。④

可见，智能时代下，以互联网、云计算、区块链、深度学习、人工智能为标志的大数据技术为国家外语能力提升、"一带一路"语言战略规划开辟了全新路径。⑤ 因此，我国还需更进一步地拓宽现代信息技术与国家语言能力的融合范围，加强研发、提供功能强大且实用的语言运用产品，包括便携式语言翻译设备、集成式多语种输入法软件包，包括翻译功能的跨语种阅读器、语言信息处理平台和语言情报分析平台等，⑥ 使之更直接地作用于社会的经济发展，服务国家发展战略。

---

① 北京大学国际合作部．［第十二届国际文化节］北京大学与 20 余国合作打造"一带一路"系列课程［EB/OL］．（2015-09-17）［2023-08-03］．http：//www. oir. pku. edu. cn/info/1035/3650. htm.

② 窦一鸣．培养"三有"复合型人才　北外探索实践育人新路径［EB/OL］．（2023-08-05）［2023-08-05］．http：//world. people. com. cn/n1/2023/0804/c1002-40050765. html.

③ 窦一鸣．培养"三有"复合型人才　北外探索实践育人新路径［EB/OL］．（2023-08-05）［2023-08-05］．http：//world. people. com. cn/n1/2023/0804/c1002-40050765. html. 马晓雪．哈尔滨工业大学：打造"外语＋"复合型国际化人才培养体系［EB/OL］．（2022-10-19）［2023-06-15］．https：//App. guangmingdaily. cn/as/opened/n/cc0ea7962d8f4a27b073da4b9c84819c.

④ 丁超．对我国高校外语非通用语种类专业建设现状的观察分析［J］．中国外语教育，2017（4）：6.

⑤ 梁昊光，张耀军．"一带一路"语言战略规划与政策实践［J］．人民论坛·学术前沿，2018（10）：102.

⑥ 杨洋，晏丽．"一带一路"共建国家语言状况探析：问题与对策［J］．社会科学前沿，2022（7）：2864.

第二章
汉语和中华民族的团结

　　语言是民族的标志，承载着民族的文化。语言是交流的工具，语言相通方能民心相通，民心相通方能实现文化认同。我国自古以来便注重国家通用语言文字的推广，"书同文"是多民族国家实现统一的有效途径，秦统一六国的首要任务即统一语言文字，汉代的"通语"、北魏的"正音"，均是不同时期全国的通用语言。

　　我国是一个多民族、多语言的国家，国家通用语言文字承载着中华民族共同的文化，对其进行推广普及是维护国家统一的基本策略，是推进民族地区经济文化发展与现代化进程的重要措施，是促进民族团结的必由之路，是增强文化认同与铸牢中华民族共同体意识的基础工程，必须在全国范围内全面推行。① 民族地区蕴藏着丰富的民族语言资源，它们也属于中华语言文化的重要组成部分，理应得到科学的保护与合理的开发、利用。在第五次中央民族工作会议上，习近平总书记强调了铸牢中华民族共同体意识在民族团结进步事业中的重要地位，指出："做好新时代党的民族工作，要把铸牢中华民族共同体意识作为党的民族工作的主线。"② 妥善处理国家通用语言文字与民族语言的关系，实现国家通用语言文字推广普及与少数民族语言保护的有机统一，促进各民族语言文化的共同繁荣，是新时代铸

---

　　① 王建莉．推广使用国家通用语言文字　铸牢中华民族共同体意识［N］．光明日报，2021-05-10（08）.

　　② 新华社．习近平出席中央民族工作会议并发表重要讲话［EB/OL］.（2021-08-28）［2023-07-14］. https：//www.gov.cn/xinwen/2021-08-28/content_5633940.htm.

牢中华民族共同体意识的题中应有之义。

本章将从语言与民族的关系、汉语与民族语言的关系、"多元一体"的语言格局与铸牢中华民族共同体意识等三个方面，探讨汉语与中华民族团结的问题。

第一节 语言与民族的关系

语言作为人类社会发展的产物，自人类社会出现民族以来，语言就打上了民族的烙印，具有社会性和民族性特征。德国语言学家洪堡特曾说："民族的语言即民族的精神，民族的精神即民族的语言。"[①] 这恰如其分地反映了语言与民族二者之间相互影响、相互依存的关系。

▶ 一、语言是民族的重要标志

语言作为人类社会的产物，反映了民族的认知和社会习惯，是民族识别的重要标志，对民族的形成有至关重要的作用。"语言是那些将一个民族区别于另一个民族的差异性的外在的和可见的标志；它是一个民族被承认生存和拥有建立自己的国家和权力所依据的最为重要的标准。"[②] 语言成为民族认同和民族识别的重要标志，主要有以下几方面的原因：

首先，语言是民族意识和民族精神的重要体现。它包含一个民族共同的价值观念和心理文化特征，是一个民族身份的象征。例如，马来西亚是一个以马来人、华人、印度人为主组成的多民族国家，1957 年独立后，马来人以"语言是民族的灵魂"为旗帜，在马来人内部号召以马来语作为国语；而华人政党"华工会"也提出"语言是民族的影子"的斗争口号来捍卫华语的权益和地位。双方更不惜因此大动干戈。[③] 与此同时，这一事例也

---

① 威廉·冯·洪堡特. 论人类语言结构的差异及其对人类精神发展的影响 [M]. 姚小平，译. 北京：商务印书馆，1999：52.

② 埃里·凯杜里. 民族主义 [M]. 张明明，译. 北京：中央编译出版社，2002：58.

③ 钟南. 试论语言文字对民族关系的影响 [J]. 中南民族学院学报（哲学社会科学版），1995 (5)：112.

在一定程度上说明：在多民族国家里，语言问题是引发族际冲突，乃至政治矛盾的重要变量之一。除了上述提及的马来西亚外，印度、斯里兰卡、原巴基斯坦、加拿大、比利时、芬兰、白俄罗斯、哈萨克斯坦等多民族国家均因语言问题发生过冲突，且其语言问题的核心在于国语、官方语言以及各民族语言之间关系的处理上，而各民族对本族语言的坚守与维护恰如其分地反映了语言不仅被作为民族存在的象征、标志之一，也成了民族成员之间相互认同的重要依据之一。① 此外，从某种意义上来说，民族语言是维系民族内部团结的纽带，也是民族意识、民族精神、民族觉醒的力量之源。如巴基斯坦是一个拥有乌尔都语和英语两种官方语言的多语言国家。乌尔都语母语人虽不多，但因使用范围广而被确立为巴基斯坦的官方语言，这与伊斯兰民族的民族认同有着密切的关系，是穆斯林民族主义意识觉醒的必然结果，也是统治阶级巧用语言认同以维护民族统一的表现。而孟加拉语在与乌尔都语的竞争中落败而最终没有成为巴基斯坦的国语以及东巴基斯坦最终的脱离等也反映了语言对民族意识觉醒至关重要。②

其次，语言是民族文化的表征。民族的文化内涵和文化特征，往往要通过语言才能得到体现。共同的文化和共同的心理是一个民族不可或缺的特征，而这些特征离开了语言就无法体现。民族文化的许多重要成果是用语言记录下来的，并流传至今。中国自古以来就非常重视亲属关系，汉语中表示亲属关系的词也很多，且表意清楚，如表兄、表妹、堂弟、堂姐等，明确区分系属、大小与性别。相比之下，英语中的亲属称谓词就较为简单，"brother"表示兄或弟，"sister"表示姊或妹，"uncle"和"aunt"涵盖叔父、伯父、舅父、姑父和婶母、伯母、舅妈、姑姑等，堂、表兄弟姐妹也统一以"cousin"贯之。又如：在藏缅语中，盛行的父子联名制，通过子承父名的方式延续部落宗族的亲缘关系；据李锦平（2002：234）介绍，黔东苗族也盛行父子联名制。这些亲属称谓现象反映了中外各民族早期的社会

---

① 何俊芳. 国外多民族国家语言政策与民族关系［J］. 中南民族大学学报（人文社会科学版），2011（4）：11，15.

② 满在江，谢妍，艾佳. 巴基斯坦的语言与民族关系探析［J］. 徐州师范大学学报（哲学社会科学版），2011（3）：16-19.

状况。

再次，语言是民族心理的镜像。人们在日常生活中的用语倾向清晰地反映了该民族的心理状态与思维方式。以语言避讳为例，受地域文化和心理状态的影响，各地（国）均有其忌讳之物，因而也会使用一定的避讳语（委婉语），如：广州、阳江等地居民认为"舌"与"赊""折"音同或音近，就把"猪舌"叫作"猪脷"；湖南邵阳话中"重"与"穷"同音，因为忌讳说"穷"这个音，他们把"重阳节"叫作"富阳节"，把"枞树"叫作"富树"。① 因忌讳生理排遗，山东莒县称"尿壶"为"懒起"，江西石城称"厕所"为"灰寮"等。② 又如：西方人忌讳数字"13"，而中国人忌讳数字"4"等。可见，深入了解语言所包含的文化内涵，将有助于深化对民族心理的认识。

此外，语言具有独特的地域性。共同的地域是共同语言产生的基础。共同的语言，是甄别民族地域性差别的重要参照标准。比如我国多数景区对当地人实行免费开放政策，景区工作人员对一些没携带身份证、穿着打扮与当地人无异的游客，往往通过"乡音"来辨别。无疑，这也是最直接最可靠的鉴别方法。同时，语言的民族地域性对于一些刑事案件的定位和侦破也具有重要的参考价值。

虽说语言是民族识别的重要标准，但并非唯一标准。一般来说，各民族都有自己的语言，但有些语言并非为某民族所特有，随着我国经济的发展，社会稳定团结，民族与民族之间逐渐融合为一个整体，两个或两个以上民族说同一种语言的情况并不少见，而同一民族使用两种甚至两种以上语言的例子也很多，如我国畲族在使用畲语的同时还使用部分汉语客家方言。有些民族甚至在一个民族内部同时使用两种或两种以上的语言或方言，如生活在广西壮族自治区环江毛南族自治县的毛南族除了使用毛南语，还使用壮语、桂柳话，推普工作实施以来，普通话的使用比例也逐渐上升。③

---

① 陈松岑. 社会语言学导论 [M]. 北京：北京大学出版社，1985：64.
② 温昌衍，温美姬. 方言避讳语浅析 [J]. 嘉应大学学报（哲学社会科学），2000（2）：63-64.
③ 魏琳. 毛南族的多语能力与语言和谐 [J]. 广州大学学报（社会科学版），2021（3）：121.

这种因语言接触而导致的多语情况并不单一，如陈娥（2019：194）发现，嫁入昆罕大寨布朗族的勐养媳妇，因长时间和布朗族接触，已经从只会说傣语到能够说一口流利的布朗语。显然，语言已不是识别民族的唯一参考。

》 二、语言和谐是民族和谐的体现

从世界范围来看，各民族在处理本族内和族群间的关系时之所以把语言问题放在如此重要的地位，是因为在某种程度上，语言和谐是民族和谐的外在表现。新加坡官方语言除了英语外，还有华语、马来语、泰米尔语。这种语言的和谐关系反映了使用这些语言的民族或族群间的和谐友好关系。当然，我们也必须承认，受历史、政治、经济、社会文化和教育等种种因素的制约，实现语言多样共存、维持民族团结稳定仍是一项艰巨任务，如：西非法语国家将民族语言纳入宪法条款，该条款的象征意义远远大于实践意义。在西非前法国殖民地国家中，法语作为唯一官方语言的地位自独立至今并未改变，不但在行政、司法、教育、贸易等领域中占据优势地位，更在日常交际中压缩着民族语言的使用空间，并且不同非洲民族语言的使用范围大小不一，如沃洛夫语、班巴拉语和迪乌拉语分别在塞内加尔、马里和科特迪瓦地区使用广泛，但更多的民族语言仅作为归属于同一社群的标记，在有限的熟人之间使用。① 就我国而言，各民族都有使用和发展自己的语言文字的自由，这更为直观地反映了中华民族这个"一"对各民族这一"多"的肯定与重视，既尊重了各民族的差异性与多样性，也尊重了历史总体进程的真实性与丰富性。② 在多民族、多语言的国家里，语言是一个尤为敏感的政治问题。可以说，因不和谐的语言关系导致民族问题绝不是危言耸听。有些多语国家语言问题未处理好，在推行某单一语言作为"国语"时，往往会直接导致使用其他语言的族群为自己民族语言的地位而抗争。

---

① 李洪峰. 西非法语国家民族语言发展的困境与前景 [J]. 法语国家与地区研究，2023（1）：24.

② 郭台辉. "多元一体"与"一体多元"：中华民族研究的两个命题 [J]. 思想战线，2022（3）：8.

▶ **三、民族是民族语言存在的前提**

语言是一种社会现象，是社会发展的产物，当社会组织发展到有民族产生时，才会有所谓的民族语言。戴昭铭（2007：4）曾说："任何语言都是民族语，非民族的语言也是不存在的。"某一民族语言的产生、发展、分化或被同化等往往取决于该民族的社会历史发展情况，换言之，民族共同体的产生是民族语言形成的基本条件。[①] 如：秦汉时期是华夏民族形成的重要历史阶段，秦朝统一天下实现了书同文，华夏民族真正成为一个拥有共同语言的民族。到了汉朝，该民族共同体进一步得到巩固，其共同语也有了进一步的发展，被称为"通语"，各地讲不同方言的人均可使用通语进行交际。又如鄂温克族与蒙古族、汉族、达斡尔族和鄂伦春族等族人民交错杂居在大兴安岭和呼伦贝尔大草原等地，地域的广袤、民族的杂居，加之历史上的多次迁徙，使得鄂温克族形成了小聚居、大分散的特点。即使历史上对鄂温克族称呼不同（"索伦""通古斯""雅库特""北室韦""生女真""林中人""北山野人"等），且各聚居地的鄂温克族人在生产、生活方式上也存在些许差异，但鄂温克族祖祖辈辈自始至终都称自己为"鄂温克"，他们有着共同的风俗习惯和语言——鄂温克语。虽然鄂温克族人口较少，且居住分散，但这一民族一直存在，因而其使用的鄂温克语也流传至今。[②] 又如，现在苗族使用的语言主要分为湘西、黔东、川黔滇三大方言区，内部又分为多个小土语区，土语区与土语区之间差别较大，甚至不能进行正常交流。苗语内部分化为多个小土语区的现象与苗族人民的多次迁徙有关。但苗族共同的习俗、古歌及信奉的神灵为苗族诸方言土语之间关系的确立提供了可靠的依据，湘西苗族至今还保留着祭祀祖神 phɯ³¹（爷）ʑɯ²²（尤）"蚩尤神"的传统。川南、黔西北一带"蚩尤庙"也受到苗族人民的供奉，甚至北方还有蚩尤戏、蚩尤旗等遗迹遗风。[③]

---

① 贾晞儒. 语言·民族与民族文化［J］. 青海民族研究，2007（4）：133.
② 《鄂温克族简史》编写组. 鄂温克族简史：修订本［M］. 北京：民族出版社，2009：1-4.
③ 《苗族简史》编写组. 苗族简史［M］. 贵阳：贵州民族出版社，1985：3-14.

▶▶ 四、民族是语言归类和系属划分的重要参照

语言的归类和系属划分是建立在历史比较法的基础上的，如何准确地将语言归类和划分系属，除了对比共时及历时的语言材料，还需厘清民族的历史文化渊源。语言的形成取决于该民族的社会历史，语言的归类和系属划分亦依赖于民族的社会历史材料。

首先，在语言研究中我们常常遇到如何判定某一群体说的是同一语言的不同方言还是不同语言的问题。特定的民族共同语是判定一个群体是否具有"民族"地位的标准之一；反之，要判定某群体使用的语言是独立的语言还是某种语言的方言，也要以其民族属性作为重要参照标准。当然，某种语言能不能独立为某一个民族的语言，主要取决于其语言内部因素，包括语音、词汇、语法等众多语言特征。如我国海南苗族，从语言与民族对应的角度上看，他们使用的语言应该是苗语。卢论常（1987：53-63）立足于海南苗族使用的语言，从语音、词汇、语法的角度将其同三大方言区的苗语、瑶语勉语支的语言进行对比考察，最后得出结论：海南苗族使用的语言属于瑶语支，不是苗语，尽管他们本身不叫瑶族。

然而，判定某一语言是独立的语言还是语言的方言，还需要考虑语言的外部社会因素，包括民族因素。从语言外部因素来看，民族因素在语言的划分上起着重要的作用。比如，我国的语言资源丰富，语音、词汇和语法结构各异的语言系统就有多种，但这些语言系统能否都成为独立的语言，就需考虑使用该语言系统的民族的历史因素。比如现代彝语，可分为北部、东部、南部、东南部、西部、中部 6 个方言、25 个土语，[①] 各方言土语之间的语音、词汇等差异较大，但该类方言的使用者有着共同的生活地域、共同的文化底蕴及心理特征，同源于一个民族——彝族。因此，即便语言内部结构差异再大，也不能将其看作彝语以外的其他语言。相反，有的语言，结构体系虽相近，但属于不同的社会集团或民族，如俄语、白俄罗斯语、乌克兰语，其差别并不大，尚未达到汉语方言之间的差异程度，但由于它

---

① 彝族［EB/OL］.（2022-12-30）［2023-04-23］. http：//epc. swu. edu. cn/info/1078/4025. htm.

们的使用者分属三个不同的民族，因而被划分为三种不同的语言。由此可见，民族在语言归类问题上起着重要的作用。但需要注意的是，民族的划分也非语言划分的唯一标准，① 如印度的第二官方语言是英语，其与英美国家使用的英语就不能因使用者的民族差异而分属不同的语言。

另外，在语言的系属划分问题上，民族的历史也有重要的参考价值。如我国的苗、瑶、畲三个民族在历史上存在密切的渊源关系，有共同的来源、共同的盘瓠文化传统，并且他们的语言苗语、瑶语、畲语也存在结构上的相似，因此，其同属于苗瑶语族。② 又如，我国的白族所使用的语言的系属问题依旧悬而未定，有学者认为白语当属藏缅语族彝语支，也有学者认为白语应该为藏缅语族内的一个独立语支。③ 争议的主要原因在于白族的来源没有得到科学认定。

▶ 五、语言是系连民族感情的纽带

除了交际功能以外，语言还有系连民族情感的作用。语言蕴含浓厚的民族情结，是民族精神文明传承的重要载体，彰显出各民族丰富的生活经验和生存智慧，承载着各民族长期以来丰富的民族文化和生活习俗，寄寓着各民族每一个"个体"忠诚的、矢志不渝的感情。特别对于没有文字的民族而言，口耳相传的民族语言便成为承载民族文化和寄托民族情感的重要工具，是存在于民族内部每一"个体"之中无形的"内驱力"。这种"内驱力"是遭遇异族压迫欺凌时最强民族凝聚力、向心力的"发动机"；亦是民族颠沛迁移中最强民族认同感、亲切感的"催化剂"。如犹太民族在长达1800多年流离失所、散居他乡的漫长岁月中，希伯来语是其宗教认同和民族感情维系的重要方式，这也为希伯来语在现代以色列国家的复兴奠定了强大的宗教基础，而强大的民族归属感和民族凝聚力，也为希伯来语的复

---

① 孙维张. 汉语社会语言学 [M]. 贵阳：贵州人民出版社，1991：268.
② 石光树. 从盘瓠神话看苗、瑶、畲三族的渊源关系 [J]. 中央民族学院学报，1982（3）：80-82.
③ 王锋，张云霞，杨伟林. 中华民族全书　中国白族 [M]. 银川：宁夏人民出版社，2012：24.

兴提供了条件。^① 毋庸置疑，各民族对自己的语言具有独特的情感，凝聚着浓厚的民族情结。当人们面对本民族语言以外的其他语言时，会在心理上存在一个评价标准，即在不同的环境中，会对不同的语言作出选择。一个掌握多种语言的人在他乡遇到同族同胞时，往往更倾向于使用本民族语言，以获得民族认同感。在我国，国家通用语言文字接通的是各民族的感情，各民族语言文字则蕴含了各民族深厚的情感基础和文化根基，^② 推广普及国家通用语言文字和保护各民族语言文字并行不悖。^③

▶ 六、民族关系影响语言使用

民族关系往往还会影响语言的使用。纵观人类文明的发展史，人类族群从初始阶段经历了小群体、氏族、部落、部落联盟、国家等多种社会组织或团体形式。这些社会团体的形成不是一蹴而就的，它经历了漫长的发展过程。在这个发展进程中，不同的社会团体之间往往会出现姻亲、联盟甚至斗争等多种方式的接触。尤其是在生存环境不堪重负时，迁徙、对外战争往往成为解决族群内部困境的主要方式。不同社会团体之间斗争的结果就是引起语言本身或语言使用的变化。战胜者作为统治阶层，往往向被征服者强制推行自己的语言或者文字，如：元代把蒙古语作为官方语言，^④推行蒙古畏兀儿字和八思巴文；^⑤ 被征服者或被迫迁徙会出现语言的分化，如清王朝的瓦解，引起满语、赫哲语的分化和消亡；^⑥ 或沦为被统治阶层，开始学习统治阶层的语言文字，如巴西作为拉丁美洲唯一一个以葡萄牙语

① 王文俊. 民族语言学视角下的希伯来语复兴原因探析［G］//西南边疆民族研究（第18辑）. 昆明：云南大学出版社，2015；123，125-126.

② 李思辉. 国家通用语言文字接通的是各民族感情［EB/OL］.（2020-09-11）［2024-02-04］. https：//news. gmw. cn/2020-09/11/content_34176167. htm.

③ 祁进玉. 国家通用语言文字凝聚文化认同［EB/OL］.（2021-04-12）［2024-02-08］. https：//m. gmw. cn/2021-04/12/content_34757780. htm.

④ 鄞江. 元代官方使用的语言文字［J］. 内蒙古社会科学，1982（4）：37.

⑤ 许晋，王枫，姜德军. 元代语言文字政策与多语种出版的繁盛［J］. 编辑之友，2013（10）：106-107.

⑥ 赵阿平，何学娟. 满语、赫哲语濒危原因对比探析［J］. 满语研究，2007（1）：17-18.

为官方语言的国家，就与葡萄牙人的殖民掠夺密不可分。①

另外，民族关系的改善和发展对民族语言的内部传承和外部传播也会起到至关重要的作用。民族之间的关系越融洽，其语言之间的交流越频繁，这会进一步推动民族关系的和谐发展，而民族关系的和谐发展又会给语言的发展营造良好的社会氛围。比如贞观年间，玄奘西行，大量梵文佛经传至中国，为中国和印度半岛两个地区的语言文字交流作出了突出的贡献，这与我国推行开明的对外政策，与印度人民保持友好的关系密不可分。

综上所述，语言与民族相互影响，相互依存。语言是人类社会发展的产物，每一种语言都是一个民族共同创造的。理论上讲，语言具有民族性特征意味着语言与民族应是一一对应的，它不仅是区分民族的重要标志，还是民族内部成员彼此相互沟通与交流的重要桥梁，更是系连民族情感的重要纽带。民族不仅是语言存在的前提，还是语言归类和系属划分的重要参照。随着社会的发展，民族间的关系发生各种变化，民族与语言的关系也日渐复杂、多样，民族与民族之间的关系也直接影响着民族语言的使用和发展。②

第二节　汉语与民族语言的关系

我国自古就是一个统一的多民族国家。"多民族是我国的一大特色，也是我国发展的一大有利因素。各民族共同开发了祖国的锦绣河山、广袤疆域，共同创造了悠久的中国历史、灿烂的中华文化。我国历史演进的这个特点，造就了我国各民族在分布上的交错杂居、文化上的兼收并蓄、经济上的相互依存、情感上的相互亲近，形成了你中有我、我中有你，谁也离不开谁的多元一体格局。中华民族和各民族的关系，是一个大家庭和家庭

---

① 王涛. 巴西的语言政策简况 [G] //王辉，周玉忠. 语言规划与语言政策：理论与国别研究（续）. 北京：中国社会科学出版社，2015：374.

② 孙维张. 汉语社会语言学 [M]. 贵阳：贵州人民出版社，1991：269.

成员的关系，各民族的关系，是一个大家庭里不同成员的关系。"① 中华民族共同体的形成，经历了一个漫长的历史过程。在这一漫长的历史进程中，政治、经济、文化、教育、语言等各个领域都会有共同体特征的反映。语言是社会的镜子。我国以汉族为主体统一的多民族国家及各民族在分布、文化、经济、情感上的特点必然在语言中得到反映：我国语言在分布上也存在着"大杂居小聚居"的特点，且在汉族与各少数民族的长期交往、交流、交融中，汉语与各民族语言存在历史悠久的接触关系，从而形成了"你中有我、我中有你"的复杂关系。

一、汉语与民族语言的相互影响

语言相互影响普遍存在于世界语言中，同时，受各国具体国情的制约而各有特点。各民族"大杂居小聚居"的分布特点使得汉语和各民族语言相互影响成为必然。在中华民族这个大家庭中，汉语对民族语言的影响是主要的、广泛的、全方位的，民族语言在接受影响的同时也会对汉语产生一定程度的影响。

(一) 汉语对民族语言的影响

一部中国史，就是一部各民族交融汇聚成多元一体中华民族的历史，就是各民族共同缔造、发展、巩固统一的伟大祖国的历史。② 我国多民族国家局面始于秦汉，在漫长的历史演进过程中，各少数民族为了生存和发展，都会主动与经济文化相对发达的汉族接触与交往，在这一过程中，少数民族必然会吸收汉族的语言来丰富自己的表达。具体而言，汉语对民族语言的影响主要体现在如下四个方面：

首先，汉语对民族语言的影响表现为民族语言从汉语中借用新词新语。随着汉族先进生产技术的传入及当地经济文化的发展，新事物、新概念不断涌入，为了表达新事物、新概念，民族语言也会从汉语中吸收一些自己没有的语词。如独龙族早期的生活中没有"瓦""煤""锁""煤油""汽油"

---

① 中央民族工作会议暨国务院第六次全国民族团结进步表彰大会举行 [EB/OL]. (2014-09-29) [2023-07-14]. https://www.gov.cn/xinwen/2014-09/29/content_2758816.htm.
② 习近平. 在全国民族团结进步表彰大会上的讲话 [N]. 人民日报，2019-09-28 (2).

"油漆""桌子""苹果""自行车"等事物，也就缺乏表达这些事物的固有词，后来随着与汉族接触的日益增多，这些事物逐渐进入他们的日常生活，于是独龙语从汉语中借入了 wɑ⁵³"瓦"、mɐi⁵³"煤"、sɔ⁵⁵ tɕi⁵⁵"锁"、mɐi⁵³ jɯ⁵³"煤油"、tɕi⁵⁵ jɯ⁵³"汽油"、jɯ⁵⁵ tɕi⁵⁵"油漆"、tsɔ⁵⁵ tʂ̩⁵⁵"桌子"、piŋ⁵⁵ kɔ⁵⁵"苹果"、tɑn⁵⁵ tsɛ⁵⁵"自行车"等词语。① 又如分布在湘鄂渝黔交界地带的土家族，长期与周边地区汉族交流接触，从汉语中借入了很多涉及生产生活的词汇，如 ɕian³⁵"象"、ai⁵⁵"海"、thun²¹"铜"、kʰu²¹"裤子"、pau⁵⁵ ku⁵⁵"玉米"、lo²¹ xiu³⁵"落后"等。②

汉语对民族语言词汇的影响，除上述民族语言向汉语借用新词新语外，还存在民族语言的核心或基本词汇被汉语取代的现象。这种现象一般由汉语与民族语言的深度接触引起。如湘西土家族苗族自治州泸溪县潭溪镇小陂流苗语有相当一部分核心词汇都改用了汉语借词，例如：ỹ³³ dɯ³³"云"、u³¹"雾"、to⁵⁵ sɛ̃⁵⁵"心"、dā²⁴"胆"、ɕkuā⁵⁵ ɕẽ³¹"阳光"、o⁵⁵ sa⁵⁵"沙子"、y⁵⁵"骨髓"。另外，像亲属称谓词，小陂流苗语有一些也借用了汉语，如"父亲、母亲、舅父、舅母、侄儿、外孙、曾孙"等。③ 小陂流苗语中这类词汇借用现象的发展变化，不仅反映了苗族与汉族交往关系的深化与加强，也说明了中华民族共同体因素强大的吸引力。

其次，汉语对民族语言的影响还涉及语音层面。主要表现为两个方面：一是民族语言借用本民族语言音位系统中没有的音位。例如，白语的声韵调系统随着大量汉语词汇的输入而增加了一些新的音位成分：声母方面，白语的声母系统原无唇齿擦音声母 f 和舌尖擦音声母 z，随着汉语借词的输入，产生了 f、z 声母；韵母方面，受汉语的影响，白语中形成了如后元音 ɔ 的新韵母；声调方面，白语受汉语影响，在一些重要的方言（如大理方言）

---

① 独龙语材料由彭茹调查所得。

② 邓佑玲. 从借词看汉语对土家语的影响 [J]. 中南民族学院学报（人文社会科学版），2003（1）：99.

③ 戴庆厦，杨再彪，余金枝. 语言接触与语言演变：小陂流苗语为例 [J]. 语言科学，2005（4）：3-10.

中产生了原来没有的 35 调。[①] 二是民族语言改变已有的音位结合规则。如回辉话，因受汉语影响音节开头的复辅音丢失，音节结构可以解释为 IMVE/T 型[②]，完全符合典型的汉语音节结构，例如：li^{55}"买"、pha^{33}"给"、piu^{55}"十"。[③]

再次，汉语对民族语言的影响在语法上也有不同表现。新语序的出现是民族语言受汉语语法影响的典型表现之一。例如：汉语的基本语序是 VO 型，而作为藏缅语的白语原有的基本语序为 OV 型，因受汉语影响，白语也出现了 VO 型语序（王锋，2012：522）：

t^hu^{55}	$v̥^{33}$		sua^{44}	to^{21}		pe^{44}	t^hu^{33}		tso^{44}	$tɕi^{31}$
讨	媳妇		说	话		走	路		犁	田
娶媳妇			说话			走路			犁田	

又如土家语，由于受到汉语的影响，特别是大量汉语借词、词组的借入，词法或句法的语序有向汉语靠拢和接近的趋势，如形容词修饰名词时，土家语的固有语序是"名词＋形容词"，受汉语的影响，出现了"形容词＋名词"的语序，比如：

$ŋa^{35}$	$ɕin^5$	ka^{55}	$tʂhi^{21}$	xo^{35}	p^hu^{55}	to^{21}
我	青	色	的	布	买	要

我要买青布。[④]

当民族语言受汉语的影响较强烈时，其语法形态也会不同程度地发生变化，进而使语言结构也发生变化。例如，属占语支的回辉话本是黏着语，但是回辉人来到海南之后，可能是受汉语影响而放弃以词缀派生构词。由

---

① 王锋. 从白语的发展看语言接触的两种形式 [G] //大理民族文化研究论丛（第八辑）. 北京：民族出版社，2012：521-522.

② 汉语的音节是 IMVE/T 结构形式。其中，I 是 Initial 的缩写，表示声母。M 是 Medial 的缩写，表示介音，也称韵头。V 是 Vowel 的缩写，表示主要元音，也称韵腹。E 是 Ending 的缩写，表示音节末音，也称韵尾。T 是 Tone 的缩写，表示声调。详见布日古德.《华夷译语》（甲种本）音译汉字研究 [M]. 北京：中国社会科学出版社，2012：20.

③ 田添畅彦. 在海南回辉话里可见到的汉语语法的影响 [G] //邵敬敏. 21 世纪汉语方言语法新探：第三届汉语方言语法国际研讨会论文集. 广州：暨南大学出版社，2008：31.

④ 邓佑玲. 从借词看汉语对土家语的影响 [J]. 中南民族学院学报（人文社会科学版），2003（1）：98-101.

于派生词缀消失，回辉话开始以介词来分担派生词缀曾担负的语法功能。回辉话中没有表示使令、被动的词缀，而是以虚化为介词的"拿"义动词 tu^{24} 来表示这一语法功能。回辉话介词的语法功能比较丰富，而且不少介词是从动词虚化而来的，这两点与汉语相似。[①] 上述语法结构甚至语言类型的变化，绝不是一朝一夕能完成的，我们认为这是各少数民族与汉族漫长而又密切接触交流的结果，也在一定程度上反映了他们对中华文化的高度认同。

最后，汉语对民族语言的影响，除了上述词汇、语音、语法方面外，还反映在少数民族文字与历史文献中。汉字是世界上历史最悠久、使用最广的文字之一，是在汉语的基础上创造的，是汉族文化的载体，但后来逐渐扩展到其他民族和邻国中去，成为许多民族创制其文字的基础，如西夏文、契丹大字、契丹小字、方块壮字、水书、傈僳文等都是仿照汉字而创制的。此外，不同时期的少数民族历史文献中也可以清晰地看到汉语对少数民族语言的影响。如《后汉书·南蛮西南夷列传》记载，"白狼王唐菆等慕化归义，作诗三章"，此即"远夷乐德歌"，后世称为《白狼歌》，是一首汉朝西南夷白狼语朝廷颂歌，其中就有许多汉语借词，如"译、圣、德、危、险、万、荒、服、之、传、汉、怀、匹、臣、仆"等。白狼语经研究已大体确定属汉藏语系藏缅语族，与彝—缅语支比较接近。这是一个有文献记载的古代藏缅语族语言的例子，反映了西南边疆少数民族对汉语语言成分的吸收，也反映了西南边疆少数民族对中央王朝的国家认同和对中华民族共同体的认同。[②] 又如西南地区发现的各种彝文《董永记》译本、抄本中的音译内容，[③] 也是历史上民族语言吸收汉语成分的真实写照。

（二）民族语言对汉语的影响

民族语言受汉语影响的同时，也会对汉语产生一定程度的影响，同样

---

① 田添畅彦. 在海南回辉话里可见到的汉语语法的影响［G］//邵敬敏. 21 世纪汉语方言语法新探索：第三届汉语方言语法国际研讨会论文集. 广州：暨南大学出版社，2008：31-32.

② 戴庆厦. 从语言上论中华民族共同体的认同［J］. 民族语文，2022（2）：5-6.

③ 普学旺，龙珊. 清代彝文抄本《董永记》整理与研究［J］. 民族文学研究，2018（2）：135-137.

涉及语音、词汇、语法等领域，下面我们分别举例说明。

语音方面，以壮语对汉语方言的影响为例。麦耘（2011：298）认为粤语的ɬ/θ声母是普遍有ɬ/θ声母的壮侗语在粤语中的遗留成分，是古代岭南土著在学汉语时带来的口音。又如南宁市汉语方言平话、白话和官话的声母系统中广泛分布有边擦音ɬ，其应是在与壮语接触中受壮语的语音干扰所致；南宁壮语韵母系统存在缺少介音、以元音长短对立来弥补不足的情况，南宁平话因与壮语接触亦出现了大量元音长短对立的现象。①

汉语也从民族语言中借用词汇。例如，东北方言中借入了许多满语词汇：$xa^{51}la^{0}pa^{55}$"哈拉巴"（家畜的肩胛骨）、$ka^{214}la^{0}xa^{51}$"嘎拉哈"（家畜的髌骨）、$la^{55}xə^{0}pan^{51}$"拉合辫"（泥草编成的墙）、$xa^{55}ʂ1^{0}$"哈什"（仓房）、$vəi^{55}xu^{0}$"威呼"（木板小船）等；②青海方言中许多词汇都是借自民族语，比如"阿吾、曲拉、达拉、刚汤、哈达、拖勒"等；③班弨、苏若阳（2017：54-61）考证发现汉语中常用的"荔枝"一词实为源自壮侗语的借词；新疆汉语方言中有不少维吾尔语借词，如"皮芽子""卡瓦普""巴扎尔""巴郎子""洋岗子"等。④

民族语言对汉语语法方面的影响主要体现在词法和固有语序的改变上。词法方面，如湘西州汉语方言动词、形容词都可重叠，其重叠形式和语法意义异于北京话，而与土家语相同，龙山话动词按"V嘞V"方式重叠，表示动作的反复进行或持续；永顺话的形容词按照"A嗍A""ABBABB"方式重叠进一步强调生动色彩及表示程度的加深，应当都是受土家语影响的结果。⑤语序的改变方面，如在西北地区，汉语方言与周边民族语言的长期接触导致其语序发生变化。王双成（2016：58）认为西宁方言中有"个＋名""名＋个"两种语序，其中"名＋个"可以出现在主语的位置，也可以

①　黄薇．南宁市汉语方言和壮语接触研究［D］．长春：吉林大学，2018：24-28.

②　黄锡惠．汉语东北方言中的满语影响［J］．语文研究，1997（4）：59.

③　王双成．青海少数民族语言对当地汉语的影响：从"风搅雪花儿"说起［J］．青海师范大学学报（哲学社会科学版），2004（4）：110.

④　王远新．民族交往的语言表现：新疆汉语方言中的维吾尔语借词使用研究［J］．民族语文，2021（4）：4.

⑤　李启群．湘西州汉语与土家语、苗语的相互影响［J］．方言，2002（1）：71-81.

出现在宾语的位置，都表示名词的无定义，这种用法和藏语语序几乎一致，应是语言接触的结果。又如敏春芳、肖雁云（2023：100-101）指出汉语方言河州话的语序类型受到周边少数民族语言的影响而发生变化，形成了SOV语序。袁芳、魏行（2023：164-174）发现由于相当一部分阿尔泰语的否定成分都黏着在句末的谓语动词上，阿尔泰语母语者学习汉语否定句时也倾向于将否定成分放在紧邻句末谓语动词的位置，而把其他成分（如"把"字结构、状语等）前置，在长期的语言接触环境下，西北方言中的否定词出现了后置倾向。

汉语和民族语言的相互影响，既显示了中华文化强大的吸引力和各少数民族对伟大祖国、对中华民族、对中华文化、对中国共产党和对中国特色社会主义的高度认同，[①] 又反映了汉族与少数民族之间睦邻和善、交流沟通的友好关系，符合中华民族共同体形成与发展的必然趋势。

▶ 二、汉语与民族语言在使用功能上的和谐关系

在我国，汉语是全国通用语，少数民族语言文字是少数民族日常生活的重要交际工具。[②] 中华人民共和国成立后，由于我国实行了民族平等、语言平等政策，汉语与民族语言实现了功能上的互补，呈现出"各就各位、各尽其责"的和谐景象。

（一）汉语与民族语言和谐关系的表现

汉语与民族语言总体上呈现出和谐融洽的关系，这不仅表现在国家通用语言文字方便了少数民族群众对外沟通交流上，还表现在汉语和民族语言的使用功能互补上，民族地区群众面对汉语和少数民族语言时开放包容的态度更能说明这种融洽关系深入人心。

1. 推广国家通用语言文字是实现民族和谐的桥梁与纽带

国家通用语言文字代表了中华文化融会统合的前进方向，是中华民族

---

① 习近平出席中央民族工作会议并发表重要讲话［EB/OL］．（2021-08-28）［2023-04-21］．http://www.gov.cn/xinwen/2021-08/28/content_5633940.htm.
② 戴广南．如何认识各民族学习使用国家通用语言文字［J］．中国民族教育，2019（12）：16.

认同的文化基座，能够有力地促进各民族交往交流交融，构筑中华民族共有精神家园，不断铸牢中华民族共同体意识，为实现中华民族伟大复兴的中国梦激扬精神、凝聚力量。① 大力推广国家通用语言文字，有利于各民族构建和谐的语言生态，②，促进不同民族之间更密切的交往和交流，有助于实现国家内部的和谐发展。③

我国多年来坚持在民族地区推广国家通用语言文字，成效显著。例如，戴庆厦（2007：44-45）调查发现，云南西双版纳州人口较少的基诺族全民普遍掌握汉语，以距离乡政府所在地约 23 公里远、地理位置较为偏僻的茄玛村巴亚老寨掌握汉语的情况为例，巴亚老寨汉语"熟练"者高达 83.5%，汉语"一般"的占 9.2%。统计得出，巴亚老寨能使用汉语进行交际的人数为 281 人，占 92.7%。又如分布在云南怒江傈僳族自治州的茶山人，是我国脱离民族主体的一个人数较少的族群，居住地以云南省泸水市片马镇的岗房、古浪、片马三个行政村为主。茶山人除了使用自己的母语外，大部分都掌握和使用汉语这一全国通用语，戴庆厦等（2009：5-9）随机统计岗房、古浪、片马 3 个村村民的汉语水平后发现，懂汉语的占 94.9%。可见，国家在民族地区推广国家通用语言文字效果明显，这极大地便利了民族地区人民群众的交流与沟通，有助于增进各民族之间的了解与互信，消除因语言不通而产生的隔阂，减少与缓和语言冲突，促进民族和谐与团结。同时，各少数民族语言能力的提升也是汉语与少数民族语言和谐共生的重要表现，彰显出各少数民族对国家通用语言文字以及中华民族的高度认同。

2. 汉语和少数民族母语在使用中功能互补

汉语与少数民族母语作为我国民族地区主要的社会交际工具，在使用过程中实现了功能互补。汉语一般用于族际交际如政府机构、学校、媒体、

---

① 张军：国家通用语言是民族认同基石［EB/OL］．（2021-09-28）［2024-02-03］．http：//www.nopss.gov.cn/n1/2021/0928/c435062-32240413.html.

② 何瑾瑜，李志忠．国家通用语言文字促进各民族共同繁荣发展［EB/OL］．（2023-05-11）［2024-02-03］．http：//yyzk.ywky.edu.cn/ltt/message！detailMessage.do？id＝c023353d-db57-4749-b3a3-06549e441bfa.

③ 马冬，曹鑫聃．推广普及国家通用语言文字与促进各民族交往交流交融［EB/OL］．（2024-03-28）［2024-03-28］．https：//column.chinadaily.com.cn/a/202403/28/WS6604d28fa3109f7860dd73fd.html.

医院等公共场合，母语则用于族内交际如家庭、村寨等场合，从而满足各民族村民在不同场合的交际需求。这是汉语与民族语言和谐关系的又一表现。

如丽江市古城区七河镇共和村下辖的东关、木光和太平村以纳西语和汉语为主要交际语言。在家庭、村寨内纳西语是主要交际工具，而在面向大众的广播、电视等媒体中，汉语占据着十分重要的地位，除了中央、省级的电视台外，当地电视台也主要使用汉语播放。在七河镇政府、卫生院等机关单位，汉语和纳西语是主要交际语言。在买卖的过程中，纳西语和汉语是主要交际语言，面对外地商贩（大多是鹤庆的汉族或白族）也是用汉语进行交流。① 又如泗邦屯隶属广西靖西市龙邦镇界邦村，是一个壮族聚居屯。这里的语言状况也很和谐，壮语和汉语在村民生活中互补使用：壮语是村民在家庭内部和村寨内与同族人进行交际交流时的工具；汉语作为国家通用语，在该地区村民的生活中也发挥着重要的作用，是村民在学校课堂接受教育、去当地政府机关办事、与外族人交流的主要用语。②

中华民族是由汉族和各少数民族组成的一个大家庭。在这个大家庭中，我们尊重差异、包容多样。汉语和少数民族母语在使用中功能的互补性，完美地体现了我国各民族交往交流交融的和谐民族关系。

3. 语言态度开放包容

我国多数地区的少数民族普遍既重视母语的情感价值和文化价值，也重视汉语的工具价值和应用价值，以一种开放包容的心态对待汉语，对汉语的认同度较高。这是汉语与民族语言和谐关系的成因，也是汉语与民族语言和谐关系的一个表现。③

以边境地区芒海镇吕英村的语言生活为例。吕英村地处德宏傣族景颇族自治州芒市西南部的中缅边境，该村分布着汉族、景颇族、傈僳族等三个世居民族。吕英村是一个多语兼用、多语和谐的自然村，村民开放包容

---

① 戴庆厦，和智利，李旭芳. 丽江市古城区七河镇共和村的语言和谐 [J]. 青海民族研究，2014 (3)：171.

② 彭茹. 中越边境泗邦屯壮族的语言生活 [J]. 贵州民族研究，2016 (7)：196-199.

③ 彭茹. 中越边境泗邦屯壮族的语言生活 [J]. 贵州民族研究，2016 (7)：199.

的语言观既是该地区多语和谐的成因也是多语和谐的一个表现。景颇族各支系、傈僳族、汉族村民都能互相尊重并乐于学习其他民族的语言，吸收其他语言的成分来完善自己，反映出一种开放、包容的语言态度。在吕英村常常出现这样的情景：一个村民一会儿说景颇语、一会儿说傈僳语、一会儿说汉语，语言转换便捷、自然。在村民看来，不论使用何种语言进行交际都能被接受，都能无障碍地沟通。① 又如地处云南省西南部的耿马县，全县 26.3 万人，有汉、傣、佤、拉祜、彝、布朗、景颇等 26 个民族。其中，景颇族只有 1004 人，占全县总人口的 0.38%，是一个人口较少的民族。虽然人口较少，但耿马景颇族对待语言的态度开放包容，他们热爱母语并将其代代传承，且又使用汉语，承认其实用性，还接纳其他民族语言，便于与其他民族沟通。在他们看来，多种语言和谐共存、互补并用是最佳的语言生活状态。②

在历史上，我国许多少数民族长期处于封闭、落后的状态中，过着艰苦贫穷的生活。中华人民共和国成立后，我国实行了民族平等、各民族共同发展的民族政策，在共建美好家园的道路上各民族守望相助，这让他们切切实实地体会到了民族团结和互助带来的发展实惠。这一感受也就必然促使他们在语言上秉持一种稳固而又持久的开放包容理念。

（二）汉语与民族语言和谐关系的成因

"多元聚为一体，一体容纳多元"，③ 汉语与民族语言的和谐关系，有其深层的现实条件和历史底蕴。深入挖掘汉语与民族语言和谐关系的成因，对于促进各民族共同繁荣发展，推动中华民族走向包容性更强、凝聚力更大的命运共同体具有重要的意义。

1. 民族融洽共处是汉语与民族语言和谐的前提

民族融洽共处与语言和谐息息相关：民族关系和谐，语言关系往往就

---

① 戴庆厦，和智利，杨露. 论边境地区的语言生活：芒海镇吕英村语言生活个案分析［J］. 贵州民族研究，2015（4）：173-177.

② 蒋颖，朱艳华. 耿马县景颇族和谐的多语生活：语言和谐调查研究理论方法的个案剖析［J］. 暨南学报（哲学社会科学版），2010（4）：107-109.

③ 王子晖. "多元一体"：习近平的民族观［EB/OL］.（2019-09-29）［2023-05-01］. http://www.xinhuanet.com/politics/xxjxs/2019-09/29/c_1125054038.htm.

会和谐；民族关系不和谐，语言关系也往往不和谐。① 民族融洽共处首先体现在汉族与少数民族对彼此文化的认同上，如云南省马关县都龙镇金竹山村和田坝心村的少数民族除了会过自己民族的节日外，还会过汉族的端午节、中秋节、春节，并认为春节是一年中最重要的节日；这里的汉族村民由于长期与少数民族生活在一起，一定程度上也受到少数民族文化的影响，比如有些汉族办丧事时也会请巫师等。② 汉族与各少数民族融洽共处还体现在族际通婚方面，如生活在云南省元江县羊街乡的各个民族曾经在很长的一段时间里以族内婚姻为主，族际婚姻鲜少。改革开放以来，各民族经济、生活等方面的交流增多，族际婚姻亦渐增多，③ 各少数民族与汉族通婚的现象已较为普遍。正是汉族与各少数民族之间的这种融洽共处，为汉语和民族语言的和谐共生提供了坚实的社会基础。

2. 语言政策为汉语与民族语言和谐护航

为保障各民族使用和发展本民族语言文字的权益，中华人民共和国成立后我国政府制定了一系列有关语言文字尤其是民族语言文字的政策，《中华人民共和国宪法》第四条第四款规定："各民族都有使用和发展自己的语言文字的自由。"④ 2011 年 10 月，中国共产党十七届六中全会通过了《中共中央关于深化文化体制改革、推动社会主义文化大发展大繁荣若干重大问题的决定》，提出要"科学保护各民族语言文字"。⑤ 在现代化建设的新时代，我国的语言状况和语言关系有了新的发展，国家对少数民族语言实行语言平等和语言保护政策。《国家中长期语言文字事业改革和发展规划纲要（2012—2020 年）》将"科学保护各民族语言文字"写入第二章的"目标和

---

① 黄平，李春风. 论景颇族和谐语言生活的特点及成因 [J]. 民族翻译，2012（1）：95.

② 罗骥，余金枝. 民族语文活态保护与双语和谐乡村建设研究：云南马关县都龙镇个案调查研究 [M]. 北京：中国社会科学出版社，2015：120.

③ 戴庆厦，白碧波. 元江县羊街乡语言使用现状及其演变 [M]. 北京：商务印书馆，2009：103.

④ 中华人民共和国宪法 [EB/OL].（2018-03-22）[2023-04-30]. https://www.gov.cn/xinwen/2018-03/22/content_5276319.htm.

⑤ 中共中央关于深化文化体制改革的决定（全文）[EB/OL].（2011-10-26）[2023-08-07]. http://news.sohu.com/20111026/n323403147.shtml.

任务"中。① 2017 年 3 月国家民委印发的《"十三五"少数民族语言文字工作规划》，明确提出要依法保障各民族使用和发展自己的语言文字的自由，科学保护少数民族语言文字。② 正是这些语言政策的实施，我国各少数民族在使用国家通用语汉语的同时，也都能自由地使用自己的母语，实现汉语与民族语言和谐共生。

3. 用语分工明确是汉语与民族语言和谐的保障

我国少数民族普遍持开放包容的用语态度，在日常的生活交际中能同时使用汉语和本民族的语言且分工明确，这既是汉语与民族语言和谐的重要表现，也是二者语言和谐关系形成的重要保障。如通过对云南文山壮族苗族自治州都龙镇 8 个代表点，包括壮族、苗族、汉族、瑶族、傣族等 5 个民族在内的 1593 位村民进行语言生活情况的调查，特别是双语情况的调查与分析发现，本民族语言一般通行于族内如家庭、村寨等场合；汉语通行于族际交际，在政府机构、学校、医院等公共场合使用；其他少数民族语言主要出现在与其他少数民族交际中。③ 不同交际场合选择不同的用语，分工明确，功能互补，避免了不同语言之间的冲突，满足了交际需要，是实现汉语与各民族语言在少数民族地区和谐共处的重要保障。

4. 经济、教育发展为汉语与民族语言和谐蓄力

社会经济发展是汉语与民族语言和谐的内在驱动力。市场经济的发展为云南绿春哈尼族习得汉语提供了有利的外部环境，越来越多的哈尼人为改善生活，外出求学走出村寨，涌向城镇，面对逐渐扩大的交际圈，原本的哈尼语不能满足需求，汉语则可以弥补哈尼语在使用功能上的欠缺。④ 学校教育是汉语与民族语言和谐的直接促进因素。我国多数的民族地区，民

---

① 教育部　国家语委关于印发《国家中长期语言文字事业改革和发展规划纲要（2012—2020年）》的通知［EB/OL］.（2012-12-10）［2022-09-12］. http://www.moe.gov.cn/srcsite/A18/s3127/s7072/201212/t20121210＿146511.html.

② 国家民委关于印发"十三五"少数民族语言文字工作规划的通知［EB/OL］.（2017-03-17）［2024-02-04］. https://www.neac.gov.cn/seac/c103593/202307/1166427/files/0d89ecf638834a27b2bbdf7f016fe9f6.pdf

③ 戴庆厦，李春风. 语言和谐与边疆稳定：云南省文山州都龙镇各民族语言关系的理论分析［J］. 中南民族大学学报（人文社会科学版），2017（4）：176-177.

④ 张鑫. 论绿春哈尼族和谐双语生活的特点及成因［J］. 民族翻译，2013（4）：88.

族语言主要通过家庭和村寨的传承习得，国家通用语言文字则主要通过学校教育习得。据调查，随着义务教育的大力普及与独龙族受教育程度的提高，独龙族的普通话能力和识字水平越来越高。① 据统计，20 世纪 90 年代，独龙族双语人的比例仅为三分之一，不懂汉语的人占三分之二。而今，独龙族 77.6% 的人能完全或基本听懂汉语，73.9% 的人能熟练使用汉语或用汉语进行基本交流。他们的汉字识字率也有很大提升，汉字水平也在稳步提高，会汉字或会一点汉字的人已高达 83.7%；在会汉字的 1304 人中，会读会写的人已占 66.3%。②

近年来，民族语言的濒危愈加成为关注的焦点。如湖南省保靖县仙仁乡他票村的土家语已属濒危语言，该村操土家语"熟练"者的比例只有 21%，且仅在老年人同辈之间交谈时使用。由于没有自然习得土家语的环境和途径，孩子们不能在语言习得期学会土家语，造成语言传承的断代，致使土家语的保留出现断层，走向濒危。③ 又如云南怒江傈僳族自治州怒族使用的阿侬语已由濒危走向严重濒危，若态势依旧，再过 10～20 年，随着城镇化速度的加快、媒体传播的迅猛发展，加之 60 岁以上老人的离世，阿侬语有可能会完全消失。④ "语言是人类赖以生存的表达信息的工具，也是记载、保存文化、知识的载体，还是凝聚民族感情的符号。"⑤ 因此，我们要集中社会各方力量保护它，而不是忽视它、放任自流。只有这样，我们才能维护各民族文明的多样性，世界文明之源也才能万紫千红、生机盎然。

---

① 黄兴亚，王晋军. 独龙江乡独龙族村民母语能力调查 [J]. 语言战略研究，2018 (5)：78.
② 王晋军，黄兴亚. 生态语言学视域下独龙族语言能力研究 [J]. 云南师范大学学报（哲学社会科学版），2020 (6)：49.
③ 戴庆厦，田静. 濒危语言的语言活力：仙仁土家语个案研究之二 [J]. 思想战线，2003 (5)：130.
④ 孙宏开. 阿侬语的二十年变迁：由濒危走向严重濒危 [J]. 语言战略研究，2017 (4)：20.
⑤ 戴庆厦. "科学保护各民族语言文字"研究的理论方法思考 [J]. 民族翻译，2014 (1)：12.

第三节 "多元一体"的语言格局与
铸牢中华民族共同体意识

我国是一个统一的多民族国家，各民族团结和谐、共同发展是社会主义现代化强国建设的基石。国家通用语言文字是国家统一、民族团结的表现，是构建中华民族共同体意识的基础。我国在民族地区全面推行国家通用语言文字，提高了少数民族的国家通用语言文字能力，增强了他们对于中华民族语言文化的认同感。但受限于历史与现实原因，民族地区的国家通用语言文字推广普及工作仍面临着一定的困难和挑战，任重而道远。

民族语言承载着民族思想、民族情感与民族意识，贮藏着民族历史与民族记忆，是民族存在的象征，是构成民族的最基本要素之一和划分民族的主要标志之一，[①] 是中华民族语言文化的重要组成部分，具有极高的文化价值、资源价值、情感与认同价值。我国在科学保护民族语言的基础上，对其进行了开发、利用，取得了一定的成绩，但也存在着诸如代际传承"割裂"、开发利用不充分等问题。

新时代，我们要持续坚持国家通用语言文字的主体性与保护民族语言文化的多样性的统一，构建中华民族"多元一体"的语言格局，实现国家通用语言文字与少数民族语言文字的和谐共生，为铸牢中华民族共同体意识助力。

▶ 一、构建"多元一体"语言格局取得的成就

构建"多元一体"的语言格局，既要注重"一体"的建设，也要关注"多元"的发展。

新时代，我国语言文字事业取得重要成就，民族地区国家通用语言文字普及率得到有效提高，民族语言文化保护工作稳步推进，对其开发与利

---

① 李秀华. 语言·文化·民族：民族语言认同与民族共同体的建构 [J]. 西北民族大学学报（哲学社会科学版），2018（2）：8.

用亦初显成效，语言文字信息化水平进一步提升。

（一）民族地区国家通用语言文字推广普及取得的成就

加大国家通用语言文字推广力度，学好、用好国家通用语言文字，是构建"多元一体"语言格局的首要条件，也是铸牢中华民族共同体意识的重要途径。当前，党和政府积极推进民族地区国家通用语言文字推广普及工作，取得了一定成就，主要体现在以下几方面：

1. 国家通用语言文字普及率大幅提高

据国家语委统计，截至 2016 年底，我国普通话普及率约达 73％，大城市普及率超过 90％。[①] 2020 年全国普通话普及率达 80.72％，识字人口使用规范汉字的比例超过 95％。[②] 两相比较，可见我国国家通用语言文字普及率在全国范围内有较大幅度提升。民族地区作为推普的重地，近年来也发生明显变化：如广西壮族自治区 2010 年普通话普及情况调查显示，能运用普通话进行交谈的比例达到 80％以上，与 2000 年相比增幅明显，[③] 2020 年广西全区范围普通话普及率已达 85.68％，边境民族地区普通话普及率为92.92％；[④] 2000 年"三区三州"地区普通话普及率平均为 36.55％，到2020 年已经上升为 61.56％；[⑤] 2020 年，内蒙古自治区普通话普及程度与全国水平相当，普及率比 2000 年增长近 20 个百分点。[⑥] 民族地区因其独特性使得国家通用语言文字的推广普及相较其他地区而言更具挑战，然而多年来党和国家在民族地区深耕推普工作，民族同胞也响应国家号召，积极学习国家通用语言文字，成效显著。

---

① 教育部 国家语委关于开展普通话基本普及县域验收工作的通知 [EB/OL]. （2017-03-15）[2023-07-01]. http://www.moe.gov.cn/srcsite/A18/s7066/201704/t20170401_301699.html.

② 吴月. 我国普通话普及率超过 80％ [N]. 人民日报，2020-09-15 (12).

③ 戴红亮. 广西普通话普及情况调查分析 [J]. 语言文字应用 2012 (1)：38.

④ 刘金林，马静. 铸牢中华民族共同体意识视域下广西中越边境地区普通话高质量推广普及研究：语言与国家治理系列研究之七 [J]. 广西民族大学学报（哲学社会科学版），2021 (6)：154-155.

⑤ 李蔚. 我国语言扶贫事业的成效、经验与深化 [J]. 中南民族大学学报（人文社会科学版），2022 (8)：174.

⑥ 郝文婷. 内蒙古：普通话普及率达全国平均水平 [EB/OL]. （2021-01-04）[2023-08-01]. http://www.moe.gov.cn/jyb_xwfb/s5147/202101/t20210104_508608.html.

2. 国家通用语言文字推广普及形式、内容更加多样

国家通用语言文字普及率的大幅提升离不开推普形式的多样创新。传统的普及形式多以学校教育为主，通过教师授课的方式集中学习。这种推广普及形式的优点是方便统一管理且单次授课人数较多，但很难时常将广大民族地区群众集中起来。为此，国家和各级推广机构开展多种推广普及形式，除传统大班授课、举办"人人通"推普脱贫培训班，还通过各类知识竞赛以及广播、电视、新媒体等信息化工具持续开展普及工作。如新疆阿勒泰地区教育局开展国家通用语言文字知识竞赛，① 新疆皮山县桑株镇开展的国家通用语言文字学习明星大赛；② 西藏阿里地区开设了"跟我学"广播电台、新媒体等语言学习类节目，阿里地委组织部利用"藏西先锋""西藏党员教育"微信公众号和"学习强国"App 等载体开设了"国家通用语言文字每周一学"专栏，地区妇联运用"阿里妇女"微信公众号转发有关藏汉双语音频、视频、图文等学习内容。③ 除此之外还有基层干部带头学习，乡村教师、寒暑假返乡大学生和大学生志愿者点对点培训等方式。

国家通用语言文字推广普及的内容也多种多样。除教授《普通话1000句》，还有"普通话＋职业技能"培训，即以职业技能内容为普通话学习内容。此外还有学讲红色故事、学唱爱国歌曲等，以此激发民族地区民众学习国家通用语言文字的热情。④ 通过这些方式，民族同胞不仅学到了职业技能，掌握了国家通用语言文字，还了解了中华民族优秀文化，对于增进民族团结、铸牢中华民族共同体意识大有裨益。

3. 对中华民族文化的认同感显著增强

文化认同是最深层次的认同，是民族团结之根、民族和睦之魂。语言是文化的载体，国家通用语言文字体现着中华民族文化，是中华民族文化

---

① 地区教育系统开展首届国家通用语言文字知识竞赛［EB/OL］.（2023-05-25）［2023-08-01］. http：//jyt. xinjiang. gov. cn/edu/stjy/202305/8f8cd43e7e4b46d49e8dbd019e209536. shtml.

② 皮山县桑株镇开展国家通用语言文字学习明星大赛［EB/OL］.（2023-06-14）［2023-08-01］. http：//mpa. xinjiang. gov. cn/xjyjj/jswm/202306/faa3576d86c94178ae664f257c989df9. shtml.

③ 阿里地区深入实施国家通用语言文字推广普及行动［EB/OL］.（2023-03-31）［2023-08-01］. http：//mw. xizang. gov. cn/xwzx/ztzl/zlzhmzgttys/202303/t20230331_348714. html.

④ 林芝市教育局教研室. 林芝市教育局开展2023年农牧民国家通用语言文字培训［J］. 西藏教育，2023（2）：65.

认同的基础。我国在民族地区推广普及国家通用语言文字极大地增强了民族地区群众对中华民族文化的认同。例如，新疆库尔勒公路局轮台分局职工祖拜旦·艾尼完尔在库尔勒公路局举办的国家通用语言文字演讲比赛颁奖典礼上说："作为一名少数民族职工，能够获得第一名，对我是很大的鼓励，也更加坚定了我学习使用国家通用语言文字的信心。在以后的工作生活中，我将继续加强学习使用国家通用语言文字，自觉弘扬优秀中华传统文化，为铸牢中华民族共同体意识贡献一份力量。"① 青海省黄南藏族自治州同仁市很多土族画师可以用普通话与外来游客和求学者交谈，无论是藏族还是土族等民族学员都可以用国家通用语言文字交流、记录，普通话作为沟通桥梁，"让民族文化走得更远，让文化认同扎根更深"②。可见，民族地区国家通用语言文字的推广普及对于增进少数民族了解与认同中华民族语言文化、铸牢中华民族共同体意识起到了重要作用。

（二）民族语言文化保护、开发与利用取得的成就

我国有 56 个民族共 130 多种语言，③ 其中 22 个民族共使用着 28 种文字，这些语言分属于 5 种不同的语系（不含未知语系），多语言、多文字、多文种构成了中国语言状况的鲜明特征，双语现象甚至多语现象也因之成为中国民族地区以及民族混居地区的普遍现象。④ 丰富多元的民族语言文化是中华优秀语言文化的重要组成部分，对于构建中华民族共有精神家园具有重要作用。然而受到多重因素影响，我国部分民族语言正面临濒危的窘境，原生态的语言文化受到挤压。进入新时代，我们应当意识到多元语言文化是中华文化大繁荣的重要内容，保护多样性民族语言的重要性和迫切性也不言而喻。

---

① 库尔勒公路管理局. 库尔勒公路局举办"丝路交通杯·喜迎二十大 强国复兴有我"国家通用语言文字演讲比赛 [EB/OL]. （2022-08-08）［2023-08-01］. http：//jtyst. xinjiang. gov. cn/xjj-tysj/yxfc/202208/be7b207389a3464d9d7c0a006aee5012. shtml.

② 祁进玉. 国家通用语言文字凝聚文化认同（新论）［EB/OL］. （2021-04-13）［2023-08-01］. http：//theory. people. com. cn/n1/2021/0413/c40531-32076301. html.

③ 孙宏开. 中国少数民族语言状况及其对策研究：以云南中缅边境上的阿侬等语言为例［G］//中国语言战略（第1期）. 南京：南京大学出版社，2016：1.

④ 青觉，吴鹏. 国家通用语言文字教育：多民族国家认同建构的基础性工程［J］. 贵州民族研究，2020（9）：176.

　　近年来，党和国家在积极推广和普及国家通用语言文字的同时，也时刻关注着少数民族语言文化的科学保护和健康发展。新时代，我国不断加强顶层设计，制定和实施了一系列的语言政策和重大工程项目，民族语言文化的保护、开发与利用取得了一定成就。

1. 民族语言文化保护成效显著

　　新时代我国已经制定了不少语言政策和措施，并实施了一些重大工程项目来保护少数民族语言，成效明显。

　　（1）中国语言资源保护工程对民族语言资源的保护效果显著

　　2015 年 5 月，教育部、国家语委印发《关于启动中国语言资源保护工程的通知》①，中国语言资源保护工程（简称"语保工程"）开始实施。"语保工程"设立了"濒危语言方言调查"项目，对濒危少数民族语言进行全面深入的调查，截至 2022 年 10 月，已开展了 123 个濒危少数民族语言点的调查，② 有效地抢救了一批濒危民族语言，如云南玉溪撒都语、贵州六枝仡佬语等。"中国濒危语言志"丛书是该专项的成果之一。2019 年首批出版的《中国濒危语言志》共 30 册，其中包括了少数民族语言 20 册，该丛书采用现代化技术手段对这些少数民族语言进行了系统的调查记录与加工保存。③

　　"中国语言文化典藏"也是"语保工程"一期的标志性成果之一，2017 年 12 月 15 日，《中国语言文化典藏》丛书新书发布会在商务印书馆举行，这套丛书首批共推出 20 卷语言文化图册，其中 1 卷为少数民族语言标话。丛书在田野调查所得的第一手材料的基础上，对民族语言文化现象采取了抢救性调查和保存保护。④ 2022 年 9 月，《中国语言文化典藏》推出第二辑 20 册，其中包括了吉林和龙朝鲜语、广西西林壮语、四川普格彝语、湖南

　　① 教育部　国家语委关于启动中国语言资源保护工程的通知［EB/OL］.（2015-05-25）［2023-08-01］. http：//www. moe. gov. cn/srcsite/A19/s7067/201506/t20150610 _ 189880. html.

　　② 曹志耘. 语保工程在保护和促进语言多样性中的作用［J］. 语言战略研究，2022（5）：12.

　　③ 中国濒危语言志［EB/OL］.（2020-06-16）［2023-08-01］. https：//mp. weixin. qq. com/s/1OU8tc0ekzMLwfh _ 3KylrA.

　　④ 王莉宁.《中国语言文化典藏》出版［G］//国家语言文字工作委员会. 语言生活皮书：中国语言生活状况报告（2018）. 北京：商务印书馆，2018：150-151.

龙山土家语以及云南大理白语等 5 册少数民族语言文化典藏。①

2021 年 4 月，中国语言资源保护工程二期建设启动实施，目前已取得了一些成果，如 2023 年 7 月 17 日，"语保工程"二期重要工程之一的"民族语言资源属性标注规范研制与统筹管理"课题已完成验收；② 2024 年 3 月 22 日，"语保工程"二期建设规划"中国语言文化传承发展"版块的重点任务之一"第一次全国汉语方言普查成果汇编"专项验收会顺利举行。③

此外，作为"语保工程"的重大标志性成果，我国建设的首座国家级实体语言博物馆——中国语言资源博物馆，也已落户湖南博物院。④

（2）少数民族经典文献的保护与翻译工作稳步推进

2017 年 1 月，中共中央办公厅、国务院办公厅印发《关于实施中华优秀传统文化传承发展工程的意见》，明确指出要"大力推广和规范使用国家通用语言文字……开展少数民族特色文化保护工作，加强少数民族语言文字和经典文献的保护和传播，做好少数民族经典文献和汉族经典文献互译出版工作"⑤。为响应这一政策，各地方政府积极采取措施来保护少数民族的经典文献，同时稳步推进民族文献的翻译工作。

2017 年 10 月，四川省图书馆、四川省古籍保护中心正式成立了"汉藏经典文献互译社"。⑥ 2013 年 3 月，内蒙古自治区少数民族古籍与《格斯尔》征集研究室出版了《中国少数民族古籍总目提要·蒙古族卷》（蒙文版），

① 中国语言资源保护工程标志性成果《中国语言文化典藏》推出第二辑［EB/OL］.（2022-09-29）［2023-08-02］. https：//www. gov. cn/xinwen/2022-09/29/content _ 5713826. htm.

② 中国语言资源保护工程"语言资源属性标注规范研制""民族语言资源属性标注规范研制与统筹管理"课题验收会顺利进行［EB/OL］.（2023-07-24）［2023-07-30］. https：//mp. weixin. qq. com/s/sQrrHoeFHgfbJHTtDhiR0A.

③ 中国语言资源保护工程"第一次全国汉语方言普查成果汇编"专项验收会顺利举行［EB/OL］.（2024-03-25）［2024-03-30］. https：//mp. weixin. qq. com/s/vwNMdyCTaJJlOhmrQd-xOg.

④ 国内首座实体语言资源博物馆落户湖南博物院［EB/OL］.（2023-10-23）［2024-03-22］. https：//mp. weixin. qq. com/s/7VWTSQgaIOdxzudrS4DbDQ.

⑤ 中共中央办公厅 国务院办公厅印发《关于实施中华优秀传统文化传承发展工程的意见》［EB/OL］.（2017-01-25）［2023-08-08］. https：//www. gov. cn/zhengce/2017/01/25/content _ 5163472. htm.

⑥ "汉藏经典文化交流基地""汉藏经典文献互译社"授牌暨古籍再造图书捐赠仪式在成都市隆重举行［EB/OL］.（2017-10-30）［2023-10-30］. https：//www. sclib. org/info. htm？id＝102150 8943448354.

较完整地收录了 1949 年之前的蒙古文古籍。① 2019 年，乌林花阿·乌宁巴图编《蒙古学蒙古文论著索引》(1911—2012) 正式出版，收录了 1911 年至 2012 年间有关蒙古学研究的蒙古文论文、评论、信息资料、著作等目录共 16000 多条。② 上述两套书的出版对于蒙古族语言文字的保护大有裨益。内蒙古自治区还实施了"蒙汉文互译出版工程"，推出了《(蒙汉合璧) 蒙古文历史文献汉译》等力作，用现代汉语将一些蒙古族文献翻译成汉文，促进了蒙古族语言文化的保护与传播。③

国家民族文字出版专项资金项目《汉族题材云南少数民族古籍译注》由云南教育出版社陆续出版，包括彝族的《董永记》《唐王记》《齐小荣》《毛洪记》《凤凰记》，白族的《白扇记》《磨房记》等。这套丛书首次采用彝文（古白文、傈文）、国际音标标注、直译、句译、整体意译等五对照科学版本形式，译注了在彝族、白族、傈族中流传的汉族题材云南少数民族古籍，对于保护少数民族语言文化与铸牢中华民族共同体意识意义重大。④

2. 现代信息技术助力民族语言保护取得新进展

在"语保工程"中，专家学者利用现代影像技术、现代语言调查方法和语言分析工具记录和获得了大量第一手民族语言的活态语料，初步建成多媒体数据库，对于保存、保护、传承中国少数民族语言有重要的现实意义。⑤"中国语言资源保护工程采录展示平台"作为"语保工程"的标志性成果之一，主要用于保存、检索、展示"语保工程"调查采集到的多媒体语言资源数据，是目前世界上规模最大的语言资源库和展示平台。⑥

---

① 《中国少数民族古籍总目提要·蒙古族卷》(蒙古文版)[EB/OL].（2022-04-13）[2023-08-08]. https://mw.nmg.gov.cn/zt/mzgjzl/cgzs/202204/t20220411_2036195.html.

② 《蒙古学蒙古文论著索引》(1911—2012)[EB/OL].（2019-06-18）[2023-08-08]. https://mgxzx.imu.edu.cn/info/1061/1979.htm.

③ 内蒙古自治区实施"蒙汉文互译出版工程"，实行稿酬制[EB/OL].（2017-08-18）[2023-08-08]. https://www.sohu.com/a/165825841_99923917.

④ 王巧灵，刘玲.民族瑰宝 熠熠生辉：评《汉族题材云南少数民族古籍译注》丛书[J].今日民族，2019（9）：56-57.

⑤ 朱德康.少数民族语言资源的精准保护问题：基于"语保工程"语态数据库的考察[J].民族语文，2021（3）：107.

⑥ 新版语保工程采录展示平台上线啦[EB/OL].（2022-10-03）[2024-01-30]. https://mp.weixin.qq.com/s18zy4rovtdhR71ZWCSD3Z4Q.

在各民族科研、产业工作者的共同努力下，民族语言文字信息处理技术在操作系统、输入输出、编辑排版、标准化、语言资源建设、机器翻译、软件平台、人才培养等各个方面取得了长足的进展。例如：广西计算中心研发的"DOS古壮文编辑排版系统"，中国民族语文翻译中心科研处和壮语文室合作完成的"壮文电子词典及辅助翻译软件"，新疆大学建成的123万词次的维吾尔语词法标注的语料库以及与蒙古族语言相关的信息处理成果如方正蒙古文排版系统、传统蒙古文——西里尔蒙古文转换系统、面向蒙古语语音特点的参数自动采集软件、蒙古语语音合成软件等。① 此外，一系列民族语文信息化成果诸如民汉智能双向翻译系统、民汉对话通、语音转写通、民族文语音输入法、民汉智能语音翻译软件、民汉文网络双向校对软件、搜狗浏览器维汉互译软件、维文机器人、民族文电子词典、民族文校对软件等亦已问世。②

新兴流媒体技术与社交媒体文化推动"全民记录"的风潮，保存当下最具活力的民族语言语料和民族语言使用场景。抖音、快手等短视频平台的兴起和流行，给普通民众带来了一种可及度高、成本低廉的音视频记录方式。社会民众在平台上记录日常生活，其中便包含了大量的民族语言使用场景，甚至包含了在语言田野调查中很难看到的禁忌民俗活动、特色民俗生活，为语言保护、开发与利用保留了鲜活的语言物质材料。例如，抖音平台一位名为"苗家阿美"的用户时常在网上发布日常生活短视频，视频中使用民族语言时均配有汉语字幕，方便他人理解。③ 这对保存、保护民族语言文化起到了一定的作用。

3. 民族语言文化开发、利用初显成效

为发挥语言的经济价值，实现地方经济发展与乡村振兴，各地方政府在保护民族语言文化的同时，也对当地的民族语言文化资源进行了一定的

---

① 刘连芳，等. 壮、蒙古、维、哈、柯、朝语信息处理研究进展 [J]. 广西科学院学报，2018 (1)：19-21.

② 民族语文信息化成果 [EB/OL]. (2015-11-30) [2023-05-04]. https：//www.mzywfyj.org.cn/index/news/news _ detail.html？aid＝1707.

③ 安梅，况菁. 贵州省赫章县彝族语言现状及保护 [J]. 六盘水师范学院学报，2022 (6)：71.

开发、利用，语言文化产业初具规模。利用少数民族语言文化开发文化旅游产业已有不少成功案例，如：

少数民族民歌、民谣常被用于文化旅游开发。如云南原创歌舞"云南印象"，由云南各村寨少数民族人民参演，使用不加雕琢与修饰的少数民族语言文字的歌词和唱腔，可谓"原汁原味"；① 湖北长阳土家族自治县利用土家族先祖廪君的神话故事发展民族文化旅游产业，打造了"巴人故里""长阳歌舞乡"等享誉海内外的旅游品牌。②

刘三姐的故事在广西地区家喻户晓，并深深地融入了广西的旅游产业之中，当地政府打造了以刘三姐为品牌的民歌表演、实景演出等项目，如集文化、旅游、经贸于一体的"南宁国际民歌艺术节"，《印象·刘三姐》实景演出等；③ 在云南壮族地区，国家级非遗——壮族文字形态"坡芽歌书""八宝歌书"的发现为壮族语言文化保护和传承带来新发展，其中"坡芽歌书"中较为成熟的民歌作品《命好才相会》由坡芽合唱团在 2010 央视青歌赛上演唱，获得社会关注，当地还建立坡芽歌书传习馆，教授壮族青少年演唱、传承歌书文化，④ 发展歌书文化旅游事业和相关的物产销售行业，带动本地经济的发展，实现语言文化保护和经济增长的"双赢"。

▶ 二、当前"多元一体"语言格局构建中存在的问题

语言文字事业事关国家统一和民族团结，是国家综合实力的重要支撑。新时代我国语言文字事业取得了历史性成就：全国范围内普通话普及率超过 80％，识字人口使用规范汉字的比例超过 95％；⑤ 积极开展语言资源保

---

① 闫晓敏，黄愉强. 云南少数民族语言文化资源的开发和语言文化产业化发展研究［J］. 中国高新技术企业，2010（9）：82.

② 马晓京. 旅游商品化与长阳土家族廪君神话的复活［J］. 中南民族大学学报（人文社会科学版），2007（2）：35-40.

③ 周美伶. 语言资源的旅游开发初探［D］. 武汉：华中师范大学，2016：29.

④ 歌声绵长情更长：坡芽村文旅融合唱响乡村振兴曲［EB/OL］.（2020-12-25）［2023-07-29］. https://mzsb. yunnan. cn/html/2020-12/25/node _ 346. htm.

⑤ 田学军. 奋力推进新时代语言文字事业高质量发展［EB/OL］.（2023-01-09）［2023-07-30］. http://www. qstheory. cn/qshyjx/2023-01/09/c _ 1129267561. htm.

护工程，采集整理 8 个语族语言音频语料约 125 万条、视频语料约 119 万条。[①] 中华民族"多元一体"的语言格局正在形成。然而在这些辉煌成就的背后，还存在着一些问题，要引起重视。

（一）国家通用语言文字推广普及不平衡

推广普及国家通用语言文字是我国的基本语言政策，是增进各民族交往交流交融的必要条件，是铸牢中华民族共同体意识、推进中华民族共同体建设的必然要求。事实证明，我国在推广国家通用语言文字方面取得了傲人成绩，但和世界上主要大国相比，我国的国家通用语言文字普及程度和质量还处于较低水平，普通话推广普及还存在不平衡、不充分的问题。

1. 民族地区普通话普及率较低

我国普通话普及率存在地域上的不均衡性，呈"东高、中'洼'、西快"格局，东部地区普通话普及率高，西部地区普通话普及率增长速度快，中部地区普通话普及率低于东部，普及率增速低于西部。目前有 10 个省（自治区）的普通话普及率低于全国平均水平，且集中在中西部的民族地区、偏远地区和农村。[②] 特别是"三区三州"深度贫困地区，因地理隔绝、公共设施不完善等因素，贫困群众脱贫意识和脱贫能力较弱，致使普通话普及难度大，普及效果欠佳。

2. 民族地区普通话普及的人口分布不均衡

民族地区普通话普及人口分布不均衡的现象极为明显，这种不均衡集中体现在年龄结构上：适龄学童和青壮年的普通话普及率较高，年长者普通话普及率较低。适龄学童因受学校教育，普通话能力较强；青壮年因求学、务工或经商等原因主动学习普通话以增强学习和沟通能力；而年长者学习能力和学习意识较低，且长期生活在民族语言环境中，与外界接触机会较少，普通话普及难度较大。李瑞华（2021：29）调查发现，青海涉藏深度贫困地区国家通用语言的普及率只有 32%～35%，偏远藏区四十岁以上的农牧民基本不会说普通话。此外，即便是青壮年人群，其普通话普及

---

① 数据来源于语保工程采录展示平台［2024-03-04］. https：//zhongguoyuyan. cn/index/.
② 国家通用语言文字推广普及［R］//国家语言文字工作委员会. 语言生活皮书：中国语言文字事业发展报告（2021）. 北京：商务印书馆，2021：40.

程度也存在不均衡现象：有一定文化水平、识汉字且会说汉语方言的少数民族青壮年较容易学习普通话，而文化水平低、不识汉字且不通汉语方言的学习普通话较困难。

（二）国家通用语言文字普及质量有待提升

民族地区的推普工作任务艰巨，难度较大，除普及率低于全国平均水平外，其质量也存在较大进步空间，主要表现在以下几个方面：

1. 国家通用语言文字学习时间亟须提前

少数民族地区群众，特别是保留有民族语言的少数民族群众从小接触的便是自己的民族语言或当地使用的汉语方言，深度接触并系统学习普通话主要靠学校教育。郑燕、王瑞雪（2022：12）调查南疆某高校参与国家通用语言文字培训的学生学习情况发现，有5.6%的调查对象表示是从幼儿园开始系统学习国家通用语言文字，小学时期开始学习的占比为54%，超1/3的调查对象表示中学阶段开始系统学习，7.1%的被试者则是从大学开始系统学习国家通用语言。一般而言，语言习得时间越早，学习效果越好，然而民族地区群众系统学习国家通用语言文字的时间普遍较晚，其国家通用语言文字运用能力相对较差。

2. 国家通用语言文字使用环境亟须改善

语言的学习使用需要特定的语言环境。民族地区更需要相应的语言使用环境以辅助提升国家通用语言文字推广普及效果。目前的推普工作主要关注个人语言能力的提升，语言使用环境还需改善。席红英（2020：36-59）调查了呼伦贝尔市新巴尔虎右旗、新巴尔虎左旗、陈巴尔虎旗、鄂温克族自治旗四个牧业旗的家庭语言使用情况发现，调查对象家庭内部交流使用汉语的比例较低，主要以蒙古语等少数民族语言为主，最高占比为92.22%，蒙汉语兼用情况最高占比也只有28.52%，即便与陌生人交谈，单纯使用汉语的也只占19.26%，且城乡语言使用差距明显，牧区居民日常生活使用蒙古语的情况较多，城镇居民则多为蒙汉语兼用。在社会语言环境方面，特别是去政府部门办理事务时，牧区居民使用蒙古语进行交流沟通的情况占比45.32%，使用汉字的情况占比为48.15%。以上情况可以说是民族地区语言使用环境的一个缩影，提升国家通用语言文字普及质量，改善包括家庭环境与社会环境在内的语言使用环境迫在眉睫。

3. 国家通用语言文字应用能力亟待提升

民族地区国家通用语言文字的推普工作，前期重在国家通用语言的推广普及，使部分人群"听得懂、说得出"是民族地区推普工作的首要目标，然而，听说能力之后是读写能力，让民族地区群众能"认得出、写得好"也是题中应有之义。脱慧洁（2023：108）调查发现，2020 年，全国普通话普及率为 80.72%，与全国平均水平相比，西藏山南农牧民的普通话普及率低了近 37%。这说明部分民族地区国家通用语言文字普及还不全面，参与普及学习的民众的语言文字应用能力也存在不足。识得汉字、会写汉字、理解汉字，帮助民族地区群众掌握国家通用语言文字的书写释读能力，以便在外出求职、求学升学、商贸经营等方面增强沟通交流能力，较为直接地改善、提高生活质量，还能够帮助他们深入了解汉字所承载的中华优秀文化的内涵，深刻体会中华民族"海不辞水，以成其大；山不辞土石，以成其高"的宽阔胸襟。这不仅是国家通用语言文字普及提升和推普助力乡村振兴的要求，更是铸牢中华民族共同体意识的必要条件。

4. 国家通用语言文字文化情感亟须培养

《国家通用语言文字普及提升工程和推普助力乡村振兴计划实施方案》（2021）中明确提出国家通用语言文字高质量普及要"聚焦民族地区，服务铸牢中华民族共同体意识"[①]，这表明推普工作开展要在帮助少数民族地区群众具备熟练运用国家通用语言文字能力的基础上，团结各民族群众，增强其文化认同和国家认同，铸牢中华民族共同体意识，使各民族如同石榴籽一般紧紧抱在一起。

就目前民族地区国家通用语言文字推广普及成效看，普通话普及率还存在较大缺口，部分少数民族地区群众的国家通用语言文字运用能力还不达标，特别是文化认同与国家认同的推进仍需加强。李秋萍、陈保亚（2022：85-86）调查了云南德宏州盈江县部分景颇族、傈僳族村寨 18～45

---

① 教育部 国家乡村振兴局 国家语委关于印发《国家通用语言文字普及提升工程和推普助力乡村振兴计划实施方案》的通知 ［EB/OL］.（2021-12-23）［2023-08-09］. https://www.gov.cn/zhengce/zhengceku/2022-01/09/content_5667268.htm.

岁青壮年对普通话价值的认识及学习普通话的目的，发现更多的人认为学好普通话能够提高自身的经济价值和社会价值，而对普通话给自身带来的文化价值的认同度则相对偏低。诚然，国家实施推普工作的出发点是实现民族地区脱贫，掌握国家通用语言文字确实能够提高民族地区群众的收入水平，最直接地改善生活状况、提高生活质量。然而，仅将其作为"增产增收"的工具是远远不够的，要充分认识到高质量普及国家通用语言文字在铸牢中华民族共同体意识，为青少年成长成才打好做中国人的底色，扣好人生第一粒扣子以及构建人类命运共同体等方面所体现的战略意义，① 发挥国家通用语言文字在传承文化、凝聚精神、团结民族等方面的重要作用。

5. 国家通用语言文字合力保障亟待加强

深入开展民族地区国家通用语言文字推广普及工作，除要关注培训对象相关情况外，也要注意施训主体存在的不足。首先是推普队伍还需加强，统计显示，内蒙古、广西、贵州、云南、西藏、青海、宁夏等少数民族集中省份（自治区）省级教育行政部门语言文字工作专兼职人员只有2～3人，新疆和新疆生产建设兵团语言文字工作专兼职人员有7～8人。② 民族集中省份与其他省份不同，不论是民族人口、语言环境，还是国家通用语言文字使用能力等都还存在一定差距，且如内蒙古、西藏地域广袤、人口居住分散，如云南、广西民族繁多，只配备两三名工作人员远远不够。其次是施培师资不足，针对民族地区适龄学童的培训可以通过学校教育开展，但目前推普工作的难点集中在青壮年劳动者，他们或在家务农或外出打工，特别是在家务农的青壮年劳动者，仅靠少部分乡村教师和寒暑假返乡大学生对其进行临时性、短期性、非系统性的国家通用语言文字推广普及工作是远远不够的。③ 另外，国家通用语言文字推广普及还需要长期稳定的资金支持。2021年，少数民族集中地区的青海、贵州、云南、广西、宁夏等省

---

① 姚喜双.高质量普及国家通用语言文字［EB/OL］.（2022-02-24）［2023-08-09］.https：//difang.gmw.cn/2022-02/24/content_35542982.htm.

② 语言文字工作机构队伍建设［R］//国家语言文字工作委员会.语言生活皮书：中国语言文字事业发展报告（2020）.北京：商务印书馆，2020：82-83.

③ 李秋萍，陈保亚.边疆少数民族地区推广普及国家通用语言文字现状及策略：以德宏州盈江县为例［J］.昭通学院学报，2022（3）：87.

（自治区）分别增加 100 万元～955 万元不等的资金以支持该省（自治区）推广国家通用语言文字工作，从工作的艰巨性和长远性而言，这还远远不够。民族地区还需要积极争取更多的资金投入推普提质工作中来。①

（三）民族语言保护、传承、发展任重道远

在民族地区推广普及国家通用语言文字，是为了加强全国各族人民的沟通交流，增进全国各族人民情感，而不是要削弱民族语言的功能。然而，在国家通用语言文字推广普及的实际操作过程中，还是暴露出了一些急需解决的现实问题。

1. 民族语言保护传承需加强

我国有 56 个民族，55 个少数民族使用超 100 种不同的语言，个别民族使用的语言不止一种，如瑶族使用勉语、布努语和拉珈语，裕固族使用东部裕固语和西部裕固语。我国多数民族语言如藏语、蒙古语等语言活力强，使用人口广泛，而如赫哲语、土家语等使用人口少、语言活力弱的语言已然列于濒危衰变的行列。② 姚茂雪（2022：19-20）调查了贵州省黔东南州三穗县寨头村苗语使用情况后发现，该地区苗语传承存在代际差距，老年人因长期生活在村寨中，说苗话、唱苗歌，保留了较为纯粹的寨头苗语；中年人多在外务工，会受其他语言影响；青年人与外界接触范围广、接触内容多，受其他语言影响较大，所说寨头苗语则已处在"游离"状态。在生活环境、生产方式、教育娱乐等方面的影响下，这种代际传承鸿沟更为明显，且逐渐加剧，加速了民族语言的衰变。自语保工程启动以来，专家学者们陆续调查了 8 个语族的 429 个民族语言点，③ 搜集了大量的语言资料，为民族语言的保护做了大量的前期准备。然而，民族语言的保护不能只靠语料搜集，还应该落到实处，特别是在如今现代化生产生活方式的影响下，保护并传承民族语言任重道远。

---

① 刘义兵，吴桐 . 民族地区推普工作高质量发展的背景审度、内涵确证和实践路径：基于共同富裕的目标指向 [J]. 西北民族大学学报（哲学社会科学版），2022（3）：39.

② 戴庆厦 . 语言保护与中国的少数民族语言 [G] //民俗典籍文字研究（第十八辑）. 北京：商务印书馆，2016：1-2.

③ 中国语言资源保护工程采录展示平台 [EB/OL]. [2024-03-04]. https：//zhongguoyuyan. cn/index.

2. 民族语言开发利用不充分

除要保护传承民族语言外，如何开发利用民族语言，使其鲜活地展现在人们眼前也是值得关注的问题。以运用民族语言制作的电影为例，诸如《诺玛的十七岁》（哈尼语）、《我们的嗓嘎》（侗语）、《家在水草丰茂的地方》（裕固语）等电影不仅展现了我国经济发展大背景下少数民族群众生活上翻天覆地的变化，也在不同程度上反映了当前少数民族语言文化面临的问题。然而这些民族语言电影在非民族语言地区受众很小，① 影响力不高。铸牢中华民族共同体意识，不仅要加强国家通用语言文字的推广普及，还需要充分开发利用民族语言文化，不仅要让国家通用语言文字"走进去"，还需让民族语言"走出来"，实现语言的碰撞，文化的交融。

3. 民族语言信息化处理待提升

信息化处理是语言开发、利用、保护的主要手段。国家通用语言文字的信息化处理成效显著，相比之下，民族语言的信息化处理还很滞后。可以说"语保工程"是民族语言采集过程中信息化手段运用的显著成果，② 但如何将这些采集到的民族语言进行信息化处理才是关键。我们希望这些民族语言不只是在民族同胞的日常交流中发光发热，还能为非民族语言地区群众的生产生活带来便利。中国民族语文翻译中心先后研发了彝文、壮文、蒙古文、藏文、维吾尔文、哈萨克文、朝鲜文 7 种民族语文辅助翻译软件，③ 极大地方便了国家通用语言文字与上述民族语言文字之间的转写转译。但我国民族语言种类繁多，现已实现的也只是其中保留了语言文字的强势语言，还有更多弱势濒危或临近濒危的和没有文字的民族语言（如满语、独龙语等）更需要通过现代科技手段进行信息化处理。这不仅是推广国家通用语言文字的有力助手，更能为汉民交流沟通、增进情感搭建桥梁。

---

① 胡伟，周丽，许媛．中国民族语言生态保护之路与语言保护制度优势［J］．长沙大学学报，2019（6）：119.

② 朱德康．少数民族语言资源的精准保护问题：基于"语保工程"活态数据库的考察［J］．民族语文，2021（3）：111.

③ 我国完成 7 种民族语文的辅助翻译软件研发工作［EB/OL］．（2013-12-19）［2023-08-09］．https：//www. gov. cn/zhuanti/2013-12/19/content _ 2596992. htm.

三、构建"多元一体"语言格局，铸牢中华民族共同体意识

语言文字事业具有基础性、全局性、社会性和全民性特点，事关国民素质提高和人的全面发展，事关历史文化传承和经济社会发展，事关国家统一和民族团结，是国家综合实力的重要支撑，在党和国家工作大局中具有重要地位和作用。① 进入新时代以来，在党和国家的坚强领导下，我国的语言文字事业取得了巨大成就，但也面临着上述困难和问题。我们认为，构建"多元一体"的语言格局，铸牢中华民族共同体意识可以从以下几点攻关：

（一）全面推进国家通用语言文字推广普及工作

2022年1月，由教育部、国家乡村振兴局、国家语委联合印发的《国家通用语言文字普及提升工程和推普助力乡村振兴计划实施方案》将民族地区的推普攻坚行动列为重点任务之一，明确提出到2025年，全国范围内普通话普及率达到85%，基础较薄弱的民族地区普通话普及率在现有基础上提高6～10个百分点，接近或达到80%的基本普及目标。② 全面加强国家通用语言文字的推广与普及，重点提升少数民族群众国家通用语言文字的掌握和使用能力仍是现阶段我国语言文字工作的重要内容。

1. 积极制定并因地制宜地贯彻落实有关语言政策和法律法规

面对民族地区的国家通用语言文字推广和普及工作存在的各种问题，国家和政府应在充分了解和掌握民族地区语言文字使用状况的基础上加强顶层设计，积极制定和颁布具有针对性、实用性以及切合实际的语言政策、法律法规以指导民族地区的国家通用语言文字推广和普及工作，表明立场、把握基调、指明方向。新时代以来，我国已相继制定和颁布了一系列有关国家通用语言文字推广和普及的语言政策和法律法规，如《国家中长期语

---

① 国务院办公厅关于全面加强新时代语言文字工作的意见［EB/OL］.（2021-11-30）［2023-07-28］. https://www.gov.cn/zhengce/content/2021/11/30/content_5654985.htm.

② 教育部 国家乡村振兴局 国家语委. 国家通用语言文字普及提升工程和推普助力乡村振兴计划实施方案［EB/OL］.（2021-12-23） ［2023-07-28］. https://www.gov.cn/zhengce/zhengceku/2022-01/09/content_5667268.htm.

言文字事业改革和发展规划纲要（2012—2020 年）》《国家语言文字事业"十三五"发展规划》《关于全面加强新时代语言文字工作的意见》《关于加强高等学校服务国家通用语言文字高质量推广普及的若干意见》《国家语言文字事业"十四五"发展规划》等。这些政策法规是国家语言文字工作的执行总纲，对于民族地区国家通用语言文字的推广和普及工作起到了宏观指导和积极引导作用。各地方政府应准确领悟这些政策法规的精神、实质并积极贯彻实施。

同时，各民族地区应因地制宜，根据当地国家通用语言文字推广普及工作的实际情况，推动有关语言政策和法律法规落地实施的同时结合地方语言实际作出相应的调整，制定出符合地方语言文字事业发展的政策法规和具体措施，以真正实现提升各少数民族国家通用语言文字使用能力的目标。例如，2021 年 12 月，贵州省人民政府办公厅印发了《贵州省全面加强新时代语言文字工作实施方案》，① 这份文件既传达了国家关于民族地区语言文字工作的基本精神，又结合当地实际对本省国家通用语言文字推广工作的一些具体内容（措施、目标等）进行了规定。

2. 全面加强国家通用语言文字教育教学

2022 年 11 月，教育部、国家语委联合印发《关于加强高等学校服务国家通用语言文字高质量推广普及的若干意见》，明确提出要全面加强国家通用语言文字教育教学，② 体现出我国全面推广和普及国家通用语言文字的决心。民族地区全面加强国家通用语言文字教育教学，可以从以下几个方面进行：

（1）全面推进国家三科统编教材的使用

2019 年 12 月，教育部教材局印发《中小学三科统编教材"铸魂工程"推进实施方案》，提出要全面推进国家通用语言文字教育薄弱地区开好三

---

① 贵州省全面加强新时代语言文字工作实施方案［EB/OL］.（2021-12-31）［2023-07-28］. http：//www. guizhou. gov. cn/zwgk/zcfg/szfwj/qfbf/202112/t20211231 _ 72179420. html? isMobile ＝true.

② 教育部　国家语委关于加强高等学校服务国家通用语言文字高质量推广普及工作的若干意见［EM/OL］.（2022-11-28）［2024-01-30］. https：//www. gpv. cn/zhengceku/2022-11/29/content _ 572935. htm.

科、用好教材的工作。① 这是国家层面提出的推进国家通用语言文字教育的具体方案。2021年3月，习近平总书记在参加十三届全国人大四次会议内蒙古代表团审议时发表的讲话中强调："要认真做好推广普及国家通用语言文字工作，全面推行使用国家统编教材。"② 所谓"三科统编教材"，即指思想政治（道德与法治）、语文和历史三科教材，它们由国家统一编写、统一审查、统一使用。民族地区全面推行使用国家三科统编教材，是响应党和国家决策部署的重要举措，有助于民族地区学生掌握使用国家通用语言文字、提高他们与外界的交流交往能力，从而使其走向全国充分就业，促进各民族走向现代化。同时，这一举措也有利于增进各民族对于中华优秀语言文化的了解与认同，促进民族和谐团结，铸牢中华民族共同体意识。

民族地区国家三科统编教材的推行工作已有成效。例如，2020年秋季学期起，延边朝鲜族自治州以民族语言授课的小学和初中一年级全部使用统编的道德与法治、语文、历史教材，并使用国家通用语言文字授课。2021年秋季学期起，该州小学一、二年级除朝鲜语文课程外全部使用国家通用语言文字授课。③

（2）注重学龄前儿童、农牧民、青壮年劳动力的国家通用语言文字教育教学

国家通用语言文字教育教学应从学龄前儿童开始，从小培养他们学习和使用国家通用语言文字的能力，增强他们对中华民族语言文化的感知与认同。2021年7月，《教育部办公厅关于实施学前儿童普通话教育"童语同音"计划的通知》中规定自2021年秋季学期起，未使用国家通用语言文字开展保教活动的民族地区、农村地区幼儿园全部使用国家通用语言文字开

---

① 教育部印发中小学三科统编教材"铸魂工程"推进实施方案［EB/OL］.（2021-01-16）［2024-01-31］. https://www.nmxzy.cn/content/118/4669.html.

② 习近平在参加内蒙古代表团审议时强调：完整准确全面贯彻新发展理念　铸牢中华民族共同体意识［EB/OL］.（2021-03-05）［2023-07-30］. https://www.gov.cn/xinwen/2021-03/05/content_5590762.htm? eqid=994bf16700028bc10000000264783fc1.

③ 俞永虎. 民族地区教师国家通用语言文字教学与科研能力提升策略［J］. 中国民族教育，2022（10）：49.

展保教活动，为幼儿营造良好的普通话教育环境。① 各地方政府应积极响应该政策，创造条件、营造氛围，采取诸如扩大公立幼儿园规模、改善办学条件等措施，让民族地区的学龄前儿童都能够接受国家通用语言文字教育。此外，还应注重对民族地区幼儿园教师进行国家通用语言文字能力、国家语言文字政策法规等方面的培训，引领他们做好新时代民族地区的语言文字工作。例如，教育部语用司面向青海、西藏、新疆等民族地区的幼儿园教师开展"童语同音"计划师资培训工作，以期提高其国家通用语言文字应用能力；② 2021 年，西藏自治区重点实施了"学前学会普通话"行动，有计划地培养一批懂藏语的幼儿园汉语教师，以满足师资要求。③

民族地区的农牧民由于受教育程度偏低，加之地理环境相对封闭，与外界接触较少，国家通用语言文字的使用水平普遍较低，有些甚至处于听不懂也不会说的状态，这些人群是民族地区国家通用语言文字推广和普及工作的难点之一。因此，各地方政府应将农牧民列为推广和普及国家通用语言文字的重点攻关对象，做好规划，组织师资对其进行定期的专门培训，让他们掌握日常交际交流所需的基本用语与文字，提高他们的汉语水平及与外界交流的能力。例如，新疆和田地区的阿亚克恰帕勒村就集体组织村民进行国家通用语言文字的学习，实行快慢班交错上课，安排工作队队员及村委会精通汉语及普通话的干部作为学习辅导老师授课，利用国科服务App、电视、广播、板报等载体营造浓厚学习氛围，全力克服各民族在交往交流交融中的语言障碍。④

青壮年劳动力对国家通用语言文字的掌握不足，对其就业致富、外出务工、生活水平提升以及迈入现代化生活的进程等方面均有负面的影响。

---

① 教育部办公厅关于实施学前儿童普通话教育"童语同音"计划的通知［EB/OL］．（2021-07-21）［2023-07-30］．http：//www.moe.gov.cn/srcsite/A18/s3129/202108/t20210802 _ 548318.html.

② 教育部语用司关于开展 2021 年"童语同音"计划师资培训工作的通知［EB/OL］．（2021-09-14）［2023-08-10］．https：//www.enaea.edu.cn/news/bulletin1/2021-09-14/106100.html.

③ 刘海红，刘玉红．全面加强国家通用语言文字教育 铸牢中华民族共同体意识［N］．西藏日报，2021-06-29（09）.

④ 铸牢中华民族共同体意识 扎实做好民族团结工作［EB/OL］．（2023-07-28）［2023-07-30］．https：//mp.weixin.qq.com/s/I9 _ uJtJV3fRUIS9eyvih-A.

加强青壮年劳动力的国家通用语言文字教育，有助于提高他们的整体素质、拓宽就业渠道、获得发展机会，实现就业致富。在农村，当地政府可以通过组织夜校、影视观赏等形式为青壮年劳动力学习普通话提供渠道，注重将学习国家通用语言文字与职业技能培训相结合，促进青壮年劳动力语言能力与职业技能同步提升，增强就业能力；[①] 在企业，可通过传帮带的方式让普通话水平高的工人和技术人员帮助有语言交流障碍的工人提高国家通用语言能力；教育部门应编纂适合青壮年劳动力学习需求的教材和读本，教材中不仅要有用于基本语言交际使用的基本字词、基本句式等内容，还要结合学习者的工作和职业，结合其生活、生产等。[②]

（3）加强民族地区国家通用语言文字师资队伍建设

目前，民族地区面临着国家通用语言文字师资力量不足的问题，能够熟练掌握标准的国家通用语言文字的教师仍不充足，从而影响了国家通用语言文字的教学和推广普及工作的进程。为此，一方面，当地政府应该积极引进青年教师和人才到民族地区从事国家通用语言文字教育教学工作，创造条件提高他们的待遇，给予相应的政策倾斜和生活保障，尽最大努力使人才引得进、留得住。另一方面，应加强少数民族及少数民族地区教师队伍国家通用语言文字能力的培训，如利用假期开办相应的培训班、研修班等，同时可以开展国家通用语言文字教育教学比赛，以赛促练，提高教师教学技能和水平，以保障民族地区国家通用语言文字推广普及工作的顺利进行。例如，延边朝鲜族自治州结合当地实际，对全州中小学教师进行了铸牢中华民族共同体意识教育，全面提升他们的国家通用语言文字教学能力以助力该地区的国家通用语言文字推广普及工作。[③]

3. 加强国家通用语言文字推广普及的宣传与引导

为在民族地区全面推广国家通用语言文字，党和国家以及当地政府可

---

① 李冬青，付妮. 语言扶贫助力乡村振兴的理论逻辑与实践路径：以广西为例 [J]. 社会科学家，2022 (9)：96.

② 苏新春. 国家通用语言文字推广普及快速推进、成效突出 [J]. 中国民族教育，2023 (6)：27-28.

③ 俞永虎. 民族地区中小学校推广普及国家通用语言文字的实践路径研究 [J]. 中国民族教育，2023 (4)：46.

利用新闻媒体、书报杂志、自媒体等媒介方式宣传和引导少数民族群众学习国家通用语言文字，营造出良好的推广普及氛围，同时加深他们对学习国家通用语言文字的作用和意义的认识，以使其获得学习动力并坚定学习信心，加快掌握国家通用语言文字。

就具体的措施而言，各地方政府可以积极组织开展国家语言文字政策和法律法规宣讲会。许多少数民族群众由于对国家语言文字政策和法律法规缺乏认识而无从得知国家政策导向、国家通用语言文字的法定地位以及推广国家通用语言文字的必要性与重要性。政府加强政策宣讲，有助于让少数民族群众意识到语言学习的经济价值以及学习国家通用语言文字在沟通交流、求学求职、经济贸易往来等方面的重要作用，从而加速推进民族地区的国家通用语言文字推广工作。此外，政府还应在民族地区加强对中华民族共同体意识的宣传，增强少数民族群众对于中华民族和中华语言文化的认同感，使其意识到国家通用语言文字在族际交流与民族团结、和谐中的重要作用，帮助他们树立科学的语言观，形成开放包容的用语态度，从而更加积极主动地学习并使用国家通用语言文字。

当然，民族地区的普法宣传工作需因地制宜、结合当地民族特色开展。例如，云南"直过民族"地区具有独特的地理位置、社会生态及民族文化，该地区的少数民族群众受教育程度和国家通用语言文字的掌握水平普遍较低，对国家语言政策、法规缺乏认识，加之当地宣传教育人才不足，致使这一地区国家通用语言文字的工作面临重重困难。基于此，当地政府应充分考虑到"直过民族"地区的民族文化习俗，安排民族干部适当使用民族语言和文字开展工作，拉近彼此距离，创造性地开展有关国家通用语言文字推广普及宣讲活动，令其入心入脑，真正让"直过民族"地区人民了解和知晓学习国家通用语言文字的必要性和重要性，增强其自主学习、积极学习的意识，从而提高国家通用语言文字的普及效率与质量，铸牢中华民族共同体意识。[①]

[①] 李琛．云南"直过民族"地区铸牢中华民族共同体意识的难点与建议［J］．社会主义论坛，2021（9）：40-41.

4. 明确责任主体，实现各方联动，形成长效机制

为推进国家通用语言文字普及程度和质量的提升，要坚持党的领导，推动地方各级政府将国家通用语言文字推广普及纳入议事日程，纳入政府相关工作绩效管理目标和履行教育职责评价体系。① 地方各级政府应是民族地区国家通用语言文字推广和普及的责任主体，因此，地方各级政府及其党政机关理应在学习国家通用语言文字的过程中发挥先锋模范带头作用，主动学好并用好国家通用语言文字，积极参加通用语的培训和测试，提升国家通用语言文字的应用能力。

同时，地方各级政府应充分调动社会各界力量，各方联动，形成合力，营造适合民族地区通用语言文字推广的社会氛围，共同推进民族地区国家通用语言文字的普及工作。充分发挥学校作为民族地区国家通用语言文字教育教学主阵地的作用，政府积极搭建合适的推广平台，鼓励和吸引企事业单位、社会团体和个人支持国家通用语言文字推广普及工作，② 各方通力合作，方能逐步提升国家通用语言文字在民族地区的普及率和普及质量。

最后，民族地区的国家通用语言文字推广和普及工作应当建立一套兼具科学性与可行性的长效机制，确保国家通用语言文字推行普及工作常抓不懈。③ 健全完善"党委领导、政府主导、语委统筹、部门支持、社会参与"的管理体制，建立分工协作、齐抓共管、协调有效的工作机制。构建"国家支持、省级统筹、涉及州（市）负总责、县（区、市）乡镇抓落实"的工作格局，形成层层抓落实的工作机制。④ 长效机制的建立和长远规划的制定将保障民族地区国家通用语言文字推广和普及工作的稳步推进，实现这一工作的长效化、常态化、可持续化，同时还可避免工作中有关问题的重复出现，提高解决问题的效率等。

---

① 林焕新. 提升国家通用语言文字普及程度和质量 [N]. 中国教育报，2022-01-08（01）.

② 教育部　国务院扶贫办. 国家语委印发《推普脱贫攻坚行动计划（2018—2020年）》[EB/OL]. (2018-02-28) [2023-07-28]. https://www.gov.cn/xinwen/2018-02/28/content_5269400.htm.

③ 教育部　国家语委关于印发《国家通用语言文字普及攻坚工程实施方案》的通知 [EB/OL]. (2017-04-01) [2023-07-28]. https://www.gov.cn/xinwen/2017-04/01/content_5182853.htm.

④ 李秋萍，陈保亚. 边疆少数民族地区推广普及国家通用语言文字现状及策略：以德宏州盈江县为例 [J]. 昭通学院学报，2022（3）：89.

（二）保护民族语言文化多样性

2021 年 8 月，习近平总书记在中央民族工作会议上强调："要推广普及国家通用语言文字，科学保护各民族语言文字，尊重和保障少数民族语言文字学习和使用。"① 可见，党和国家在积极推广和普及国家通用语言文字的同时，也时刻关注着少数民族语言文化的保护和健康发展。但如何在民族地区推广和普及国家通用语言文字的同时又保护民族语言文化的多样性，实现民族地区汉语与民族语言的和谐发展是一个值得深思的问题。对此，除了国家层面颁布的语言政策、法律法规和实施的各项重大工程，我们还可从以下几方面着手：

1. 树立融异心理，尊重民族文化的多样性

语言文字不仅是交流情感的工具，还是文化传承的载体，是国家繁荣发展的根基，是民族身份的象征和标志。② 56 个民族的优秀传统文化犹如每一寸国土一样不可分割，都是中华民族文化不可或缺的组成部分，都具有独特的内涵和价值，都应该得到尊重、保护和传承。③ 我们必须承认，民族与民族之间的文化具有差异性，但并不意味着民族文化对外具有排他性。多元化发展是当今社会的主流，任何族群在社会的主流前不能抱有"各扫门前雪"的心态，各民族之间要树立融异心理，淡化差异，提升文化互信，尊重各民族文化的多样性，从整体上提升我国文化软实力的竞争力，推动伟大复兴的中国梦早日实现。

2. 利用现代信息技术、新媒体平台助力民族语言保护

现代信息技术在保存和保护民族语言方面作用巨大。在对丰富的少数民族语言资源进行充分调查的基础上，我们可以将这些语言调查资料，包括文字材料、音频、视频等储存于云端，建立语言资源数据库，并利用数

---

① 习近平出席中央民族工作会议并发表重要讲话［EB/OL］．（2021-08-28）［2023-07-30］. https：//www. gov. cn/xinwen/2021-08/28/content _ 5633940. htm？lsRedirectHit ＝ 205425818＆wd ＝＆eqid＝92f19f30001ad0cb00000003647d4687.

② 王云路 . 汉字蕴含的思维方式和文化基因［EB/OL］．（2023-02-26）［2024-02-03］. https：//news. gmw. cn/2023-02/26/content _ 36391137. htm.

③ 张梅颖 . 尊重民族文化多样性［EB/OL］．（2012-07-25）［2024-02-03］. https：//news. 12371. cn/2012/07/25/ARTI13343171300873553. shtml.

字化技术手段与设备为这些民族语言文字制作数字化档案，实现永久保存。此外，我们还可以研发少数民族语言地图集和语言学习软件，直观立体地展现少数民族语言资源的存活状态和发展过程，以便实现语言文化的"活态"传承。①

近年来兴起的抖音、快手等 App 是助力民族语言文化保护的重要网络平台。我们可以利用新媒体平台发布有关民族语言文化的短视频，在有效保存和展示民族语言文化的同时，激发民众对于民族语言学习和保护的欲望与热情，实现对民族语言文化的保护。

3. 合理开发与利用民族语言文化资源

民族地区拥有丰富的语言资源，我们可以对其合理开发利用，形成语言文化产业，提供多样化的语言文字服务，发挥语言的经济价值，助推少数民族语言保护，实现国家通用语言文字推广普及与民族语言保护的有机统一。

少数民族拥有历史悠久的口传文学，其神话传说、民歌、戏曲等都极具魅力与吸引力，开发"文化艺术展演＋旅游体验"新模式，加强语言文化表现形式和深厚内涵的融合，吸引游客前来旅游的同时又展示、传播当地民族语言文化，既能实现一定的经济效益，又可达到保护民族语言文化的目的，实属两全其美。②

此外，民族地区还可以开发民族语言文化景观和文创产品、智能翻译软件等，出版、发行民族语言文化读物、画本、影视作品等，形成民族语言文化产业链，助力民族语言文化保护和当地经济发展。例如，纳西族东巴文在当地的文旅产业开发中得到了很好的利用。当地政府不仅营造出了独特的东巴文语言文化景观，如含有东巴文元素的街道和旅游景点的指示牌、东巴文墙等，而且开发了诸如关于东巴文的书籍等出版物类创意纪念品，推出了"东巴文化系列丛书"等。③ 广西壮族自治区销售都安传统小吃的熊之初工坊，在其包装上融入都安人日常使用的壮语，同时用普通话对

---

① 张卫国，等."语言与乡村振兴"多人谈 [J]. 语言战略研究，2022（1）：86.
② 张卫国，等."语言与乡村振兴"多人谈 [J]. 语言战略研究，2022（1）：86.
③ 周美伶. 语言资源的旅游开发初探 [D]. 武汉：华中师范大学，2016：29-30.

照注释。① 这些都是利用少数民族语言文化提升产品附加值的典型案例。

国家通用语言文字是系联各民族同胞的桥梁，是民族团结的精神纽带，是消除民族隔阂、加强族际交流、提升民族互信的重要通道，也是铸牢中华民族共同体意识的必由之路与根基所在。民族地区语言的多样性和复杂性决定了我国在该地区推广和普及国家通用语言文字的政策符合我国的基本国情，各民族人民既要积极学习和使用国家通用语言文字，还应科学地保护、开发、利用本民族语言文化资源，这有利于深入了解和阐释中华民族"多元一体"格局的形成历史与内涵，增强各民族之间的凝聚力与向心力，同时助力语言经济价值的发挥，推进民族地区的经济发展与现代化建设。总之，在新时代，民族地区的语言文字工作应坚持国家通用语言文字主体性与民族语言多样性的统一，构建"多元一体"的语言格局，推动国家通用语言文字教育教学与少数民族语言文化保护并行不悖，实现民族地区汉语与民族语言的和谐发展，促进民族融合与团结，铸牢中华民族共同体意识。

---

① 李冬青，付妮. 语言扶贫助力乡村振兴的理论逻辑与实践路径：以广西为例［J］. 社会科学家，2022（9）：97-98.

第三章
语言与中国的统一

　　语言是一个国家、一个民族的文化根基。中国境内的各种语言承载着中华民族的优秀传统文化，语言的演变发展也折射出中国的历史变迁。对香港、澳门回归前以及回归后语言政策的研究，将为解决港澳语言生活中的矛盾，保持港澳的持续繁荣发展贡献力量。加强与台湾地区语言文字工作的交流与合作，共同推进语言文字的统一规范，也将为早日实现祖国统一献计献力。本章我们将重点分析香港、澳门以及台湾地区的语言生活现状及相关的语言政策，讨论语言与中国统一的关系。

第一节　香港的语言政策

▶ 一、香港的语言概况

　　香港是一个多语社会，既有中文和英文两大官方语言，同时又有粤语、客家话、闽语等多种汉语方言。根据《中华人民共和国香港特别行政区基本法》第九条①以及香港法例第 5 章《法定语文条例》第 3 条第（1）款②之规定，中文和英文是香港的正式（法定）语文。在政治、法律、金融、高等

---

　　① 中华人民共和国香港特别行政区基本法［EB/OL］.（1990-04-04）［2024-03-20］. https：//flk. npc. gov. cn/detail2. html？MmM5MDlmZGQ2NzhiZjE3OTAxNjc4YmY1YzY2ODAxMzE.

　　② 法定语文条例［EB/OL］.（2017-02-15）［2022-03-23］. https：//www. elegislation. gov. hk/hk/cap5！sc？INDEX _ CS=N&_xpid=ID _ 1438403279601 _ 001.

教育领域，英文的使用更为普遍。由于香港处于我国粤语区内，绝大多数香港居民历来以粤语作为交际语言。"新界"地区由于客家人较多，客家话的使用较为普遍。除此之外，潮州话和闽语等汉语方言在香港也广泛使用。①

　　历史上，香港居民曾使用"土粤语"。1762 年以后，大量客家人移民香港，客家话随之入港，并成为香港的第二大方言。② 英国对香港实行殖民统治之后，英语便成了香港的官方语言。③ 当时，英语被广泛使用在政治、法律等领域，居民日常交际语言仍以粤语为主。20 世纪初，大量潮汕劳工涌入香港，逐渐形成香港的第三大方言——潮汕话。④ 20 世纪中叶，来自全国各地的移民来到香港，内地的潮州话、四邑话、闽语、上海话等汉语方言及通用语——普通话，随之进入香港。香港由此成为一个多语言、多方言并存的地方。20 世纪 60 年代，香港发生"六七暴动"，港英当局为控制局势，在语言政策上实行"推广粤语、排斥国语（即普通话）"的举措，例如规定广播电视等除了英语之外只能使用粤语，大量制作粤语电影、歌曲等，并禁止学校教授国语，英文是唯一的官方语言。⑤ 这些举措使得当时社会上普遍存在"重英轻中"的现象，给居民日常生活造成了一定的影响，引发了民众不满。

　　20 世纪 70 年代，香港市民频繁开展爱国示威运动，要求中文成为法定语文，虽有具体成效，但在政治、法律等层面"重英轻中"的格局并没有发生大的变化。1984 年中英签署联合声明后，香港社会开始提升中文的地位以应对香港的回归。此前由于大力推广粤语，香港社会（包括"新界"，"新界"以客家人为主）进入了以粤语为主要交际语言的时代。1997 年香港回归后，香港特区政府在法定语言上将中文、英文置于同等地位，逐渐重视发展普通话。进入新世纪，内地与香港贸易额快速增加，于 2002 年超过了美国和日本，成为香港最大的贸易伙伴。此外，赴港旅游的内地游客不断增加，越来越多的香港人为增强与内地的交流而学习普通话，但普通话

① 刘上扶. 东盟各国语言纵横谈［M］. 南宁：广西教育出版社，2009：257.
② 邵敬敏. 汉语语法的动态研究［M］. 北京：商务印书馆，2013：306.
③ 刘上扶. 东盟各国语言纵横谈［M］. 南宁：广西教育出版社，2009：261.
④ 邵敬敏. 汉语语法的动态研究［M］. 北京：商务印书馆，2013：306.
⑤ 邵敬敏. 汉语语法的动态研究［M］. 北京：商务印书馆，2013：307.

的地位在人们的日常生活中仍未有较大变化。①

据香港 2021 年人口普查统计，2011 年香港 5 岁及以上人口（不包括失去语言能力的人）中使用粤语的人数占 95.8%，使用英语的人数占 46.1%，使用普通话的人数占 47.8%；2016 年 5 岁及以上人口（不包括失去语言能力的人）使用粤语的人口比例略有下降，占比为 94.6%，而使用英语和普通话的人口比例分别升至 53.2% 和 48.6%；到了 2021 年，5 岁及以上人口（不包括失去语言能力的人）使用粤语的人口比例依旧略有下降，为 93.7%，使用英语的人口比例为 58.7%，使用普通话的人口比例为 54.2%。② 整体而言，香港回归后的二十几年内，粤语的使用比例呈下降趋势，英语和普通话的使用比例呈逐渐上升趋势。具体情况如下：

表 3-1 2011 年、2016 年及 2021 年 5 岁及以上人口能说选定语言/方言的比例③

| 语言/方言 | 5 岁及以上人口④的百分比（单位%） | | | | | | | | |
| | 作为惯用语言 | | | 作为其他语言/方言 | | | 总计 | | |
	2011	2016	2021	2011	2016	2021	2011	2016	2021
粤语	89.5	88.9	88.2	6.3	5.7	5.5	95.8	94.6	93.7
英语	3.5	4.3	4.6	42.6	48.9	54.1	46.1	53.2	58.7
普通话	1.4	1.9	2.3	46.5	46.7	51.9	47.8	48.6	54.2
客家话	0.9	0.6	0.6	3.8	3.5	3.0	4.7	4.2	3.6
闽语	1.1	1.0	0.8	2.3	2.6	2.3	3.5	3.6	3.1
菲律宾语	0.2	0.4	0.4	1.4	2.3	2.4	1.7	2.7	2.8
潮州话	0.7	0.5	0.5	3.1	2.9	2.3	3.8	3.4	2.8
印尼语	0.3	0.3	0.3	2.2	2.4	2.1	2.4	2.7	2.5
日语	0.2	0.1	0.1	1.4	1.7	2.0	1.5	1.8	2.1
吴语	0.3	0.2	0.2	0.9	0.9	0.6	1.1	1.1	0.8

---

① 刘上扶. 东盟各国语言纵横谈 [M]. 南宁：广西教育出版社，2009：262.

② 香港 2021 年人口普查：简要报告：表 2.8 2011 年、2016 年及 2021 年 5 岁及以上人口能说选定语言/方言的比例，第 46 页 [EB/OL]. (2022-02) [2022-10-22]. https://www.censtatd.gov.hk/en/data/stat_report/product/B1120106/att/B11201062021XXXXB01.pdf.

③ 香港 2021 年人口普查：简要报告：表 2.8 2011 年、2016 年及 2021 年 5 岁及以上人口能说选定语言/方言的比例，第 46 页 [EB/OL]. (2022-02) [2022-10-22]. https://www.censtatd.gov.hk/en/data/stat_report/product/B1120106/att/B11201062021XXXXB01.pdf.

④ 数字不包括失去语言能力的人。

普通话和英语使用人数的增加与外来人口增加及民众受教育程度提高有关。2011 年到 2021 年的这十年间，来自内地的人口比例呈现出先增长后下降的情况，2011 年所占比例为 1.4％，2016 年是 1.7％，2021 年又降为 1.1％，来自菲律宾的外来人口增幅较大，来自印尼、尼泊尔以及其他地区的外来人口也有小幅增长，还有许多来自英国、印度、美国、大洋洲等英语国家的人口进入香港，这些外来人口增加了香港社会中说普通话和英语的人口比例。① 此外，自 2003 年开始，香港特区政府陆续推出了"输入内地人才计划""优秀人才入境计划"等多项人才招揽政策，② 吸引了众多来自内地及国外的优秀人才和专业人士赴港工作，二十多年间有数十万名优秀人才通过这些计划到香港工作和居住，这些人才的到来也提高了香港使用普通话和英语的比例。另外，数据显示，2021 年香港民众受教育程度有所提升，超过 35％的人受过专上教育（亦称高等教育），③ 他们在学校接受普通话和英语教育，这也在一定程度上使得香港社会会说普通话和英语的人数有所增加。

当下香港的语言使用情况可概括为：以粤语为惯常用语的人口数量在近十多年间虽有略微下降，但仍然占有绝对优势；在语文教育政策、工商业需求和旅游业的推动下，普通话的推广普及达到了令人瞩目的效果；受历史与现实的影响，在香港语言生活中，英语一直保持着重要地位。

▶▶ 二、香港的语言政策

香港的语言政策可以从一般语言政策和语言教育政策这两方面进行探讨，但是二者在实施层面上多有交叉，不太容易进行区分。"虽然香港特区

---

① 香港 2021 年人口普查：简要报告：表 2.4　2011 年、2016 年及 2021 年按国籍划分的人口，第 42 页［EB/OL］.（2022-02）［2022-10-22］. https：//www. censtatd. gov. hk/en/data/stat＿report/product/B1120106/att/B11201062021XXXXB01. pdf.

② 李闻莺. "新香港人"：从夹缝中的"过客"到不断融入［EB/OL］.（2017-06-23）［2019-09-20］. https：//www. thepaper. cn/newsDetail＿forward＿1716271.

③ 香港 2021 年人口普查：简要报告：表 3.1　A 2011 年、2016 年及 2021 年按教育程度（最高就读程度）划分的 15 岁及以上人口（不包括外籍家庭佣工），第 51 页［EB/OL］.（2022-02）［2022-10-22］. https：//www. censtatd. gov. hk/en/data/stat＿report/product/B1120106/att/B112010 62021XXXXB01. pdf.

政府颇为关注一般性的语言使用问题，在讨论语言政策时也认为不应仅囿于学校或教育层面，还需社会其他方面的配合，但是并无太大操作空间，仅能要求公务人员平时以身作则，主要还是将施政重点放在学校的教学语言及语文教育上。"①

（一）一般语言政策

1. 回归之前的语言政策

英国殖民统治期间，港英当局没有专门机构负责研究及执行语言政策，②为巩固统治，港英当局在官方语言上实行"重英轻中"的基本语言政策，规定在政治、法律等范围内只使用英文，对中文不加重视。即便在汉语的历史影响下，香港语言生活呈现出复杂状貌，这种"重英轻中"的局面一直未发生改变。

20世纪70年代，香港民众强烈要求"将中文作为法定语文"，港英当局迫于压力，在1970年和1972年先后成立"中文研究委员会"和"中文公事管理局"，1974年，规定中、英文同为官方语言且地位等同。③但事实上，"中文"的含义并未明确界定，加之港英当局并没有成立专门机构去负责、监管和规范中文的使用，这一举措并未对语言政策的主体思路产生任何冲击性的影响，且在港英当局处理政务遇到中文和英文文本出现歧义的情况下，规定仍以英文文本为准，这实际上仍未脱离"重英轻中"之旧习。④

受回归前"重英轻中"语言政策的影响，一些人对语言进行了等级划分，各语言之间关系很不平衡，英语被视为一种"高层"语言，是社会地位优越的体现。粤语虽有着深厚的社会基础，仍被视为一种"底层"的语言，普通话在香港是一种新的语言，地位并不高。1984年，中英两国政府签署关于香港问题的联合声明，规定"香港特别行政区的政府机关和法院，

---

① 刘上扶. 东盟各国语言纵横谈［M］. 南宁：广西教育出版社，2009：266.
② 王加林，戈军. 语言政策与身份建构：基于回归后香港施政报告的研究［J］. 社会科学家，2012（1）：148.
③ 王德春. 论双语社会香港的语言问题［J］. 外国语（上海外国语大学学报），1997（3）：1.
④ 刘上扶. 东盟各国语言纵横谈［M］. 南宁：广西教育出版社，2009：261.

除使用中文外，还可使用英文"①，这强调了中文的地位，在语言层面为香港回归做了准备。

2. 回归之后的语言政策

1997 年中国恢复对香港行使主权，在政治上实行"一国两制"的政策；在语言上，实施独具香港特色的"两文三语"政策，即在书面语方面中文与英文并存，口语方面普通话、粤语和英语兼顾。②

1997 年 7 月 1 日，《中华人民共和国香港特别行政区基本法》正式实施，其中第九条规定，"香港特别行政区的行政机关、立法机关和司法机关，除使用中文外，还可使用英文，英文也是正式语文"③，明确了中英文的官方语言地位。同年，香港特别行政区首任行政长官董建华在第一份施政报告中首次提出"两文三语"政策。④ 1999 年，董建华又在其第三份施政报告中明确指出："特区政府的一贯宗旨，是培养两文三语都能运用自如的人才。"⑤ 2000 年，时任香港特区政府教育统筹局局长罗范椒芬在一次公开讲话中表示："在香港，我们对英文和中文都极度重视。香港是一个国际城市，英文是业务的语言，优秀的英语能力，也普遍被认为是一种个人的成就。另一方面，香港亦是中国的特别行政区，香港人必须学习中文，并且懂得说国家的语言，即普通话。由于大部分香港人来自中国广东省一带，他们日常生活的语言是广东话，因此，我们的语文政策是培养年轻人'两文三语'的能力，亦即是说，他们应懂得阅读和书写中文及英文，并能操

---

① 中华人民共和国政府和大不列颠及北爱尔兰联合王国政府关于香港问题的联合声明［EB/OL］.（2006-03-14）［2019-06-02］. http://tga. mofcom. gov. cn/article/b/200604/20060401944116. shtml.

② 李楚成，梁慧敏. 香港"两文三语"格局：挑战与对策建议［J］. 语言战略研究，2020（1）：47.

③ 中华人民共和国香港特别行政区基本法［EB/OL］.（1990-04-04）［2024-03-20］. https://flk. npc. gov. cn/detail2. html? MmM5MDlmZGQ2NzhiZjE3OTAxNjc4YmY1YzY2ODAxMzE.

④ 董建华. 中华人民共和国香港特别行政区行政长官一九九七年施政报告　第 84 段［EB/OL］.（1997-10-08）［2023-03-16］. https://www. policyaddress. gov. hk/pa97/chinese/pa97 _ c. htm.

⑤ 董建华. 中华人民共和国香港特别行政区行政长官一九九九年施政报告　第 69 段［EB/OL］.（1999-10-06）［2023-03-16］. https://www. policyaddress. gov. hk/pa99/chinese/part4-1c. htm＃p69.

流利普通话、广东话和英语。"① 2001 年，董建华在施政报告中再次重申："推广两文三语，是我们的既定政策。香港作为国际大都会，有必要普及基本英语；而香港作为中国的一部分，市民亦必须学好普通话，才能有效地与内地沟通交往以至开展业务。"② 此后十几年，香港特区政府一直在全社会推行"两文三语"政策。近年来，在"两文三语"的大方向下，特区政府还关注到少数族裔的语言问题。例如 2017 年行政长官梁振英在施政报告中提到"少数族裔要融入社会，首先是学好中文"③，并针对提高少数族裔的中文能力提出了一些新措施；2020 年，特区政府在此基础上还推出了满足少数族裔当下需求的一些举措，例如香港天文台网站提供八种少数族裔语言服务，帮助少数族裔实时获得使用他们族裔语言播报的最新新闻资讯，④ 成立了 6 个少数族裔人士支援服务中心及两个分中心，为少数族裔提供课后辅导等各种支援服务，其中一个中心还提供电话传译服务，帮助少数族裔尽快融入社会。⑤

使用英文是香港社会国际化的必然需求。香港是一个国际化城市，将英文作为官方语言已有一百多年的历史。⑥ 英语的使用与香港民众的切身利益直接相关，在择校、就业、职位晋升等方面均具有明显优势。同时，在经济全球化的背景下，英语已成为与欧美各国进行国际经济、文化交流的首要语言；此外，各种跨国公司和国际交流组织多选用英语作为通用语或

① 罗范椒芬. 语文教育的创新与突破（香港特区政府教育统筹局局长出席国际语文教育研讨会开幕典礼致辞全文）[EB/OL]. (2000-12-14) [2023-03-17]. https://sc.isd.gov.hk/gb/www.info.gov.hk/gia/general/200012/14/1214156.htm.

② 董建华. 中华人民共和国香港特别行政区行政长官二〇〇一年施政报告 第 46 段 [EB/OL]. (2001-10-10) [2023-03-17]. https://www.policyaddress.gov.hk/pa01/sim/c46.htm.

③ 梁振英. 中华人民共和国香港特别行政区行政长官二〇一七年施政报告 第 167 段 [EB/OL]. (2017-01-18) [2023-03-17]. https://www.policyaddress.gov.hk/jan2017/sim/p167.html.

④ 天文台推出全新个人版天气网站以加强少数族裔天气资讯服务（附图）[EB/OL]. (2021-05-21) [2024-02-27]. https://sc.isd.gov.hk/TuniS/www.info.gov.hk/gia/general/202105/21/P2021052100328.htm?fontSize=1.

⑤ 少数族裔人士支援服务中心 [EB/OL]. (2024-01-25) [2024-02-27]. https://www.had.gov.hk/rru/sc_chi/programmes/support_service_centres.htm.

⑥ 费锦昌. 香港语文面面观 [M]. 北京：语文出版社，1997：35.

中介语，英语在香港这一国际化大都市的盛行不可逆转。① "两文三语"政策充分考虑到对英语资源的高效利用，"这是从宏观方面对香港语言生活的一种规范。这个语言政策既遵守有关的法例，又符合香港社会的实际情况"②。

就目前情况来看，实行"两文三语"的语言政策，符合香港发展的需要，既保证了香港既往的国际竞争力，又重视了传统文化的根基作用。这一政策既提高了香港社会的语言交际效率，也提高了语言的社会凝聚力，③已经成为香港社会的共识。因此，"这个政策是完全符合基本法精神，符合香港'一国两制'原则，符合香港社会实际情况的，是一项对香港社会有深远影响的语言政策"。④

（二）语言教育政策

1. 回归前的语言教育政策

英国殖民统治时期，港英当局为了维护英国对香港的殖民统治，在语言教育领域一直采取"重英轻中"的政策。⑤ 1877 年，时任港督轩尼诗（J. P. Hennessy）提出"基于政治上和商业上的需要，所有政府学校皆必要实施英语教育"⑥，并于次年任命委员会以便加强对英语教育问题的研究。1901 年，港英当局成立了研究教育发展的教育委员会，该委员会在研究报告中明确指出应发展英文教育。⑦ 可见，英文教育受到港英当局高度重视。

相比占主导地位的英文教育，港英当局对中文教育基本采取放任自流的态度，对于推行中文教育一直未制定明确的政策。直至 1935 年，英国教育家宾尼（E. Burney）应邀来港，对香港的教育制度进行深入研究后提交

---

① 苏金智．英语对香港语言使用的影响［J］．中国语文，1997（3）：219；王德春．论双语社会香港的语言问题［J］．外国语（上海外国语大学学报），1997（3）：1；赵学清，刘键．香港语言景观中的语言使用状况［G］//国家语言文字工作委员会．语言生活皮书：中国语言生活状况报告（2021）．北京：商务印书馆，2021：234.

② 田小琳．三论香港地区的语言文字规范问题［J］．中国语文通讯，2021（1）：1.

③ 叶竹钧．论香港普通话科师资培训的方法与策略［J］．教育评论，2010（3）：96.

④ 田小琳．香港的中文教育政策［J］．北京观察，2006（8）：56.

⑤ 吴福光．港澳教育评析［M］．广州：中山大学出版社，1992：135.

⑥ Eitel，E. J. Europe in China：The History of Hongkong from the Beginning to the Year 1882［M］．London：Luzac & Company；Hongkong：Kelly & Walsh，Ld.，1895：562.

⑦ 吴文侃，杨汉清．比较教育学（修订本）［M］．北京：人民教育出版社，1999：98.

了《宾尼报告书》(*Report on Education in Hong Kong by E. Burney, M. C.*),建议港英当局应重视汉文小学教育,重新确定英语教育的目标,要"提供给每一学生足够的华语训练,使他们用于思考及表达"①。1951 年 12 月,英国曼彻斯特首席教育官菲沙(N. G. Fisher)受聘来港交流,发表《菲沙报告》(Fisher Report)并建议"大力发展小学教育,并尽可能用中文讲授各种科目"②。但港英当局对中文教育所做的实际努力有限。在当时的中小学教育中,英文始终居于强势地位,中文教育因缺乏官方资助和认可难以发展,大学教育亦基本以英文为主。

随着社会上对中文教育(主要是粤语教育)的呼声高涨,港英当局最终于 1974 年的《未来十年香港的中学教育》白皮书和 1978 年的《高中及专上教育的发展》白皮书中才提出"个别学校当局应自行决定在初中阶段采用中文或英文作为某一种科目的教学语言",政府并未在教育界强制推广中文。③

20 世纪 80 年代,"重英轻中"的语言教育政策受到教育界人士的广泛批评,开展汉语母语④教学获得更多认同。1982 年,港英当局教育主管部门开展了一项关于中学教师及学生在学校的课堂内外使用语言的情况研究,发现教师及学生在英文科以外的所有课堂均大量使用粤语,不少教师也认为采取粤语教学有助于学生的学习。⑤ 1984 年,港英当局"教育统筹委员会"(以下简称"教统会")成立,随后发表《"教育统筹委员会"第一号报告书》,提出以提供奖励的方式推行中文教学。⑥ 1986 年,"教统会"发表

---

① 操太圣. 香港教育制度史研究(1840—1997)[J]. 华东师范大学学报(教育科学版),1997(2):7.

② 陈立中. 香港两文三语教育架构的历史回顾[G]//戴昭铭. 人类语言学在中国:中国首届人类语言学国际学术研讨会论文集. 哈尔滨:黑龙江人民出版社,2007:152.

③ 冯生尧. 香港双语教育初探[J]. 现代教育论丛,1994(6):47.

④ 香港地区的母语,包括普通话和粤语。

⑤ 香港使用不同教学语言的主要研究[EB/OL]. (2021-12-09)[2022-03-20]. https://www.edb.gov.hk/tc/edu-system/primary-secondary/Applicable-to-secondary/moi/moi-related-research-projects-2021.html.

⑥ "教育统筹委员会"第一号报告书(1984),第 3. 19、3. 20 段[EB/OL]. (1984-10)[2022-03-21]. https://www.e-c.edu.hk/doc/tc/publications_and_related_documents/education_reports/ecr1_c.pdf.

《"教育统筹委员会"第二号报告书》，要求在小六以后，全力推动两种语言政策，将《"教育统筹委员会"第一号报告书》中的全部教学语言主张付诸实施。① 当时，绝大多数小学都是中文学校，中学则有中文中学和英文中学之分。② 在小学和幼儿园阶段，着重进行汉语母语教学的同时也开设有英文科目。③ 在中学，大部分学校依旧用英语进行授课，特别是在八十年代后期，英语在中学语言教学中占据绝对优势地位。④ 当时，香港中英文学校的比例约为 1∶8，中英文学校学生的比例大概为 1∶10。⑤ 在中文中学除专设的外语课以外，都使用中文（普通话、繁体字）教材，用粤语进行授课，极个别学校用普通话授课、开设普通话选修课或在课外活动中教普通话，但普通话教学效果不尽如人意。在英文中学除语文和历史课外，都使用英文教材，采用英文授课，但由于师生本身英语水平有限，教学中出现了中英混用的情况。⑥ 1988 年，港英当局教育主管部门语言工作小组成立，检讨过去有关语言教育措施的不足之处；1990 年，"教统会"发表《"教育统筹委员会"第四号报告书》重申推广母语教学，并提出"校内中英文混用的教学方式应尽可能减少，以便每班在教学、课本及考试三方面都只用中文或英文"⑦。此外，还提出了一个新的语言教育方案，"以重新修订的香港学科测验和新发展的中英文科的目标为评估工具，测知学生的中英文水平"⑧，用作学生分组选择合适中学的参考。在这种根据教学语言分流评估测验结果来选择教学语言的政策实行之前，教学语言真正的决策者是各个学校的校长，而校长们对教学语言的选择在很大程度上则会取决于家长的

---

① "教育统筹委员会"第二号报告书（1986），第 4.3.10 段［EB/OL］.（1986-08）［2022-03-21］. https：//www. e-c. edu. hk/doc/tc/publications ＿ and ＿ related ＿ documents/education ＿ reports/ecr2 ＿ c. pdf.

② 冯生尧. 香港双语教育初探［J］. 现代教育论丛，1994（6）：46.

③ 刘上扶. 东盟各国语言纵横谈［M］. 南宁：广西教育出版社，2009：269.

④ 冯生尧. 亚洲"四小龙"课程实践研究［M］. 福州：福建教育出版社，1998：199.

⑤ 吴福光. 港澳教育评析［M］. 广州：中山大学出版社，1992：3.

⑥ 冯生尧. 亚洲"四小龙"课程实践研究［M］. 福州：福建教育出版社，1998：199.

⑦ "教育统筹委员会"第四号报告书（1990），第 6.4 节第 6.4.1（iii）段［EB/OL］.（1990-11）［2022-03-22］. https：//www. e-c. edu. hk/doc/tc/publications ＿ and ＿ related ＿ documents/education ＿ reports/ecr4 ＿ c. pdf.

⑧ 冯生尧. 香港双语教育初探［J］. 现代教育论丛，1994（6）：48.

意见。①

从"重英轻中"到逐渐关注中文母语教学，是香港语言教育发展的重要一步。在这一过程中，港英当局提出过一些颇有见地的主张，其中不少措施对现在的教育政策仍有借鉴作用。但事实上，港英当局对于中文教育很大程度上还是采取了较为自由的策略，并没有通过明确的政策以正式推行中文教育。② 仅仅依靠民间来推广中文，力量远远不够。此外，港英当局所谓的提倡中文母语教学，其实也是在保证英语教学的前提下实行的，这种情况下，中英文教学效果都不理想。依靠学校、家长自行选择教学语言，也使得推广母语教学困难重重，而且中文母语教学又以粤语教学为主，忽视了普通话，这些语言教育方面的难题都是回归后所亟须解决的。③

2. 回归后的语言教育政策

回归后，香港特区政府推出了一系列教育改革措施，不断致力于中文母语教学，重在培养通晓"两文"（中英文书面语）和熟练使用"三语"（普通话、粤语及英语）④ 的人才。"语言教育政策是研究语言政策与规划问题的最关键核心概念，语言教育政策是语言政策在教育背景下的一种具体政策形式"，"语言教育政策可以包括学校做出的各种明确的决定"，"教学用语最能反映国家语言教育政策的导向，最能体现一种语言在一个国家的使用程度"。⑤ 通过学校实施"两文三语"教育既能确保香港的国际地位，也能确保稳固香港地域语言文化的根基。时任香港特区政府教育局局长孙明扬说："香港要保持国际地位，学生便要学好英文；我们背靠祖国，便要学好中文。"⑥ 回顾香港回归二十多年来的语言教育政策，可谓成效显著。

---

① 顾永琦，董连忠．香港双语教学尝试的经验教训及启示 [J]．现代外语，2005（1）：47．

② 顾永琦，董连忠．香港双语教学尝试的经验教训及启示 [J]．现代外语，2005（1）：47-48．

③ 夏春平．香港文化色彩 [M]．北京：龙门书局，1997：304-306．

④ 提升香港语文水平行动方案：语文教育检讨总结报告（2003），第 1 页 [EB/OL]．（2003-06）[2022-03-22]．https：//scolarhk. edb. hkedcity. net/sites/default/files/media/ActionPlan-Final _ Report%28C%29 _ with%20cover. pdf.

⑤ 刘泽海．东南亚国家语言教育政策发展研究 [M]．北京：社会科学文献出版社，2018：20，50，57．

⑥ 袁玥．文"话"香江：半饮咖啡半品茶 [N]．人民日报海外版，2009-04-09（07）．

　　1997 年 9 月，香港特区政府发表《中学教学语言指引》，提出"鼓励中学采用母语教学及摒弃使用中英混杂语教学"①。1997 年 10 月，董建华在第一份施政报告中提出："我们的理想，是所有中学毕业生都能够书写流畅的中文和英文，并有信心用广东话、英语和普通话与人沟通。"② 1998 年，香港特区政府强制执行 1990 年商定的"以评估结果为依据将学校和学生进行中英文教育分流"的教学语言政策。当时香港 421 所中学只允许 114 所继续使用英语教学，其余学校则转变为中文（粤语）教学，③，这标志着香港中文教育地位有了较大变化。香港特区政府在不断提升中文教育地位的同时兼顾英文教育。2001 年，董建华在施政报告中提出要"采取各种模式，加强小学的英语教学。我们的目标，包括为每一所小学提供母语为英语的教师或助教，以及增加英语课外活动等"④。2006 年，香港特区语文教育及研究常务委员会拨款支持幼稚园加强英语教学，为教师海外进修提供资助，⑤旨在从孩童紧抓英语教学，提高下一代的语言能力。但此次教育改革仍未能实质性地解决"母语教学"和"英语教学"所面临的困境。在这一背景下，2009 年，香港特区政府教育部门推出"教学语言微调"政策，本着"母语教学、中英兼擅"的目标，各官立、资助及按位津贴中学都可根据自身实际情况（学生的学习能力和志趣、教师的能力和准备情况以及学校的支援措施等）自行决定教学语言，在新政策下中学不再有"英中"和"中中"之分，教学语言变得多元化。这一举措让学校语言教育有更多的自主权，能够针对各校不同的环境和学生不同的学习情况，营造更多机会和语

---

　　① 中学教学语言指引（1997），第 1.1 段［EB/OL］.（2011-12-02）［2022-03-25］. https：//www. edb. gov. hk/sc/edu-system/primary-secondary/Applicable-to-secondary/moi/guidance-index. html.

　　② 董建华. 中华人民共和国香港特别行政区行政长官一九九七年施政报告　第 84 段［EB/OL］.（1997-10-08）［2020-07-03］. https：//www. policyaddress. gov. hk/pa97/chinese/pa97 _ c. htm.

　　③ 顾永琦，董连忠. 香港双语教学尝试的经验教训及启示［J］. 现代外语，2005（1）：47-48.

　　④ 董建华. 中华人民共和国香港特别行政区行政长官二〇〇一年施政报告　第 48 段［EB/OL］.（2001-10-10）［2020-07-03］. https：//www. policyaddress. gov. hk/pa01/sim/c46. htm.

　　⑤ 曾荫权. 中华人民共和国香港特别行政区行政长官二〇〇六至二〇〇七年施政报告　第 43 段［EB/OL］.（2006-10-11）［2020-07-04］. https：//www. policyaddress. gov. hk/06-07/sim/p43. html.

境。同时，学校在坚持母语教学的原则下增加学生接触英语的机会，以适应未来社会需要，避免了英语教学和母语教学的矛盾，被更多人所接受。①然而，由于政策的多方面变动，不少中学无暇顾及普通话教学问题，影响了普通话的推广。

针对母语教育政策下普通话教学缺失的状况，香港特区政府开始充分重视普通话的基础教育，为学生在中小学阶段学习普通话创造条件。1997年，香港课程发展议会发布了中小学《普通话科课程纲要》，次年开始将普通话列为中小学的核心课程并逐渐推行。1999年，香港特区政府制定了小学普通话教师基准，确保语文老师的水平及授课能力，对普通话教学提出了进一步的要求。2000年，普通话被列入中学会考独立考试科目。2002年，香港特区立法会通过推广普通话的动议，将解决中小学普通话教师短缺问题及推广普通话活动提上日程，②同年香港特区政府发布《基础教育课程指引——各尽所能发挥所长（小一至中三）》及《中国语文教育学习领域课程指引（小一至中三）》，提出"普通话科为中国语文教育学习领域下的其中一门学科"③，当年超过99％的中小学开设了普通话课程。

将普通话列为独立的课程是普通话基础教育重要的一环，这一举措确保每个中小学生都有接触学习普通话的机会，④无疑是推广普通话较有成效的做法。但是，仅仅依靠单一的普通话课程来提高学生的普通话水平是远远不够的，而且当时香港地区的绝大多数中小学中国语文科采用的是粤语教学，使用的教材却是现代汉语标准语写成的，这种言文不协调的举措不仅不利于学生中文能力的提高，更使得他们错失了学习普通话的良好时机。

---

① 教育局通告第6/2009号—微调中学教学语言（2009年6月5日），第1-8页［EB/OL］.（2019-08-16）［2024-02-28］. https：//applications. edb. gov. hk/circular/upload/EDBC/EDBC09006S. pdf.

② 储朝晖. 香港十年之教育［N］. 中华读书报，2007-06-27（6）.

③ 王聪. 香港回归20年来的语文教育政策新进展［J］. 当代教育理论与实践，2018（1）：11.

④ 祝新华，陈瑞端，温红博. 十年间香港大学生普通话水平的发展变化：基于香港理工大学的十年考试数据［J］. 语言文字应用，2012（S1）：58.

因此，"用普通话教授中文科"迫在眉睫。① 2003 年，香港特区语文教育及研究常务委员会（简称"语常会"）发布的《提升香港语文水平行动方案：语文教育检讨总结报告》中指出："我们相信，以普通话教授中国语文科有助于改善学生的中文写作和普通话能力。我们预料，无论在公务或商务方面，中文书面语和普通话的应用都会日益增加。因此，我们非常赞成课程发展议会的长远展望……香港特区政府应进一步了解学校成功转用教学语言所需的条件，并防止造成负面的后果，就全港学校采用普通话作为中国语文科的教学语言，制订明确的政策和推行的时间表。"② 同年，香港特区政府立法局教育事务委员会、香港特区政府教育统筹局在施政纲领中指出接纳该总结报告。到 2004 年，以普通话作为全部科目（英文科目除外）或部分科目授课语言的中小学达到 21 所。③ 2005 年，时任香港特区政府教育统筹局局长李国章在报告中指出，普通话教授中文科是一项长远目标，并表示对有意转用普通话教授中文科的学校提供各方面的支援。"语常会"于 2008 年推出"协助香港中、小学推行'以普通话教授中国语文科'计划"，分四个学年向 160 所中小学提供资源和支持。④ 在政府、研究机构及学校等各方的支持下，使用普通话作为中文科授课语言的学校在香港越来越多。⑤ 2013 年，香港特区政府教育局课程发展处编写《普通话学与教分享》，内容涉及对普通话教学的思考与探索，为中小学普通话课程提供参考。2017 年，香港特区政府教育局发布《普通话科课程指引》，提出了普通话科的发展方向。"普通话教授中文科"是香港中文教育上的历史性转变，意味着中文教育向"言文一致"的方向发展，对于提高学生的中文书面语及普通话口语

---

① 田小琳. 香港中文教育政策述评 [J]. 云南师范大学学报（对外汉语教学与研究版），2008（2）：21-23.

② 提升香港语文水平行动方案：语文教育检讨总结报告（2003），第 3.2.14 段，第 32 页 [EB/OL].（2003-06）[2022-03-22]. https://scolarhk. edb. hkedcity. net/sites/default/files/media/ ActionPlan-Final _ Report%28E%29 _ with%20cover. pdf.

③ "中国语言生活状况报告"课题组. 中国语言生活状况报告（2006）上 [G]. 北京：商务印书馆，2007：282.

④ 蔡一聪. 香港特区政府"校本支援服务"对校本课程开发作用研究 [D]. 武汉：华中师范大学，2021：4.

⑤ 王聪. 香港回归 20 年来的语文教育政策新进展 [J]. 当代教育理论与实践，2018（1）：11.

整体水平具有很大帮助。

随着普通话地位的不断提升，香港特区政府鼓励优先让幼儿发展中文方面的能力，不少幼儿园选择增设普通话课程，让儿童从小便有接触普通话的机会，为之后学习普通话打基础。2018 年的一项研究显示，随着普通话基础教育在香港的推广，香港幼稚园和中小学学生的普通话水平整体有所提升。① 除了中小学对普通话基础教育加强关注外，香港的公立大学也很注重普通话教学。例如香港中文大学明确将普通话作为授课语言之一；香港理工大学开设了普通话实用课程，设计开发出"香港普通话水平考试（PSK）"并得到教育部认可；香港岭南大学将实用中文（含普通话）作为必修课程；② 香港浸会大学将必须通过普通话课程考核作为本地学生的毕业要求等。

香港特区政府及各类学校二十余年所推出的各项针对性推普措施均收到了良好的效果，为香港普通话教育发展创造了有利条件。目前，从学前教育到高等教育，普通话教育在香港越来越被重视，普及率越来越高，普通话在语言生活中的地位也逐步提升。至 2021 年，会说普通话的香港人口占比已经上升至 54.2%（2011 年为 47.8%，2016 年为 48.6%）。③

此外，香港有数量不少的少数族裔群体，这些人的母语非汉语，他们在学习和书写汉语上遇到不少阻碍，甚至影响到自身的学习、工作和生活，香港特区政府针对这一问题在教育领域中也采取了相关措施。2013 年，香港特区政府财政司建议拨款 50 亿港元作为语文基金，以帮助提高港人"两文三语"水平及支持非华语学生学习中文。④ 2015 年，香港特区政府教育局为中小学提供"中国语文课程第二语言学习架构"，推出"教师专业进修

① 邰婕. 研究显示：香港学生普通话水平整体提升 ［EB/OL］.（2018-11-07）［2022-04-11］. http：//m. xinhuanet. com/2018-11/07/c_1123679487. htm.

② "中国语言生活状况报告"课题组. 中国语言生活状况报告（2006）上 ［G］. 北京：商务印书馆，2007：283.

③ 香港 2021 年人口普查：简要报告：表2.8　2011 年、2016 年及 2021 年 5 岁及以上人口能说选定语言/方言的比例，第 46 页 ［EB/OL］.（2022-05-31）［2022-11-01］. https：//www. censtatd. gov. hk/en/data/stat_report/product/B1120106/att/B11201062021XXXXB01. pdf.

④ 小文. 香港财政预算案拨款 50 亿用于语文教育 ［EB/OL］.（2013-03-01）［2022-04-13］. http：//hm. people. com. cn/n/2013/0301/c42272-20640141. html.

津贴计划",并增加学校拨款来支援非华语学生学习中文。①

2017 年,香港特区政府进一步提出"为幼稚园教师提供中、英语文专业发展课程,包括教授非华语学生学习中文"②"向每间录取 8 名或以上非华语学生的合资格幼稚园增拨资源,协助非华语学生打好中文基础"③。2019 年,香港特区政府教育部门出台加强支援非华语学生学习中文的新措施,为录取非华语学生的学校增加额外拨款,"提供教师专业发展课程、校本专业支援服务、学与教资源等措施,以助推行'中国语文课程第二语言学习架构'"④,并鼓励家庭协助创造有利于学习中文的机会,为非华语学生提供不同的语文学习机会等。

除了学校对非华语学生重视外,其他机构组织也积极为少数族裔人士提供职业培训,香港特区语常会相继推出"支持非华语儿童学习中文计划"⑤ 和"已离校非华语人士职业中文课程"⑥,帮助他们提高中文水平。

"落实'一国两制'国策,推动香港全面融入国家发展大局,交流是关键,语言是基础。"⑦ 香港特区政府在继续实施"两文三语"语言教育政策的同时,应全面普及普通话教学,制定香港中小学普通话教育规划,推进学校以普通话教授中文科,提升香港学生的普通话应用水平,深化内地与香港的交流合作。

---

① 梁振英.中华人民共和国香港特别行政区行政长官二〇一五年施政报告 第 129 段〔EB/OL〕.(2015-01-14)〔2022-04-13〕. https://www.policyaddress.gov.hk/2015/sim/p129.html.

② 梁振英.中华人民共和国香港特别行政区行政长官二〇一七年施政报告第 205 段〔EB/OL〕.(2017-01-18)〔2022-04-13〕. https://www.policyaddress.gov.hk/jan2017/sim/index.html.

③ 梁振英.中华人民共和国香港特别行政区行政长官二〇一七年施政报告第 167 段〔EB/OL〕.(2017-01-18)〔2022-04-13〕. https://www.policyaddress.gov.hk/jan2017/sim/p167.html.

④ 2019 年《施政报告》教育局的政策措施 第 6 段(b),第 3 页〔EB/OL〕.(2019-11-01)〔2022-04-14〕. https://www.legco.gov.hk/yr19-20/chinese/panels/ed/papers/ed20191101cb4-47-1-c.pdf.

⑤ 杨伟民.香港为非华语儿童开发中文读物,协助其适应香港生活〔EB/OL〕.(2022-10-26)〔2024-02-27〕. https://china.huanqiu.com/article/4ACr5TIdJwz..

⑥ 已离校非华语人士职业中文课程〔EB/OL〕.(2023-06-01)〔2024-02-27〕. https://scolar-hk.edb.hkedcity.net/tc/promotion _ of _ languages/promotion-of-languages-program.php? id=149.

⑦ 周佩文,马含章.全国政协委员吴静怡:加强香港中小学普通话教育迫在眉睫〔EB/OL〕.(2023-03-09)〔2024-03-09〕. https://static.nfApp.southcn.com/content/202303/09/c7437007.html.

▶▶ 三、对香港语言政策的几点思考

在特殊的历史背景下，香港特区现有语言政策有其独特之处。"两文三语"政策是综合考量香港的历史情况和现实状况制定的，普通话是国家通用语言，其地位不容撼动，香港与内地的贸易往来、情感沟通离不开普通话这座桥梁；粤语作为香港民众日常沟通使用的语言，一直占据着主导地位；英语在扩展香港的国际影响力方面的作用也不容忽视。然而香港回归二十多年，香港民众对英语的认同度不降反增，普通话的地位仍居英语之下；虽然普通话的普及度有很大提高，但其实用价值远不及粤语和英语；简体中文的使用率远在英文和繁体中文之后。① 对此，我们提出几点思考意见。

（一）持续加大香港地区普通话推广普及工作

随着内地与香港之间经济、文化交流的深入，普通话在香港日益普及，发挥着重要的作用。根据一些抽样统计，普通话已成为一些行业领域对于岗位语言能力要求的普遍需求。80％以上的香港银行业招聘信息中，对中文和英语能力提出了要求，对中文能力有要求的招聘信息中，50％以上明确提出"会普通话优先"或是"普通话必不可少"；91.49％的香港公务员招聘信息中，要求会说普通话。② 2023 年 7 月 13 日，香港特区第六任行政长官李家超首次以普通话在香港特区立法会答问。③ 2023 年 9 月，国务院办公厅发布修订后的《香港法律执业者和澳门执业律师在粤港澳大湾区内地九市取得内地执业资质和从事律师职业试点办法》，参加粤港澳大湾区律师执业考试报名条件的第六条明确要求："能用中文书写法律文书，能用普通话进行业务活动。"④

---

① 郭宇菲. 香港"两文三语"的历史与现状［G］//屈哨兵. 语言生活皮书：粤港澳大湾区语言生活状况报告（2021）. 北京：商务印书馆，2021：29.
② 屈哨兵. 语言文化交流合作助力港澳发展［N］. 光明日报，2022-07-26（12）.
③ 梁源. 李家超首次以普通话在香港立法会答问［EB/OL］.（2023-07-13）［2023-07-16］. http://www.chinanews.com.cn/ga/shipin/cns-d/2023/07-13/news964603.shtml.
④ 国务院办公厅关于印发《香港法律执业者和澳门执业律师在粤港澳大湾区内地九市取得内地执业资质和从事律师职业试点办法》的通知［EB/OL］.（2023-09-25）［2024-01-31］. https://baijiahao.baidu.com/s?id=1778291840308683173&wfr=spider&for=pc.

不仅推普力度在不断加大，而且推普工作也得到香港民众的大力支持。例如教育部、国家语委从 1996 年起委托内地高校每年定期举办港澳教师普通话培训班以及普通话能力提升研修活动，参加普通话培训课程以及研修活动的教师人数越来越多，香港特区政府教育统筹局为鼓励教师参加培训，凡培训合格者都能得到相应的学费补贴。民间还成立了许多非政府的普通话培训和推广机构，例如香港普通话教育学会、香港普通话专业协会、香港普通话研习社等，共同致力于普通话教学和推广，得到了香港特区政府的肯定和嘉奖。许多大学主张用普通话作为教学语言，社会各界经常举办朗诵、戏剧、讲故事、歌唱比赛、演讲比赛等各类推普活动，在香港的街道上，推广普通话的标语也随处可见。

从 1996 年起，经教育部以及国家语委批准，国家语委普通话与文字应用培训测试中心先后与多家香港的高校（或机构）合作开展普通话培训测试。① 2021 年 11 月 30 日，国务院办公厅印发了《关于全面加强新时代语言文字工作的意见》，明确指出："支持和服务港澳地区开展普通话教育，合作开展普通话水平测试，提高港澳地区普通话应用水平。"② 2021 年，香港和澳门特别行政区共有 8086 人参加普通话水平测试，参加测试的人员有学生、教育从业人员、文职人员、服务行业人员、技术人员、公务员和其他人员，覆盖港澳地区的各个阶层。③ 2023 年 6 月 17 日，由香港语言研究中心组织的首次香港小学普通话水平等级测试在香港考试及评核局举行，该中心日后陆续推出面向本地幼稚园及中学学生的普通话水平等级系列测试。④ 近三十年来，普通话在香港的推广普及取得了较大成效，其在社会生活中的使用频率明显提升，作为社会通行语的特点也在不断彰显，主要表现在以下几个方面：一是香港特区政府积极开展推普工作，普通话地位得

①　孙浩 . 国家语委与香港高校在港携手推广普通话水平测试［EB/OL］.（2010-05-14）［2022-03-21］. https://www.gov.cn/govweb/jrzg/2010-05/14/content_1606559.htm.

②　国务院办公厅关于全面加强新时代语言文字工作的意见［EB/OL］.（2021-11-30）［2023-06-20］. https://www.gov.cn/zhengce/content/2021-11-30/content_5654985.htm.

③　国家语言文字工作委员会 . 中国语言文字事业发展报告（2022）［R］. 北京：商务印书馆，2022：103.

④　王尧，冯学知 . 香港首次举办小学普通话水平考级［EB/OL］.（2023-06-18）［2023-06-20］. http：//hm.people.com.cn/n1/2023/0618/c42272-40016420.html.

到较大提升；二是学校推普工作迅速展开，社会推普活动逐步推进；三是不少学生、教师和市民学习和使用普通话目的明确，态度积极。

但在有些方面，普通话的使用情况尚不尽如人意。虽然民众使用普通话进行口语交际的能力有很大提升，从出租车司机、商场营业员到外企职员等都能较顺利地听说普通话，但普通话并非其惯常用语，大多数情况仍以粤语交流为主。根据香港特区政府统计处公布的《香港 2021 年人口普查——简要报告》，2021 年，香港 5 岁及以上人口（不包括失去语言能力的人）以粤语作为惯常用语的占比为 88.2%，以英语作为惯常用语言的人口为 4.6%，以普通话作为惯常用语的占比仅为 2.3%，普通话作为惯常用语的使用比例还很低。① 可见，普通话要在香港全面普及，任重道远。

（二）持续深化香港与内地语言文化交流，共同弘扬中华文化

2021 年 11 月 30 日，国务院办公厅印发了《关于全面加强新时代语言文字工作的意见》，明确指出，"深化与港澳台地区语言文化交流合作""加大与港澳台地区青少年语言文化交流力度，组织开展中华经典诵读展演、语言文化研修等活动"。② 2023 年 4 月 20 日，时任文化和旅游部党组书记、部长胡和平在 2023 年文化和旅游部、国家文物局对外及对港澳台工作会议中强调要推动港澳台共同弘扬中华文化。③ 2023 年 5 月 10 日，教育部部长怀进鹏在国家通用语言文字推广普及工作表彰大会暨 2023 年国家语委全体委员会议上发表讲话时指出，"我们持续深化港澳台语言文化交流合作，增强港澳台同胞的国家认同，促进民心相通，共同维护好国家安全和社会稳定""深化内地与港澳、大陆与台湾语言文化交往交流，推动形成更广泛支

---

① 香港 2021 年人口普查：简要报告：表 2.8 2011 年、2016 年及 2021 年 5 岁及以上人口能说选定语言/方言的比例，第 46 页 [EB/OL].（2022-05-31）[2022-10-22]. https://www.censtatd. gov.hk/en/data/stat_report/product/B1120106/att/B11201062021XXXXB01.pdf.

② 国务院办公厅关于全面加强新时代语言文字工作的意见 [EB/OL].（2021-11-30）[2023-06-20]. https://www.gov.cn/zhengce/content/2021-11/30/content_5654985.htm.

③ 2023 年文化和旅游部、国家文物局对外及对港澳台工作会议在京召开 [EB/OL].（2023-04-20）[2023-06-23]. https://www.mct.gov.cn/whzx/whyw/202304/t20230420_943264.htm.

持'一国两制'的统一战线"。①

为了让香港民众进一步了解中华文化，深入传承弘扬中华优秀语言文化，加大内地与香港地区青少年语言文化交流力度，促进国家认同和文化认同，2020—2022 年，由中华人民共和国教育部语言文字应用管理司和教育部港澳台事务办公室主办，江苏师范大学和曲阜师范大学承办，香港粤港澳中国文化交流协会、澳门教青局语言推广中心协办的九期"云游中华·传习经典——港澳青少年语言文化夏（冬）令营"成功举办，每期夏（冬）令营活动持续 15 天，港澳地区累计有 1100 余名 6～12 岁学龄儿童参加了港澳青少年语言文化夏（冬）令营。该活动采用寓教于乐的方式，借助网络平台，开展"云端"交流学习，"融合中华传统文化中的书法、绘画、诗歌、音乐、饮食、服饰、民俗、节气、节日等内容"，②"激发港澳青少年对中华文化的浓厚兴趣和热情，让港澳青少年亲身学习体验中华民族悠久的优秀传统文化，进一步增进港澳青少年对中华优秀传统文化的认识"③，让港澳青少年"在云端体验和感受中华文化与语言的独特魅力"，增进了港澳青少年"对中华优秀传统文化的了解与认知，深化了内地与港澳青少年的语言文化交流"。④

从 2005 年起，文化和旅游部倡议并举办了"港澳大学生文化实践活动"，主办单位包括文化和旅游部港澳台办、全国青联秘书处、香港中联办青年工作部、澳门中联办教育与青年工作部、香港青年联会、澳门基金会等多家单位。2023 年 6 月 12 日在中国电影博物馆举行了第 19 届"港澳大

---

① 怀进鹏同志在国家通用语言文字推广普及工作表彰大会暨2023 年国家语委全体委员会议上的讲话［EB/OL］．（2023-06-20）［2023-06-23］．http：//www. moe. cn/srcsite/A01/s7048/202306/t20230620＿1065082. html？from＝timeline＆isappinstalled＝0.

② 云游中华　传习经典：港澳青少年语言文化冬令营顺利闭营［EB/OL］．（2021-03-30）［2023-06-26］．http：//www. moe. cn/jyb＿xwfb/gzdt＿gzdt/s5987/202103/t20210330＿523529. html；孙秀芝，王晨鸣．"云游中华·传习经典：2022 年港澳青少年语言文化夏（冬）令营"系列活动圆满收官［EB/OL］．（2022-06-06）［2023-06-26］．https：//jyxy. qfnu. edu. cn/info/1113/6791. htm.

③ "云游中华，传习经典"港澳青少年语言文化线上冬令营开营［EB/OL］．（2022-02-09）［2023-06-26］．https：//iec. qfnu. edu. cn/info/1166/1664. htm.

④ "云游中华　传习经典"：港澳青少年语言文化冬令营三期活动成功举办［EB/OL］．（2021-03-18）［2023-06-26］．http：//edu. jsnu. edu. cn/db/5f/c10890a318303/page. htm.

学生文化实践活动"开幕式，目前已有数千名港澳优秀青年学子参与到该活动中。该活动已"成为港澳青年朋友认识祖国发展、了解民族历史文化、增长社会阅历的重要平台"，通过该活动港澳优秀青年学子有机会到故宫博物院、中国国家博物馆等内地知名的文博机构，梅兰芳大剧院等演出场馆，中演演出院线等文旅企业等十多家实习机构进行文化交流。[①] "港澳大学生文化实践活动"有助于港澳优秀青年学子"加深对中华文化和祖国国情的认知和了解"。[②]

此外，文化和旅游部从 2013 年起开展组织内地与港澳文化和旅游交流重点项目申报工作，2022 年度增设培育项目，遴选出 11 个培育项目，重点支持方向为加强港澳青少年文化培育、促进内地与港澳文化和旅游机构深度合作、深入港澳基层的文化和旅游交流。其中，由广东省文化和旅游厅、香港特区政府民政事务局、澳门特区政府教育及青年发展局共同主办的"粤港澳青年文化之旅"关注粤港澳青少年"国家意识和爱国精神的培养"，旨在"打造聚焦文化特色、注重深度体验、认识祖国历史文化、增进彼此情感认同的活动平台。活动自 2009 年创办至今已举办 13 届，参与学生累计近 1500 人次"，[③] 入选文化和旅游部 2020 年内地与港澳文化和旅游交流重点项目示范案例。"粤港澳青年文化之旅"已成为粤港澳青少年文化交流的品牌活动。

这些活动有利于推动香港地区与内地的语言文化交流，加深香港民众特别是青少年对于中华文化的认识，共同弘扬和传承中华优秀传统文化。

(三) 全面规范书面语

书面语应该得到规范，这是许多语言学家的共识。现在，香港的中文报刊，除个别副刊文章以及方言小说用粤语以外，基本上已实现用普通话

---

① 2023 年"港澳大学生文化实践活动"在京启动 [EB/OL]. (2023-06-13) [2023-06-24]. https://www.mct.gov.cn/whzx/bnsj/dwwhllj/202306/t20230613_944465.html.

② 2022 年"港澳大学生文化实践活动"在京启动 [EB/OL]. (2022-07-19) [2023-06-24]. https://www.mct.gov.cn/whzx/bnsj/dwwhllj/202207/t20220719_934770.html.

③ "粤港澳青年文化之旅"获评文化和旅游部 2020 年内地与港澳文化和旅游交流重点项目示范案例 [EB/OL]. (2022-02-15) [2023-06-26]. https://www.mct.gov.cn/whzx/qgwhxxlb/gd/202202/t20220215_931003.htm.

写作。然而在一些娱乐生活化的报刊文章、商品商业广告、个人往来信件、歌曲歌词、街上的标语牌中还存在许多掺杂粤语、英语和文言的不合规范的"港式中文"。① 例如一些新闻报刊中的语句，"每回 Gaultier 的高级订制时装展，等<u>一句钟</u>是闲事，要不等齐名人到场才开骚，要不模特儿<u>装身</u>太费时以致误点。"（《超凡入胜》，《明报》副刊，2006-07-20）；② "<u>哩士</u>缀花、干湿楼加上简约设计，正是少女们梦寐以求的 fashion items，以满足她们酷爱法国写意格调的情意结"（《YECCA VECCA 法式写意》，《honey》，2010-11-19）；"日前分别<u>入禀</u>高院寻求司法复核，推翻城规会就《坚尼地城及摩星岭分区计划大纲草图》的规定，限制其只可建 3 层楼的决定"（《法庭消息：摩星岭物业<u>入禀</u>　挑战城规会楼限》，《文汇报》，2012-02-26）③ 等，其中"一句钟（一个钟头）""哩士（译自英语词 lace）""入禀（上诉）"等或是粤语词，或是英语音译词，或是文言词，虽然这种带有方言、外来词、古语的书面表达可以增强文章的表现力，更贴近社会与大众生活，但对于非香港本地的或不懂粤语的人来说就是一头雾水、不明所以。④

　　出现"港式中文"的原因主要有两个方面：第一，受其他地区用语的影响，人们在用词上往往有多种选择，造成混乱。例如"农民"在香港有"农民""农夫""农人"多种称呼；又如"保姆"在香港有"奶妈""佣人"等称呼。还有很多词汇是外语音译、中英混杂、粤普杂陈、口语入文、文白相杂及自创词汇，例如"占（果酱）、呔（领带）、乱 UP（胡说八道）、BB 仔（小男孩）、拖肥糖（太妃糖）、士巴拿（扳手）、士多啤梨（草莓）、烂尾楼盘、一时无两、称心满意"等。第二，由于经历长期殖民统治历史，加上粤语的地方变体，香港地区产生了大量具有社会、地域双重变体特征的词语，例如"物业、楼花、总督、法例、直通车、太空人、推委会、布政司、夹心阶层、廉政公署、通天巴士"等。⑤ 这些"词汇"许多香港人读

---

①　王德春. 论双语社会香港的语言问题 [J]. 外国语（上海外国语大学学报），1997（3）：4.

②　田小琳. 港式中文及其特点 [J]. 暨南大学华文学院学报，2008（3）：73.

③　李斐. 香港楼宇命名修辞特点分析：港式中文研究实践 [G] // 胡范铸，甘莅豪. 中国修辞 2017. 上海：学林出版社，2018：101，104.

④　田小琳. 香港语言生活研究论集 [M]. 北京：人民教育出版社，2012：270-272.

⑤　王德春. 论双语社会香港的语言问题 [J]. 外国语（上海外国语大学学报），1997（3）：4.

懂尚且困难，更不用说其他人了。因此，"港式中文"现象亟须政府和社会关注。

香港中文书面语要实现规范化，并不是要全盘否定"港式中文"，它是客观存在的，我们理应辩证对待。"港式中文是标准中文在香港这个社会区域的特殊书面语形式，行文中顺畅地夹杂粤语，夹杂英语，显示出港式中文的语体风格。""标准中文引领规范，港式中文仍可留存。"① 香港中文书面语应当在字、词、语法上遵从标准的中文书面语即普通话的标准，在此基础上可以适当吸收外来词、方言词、口语词等词汇中的有用成分或表现力较强的词来丰富共同语。坚持这一原则来规范香港书面语和普通话，既可以丰富普通话的表达，也能使香港社会的语文生活得到健康发展。② 要实现这一目标，既需要香港特区政府教育部门出台有关中文规范的语言规划，组织举办各类有利于规范中文书面语的活动，也需要"出版界、教育界联手，共同研究港式中文的问题，研究港式中文作为香港的社区文化应该如何完善，如何向健康的方向发展；而不是任其自由发展。港式中文要考虑众多读者的需要，向通用中文靠拢，而不是向粤式中文靠拢"③。

在书面语规范问题中，还有一个值得关注的现象：香港通行汉字是繁体汉字。回归之后，香港特区政府承认简化字的合法地位，并鼓励民众学习书写简化字。在学校教育方面，早在 1997 年香港回归以前，港英当局教育主管部门就组织编制了适合中学高年级学生的简化字学习计划及简化字学习软件，帮助学生认识简化字。2002 年《中国语文教育学习领域课程指引（小一至中三）》中明确提出"为扩大学生的阅读面，以及加强与内地、海外各地的沟通，学生应掌握认读简化字的能力"④。香港特区语文教育及研究常委会发布的《提升香港语文水平行动方案》也提到要"帮助学生掌

---

① 田小琳. 香港语言生活研究论集［M］. 北京：人民教育出版社，2012：9，32.
② 王德春. 论双语社会香港的语言问题［J］. 外国语（上海外国语大学学报），1997（3）：4.
③ 田小琳. 三论香港地区的语言文字规范问题［J］. 中国语文通讯，2021（1）：9.
④ 中国语文教育学习领域课程指引（小一至中三）（2002）第 1.3.1 段（3），第 5 页［EB/OL］.（2023-08-24）［2024-02-02］. https：//www. edb. gov. hk/attachment/tc/curriculum-development/kla/chi-edu/curriculum-documents/CLE_KLACG_2002. pdf.

握听说普通话和认读中文简化字的能力，以便加强与内地及其他地区的沟通"①。香港考试及评核局还允许考生在答题时书写符合国家规范字形的简化字等。② 但香港特区政府推广简化字的力度远远不够，不仅没有在基础教育阶段规划推行识读简化字，也没有推出任何关于简体字认读教育规范化的课程指引或教学计划，这不仅不利于香港民众扩大中文阅读面，也对两地民众畅通的书面交流形成阻滞。因此，香港社会应加大普通话和简化字的普及力度，在适当时机、采取适当方法对香港法定语言文字及"两文三语"之间的关系予以补充说明，在法律上明确普通话与简化字的地位，消除民众对简化字的误解，逐步实现普通话与简化字的推广普及。③

第二节　澳门的语言政策

》 一、澳门语言概况

澳门的语言情况要比香港复杂得多，"社会的主要语言有汉语、葡萄牙语和英语，仅汉语就有粤、闽、客家、吴等多种方言；葡汉、英汉、葡英双语的情况格外复杂"④。程祥徽将澳门的语言情况概括为"两字（繁体字和简体字）三文（中文、葡文和英文）四语（普通话、粤语、英语和葡萄牙语）"⑤。总体来说，这是一种多样和谐的语言生活状况。

这一语言状况的复杂性与澳门的特殊历史密切相关。在 400 多年以前，澳门还是单一的汉语社会，当时的澳门是中国人口较少的一个小渔村，其

---

① 提升香港语文水平行动方案：语文教育检讨总结报告（2003），第 3.3.16 段（b），第 39 页 [EB/OL].（2003-06）[2021-01-12]. https：//scolarhk. edb. hkedcity. net/sites/default/files/media/ActionPlan-Final ＿ Report％28C％29 ＿ with％20cover. pdf.

② 田小琳. 香港的中文教育政策 [J]. 北京观察，2006（8）：59.

③ 郭宇菲. 香港"两文三语"的历史与现状 [G] //屈哨兵. 语言生活皮书：粤港澳大湾区语言生活状况报告（2021）. 北京：商务印书馆，2021：30-31.

④ 黄翊. 澳门语言研究 [M]. 北京：商务印书馆，2007：2.

⑤ 程祥徽. 澳门是社会语言学研究的富矿 [EB/OL].（2019-05-05）[2022-10-03]. https：//m. haiwainet. cn/middle/3541039/2019/0505/content ＿ 31550295 ＿ 1. html.

语言也相对单一，居民主要使用粤语。由于澳门地处珠江入海口，经常有来自广东、福建沿海地区的渔船短暂停留，澳门渐渐发展成为内地渔船和商旅往来的港口，同时给澳门带来了以闽语为主的汉语方言，澳门汉语多方言的语言局面开始形成。① 16 世纪，葡萄牙人侵占澳门，葡萄牙语（或称"葡语"）随之进入，澳门地区的语言情况发生了变化。随着澳门的开埠，葡萄牙人以澳门为基地筑城建室，在此进行贸易活动，这一时期澳门地区的主要语言有汉语和葡语两种。此后，"澳门逐渐成为东西方商品的集散地和中西文化的交汇点"②，来到澳门的不仅有葡萄牙人，也有不少泰国人、菲律宾人等。鸦片战争前后，许多英国人来到澳门，英语等语言的加入进一步丰富了澳门的语言种类。当时澳门归清政府管辖，汉语是澳门的官方语言和通用语言。葡萄牙人曾多次试图把葡萄牙语作为澳门的官方语言，但遭到清政府的强烈反对。③ 19 世纪 80 年代，葡萄牙通过正式外交文书占领澳门，对澳门实行殖民统治，此后的一百多年，葡萄牙语成为澳门唯一的官方语言。但在社会的通行语言中，汉语仍占绝对优势。自 1987 年中葡签署联合声明，澳门语言使用情况一直在发生变化。在过渡时期，政府和全社会在语言使用上不得不做出一些改变，以应对澳门的回归。就官方语言层面，1992 年，在"中文合法化"及澳门语言状况关注委员会的努力下，汉语具有了与葡语一样的官方语言地位。在通用语言层面，绝大多数澳门人讲汉语，且社会中渐渐掀起了一股学习普通话的热潮。根据澳门2021 年人口普查统计数据，年龄在 3 岁及以上的澳门居住人口中，以中文为日常用语的所占比为 91.21%，其中讲粤语的占比为 81.05%，使用中国其他方言的占比为 5.43%，说普通话的占比为 4.73%，以英语为日常用语的占比为 3.56%，使用葡萄牙语的占比为 0.59%，使用其他语言的占比为 4.64%。④

---

① 黄翙. 澳门语言研究 [M]. 北京：商务印书馆，2007：83.
② 梁博祥. 中国新闻年鉴（2000）[M]. 北京：中国新闻年鉴杂志社，2000：593.
③ 曾薇，刘上扶. 澳门的多语现象与语言政策 [J]. 东南亚纵横，2010（1）：106.
④ 澳门 2021 人口普查详细结果：主要人口及住户特征，第 42 页；表 10 按性别、岁组及日常用语统计的人口，第 126 页 [EB/OL]. （2022-06）[2022-12-14]. https://www.dsec.gov.mo/getAttachment/ed930f3e-2a42-4325-bc1f-708af013672e/C _ CEN _ PUB _ 2021 _ Y. aspx.

1999 年澳门回归以后，汉语和葡语均维持官方语言地位不变，但汉语在政治、司法等领域中的地位相比以前不断提升。在社会的通用语言上，随着澳门与内地联系的日益密切，以及在国际交往中的作用日渐增大，社会上使用普通话和英语的人数逐渐增多，且使用英语的人数逐渐超过使用葡萄牙语的人数。

据澳门 2016 中期人口统计详细结果，使用英语（2.79％）的占比较2011 年上升 0.54％，使用除中、葡、英之外的其他语言（5.82％）的占比较 2011 年上升 2.86％，使用中文（90.81％）、葡萄牙语（0.58％）的占比分别下降 3.23％、0.17％。据澳门 2021 人口普查详细结果，使用中文（91.21％）、英语（3.56％）、葡萄牙语（0.59％）的人数占比较 2016 年上升0.40％、0.77％、0.01％，使用除中、葡、英之外的其他语言（4.64％）的人数占比较 2016 年下降 1.18％。这种多语共存现状近年来并未有显著变化。①

表 3-2　**2011 年、2016 年及 2021 年 3 岁及以上人口日常用语言使用情况**

语言/方言	2011	2016	2021
中文	94.04％	90.81％	91.21％
葡萄牙语	0.75％	0.58％	0.59％
英语	2.25％	2.79％	3.56％
其他	2.96％	5.82％	4.64％

在特殊的历史发展进程中，澳门的社会制度多次变革，社会制度的变化直接影响官方语言的变化。从社会通用语言的角度看，澳门的多语状况与其人口构成息息相关。语言是社会的交际工具，随着广东、福建等邻近

---

① 澳门 2001 人口普查总体结果：表 19　按日常用语言、岁组及性别统计之 3 岁及以上居住人口数目，第 152 页［EB/OL］.（2002-07）［2022-12-14］. https：//www.dsec.gov.mo/getAttachment/ff47afd0-16bc-4a26-8f6b-00202354d439/C_CEN_PUB_2001_Y.aspx；澳门 2011 人口普查详细结果：主要人口特征及变化，第 36 页；表 9　按性别、岁组及日常用语统计的人口，第 117 页［EB/OL］.（2012-04）［2022-12-14］. https：//www.dsec.gov.mo/getAttachment/d1195d4e-8854-4122-851e-51d05ef1baa0/C_CEN_PUB_2011_Y.aspx；2016 中期人口统计详细结果：主要人口及住户特征，第 27 页；表 11　按性别、岁组及日常用语统计的人口，第 101 页［EB/OL］.（2017-05）［2022-12-14］. https：//www.dsec.gov.mo/getAttachment/b9eb6f4f-f164-4ff5-b55e-c0e4fbda9511/C_ICEN_PUB_2016_Y.aspx；澳门 2021 人口普查详细结果：主要人口及住户特征，第 42 页；表 10　按性别、岁组及日常用语统计的人口，第 126 页［EB/OL］.（2022-10）［2022-12-14］. https：//www.dsec.gov.mo/getAttachment/ed930f3e-2a42-4325-bc1f-708af013672e/C_CEN_PUB_2021_Y.aspx.

地区和葡萄牙、英国以及东南亚各地外来人口的到来，这些人使用的语言也自然地进入澳门以满足其交际需要。现在澳门本地居民的祖籍多为广东、福建。此外，澳门有一批称为"土生葡人"的居民，他们多为葡萄牙后裔或中葡混血及其后代，是同时以葡萄牙语和汉语为母语的"双语人"，极少数的一部分人还会说以葡萄牙语为基础的混合语（所谓"克里奥尔语"），即土生葡语。① 还有一种在船上生活、工作的外地雇员，称为水上人口，流动性较强。特殊的历史时期、地理位置、人口分布以及政治经济生活使澳门成为一个语言环境极其复杂的多语言、多方言社会。

（一）汉语

在澳门，汉语不仅作为官方语言的一种，在日常生活中的使用也占绝对优势。汉语中，使用范围最广、人数最多的是粤语，其次是普通话、闽语等。十余年来汉语（包括普通话及各方言）在澳门的使用情况见下表：

表 3-3　2011 年、2016 年、2021 年澳门汉语使用人数②

汉语	2011 年		2016 年		2021 年	
	人口数	占比	人口数	占比	人口数	占比
粤语	449274	83.33%	506625	80.05%	537981	81.05%
普通话	27129	5.03%	34606	5.47%	31405	4.73%
闽语	19957	3.70%				
其他中国方言	10633	1.97%	33453	5.29%	36032	5.43%

注：2016、2021 年"其他中国方言"包括闽语在内，未单独列出。

---

① "中国语言生活状况报告"课题组. 中国语言生活状况报告（2005）上 ［G］. 北京：商务印书馆，2006：319.

② 澳门 2011 人口普查详细结果：主要人口特征及变化，第 36 页；表 9　按性别、岁组及日常用语统计的人口，第 117 页 ［EB/OL］.（2012-04）［2022-12-16］. https://www.dsec.gov.mo/getAttachment/d1195d4e-8854-4122-851e-51d05ef1baa0/C_CEN_PUB_2011_Y.aspx；澳门 2016 中期人口统计详细结果：主要人口及住户特征，第 27 页；表 11　按性别、岁组及日常用语统计的人口：第 101 页 ［EB/OL］.（2017-05）［2022-12-16］. https://www.dsec.gov.mo/getAttachment/b9eb6f4f-f164-4ff5-b55e-c0e4fbda9511/C_ICEN_PUB_2016_Y.aspx；澳门 2021 人口普查详细结果：主要人口及住户特征，第 42 页；表 10　按性别、岁组及日常用语统计的人口，第 126 页 ［EB/OL］.（2022-10）［2022-12-16］. https://www.dsec.gov.mo/getAttachment/ed930f3e-2a42-4325-bc1f-708af013672e/C_CEN_PUB_2021_Y.aspx.

　　粤语是澳门社会最主要的交际工具，从上表可以看出，一直以来，粤语在澳门的使用人数占总人口比重都超过80%。不仅如此，粤语在澳门的使用涉及各个领域，例如电视广播等公共媒体，电话、交通运输等语音服务，中小学教学语言等，此外，大多用人单位招工要求会说粤语。

　　普通话在澳门的语言社会中具有重要地位，主要用于官方或社交等正式场合。澳门回归后，特区政府积极实行国家推普方针，学习普通话的人越来越多，而且对于学习普通话表现出极大的热情。从2006年到2016年，澳门地区以普通话为常用语的人数占总人口的比重呈逐年上升趋势，且在2016年普通话的使用人数超过了除粤语之外的其他汉语方言的人数。普通话在澳门还有一种特殊的形态，被称为"归侨华语"，主要指"由东南亚归来的华侨带来的富有内地方言色彩的汉语，相当于内地的'地方普通话'"。绝大多数祖籍广东、福建的归侨，在他们所生活的东南亚华人社区使用的语言多为粤语或闽语，所以"归侨华语"主要是带粤语或闽语特点的普通话。① 近年来，随着普通话地位的提升，普通话的使用范围越来越大。除了政府官员常使用普通话进行沟通往来以外，社会各界在与内地、台湾地区的经贸往来、文化交流等活动中均使用普通话进行交流，许多行业对人才的任用也以普通话为条件。

　　闽语在澳门的语言生活中占有较大的比重。历史上，闽语是较早进入澳门的。早在16世纪，便有福建人来往澳门，在此进行转口贸易。后来，随着澳门经济贸易的发展，越来越多的福建人进入澳门，福建人使用的闽语也随之进入澳门。闽语在澳门的语言社会中始终占有一席之地，据统计，2001年闽语的使用人数有18868人，占总人口数的4.45%，到2011年，以闽语为日常用语的人数为19957人，规模上有所增长（增加1089人）但增幅不大，占总人口数的3.70%，闽语成了澳门社会中仅次于粤语、普通话的第三大日常用语；2016年和2021年，以其他中国方言为日常用语的

---

　　① 黄翊. 澳门语言研究［M］. 北京：商务印书馆，2007：92.

33453 人、36032 人中，① 主体仍是闽语。

澳门是多方言共存的地区，作为日常用语的除了粤语、闽语外，还有吴语、客家话等其他方言。② 在澳门，有超过 1 万人以其他汉语方言（吴语、客家话等）为常用语言，这与内地各省市及台湾地区人口移居澳门有关。根据澳门 2021 年人口普查统计数据显示，出生地为广东、福建的常住人口数分别为 212894 人、40425 人，出生地为中国内地其余地区的常住人口为 45568 人，③ 这些人中很大一部分是江苏、浙江、上海人。他们在家庭日常交流中可能使用自己家乡的方言。

（二）葡萄牙语

自 1887 年澳门受葡萄牙殖民统治开始，此后近 100 多年时间内，葡萄牙语一直都是澳门唯一的官方语言，澳门立法、司法、行政机关均使用葡萄牙语，形成了“葡语独尊”的局面。④ 1992 年，汉语被列为官方语言，澳门形成双官方语言并存的情况，汉语的地位渐渐赶超葡语，但葡语在澳门的地位依旧举足轻重。

据对澳门葡籍/裔人数的数据整理及近年来人口普查数据，从 1910 年到 1996 年，葡裔人数由 3601 人上升到 112706 人，尤其是 20 世纪八九十年代，增长幅度较大。澳门回归后，葡籍/裔人口迅速减少，说葡萄牙语的人

① 澳门 2001 人口普查总体结果：表 19 按日常用语言、岁组及性别统计之 3 岁及以上居住人口数目，第 152 页 [EB/OL]. (2002-07) [2022-12-16]. https://www.dsec.gov.mo/getAttachment/ff47afd0-16bc-4a26-8f6b-00202354d439/C_CEN_PUB_2001_Y.aspx；澳门 2011 人口普查详细结果：主要人口特征及变化，第 36 页；表 9 按性别、岁组及日常用语统计的人口，第 117 页 [EB/OL]. (2012-04) [2022-12-16]. https://www.dsec.gov.mo/getAttachment/d1195d4e-8854-4122-851e-51d05ef1baa0/C_CEN_PUB_2011_Y.aspx；澳门 2016 中期人口统计详细结果：表 11 按性别、岁组及日常用语统计的人口：第 101 页 [EB/OL]. (2017-05) [2022-12-16]. https://www.dsec.gov.mo/getAttachment/b9eb6f4f-f164-4ff5-b55e-c0e4fbda9511/C_ICEN_PUB_2016_Y.aspx；澳门 2021 人口普查详细结果：主要人口及住户特征，第 42 页；表 10 按性别、岁组及日常用语统计的人口，第 126 页 [EB/OL]. (2022-10) [2022-12-16]. https://www.dsec.gov.mo/getAttachment/ed930f3e-2a42-4325-bc1f-708af013672e/C_CEN_PUB_2021_Y.aspx.

② 黄翊. 澳门语言研究 [M]. 北京：商务印书馆，2007：134-135.

③ 澳门 2021 人口普查详细结果：表 5 按性别、岁组及出生地统计的人口，第 121 页 [EB/OL]. (2022-10) [2022-12-16]. https://www.dsec.gov.mo/getAttachment/ed930f3e-2a42-4325-bc1f-708af013672e/C_CEN_PUB_2021_Y.aspx.

④ 陈章太. 语言规划概论 [M]. 北京：商务印书馆，2015：335-336.

数随之减少，但是由于葡萄牙语长期以来的官方语言地位、《中华人民共和国澳门特别行政区基本法》的规定以及作为与葡语系国家沟通与交流平台发展的需要，葡萄牙语在澳门特区政府部门、经贸行业等领域长期发挥作用。

表 3-4　1910—2021 年澳门葡籍/裔人数①

年份	葡籍/裔人数（人）	总人口占比
1910	3601	4.81%
1920	3816	4.54%
1927	3846	2.45%
1939	4624	1.89%
1950	4066	2.17%
1960	7974	4.71%
1970	7467	3.00%
1981	49007	20.27%
1991	101245	28.46%
1996	112706	27.22%
2001	7773	1.79%
2006	8122	1.62%
2011	8106	1.47%
2016	11715	1.80%
2021	13021	1.91%

① 郑天祥，等. 澳门人口 [M]. 澳门：澳门基金会，1994：64；古万年，戴敏丽. 澳门及其人口演变五百年（1500～2000）人口、社会及经济探讨 [M]. 澳门：澳门统计暨普查司，1998：130；澳门 2001 人口普查总体结果：表 5：按血统、岁组及性别统计之居住人口数目，第 137 页 [EB/OL]. ［2022-12-19］. https：//www. dsec. gov. mo/getAttachment/ff47afd0-16bc-4a26-8f6b-00202354d439/C _ CEN _ PUB _ 2001 _ Y. aspx；澳门 2006 年中期人口统计总体结果：表 5　按族裔、岁组及性别统计之居住人口数目，第 203 页 [EB/OL]. ［2022-12-19］. https：//www. dsec. gov. mo/getAttachment/2840365f-23a1-415c-a51e-32c082ef50d1/C _ ICEN _ PUB _ 2006 _ Y. aspx；澳门 2011 人口普查详细结果：表 7　按性别、岁组及族裔统计的人口，第 115 页 [EB/OL]. ［2022-12-19］. https：//www. dsec. gov. mo/getAttachment/d1195d4e-8854-4122-851e-51d05ef1baa0/C _ CEN _ PUB _ 2011 _ Y. aspx；澳门 2016 年中期人口统计详细结果：表 7 按性别、岁组及族裔统计的人口，第 97 页 [EB/OL]. （2017-05）［2022-12-19］. https：//www. dsec. gov. mo/getAttach-ment/b9eb6f4f-f164-4ff5-b55e-c0e4fbda9511/C _ ICEN _ PUB _ 2016 _ Y. aspx；澳门 2021 人口普查详细结果：表 7　按性别、岁组及族裔统计的人口，第 123 页 [EB/OL]. （2022-10）［2022-12-19］. https：//www. dsec. gov. mo/getAttachment/ed930f3e-2a42-4325-bc1f-708af013672e/C _ CEN _ PUB _ 2021 _ Y. aspx.

（三）英语

英语是澳门的主要语言之一，它虽然不是澳门的官方语言，但在商业、金融、高科技等特定领域中占有较大比重，并被广泛使用。公务员中使用英语交流的超过一半，高等教育中也通行英语。据统计，2001 年，澳门全社会以英语为日常用语的有 2792 人，占总人口的 0.66％，低于说葡萄牙语（2813 人）、菲律宾语（3450 人）的人数；2006 年，以英语为日常用语的人数达到了 7290 人，占总人口的 1.48％，远远超过说葡萄牙语（3036）的人数，比说菲律宾语（6535）的人数多出 755 人，是除汉语之外使用人数最多的语言；到了 2011 年，以英语为日常用语的人数增长到 12155 人，占总人口的 2.25％，是说葡萄牙语（4022）人数的 3 倍之多，比说菲律宾语（9415）的人数多出 2740 人；2016 年以英语为日常用语的人数持续增加，达到 17639 人，占总人口的 2.79％，约为说葡萄牙语（3675）人数的 5 倍，不过说菲律宾语（18953）的人数比 2011 年的人数翻了一倍多，比说英语的人数还多出了 1314 人；2021 年以英语为日常用语的人数大幅度增长，达到 23635 人，占总人口的 3.56％，约为说葡萄牙语（3949）人数的 6 倍，比说菲律宾语（19154）的人数多出 4481 人。[①] 在澳门，以英语为日常用语的人主要有以下三种：英籍人士中的绝大多数，菲律宾人士中的一部分以及其

---

① 澳门 2001 人口普查总体结果：表 19　按日常用语言、岁组及性别统计之 3 岁及以上居住人口数目，第 152 页［EB/OL］.（2002-07）［2022-12-21］. https：//www. dsec. gov. mo/getAttachment/ff47afd0-16bc-4a26-8f6b-00202354d439/C _ CEN _ PUB _ 2001 _ Y. aspx；澳门 2006 年中期人口统计总体结果：表 18　按日常用语言、岁组及性别统计之 3 岁及以上居住人口数目，第 220 页［EB/OL］.（2007-05）［2022-12-21］. https：//www. dsec. gov. mo/getAttachment/2840365f-23a1-415c-a51e-32c082fe50d1/C _ ICEN _ PUB _ 2006 _ Y. aspx；澳门 2011 人口普查详细结果：表 9 按性别、岁组及日常用语统计的人口，第 117 页［EB/OL］.（2012-04）［2022-12-21］. https：//www. dsec. gov. mo/getAttachment/d1195d4e-8854-4122-851e-51d05ef1baa0/C _ CEN _ PUB _ 2011 _ Y. aspx；澳门 2016 中期人口统计详细结果：表 11　按性别、岁组及日常用语统计的人口：第 101 页［EB/OL］.（2017-05）［2022-12-21］. https：//www. dsec. gov. mo/getAttachment/b9eb6f4f-f164-4ff5-b55e-c0e4fbda9511/C _ ICEN _ PUB _ 2016 _ Y. aspx；澳门 2021 人口普查详细结果：表 10 按性别、岁组及日常用语统计的人口，第 126 页［EB/OL］.（2022-10）［2022-12-21］. https：//www. dsec. gov. mo/getAttachment/ed930f3e-2a42-4325-bc1f-708af013672e/C _ CEN _ PUB _ 2021 _ Y. aspx.

他国籍人士。①

近年来随着英语影响力的扩大，英语超越葡萄牙语成为澳门对外交往的主要交流工具。2014 年的统计数据表明，澳门语言景观中的三种主要语言，不管是在使用频率还是在使用的显著性方面，形成的格局都是汉语优先于英语、英语优先于葡萄牙语。② 澳门是个旅游城市，游客来自世界各地，近十年来到澳门旅游的人数持续上涨，仅 2019 年入境旅客规模达 3940 多万人次，③ 人数约为本地人口（2019 年终澳门总人口为 679600 人④）的 58 倍。英语是国际上最流行的通用语，澳门在"世界旅游休闲中心"定位下的发展过程中，英语将会发挥更大的作用。

（四）克里奥尔语

受经济发展需要等因素影响，来澳外地人口较多，致使澳门的居住人口变得较为复杂，2021 年澳门人口普查详细结果显示，具有葡萄牙裔血统的人口为 13021 人，其中纯葡裔人口为 5162 人，葡裔混血（华裔和葡萄牙裔、葡萄牙裔和其他）人口为 7859 人。⑤ 这一群人除了通晓葡萄牙语和粤语，还有一部分人会说以葡语为基础的克里奥尔语，即 língu maquista（澳门土生葡语）或 crioulo de Macau（澳门的克里奥尔语）。⑥ 在过去澳门"土生葡语"一直是葡人社区的通用语，经过几个世纪的发展和与其他语言的接触，澳门"土生葡语"具有了鲜明的特点，例如语音上某些词尾会发生双元音化现象，把 mês 读作 mâis，pos 读作 pôis，talvez 读作 talvâis 等；⑦ 词汇上吸收了很多不同语言的词汇，例如有来自马来语的词 sanco（痰盂）、

---

①　"中国语言生活状况报告"课题组 . 中国语言生活状况报告（2005）上 [G]. 北京：商务印书馆，2006：325.

②　张媛媛，张斌华 . 语言景观中的澳门多语状况 [J]. 语言文字应用，2016（1）：51.

③　龙土有 . 2019 年澳门入境旅客人数达 3940 多万人次 [EB/OL].（2020-01-16）[2022-12-21]. http：//travel. ce. cn/gdtj/202001/16/t20200116 _ 7169540. shtml.

④　澳门 2019 年第 4 季人口统计 [EB/OL].（2020-03）[2022-12-21]. https：//www. dsec. gov. mo/getAttachment/92307ad2-2c15-4cff-9c4d-068ac8fcc239/SC _ DEM _ FR _ 2019 _ Q4. aspx.

⑤　澳门 2021 人口普查详细结果：表 3　按族裔的人口分布，第 12 页 [EB/OL].（2022-10）[2022-12-25]. https：//www. dsec. gov. mo/getAttachment/ed930f3e-2a42-4325-bc1f-708af013672e/C _ CEN _ PUB _ 2021 _ Y. aspx.

⑥　黄翊 . 澳门语言研究 [M]. 北京：商务印书馆，2007：118.

⑦　巴塔亚 . 澳门语：历史与现状 [J]. 文化杂志（中文版），1994（3）：108.

parā（菜刀）、来自印地语的词 chalecbeco（死胡同）、fula（花），来自粤语的词 iamcha（饮茶）、minpao（面包），来自英语的词 afet（肥胖）、adap（拮据）等，词汇来源非常丰富。语法上，土语中有一些语法格式来自汉语，例如直译粤语表否定的句式"唔好＋V"的"好"，把"唔好买（不要买）"译为"ne-bom compa"；借用汉语句式"V＋来＋V＋去"等。①

▶ 二、澳门的语言政策

澳门的语言政策主要分为一般语言政策和语言教育政策，两类语言政策在澳门回归前后有不同的侧重点，下面分别介绍。

（一）一般语言政策

1. 回归前的语言政策

16 世纪中叶后，葡萄牙语随葡萄牙人进入澳门，自此澳门社会主要存在汉、葡两种语言。当时澳门归中国政府管辖，汉语是澳门唯一的官方语言，葡语没有正式地位。葡萄牙人曾多次想把葡语列为官方语言，都遭到清政府反对。② 1887 年，葡萄牙与清政府签订《中葡和好通商条约》占领澳门，葡语正式成为澳门官方语言。受葡萄牙殖民统治期间，澳葡当局一直推行"葡语独尊"的语言霸权主义。1932 年，澳葡当局签署立法证书第272 号，规定只要是行政警察管辖范围内的，无论是否为俱乐部和娱乐场所的招牌、招贴、告白、说明书、广告乃至酒店、餐馆、食物馆等同类店铺所用的菜单，都需要用葡文书写。③ 1938 年，澳葡当局对以宣传葡文及葡国文化为宗旨的公司推行免税政策。1960 年，澳葡当局要求所有将进入公职编制职位的人士必须懂得阅读及讲葡语。④

从 20 世纪 70 年代开始，陆续有华人不满澳葡当局的语言霸权，要求澳门"中文合法化"。1987 年以后，鉴于澳门地区居民大部分使用中文，并计

① 黄翊. 澳门语言研究 [M]. 北京：商务印书馆，2007：127，130.
② 黄翊. 澳门语言研究 [M]. 北京：商务印书馆，2007：271-272.
③ 吴志良，汤开建，金国平. 澳门编年史（第5卷）：民国时期 1912—1949 [M]. 广州：广东人民出版社，2009：2512.
④ 程祥徽. 中文变迁在澳门 [M]. 香港：三联书店（香港）有限公司，2005：76.

划在澳门回归前逐渐提高中文地位，澳葡当局于 1989 年颁布法令："凡本地区自我管理机构以葡文颁布具有立法及管制性质的法律、法令、训令及批示时，必须连同中文译本刊登。"① 1991 年葡萄牙与中国在里斯本就葡语在澳门的地位达致一致，同年 12 月 23 日颁布"中文在澳门具有与葡文相等之官方地位及法律效力"② 的规定。1993 年，《中华人民共和国澳门特别行政区基本法》规定："澳门特别行政区的行政机关、立法机关和司法机关除使用中文外，还可使用葡文，葡文也是正式语文。"③ 自此，澳葡当局在官方语文中的"葡语独尊"政策终结。

回归前的语言政策从殖民主义的语言霸权到中葡并行，是由澳门特殊的历史背景和社会环境决定的。一百多年来的"葡语独尊"使得葡语与广大人民的生活紧密联系。直到澳门回归，葡语作为澳门官方语言的一种，仍然在人们的社会生活中扮演着重要角色。而汉语作为大多数人的母语，随着澳门的回归，也发挥着越来越重要的作用。

2. 回归后的语言政策

1999 年澳门回归以后，我国对澳门特别行政区实行"一国两制、澳人治澳、高度自治"的方针，同时根据《基本法》精神，在语言政策上依旧是中葡两种官方语言并存。澳门的语言生活并没有发生巨大变化。1999 年 12 月 13 日，澳门特区政府颁布法令，在语言政策上重申《基本法》精神，规定"中文及葡文均为澳门正式语文；两种正式语文具有同等尊严，且均为表达任何法律行为之有效工具；以上两款之规定并不妨碍每一个人选择本身语文之自由，在个人与家庭范围内使用该语言之权利，以及学习与教授该语文之权利；行政当局应促进正式语文之教授及正确使用"④。所有的

---

① 澳门第 11/89/M 号法令《规定在政府文件内使用中文》，第一条第一款 [EB/OL]．（1989-02-20）[2022-12-26]．https：//bo. io. gov. mo/bo/i/89/08/declei11 _ cn. asp.

② 澳门第 455/91 号法令《赋予中文具有与葡文相等之官方地位》[EB/OL]．（1992-01-13）[2022-12-26]．https：//bo. io. gov. mo/bo/i/92/02/decretolei455 _ cn. asp.

③ 中华人民共和国澳门特别行政区基本法，第九条 [EB/OL]．（2008-04-16）[2022-12-26]．http：//www. gov. cn/test/2008-04/16/content _ 946154. htm.

④ 澳门第 101/99/M 号法令《核准正式语文之地位》，第一条（正式语文）[EB/OL]．（1999-12-13）[2022-12-26]．https：//bo. io. gov. mo/bo/i/99/50/declei101 _ cn. asp.

政府文件，包括法律、法令、训示、批示性文件等都有中文和葡文两种语言，政府网站、新闻报刊、街道标志、酒店餐馆、招牌广告等均有中葡两种语言。直到现在，澳门特区政府都认真执行这一法令。在中文书写上，澳门采用繁体中文作为官方和日常用字，特区政府于"2006 年 12 月 30 日指出，政府部门表格除可使用繁体中文和葡文填写外，亦可使用中文简化字填写，相关职员会将其转换成对应的繁体字"进行记录，① 并将这一做法一直延续至今，充分表现出其对推广中文简化字的重视，对国家语言文字政策的积极响应。

（二）语言教育政策

1. 回归前的语言教育政策

在语言教育方面，澳葡当局积极推行葡语教育。1919 年，澳葡当局要求各官立、市立、传教士或其他政府津贴的小学必须教授葡文。此外，澳葡当局还对葡语学校和葡语教育提供帮助。据施白蒂所著《澳门编年史（二十世纪）：1900—1949》的词条记录：1918 年 7 月 11 日，澳葡当局为设在广州的一所葡萄牙语学校提供补助。1922 年，澳门地区的 125 所学校中，有 23 所学校以葡语或同时以葡语、汉语及英语教授，澳葡当局还资助在香港等地的葡语学校。1929 年，澳葡当局为香港葡语学校长期提供 1440 澳元资助。② 此外，澳葡当局长期为澳门、香港、九龙各学校教授葡语课提供津贴、在社会上开设葡文夜班及葡文进修班等，以便青少年及成年华人学习葡文。虽然，葡文学校在澳门占少数，但澳葡当局 1978 年前对占总人口90％以上的华人子女的教育采用的是"顺其自然、撒手不管"的殖民政策，在教育投入上远远不如葡人葡语教育。1978 年之后，澳葡当局提出要在中葡小学设立葡文教员训练班，事实上仍在推行葡语。1989 年，澳葡当局教育主管部门提出修订推广葡语的次方案，在各级教育中普及双语教学。这一举措实质上"是试图对大多数澳门居民推广葡语教育，特别要在过渡期

---

① 国家语言文字工作委员会. 中国语言生活状况报告（2019）[G]. 北京：商务印书馆，2019：265.

② 施白蒂. 澳门编年史（二十世纪）：1900—1949 [M]. 金国平，译. 澳门：澳门基金会，1999：118，162-163，236.

间运用行政和经济手段强化葡语教育，为澳门地区 1999 年以后，葡文化长久保留并继续产生影响打下基础"①。

此后，随着"中文合法化"运动开展和汉语官方语文地位重新确立，中文教学渐渐受到重视。1994 年，澳葡当局核准澳门大学公共行政学以中文授课的教学大纲，② 目的是帮助改善和提高进入公职人员的中文能力。1995 年，澳门理工学院下属行政及应用科学学校要求以葡语为教学语言的学生修读中文科，且学分及课时分配与葡文科相同。③ 2000 年，澳门地区 124 所中小学校中，以中文为教学语言的学校共有 103 所（占比 83.06%），以葡语为教学语言的学校共 5 所（4.03%）；2011 年，澳门地区 106 所中小学中，以中文为教学语言的学校有 88 所（占比为 83.02%），以葡语为教学语言的学校只有 4 所（占比为 3.77%）；④ 直至 2023 年，澳门地区 116 个中小学校部中，以中文为教学语言的校部有 96 个（占比为 82.76%），以葡语为教学语言的校部只有 3 个（占比为 2.59%）；⑤ 可见中文教学在澳门的学校教育中举足轻重。

2. 回归后的语言教育政策

回归后，在语言教育方面，澳门特区政府几乎采取不干预的政策，各学校可以自由选择教学语言。2006 年颁布的《非高等教育制度纲要法》第三十七条规定："公立学校应采用正式语文中的一种作为教学语文，并给学

---

① 吴福光. 港澳教育评析 ［M］. 广州：中山大学出版社，1992：175-176.

② 澳门训令（PT）161/94/M：核准澳门大学以中文授课之公共行政学士学位修读大纲及有关学术及教学组织 ［EB/OL］. （1994-07-25）［2024-01-28］. https：//search. io. gov. mo/zh-mo/legismac/21012.

③ 澳门第 88/95/M 号训令：有关为澳门理工学院行政及应用科学学校以葡文为授课语言之学生所教授之社会工作学士课程增设中文学科事宜 ［EB/OL］. （1995-03-20）［2024-01-28］. https：//bo. io. gov. mo/bo/i/95/12/bo12 _ cn. asp.

④ 澳门 1999/2000 学年教育调查：表八：一九九九/二〇〇〇学年按主要授课语言及授课程度统计之学校数目，第 62 页 ［EB/OL］. （2001-05）［2024-01-28］. https：//www. dsec. gov. mo/getAttachment/1bbf818a-6c9c-4e22-a186-ad8b871ba84f/C _ EDU _ PUB _ 2000 _ Y. aspx；澳门 2010/2011 学年教育调查：表 3.1 按主要授课语言、授课程度及教育机构类别统计之学校，第 69 页 ［EB/OL］. （2012-03）［2024-01-28］. https：//www. dsec. gov. mo/getAttachment/0b9a7f2c-79c1-43d2-8d16-628115da3fb3/C _ EDU _ PUB _ 2011 _ Y. aspx.

⑤ 澳门非高等教育统计：SH001-学校资料统计表（2023/2024 学年）［EB/OL］. （2023-10-26）［2024-01-28］. https：//portal. dsedj. gov. mo/webdsejspace/internet/Inter _ main _ page. jsp? id =8525&.

生提供学习另一正式语文的机会；私立学校可使用正式语文或其他语文作为教学语文；拟使用其他语文作为教学语文的私立学校，须经教育行政当局评估并确认其具备适当条件后方可施行；以其他语文作为教学语文的私立学校，应给学生提供学习至少一种正式语文的机会。"①

2008 年，澳门特区政府教育暨青年局制定《非高等教育范畴语文教育政策》，提出澳门特区政府的目标是"明确中、葡、英三语的地位，优先强调'两文'（中文、葡文）'三语'（粤语、普通话、葡语）；致力培养一定数量的中葡双语精英人才；构建推广普通话、葡语和英文的有效机制"②。粤语在日常口语中应用最广，英文则多用于商业、教育及旅游等领域，汉语普通话在澳门官方正式场合使用有所提升，而法律文本中也已实行中葡双语立法。就葡语而言，它虽然还是澳门的官方语言之一，但已经失去了过去的独尊地位。在汉语作为官方语言得到政府的全面贯彻落实后，葡语对政府公文写作方面的影响有所下降。目前，英语已经赶超葡萄牙语，在全社会的使用量显著增加。刘上扶（2009：285）认为："现在澳门的语言生活在相对稳定之中发生了一些变化，这种变化在现阶段还是量的增减，属于渐变性质。"

2015 年至 2017 年，在原有语文教育政策的基础上，澳门特区政府又先后针对非高等教育各阶段出台《基本学历要求》，在幼儿阶段要求能听说简单的第二语言，③ 对小学教育阶段到高中教育阶段作为第一语文（即教学语文）的中文、葡文、英文和作为第二语文的中文、葡文、英文的语言文字能力提出了基本要求，全面提高中小学学生的整体语文能力。④ 特区政府在学校教育中重视中、葡、英语言教育，不仅有助于学生对知识的获取，更有助于提高学生的社交能力，满足其在未来社会发展中的需求。这种多语

---

① 澳门第 9/2006 号法律《非高等教育制度纲要法》，第三十七条教学语文 [EB/OL]. （2006-12-26）[2022-12-29]. https：//bo. io. gov. mo/bo/i/2006/52/lei09 _ cn. asp.

② 郭晓明，王敏. 澳门回归以来教育发展与经验 [M]. 广州：广东经济出版社，2020：316.

③ 澳门第 118/2015 号社会文化司司长批示附件《核准幼儿教育基本学力要求》B-1-5 [EB/OL]. （2015-07-27）[2022-12-29]. https：//bo. io. gov. mo/bo/i/2015/30/despsasc _ cn. asp＃118.

④ 澳门基本学力要求 [EB/OL]. [2022-12-29]. https：//portal. dsedj. gov. mo/webdse-jspace/site/ddca/index. jsp? con＝requirements.

教学政策是澳门居民具备多语能力的重要原因。

就中文教育方面，特区政府要求以中文为教学语文的小学生"能用粤语和普通话与他人作简短交谈；认识常用汉字不少于 1800 个，至少会写其中的 1000 个；能用硬笔书写正确、端正且笔画清晰的正楷字"①；要求以中文为教学语文的初中学生"能用普通话与人作一般性的交流；认识不少于 3500 个常用汉字，至少会书写其中 2500 个；能使用硬笔熟练地书写正楷字，做到规范、端正、整洁"②；要求以中文为教学语文的高中学生"能用普通话作比较流利的自由交谈，认识不少于 3500 个常用汉字，至少会写其中 3000 个；提高硬笔书写楷字、行楷字的水准，适当提高书写速度"③。

除了中小学之外，澳门特区政府还要求高等院校教育学院须针对中国语言文学教育学士课程连续开设四年普通话必修课，教授中文科的学生必须通过政府规定的普通话测试等。④ 在澳门，绝大部分大中小学生能讲较流利的普通话，少数人会使用简化汉字。随着澳门与内地交往的日益紧密，内地移民澳门的人数不断增加，普通话和中文简化字在教育领域的推广更加迫切。

就英语教育方面，特区政府鼓励加强英语教学以应对全球化的挑战。在语言政策上英语不会因受到中葡官方语言地位影响而被轻视。澳门从幼儿园到高中，英语都是主要课程之一，甚至有些学校还将英语作为其他课程的授课语言；同时，英语是澳门高校入学考试的必考科目之一，高等教育领域也常用英语。近几年，人们使用英语的频率持续上升，社会语言学

① 第 19/2016 号社会文化司司长批示《核准小学教育阶段基本学力要求的具体内容》（附件一）B-1-12、C-1-2、C-1-12 [EB/OL].（2016-02-29）[2022-12-29]. https：//bo. io. gov. mo/bo/i/2016/09/despsasc＿cn. asp♯19.

② 第 56/2017 号社会文化司司长批示（附件一）《初中教育阶段基本学力要求（第一语文即教学语文）》B-4-2、C-2-1、C-3-1 [EB/OL].（2017-06-26）[2022-12-29]. https：//bo. io. gov. mo/bo/i/2017/26/despsasc＿cn. asp♯56.

③ 第 55/2017 号社会文化司司长批示（附件一）《高中教育阶段中文基本学力要求（第一语文即教学语文）》B-7-4、C-3-1、C-4-1 [EB/OL].（2017-06-26）[2022-12-29]. https：//bo. io. gov. mo/bo/i/2017/26/despsasc＿cn. asp♯55.

④ 陈志峰，杨佩欣. 澳门非高等教育范畴常用法律法规汇编 [M]. 北京：中国社会科学出版社，2012：317.

家 Andrew Moody 认为，英语在澳门享有事实上的官方语言地位。[①] 当今澳门对英语人才有着迫切的需求，学校须"有意识、有策略地为学生提供一个有利于英文学习的语言环境"[②]，加强英语教学。

就葡语教育而言，除葡文可作为教学语言外，特区政府力图将澳门建设成为"中葡双语人才基地"，全力培养葡语人才，利用教育基金支持更多的私立学校开设葡语课，将公立学校开设的"中葡双语班"推进至小学二年级和初中二年级，积极开展"葡语论坛"增进与葡语国家的文化交流，实施"培养多领域中葡双语人才计划"，鼓励学生参加欧盟葡文考试，支持学生修读与葡语相关的课程，资助学生赴葡语国家攻读学士学位等。这些举措为葡语教育注入了新的活力。在澳门，年轻一代对葡语的评价变高，有越来越多的社会个体选择参加葡语培训，他们认识到学习和掌握葡语，不仅意味着有进入政府部门工作的机会，而且对于提高个人的经济和社会地位大有帮助。在全社会推行适当有效的葡语教育，可以让澳门更好地保持和发挥独特的区域优势，提高国际竞争力。

澳门特区政府采取奖励计划鼓励居民提高语言能力，例如 2017 年实施的"人才培养考证激励计划"规定，澳门居民参加汉语水平考试、葡语等级考试、英语雅思等考试达到相应等级可获得现金奖励。[③] 特区政府还积极推行"语文推广资助计划"，为学生、市民学习普通话、葡文和英文提供资助。据统计，仅 2020—2021 学年，参加中文课程培训的有 1130 人次，参加葡文课程培训的有 6356 人次，参加英文课程培训的有 2747 人次。[④] 还有一点值得关注，由于澳门特区政府一直没有设立专门的语言机构，一些非官方的语言社团在社会中发挥着重要作用。例如澳门语言学会、澳门中国语文学会、澳门中国语言文化学会等团体积极开展活动，致力于促进澳门的

① 阎喜. 澳门的语言生活 [N]. 中国社会科学报，2017-02-07 (03).
② 陈志峰，杨佩欣. 澳门非高等教育范畴常用法律法规汇编 [M]. 北京：中国社会科学出版社，2012：316.
③ 张璟玮. 澳门回归后的语言生活 [G] //国家语言文字工作委员会. 语言生活皮书：中国语言生活状况报告 (2020). 北京：商务印书馆，2020：248.
④ 澳门教育统计数据概览 2022，第 56-57 页 [EB/OL]. (2022-10) [2022-12-29]. https：// mirror1.dsedj.gov.mo/dsedj/stati/2021/c/edu _ num21 _ part10.pdf.

中文发展及中国语文的推广。①

　　澳门回归后语言教育政策的成功实施，主要体现在澳门特区政府有明确要求且积极作为，学校亦重视中文教学，在此基础上积极推广普通话和英语，民间社团对中文的推广也表现出了极大的热情。这便保障了澳门语言生活不断朝着积极、健康的方向发展，对澳门的和谐稳定具有重要意义。

▶ 三、对澳门语言生活的几点思考

　　语言政策和语言规划的制定与实施在符合语言发展规律的同时，也要符合社会的发展和进步的需要以及广大民众的意愿。② 澳门地区因其特殊的历史原因和地理位置，语言状况复杂多样，回归二十多年来，澳门地区依靠祖国支持，凭借"一国两制"的政策优势，实施符合澳门地区语言事实的语言政策，语言生活呈现出"多语共存，和而不同"的特点，③ 特别是双官话语言架构下普通话的顺利推广，形成了"一国两制"在语言规划方面的成功案例。④ 新时代，国家对澳门地区的发展有新的期待，澳门地区在国家战略布局中有了新的定位，澳门正加速融入国家发展大局。⑤ 对此，我们有如下几点建议：

（一）持续推进普通话的推广普及工作

　　2021 年国务院办公厅印发的《关于全面加强新时代语言文字工作的意见》中指出，将深化与港澳台地区语言文化交流合作，支持和服务港澳地区开展普通话教育，合作开展普通话水平测试。有法国媒体称，这是中国首次把港澳纳入全国政策目标。⑥ 普通话作为国家通用语，是澳门地区与内

---

　　① 教育部语言文字信息管理司. 中国语言生活状况报告（2016）[G]. 北京：商务印书馆，2016：247-251.

　　② 陈章太. 论语言规划的基本原则 [J]. 语言科学，2005（2）：51.

　　③ 徐杰，周荐. 澳门语言研究三十年：语言研究回顾暨庆祝程祥徽教授澳门从研从教三十周年文集 [M]. 澳门：澳门大学出版中心，2012：2.

　　④ 魏琳. 澳门回归以来的语言状况 [G] //屈哨兵. 语言生活白皮书：粤港澳大湾区语言生活状况报告（2021），北京：商务印书馆，2021：46.

　　⑤ 叶桂平. 港澳特区深入衔接国家重大区域发展战略的思考 [J]. 人民论坛，2023（7）：55.

　　⑥ 重磅《意见》出炉：提高港澳普通话应用水平，4 年内全国普及率达到 85% [EB/OL].（2021-12-01）[2023-7-30]. https：//news. ifeng. com/c/8Bcp9pRKdLO.

地进行沟通交流的重要工具，更是中华文化的重要载体，在全国人民沟通交流、构建国家认同与培育民族共同体意识、中华文化国际传播等方面具有重要作用。回归以来，澳门特区政府虽出台了相关推普政策，取得了一些成就，但执行力度、应用效果并未达到预期，致使国家通用语言文字长期处于边缘化境地。① 吴平、何永安（2017：61-62）对澳门公务员队伍的普通话使用情况进行调查后发现，澳门公务员队伍中能够流利准确使用普通话的仅 26％，很大一部分公务员其普通话的听说读写译水平远不及中文作为官方语言的使用标准。同时，90％以上的人在公共场合和正式场合说粤语，仅 6％～7％的人在这两种场合说普通话。澳门地区在普通话推广普及方面可从以下几个方面着手：

1. 大力加强学校普通话的教育教学工作

王宁等（2020：72）指出："中文教育属于母语教育，只有中文教育成功发展，第二语言的教学才能做好。"学校教育是澳门学生学习普通话的主要途径之一，要持续推进普通话的推广普及，必须重视学校教育。目前澳门能熟练进行普通话教学的教师数量还比较有限，加大对教师人才的培养力度是推广普通话的当务之急。在培养教育人才问题上，特区政府应坚持培养本土人才和引进高水平人才两手抓。培养高水平的本土教师是解决澳门教师人才队伍建设问题的治本之策，引进高水平外来教师，是对澳门教师资源的必要补充。在本土教师培养方面，政府应积极开展对教师普通话能力水平、教学能力提升的培训。穗、深、珠等九市的中文教育七十年来始终是"普教中"，九市居民的普通话水平多年来在全国排位都比较靠前，这样一种优秀的语文教育和良好的社会氛围，无疑能够为澳门教师培养提供借鉴和指导，澳门特区政府完全可以借助地域邻近优势，派遣教师前往学习或者邀请九市优秀教师赴澳指导；在人才引进方面，2019 年，香港中文大学中文系、中山大学中文系、澳门大学中文系共同发起成立"粤港澳高校中文联盟"，协同进行中文教学研究。② 澳门特区政府可以以"联盟"为依托，加强与内地各大高校的人才合作，积极吸纳普通话教学研究人才，

---

① 徐真华. 香港、澳门语言生态重建的使命与机遇 [J]. 学术研究，2022（1）：172.
② 王宁，等. "粤港澳大湾区的语言生活"多人谈 [J]. 语言战略研究，2020（1）：74-75.

以提升澳门地区普通话教学及应用水平。

2. **扩展普通话学习渠道，提高学习效率**

良好的语言环境能促进语言习得。据统计，澳门公务员学习普通话的主要途径是学校学习，占 48.1%，通过媒体渠道（电视、广播、网络等）学习普通话的占 39.6%，[①] 在当前信息化时代的大背景下，传媒能快速、有效地将普通话推进民众生活，但是目前澳门的广播传媒依然以粤语为主，普通话节目少，这不利于形成良好的普通话氛围。澳门特区政府可适当引入内地节目、增开一些民众喜闻乐见的普通话栏目等，既能够拓宽民众视野，加深澳门地区民众对内地的了解，也加强其民族认同，让民众学习更有动力。

3. **规范汉字应用**

有的学者把澳门的语言状况概括为"两字三文四语"，也有人把澳门称为语言拼盘、语言博物馆或语言花园的语言多样化城市。[②] 由此可见，澳门语言现实状况之复杂。多样化语言环境导致国家通用语言文字应用失范现象频发。例如：澳门居民身份证姓、名之间用逗号，或者按照先名后姓排列等；[③] 中英夹杂"TOEFL 500 分便 OK"，中式葡文"Hang Fu Edificio（恒富大厦）"及大量使用如"被"字句、非及物动词等不符合中文规范的表述，例如"一名疑匪被发现死去""贡献社会""创造职位"等。[④] 除了以上语言失范外，汉字的繁简混用的失范现象也不少见，这与澳门特区政府对字体"繁简由之"的态度不无关系。[⑤] 因此，澳门特区政府在推广国家通用语言文字时要树立规范意识。

（二）加强中葡双语人才培养

澳门回归前的 100 多年里，葡语一直作为澳门唯一官方语言，在立法、司法、行政等多个领域使用，掌握葡语成为进入政府部门的必备条件。[⑥] 澳

① 吴平，何永安. 澳门公务员普通话使用情况调查分析［J］. 河北大学学报（哲学社会科学版），2017（2）：62.

② 张桂菊. 澳门语言状况与语言政策［J］. 语言文字应用，2010（3）：50.

③ 国家语言文字工作委员会. 中国语言生活状况报告（2019）［G］. 北京：商务印书馆，2019：267.

④ 盛炎. 澳门语言现状与语言规划［J］. 方言，1999（4）：302，305.

⑤ 程祥徽. 三文四语在澳门和谐相处［J］. 语言战略研究，2021（4）：1.

⑥ 盛炎. 澳门语言现状与语言规划［J］. 方言，1999（4）：300.

门回归后，中文和葡语共同成为官方语言，葡语一度式微。据统计，2014年，葡语作为澳门特别行政区官方语言，使用率只有 0.4％～0.9％，2016年澳门 7.7 万学生中，读葡语的学生不足 5％。[①] 据 1012 年一项调查结果，在一项语言调查中，认为葡语在澳门四大交际语言（普通话、粤语、葡语、英语）中最不重要的占 88％。[②] 澳门要成为"中国与葡语国家商贸合作服务平台""打造以中华文化为主流、多元文化共存的交流合作基地"，这就意味着葡语在澳门的语言生活中不能走上式微之路。[③] 提高葡语地位，加强中葡双语人才培养，是顺应新时代国家发展战略的必要举措。

1. 提升语言规划能力，合理配置教育资源

2011 年，国家"十二五"规划纲要首次提出澳门要加快建设"中国与葡语国家商贸合作服务平台"。2014 年，习近平总书记指出，学好葡语很重要。我们要把澳门打造成为中国与葡语系国家联系的平台。2019 年颁布的《粤港澳大湾区发展规划纲要》更明确澳门要建成中葡双语人才培训基地。2021 年发布的"十四五"规划纲要提出支持澳门"扩展中国与葡语国家商贸合作服务平台功能"。配合"一带一路"倡议，澳门正在成为中国乃至亚洲葡语人才培养的基地。[④] 澳门在葡语上有着先天的优势，葡语在澳门具有很深的根基。培育中葡双语人才，澳门要充分利用自身的优势，加强葡语教育。

2006 年，《非高等教育制度纲要法》对澳门的语言教育进行了明确规定。相对来说，澳门学校、社会机构在教学语言和语言教学的选择上，自由度比较大。"除官校和政府资助的学校外，各私立学校教学自主，各自为政，相互间缺乏教学交流和合作，缺乏适当的良性竞争，澳门特区政府教育机构很难对各中小学进行必要的、有效的监督和管理。"[⑤] 葡语使用人口和社会价值相比中、英语来说，处于劣势地位。从某种层面上来看，这种

① 鄞益奋. 澳门特区语言政策的政策体系析评 [J]. 中国语言战略，2019 (2)：35.

② 谢俊英. 澳门公众服务领域语言态度调查分析 [J]. 语言文字应用，2015 (2)：25.

③ 屈哨兵. 粤港澳大湾区建设中的语言问题 [J]. 语言战略研究，2020 (1)：27-28.

④ 魏琳. 澳门回归以来的语言状况 [G] //屈哨兵. 语言生活皮书：粤港澳大湾区语言生活状况报告 (2021). 北京：商务印书馆，2021；39；中华人民共和国国民经济和社会发展第十四个五年规划和 2035 年远景目标纲要. [EB/OL]. (2021-03-13) [2024-01-28]. https：//www.gov.cn/xinwen/2021-03/13/content_5592681.htm.

⑤ 张桂菊. 澳门回归后"三文四语"教育现状研究 [J]. 比较教育研究，2009 (11)：14.

自由的语言教学和教学语言限制了葡语的发展。因此，要推动葡语教育，政府应加强教育管理规划。首先是制定行之有效的教育政策。目前澳门地区中文处于语言教学和教学语言的绝对优势，葡语处于劣势，英语居中，澳门特区政府应充分考虑到地区未来发展方向以及人口数量、师资力量等因素，对地区学校语言教学和教学语言的选择进行全局规划，适当提高葡语教学比例；其次，加强教师队伍、课程和教材建设。重视葡语教学师资力量的培养，通过举办本地葡语教师培训、公派葡语国家培训、与高校联合培养等多种方式，提高葡语教师教学水平。成立专门教研小组，修订葡语教学大纲，推进本地教材建设，编写供私立学校使用的小学葡语教材。①

制定规划之外，以试点形式逐步推进双语人才培养是立足澳门语言现实的必要之举。2017 年，澳门特区政府在两所公立学校推出"中葡双语班"，在小学一年级、初中一年级开班，得到社会各界和家长的支持与认同。② 这为在非高等教育领域推行中葡双语教育开了个好头，澳门特区政府应总结经验，因时因地推动"中葡双语班"的建设与发展。

2. 发挥高校能动性，建立人才培养长效机制

由政府牵头，调动高校在双语人才培养方面的能动性，共同培养双语人才。澳门基金会与大专教育基金会于 2004 年开始，以合作方式举办"应届高中毕业学生赴葡就读计划"，着力培养中葡双语法律人才，到 2018 年，该计划甄选出 210 位学生赴葡学习，已有 79 人完成课程；③ 2014 年，澳门特区政府整合整个澳门高等教育的葡语资源，成立"培养中葡双语人才工作小组"；2018 年 1 月，澳门特区政府公布《澳门中长期人才培养计划——五年行动方案》明确通过落实"澳门高等院校中葡人才培训及教研合作专项资助计划"，推动澳门院校葡语教育，培养中葡双语人才。④ 2018 年 3 月，

---

① 魏琳. 澳门回归以来的语言状况 [G] //屈哨兵. 语言生活皮书：粤港澳大湾区语言生活状况报告（2021）. 北京：商务印书馆，2021：39.
② 回归 18 年后澳门出现葡语热？英媒：受"一带一路"带动 [EB/OL].（2017-12-31）[2023-08-02]. https：//www.sohu.com/a/213778118_114911.
③ 鄞益奋. 澳门特区语言政策的政策体系析评 [J]. 中国语言战略，2019（2）：33.
④ 郭鑫. 澳门公布中长期人才培养行动方案　打造中葡双语人才培养基地 [EB/OL].（2018-01-04）[2023-08-02]. https：//baijiahao.baidu.com/s? id=1588660420933189347.

澳门高等教育辅助办公室与澳门大学、澳门理工学院、澳门科技大学、澳门城市大学、圣若瑟大学共同成立了"培养中葡双语人才联盟",共同开展中文及葡萄牙语教师的培训,以汉语作为外语教学的教师培训,同时进行葡语教学范围的调查及研究,并开展旅游业中葡双语人才培训,各高等院校将联合提供课程。① 2018 年 12 月,中国—葡语国家培养及教学研讨会在澳门召开,共同探讨双语人才培养及教学经验。近年来,澳门大学相继开设了葡语语言学与文学博士课程、葡萄牙语言与文化硕士课程;澳门理工学院开设了中葡/葡中翻译学士学位课程;澳门旅游学院也开设了一系列的旅游葡语课程。② 这为其他高校在推进中葡双语人才培养方面做了很好的示范,发挥了高校在人才培养上的智力支撑作用。

(三)加强英语教育,提高语言服务能力

澳门回归后,从 2001—2021 年 5 次人口调查数据来看,英语的使用人口比例从 2001 年的 0.66% 到 2021 年的 3.56%,一直稳定上升,使用人口数量超过葡语。但是近年来,由于国家将澳门定位于"中国与葡语国家商贸合作服务平台",葡语地位有所提高,使用人群大幅度提升,年轻人对葡语的价值地位或经济地位的评价超过了英语。③ 澳门是国际性的博彩旅游城市,近年来正逐步打造"世界旅游休闲中心",吸引着来自世界各地的游客,2015 年游客总量达到 3000 万人次以上。④ 澳门的国际形象提升与经济腾飞还需要英语搭桥铺路,更需要提升英语水平和普及英语的使用。⑤ 因此,加强澳门地区英语教育有着深刻的现实意义。

1. 加强澳门地区英语教育是澳门国际化的必然要求,也是提高澳门语言服务能力的必要举措

李宇明、王海兰(2020:15)提出:"粤港澳大湾区的建设和发展必然会催生很多新的语言需求,拉动语言消费,这需要政府、企业、教育部门

① 陈若萌. 澳门打造中葡双语人才培养基地 拟"共用"大湾区人才资源 [EB/OL]. (2018-05-29)[2023-08-02]. http://www.p5w.net/news/gatxw/201805/t20180529_2132271.htm.

② 孔繁清,胡波. 澳门的语言资源与语言规划 [J]. 社会科学论坛,2017(12):234.

③ 张璟玮. 澳门青年语言态度调查 [J]. 语言战略研究,2020(1):70.

④ 孔繁清,胡波. 澳门的语言资源与语言规划 [J]. 社会科学论坛,2017(12):234.

⑤ 张桂菊. 澳门回归后"三文四语"教育现状研究 [J]. 比较教育研究,2009(11):15.

等多元主体提供多样化的语言服务。"语言服务需求对澳门来说，既是挑战也是机遇，澳门要充分利用自身的语言资源，向社会提供更优质的语言服务，以此获得更好的发展机遇。第一，要提高多语种服务水平。澳门每年游客接待量近 4000 万，面向来自世界各地的游客，特区政府要充分发挥"语言拼盘"的优势，向游客提供全方位的语言服务，包括旅游推介网页、指示牌、导游地图、导游翻译等。① 第二，要提高语言应急服务水平。粤港澳大湾区的语言文字建设要处理好自然灾害、紧急治安事件等紧急状态下的语言应急问题。澳门属于沿海城市，台风、海啸自然灾害频发，特区政府应结合地区内现实，做好应急语言预案。第三，提高语言应用技术服务水平。"粤港澳大湾区的语言服务涉及上百种语言，需要智能化技术方案"，"包括机器翻译、语音识别、语言智能测评、语言信息处理、语言软件开发、语言情报分析等"。② 面对这类语言服务需求，澳门特区政府应加大科研投入，联合高新技术企业、高等院校共同开发能够适应社会需要的语言信息产品，推动语言产业升级，形成以休闲旅游为主线、以语言会展业为重点、多产业协同发展的新样态。

2. 基础教育阶段重点提升本地英语教师的教学能力，高等教育阶段则注重加强英语教学和研究的规划与管理

除开办本地课程，在暑期组织中小学教师前往英语语言国家参加专业成长培训课程，通过"跨校教研先导计划"，推动包括中学英文科在内的跨校教研活动，组织"中小学英文科课程发展研习班""小学英文科课程发展培训活动"等面向中小学英语教师的培训课程，加强外语教学研究，持续改进语言教学。高等教育阶段成立英语教学和研究委员会，这方面澳门高校已开展一系列举措："澳门大学成立英语中心及英语写作中心，统筹设计具有国际水平的英语课程；在预科课程中心开设英语密集课程，加强入读本科课程学生的英语能力；澳门理工学院开设中英翻译学士学位课程，鼓

① 魏琳. 澳门回归以来的语言状况 [G] //屈哨兵. 语言生活皮书：粤港澳大湾区语言生活状况报告（2021）. 北京：商务印书馆，2021：44-45.
② 李宇明，王海兰. 粤港澳大湾区的四大基本语言建设 [J]. 语言战略研究，2020（1）：17.

励及资助学生参加'雅思'国家英语水平考试。"① 在 2023 国际英语教育中国大会中，澳门城市大学校长刘骏表示，"英语教学将继续成为基础教育中的主要教学方式"，"在高等教育中，需要鼓励不同学科的学生尝试用英语学习学科内容，从而用英文思考问题"，澳门特区的英语教育正在不断发展和完善，目前澳门特区 10 所高等院校中，全中文及全英文授课的高校各占30％，中英双语混合教学的占 40％。刘骏认为，推动澳门特区英语教育发展，需要"积极发展更多机构和社区的英语能力"，"培养和提高跨文化交际意识和技能"，"积极开展并推进更长远意义的英语教育，以国际语言讲好中国故事"。②

第三节　台湾地区的语言政策与祖国的统一

台湾位于我国东南沿海，西隔台湾海峡与福建省相望，东临太平洋，陆地总面积约为 3.6 万平方公里，包括台湾本岛、绿岛、钓鱼岛、兰屿、彭佳屿、赤尾屿等附属岛屿及澎湖列岛。台湾自古以来就是中国不可分割的一部分，两岸同胞同根同源、同种同脉。三国时期就有关于台湾的最早记述（彼时称为"夷洲"）；隋朝政府曾多次派兵前往（彼时称为"流求"）；宋元以后，中国历代中央政府开始在澎湖、台湾设治，实施行政管辖；1624 年，荷兰殖民者侵占台湾南部；1662 年，民族英雄郑成功驱逐荷兰殖民者收复台湾；自明末以来，大量福建及广东居民移垦台湾，逐渐形成了目前以汉族为主体的社会格局；1684 年，清政府设立台湾府，隶属福建省

① 魏琳. 澳门回归以来的语言状况 [G] //屈哨兵. 语言生活皮书：粤港澳大湾区语言生活状况报告（2021）. 北京：商务印书馆，2021：43；唐钦滨. 国际英语教育中国大会探讨新趋势 [EB/OL].（2023-07-30）[2024-01-28]. https://baijiahao.baidu.com/s? id=1772903387985517948&wfr=spider&for=pc；澳门研习计划与教师培训 [EB/OL].（2022-06-02）[2024-01-28]. https://portal.dsedj.gov.mo/webdsejspace/site/ddca/index.jsp? con=course.

② 刘骏：用英语讲好中国故事 [EB/OL].（2023-07-29）[2024-01-28]. https://www.shimindaily.net/v1/focus/%ef%bc%88%e5%b0%88%e9%a1%8c%ef%bc%89%e5%8a%89%e9%a7%bf%ef%bc%9a%e7%94%a8%e8%8b%b1%e8%aa%9e%e8%ac%9b%e5%a5%bd%e4%b8%ad%e5%9c%8b%e6%95%85%e4%ba%8b/.

管辖；1885 年设立行省——台湾省，由清政府直接管辖；① 1895 年，清政府与日本签订《马关条约》，将台湾全岛及其附属岛屿、澎湖列岛割让给日本；1945 年 8 月 15 日，日本无条件投降，台湾重新回到祖国的怀抱。

▶ 一、台湾地区语言文字概况

（一）台湾地区语言概况

戴红亮曾将台湾地区的语言总格局概括为"两大两小一分散"："两大"是指"国语"和闽南方言，"两小"是指客家方言和台湾少数民族语言，"一分散"是指随国民党迁台的各省人所说的各种汉语方言（主要为江浙、湖南等省方言）。② 但随着社会的发展，原先尚有"分散"的各省方言其实已经随着老一代人的去世而不再有使用、传承的空间。

台湾地区所称的"国语"是指 1945 年以来由台湾地区教育主管部门大力推行的以北京话作为标准音的通用语，目前是台湾地区最为通行的交际语言，与大陆的通用语——普通话可以顺畅沟通，但稍有差异，如卷舌音和儿化韵消失，中间夹杂有部分闽南方言词汇等。

闽南方言是台湾地区使用人数最多（占台湾地区总人口 83% 以上）的汉语方言，主要分为三种腔调：偏泉腔、偏漳腔、漳泉混合腔。③ 闽南方言是闽方言的次方言，除闽南方言外，闽方言中的闽东方言、莆仙方言在台湾地区也有少量分布。客家方言是台湾地区的第二大汉语方言，目前主要有四县腔、海陆腔、大埔腔、饶平腔、诏安腔、南四县腔等六个主要腔调以及永定腔等小众腔调。这些腔调均由其祖籍地来源而命名，如四县腔、南四县腔客家方言的祖籍地来源主要为广东省梅州市（兴宁县、五华县、平远县、蕉岭县等地，统称为"四县"），海陆腔客家方言的祖籍地来源为广东省的海丰和陆丰地区，④ 诏安腔客家方言的祖籍地来源为福建省漳州市

① 台湾问题与新时代中国统一事业［EB/OL］.（2022-08-10）［2023-01-05］. http：//www. gwytb. gov. cn/topone/202208/t20220810 _ 12459866. htm? eqid=abd404ad0009cce50000000464490274.
② 戴红亮. 台湾语言文字政策［M］. 北京：九州出版社，2012：3.
③ 周长楫. 台湾闽南话［G］//詹伯慧，张振兴. 汉语方言学大词典·上卷. 广州：广东教育出版社，2017：526.
④ 戴红亮. 台湾语言文字政策［M］. 北京：九州出版社，2012：15.

诏安县等。台湾地区的少数民族依据居住环境的不同分为两个次族群：平埔人和高山人。平埔人居住在平地及丘陵，自明代之后即与当时来台的汉人相杂居住乃至通婚，几乎已被汉化；而高山人由于受到地域条件的限制，与汉人接触较少，更多保留了自有的语言与文化。[①] 南势阿美语、秀姑峦阿美语、海岸阿美语等台湾地区少数民族语言均属于南岛语族（Austronesian）。

上述是台湾地区语言社会的主要构成。自 20 世纪 90 年代末期始，不同时期、不同机构、不同学者都曾对台湾地区的语言使用情况进行过调查研究，虽然研究方法和途径各不相同，但最终结果呈现出较强的一致性，基本符合以上"两大两小"的概括。

廖湘美等（2015：105）针对台湾地区中小学生使用语言情况的调查结果显示：在台湾地区家庭语言生活中，中小学生用"国语"和方言的机会分别为 71.3％和 28％；家庭以外，"国语"的比例达到了 90.75％，而方言仅为 8.5％。吴晓芳、林晓峰（2017：33）对台湾地区大学生语言使用情况进行调查后的相关数据显示：台湾地区大学生在家庭、朋友、宗教、社会、学生和公职部门等场合多使用"国语"和闽南方言，其中，"国语"占绝对优势。

综合上述语言生活状况的调查结果，目前台湾地区的语言现状可概括为："国语"作为标准语，是最为通行的交际语言；闽南方言是使用范围最广、使用人数最多的汉语方言；客家方言和台湾地区少数民族语言的使用人数较少、通行范围有限；外省方言快速萎缩。

近年来，由于外来劳工与涉外婚姻的影响，来自印尼、菲律宾、越南、泰国等国的语言也进入台湾地区语言生活中，从而造成其语言状况日趋复杂。

（二）台湾地区文字概况

台湾地区所使用的文字形式原本与大陆同文同种。大陆推行使用简化

---

① 李绍明. 论台湾汉族诸民系文化整合的历史与现状［G］//揣振宇. 汉民族文化与构建和谐社会. 哈尔滨：黑龙江人民出版社，2008：139.

汉字之后，台湾地区仍然沿用繁体汉字，二者由此呈现出不同的文字面貌。近年来由于两岸交流的日益深入，简化字①也逐渐以多种形式出现在台湾地区的语言文字生活中。

繁体字是台湾地区最主要的书写形式，一般正式场合都要求使用繁体字。20 世纪 70 年代至 80 年代，台湾地区还制定了《常用"国字"标准字体表》等一系列汉字标准，确定了常用字及次常用字的隶书、楷书、宋体等各种汉字形体。

汉字简化在台湾地区经历了曲折的历程。1970 年，台湾地区教育主管部门针对汉字简化问题提出"不宜提倡简笔字"。② 在台湾地区，简体字基本不见于正式场合，但已在日常书写中广泛使用，且台湾地区的简体字和大陆的简化字大多数相同，主要是一些历史上长期使用的俗体字及常用字。据统计，台湾地区《标准行书范本》（4010 字）中收录的简体字与大陆《简化字总表》（2274 字）所收录的简化字中相同或相似的简化字共 694 字，占《简化字总表》的 30.5%。③ 此外，一些地方政府、旅游部门和商家也开始使用简体字，如高雄市政府在旅游网站上提供该市旅游信息时，就已经提供了简体中文版供访客阅读。一些高校也应外国人学习简体字的要求，开设了简体字课程。张为、林清霞（2022：54-56）调查台湾地区网民使用简化字的情况发现，虽然台湾地区奉行"印繁写简"的语文政策，但在两岸交流日益多元的今天，台湾地区网民使用简化字的情况逐渐增多。

近年来，台湾地区教育主管部门出台了《台湾闽南语推荐用字 700 字表》《台湾客家语书写推荐用字》等一系列针对闽南方言和客家方言的方言用字指导，这对于规范闽南方言和客家方言的书面用字起到了积极作用。

此外，台湾地区的拼音方案一直采用双轨制拼音政策，即在教育及辞

---

① 台湾地区对繁体字与正体字、简化字与简体字做了区别，繁体字、简化字是大陆的说法，正体字、简体字是台湾地区的说法。台湾地区也有把简体字说成俗体字。简繁汉字同根而生，都是中华民族文化的瑰宝。大陆方面倡导"识繁写简"，繁简共存，也给繁体字的书写留下空间。参见吴晓芳，林晓峰. 台湾 70 年语言政策演变与语言使用现实及其政治影响 [J]. 云南师范大学学报（哲学社会科学版），2017（1）：35.

② 许长安. 台湾语文政策概述 [M]. 北京：商务印书馆，2011：76.

③ 骆毅. 台湾《标准行书范本》出版 10 周年 [J]. 语文建设，1990（6）：55.

书领域与译音领域分别是两套拼音方案。在教育及辞书等领域的文字拼读工具即为颁布于 1918 年的注音符号。这套注音系统，是小学"国语"教育的必修内容，也是台湾地区计算机及移动通信的主要输入法。在译音领域，台湾地区先后使用过注音字母、威妥玛式拼音、汉语拼音、通用拼音等四种不同的拼音方案。

二、台湾地区的语言文字政策

语言作为传承文化、负载认同价值观念的媒介，被认为是一种权利和意识形态。语言与政治有着密切的依存关系，在不同执政者执政时期，语言文字政策和语言状况也会随之发生较大变动。我们将台湾地区的语言文字政策分为荷兰侵占时期（1624—1662）、明郑治台与清朝统治时期（1662—1895）、日本殖民统治时期（1895—1945）、国民党"执政"时期（1945—2000）、民进党"执政"时期（2000—2008）、国民党重新"执政"时期（2008—2016）、民进党重新"执政"时期（2016—）① 7 个不同阶段展开论述。

（一）荷兰侵占时期（1624—1662）的语言文字政策

1624 年，荷兰人入侵台湾，直至 1662 年郑成功收复台湾，这 38 年可以称之为台湾地区语文政策的"荷兰侵占时期"，② 荷兰人向台湾派遣传教士，强制管辖区内的少数民族信奉基督教，利用基督教教义对台湾人民进行殖民统治与奴化教育。

1627 年，首位荷兰传教士干治士（Georgius Candidius）抵达台湾，以新港为据点进行传教。他学习当地语言，用罗马字母拼写新港语，创制了台湾少数民族语罗马字——新港文，曾先后用新港文编译了《新港语字汇》

---

① 关于台湾地区语言文字政策的沿革分期主要参考：戴红亮. 台湾语言文字政策 [M]. 北京：九州出版社，2012：7-14；许长安. 台湾语文观察 [M]. 北京：九州出版社，2015：3-28；吴晓芳，林晓峰. 台湾 70 年语言政策演变与语言使用现实及其政治影响 [J]. 云南师范大学学报（哲学社会科学版），2017（1）：30.

② 许长安. 台湾四百年语文政策沿革及语文使用现状 [G] //苏新春. 台湾语言文字问题对策研究. 厦门：厦门大学出版社，2016：7.

等书。① 新港语成为教学和布道的用语，传教士使用新港语编写的教材。

荷兰传教士在教学语言的选择上也会因具体情况有所变动，最初以新港语为标准语，接着就强迫各社学校改用荷兰语，但在具体推行中，又选用最具代表性的两三种土语作为教学用语，并兼授荷兰语，实行所谓的"双语"教学。② 不论采用何种语言传教和教学，其目的均是为推行其宗教奴化教育。

荷兰侵台时期的语言文字政策主要是通过传教和办学实现的，推行荷兰语和台湾少数民族语言，并用罗马字拼写台湾少数民族语言。③

（二）明郑治台与清朝统治时期（1662—1895）的语言文字政策

1662 年，郑成功收复台湾，将荷兰人驱逐出岛。其子郑经嗣位后，开始兴办儒学，宣传儒家思想，消弭荷兰殖民者侵台造成的影响。郑经听取陈永华的建议，"请建圣庙，立学校"。学校建成后，郑经等人邀请名儒大家来校任教，大试优秀者可以供职六科内都事，这相当于将明朝的教育选拔制度移植到台湾。除了"官方"的教育举措外，还有个人的教育实践，具有代表性的是较早来到台湾的太仆寺少卿沈光文，他经常教授台湾少数民族学习汉语，教化民众。④ 郑经等人在台湾建设学校、教授儒学等语言文字政策，以及沈光文等人来台所做的语言文字教育工作，极大地提高了当时台湾社会的文化风气。

1683 年，清政府收复台湾。次年，康熙皇帝下令派遣第一批文武官员入台任职，台湾正式归于清政府统治之下。清政府的对台语言文字政策，主要通过学校教育实施，如建立府县儒学、书院、义学、社学、民学等教学机构，选用的教材主要是《三字经》、四书五经等经学和《玉堂对类》《千家诗》等艺文，主要学习文言文和汉字。⑤

---

① 许长安 . 台湾语文政策概述 [M]. 北京：商务印书馆，2011：15.

② 宇晓 . 十七世纪荷兰、西班牙传教士在台湾高山族地区的活动及其影响 [J]. 中央民族学院学报，1989（4）：54.

③ 许长安 . 台湾语文观察 [M]. 北京：九州出版社，2015：3.

④ 连横 . 台湾通史 [M]. 北京：九州出版社，2008：166-167.

⑤ 许长安 . 台湾四百年语文政策沿革及语文使用现状 [G] //苏新春 . 台湾语言文字问题对策研究 . 厦门：厦门大学出版社，2016：9.

除了传统汉学的教育外，清政府还注重台湾地区的外语教育。1890 年，时任巡抚刘铭传在台湾"电报学堂"开设西学课程，聘用外籍教师，教授英语、法语，培养通晓外语的本地人才。这一时期的外语教育，主要是为洋务运动服务。①

整体上说，这一时期台湾地区的语言政策都是比较松散的，或照搬前朝旧制，或沿袭全国章程，其目的都是巩固统治。从郑成功驱逐荷兰殖民者到《马关条约》签订这两百多年的时间里，汉语在台湾地区的传播是比较成功的，一方面逐渐降低了新港语等台湾地区少数民族语言的影响；另一方面，各类学校的建设使得儒学传播范围更广，人们受儒学影响更深。

（三）日本殖民统治时期（1895—1945）的语言文字政策

1895 年，《马关条约》签订之后，台湾岛及其附属岛屿、澎湖列岛被割让给日本。日本殖民统治期间，在台湾地区实行所谓"同文同种"的语言同化政策，大肆推广日语并确定日语为所谓"官方语言"，规定台湾地区民众必须学习日语，且打算通过这种方式消灭汉语。

1895 年，时任台湾"总督府"学务部长伊泽修二提出"台湾的教育第一应该使新领土的人民从速学习日本语"。受此主张影响，日本政府开始在台湾地区推行日语，先后设立了"国语②传习所"（后改为"公学校"），其目的是"希望通过教授日语而使台湾人变成日本人"。1919 年，台湾"总督府"发布《台湾教育令》，进一步推行日语教育，此后，中文教学遭到严令禁止，时任台湾总督明石元二郎则明确强调要使台湾人日本化。1937 年，太平洋战争爆发，日本加强了对台湾地区的殖民统治，汉语被全面禁止，中文报刊被废止取缔，日语在台湾地区的普及程度日益提升。据当时台湾地区"总督府"官方公布的数据，1937 年日语在台普及度为 37.86％，1941 年为 57.02％，至 1944 年高达 71％。在日本 50 年的语言高压殖民统治影响下，至 1945 年台湾地区光复时，大部分 40 岁以下民众的主要语言已为日语，甚至有的年轻一代只会日语。③ 至今，台湾地区的闽南方言、客家方言

---

① 连横. 台湾通史［M］. 北京：九州出版社，2008：171.
② 这里的"国语"指的是日语。
③ 许长安. 台湾语文政策概述［M］. 北京：商务印书馆，2011：20-24，44.

和台湾地区少数民族语言中还留有许多日语词汇。

（四）国民党执政时期（1945—2000）的语言文字政策

1945 年日本战败，中国收回被日本侵占五十年的台湾，中华人民共和国成立后，国民党退居台湾。从 1945—2000 年这 55 年间，国民党在台"执政"时在语言和文字政策上各有侧重，下面分别介绍。

1. 国民党"执政"时期（1945—2000）的语言政策

根据国民党"执政"时期（1945—2000）语言政策侧重点的不同，我们将这一时期的语言政策分为三个阶段：清日推"国"① 阶段（1945—1949）、推"国"禁方阶段（1949—1987）和尊方护民阶段（1987—2000）。

清日推"国"阶段（1945—1949）主要是以消除日语影响、推行以"国语"为中心的语言政策。1945 年抗战胜利后，时任"行政长官"陈仪大力推行以北京话为基础的"国语"。1946 年 4 月，台湾地区编辑了《"国音"标准汇编》并制定了《台湾省"国语"运动纲领》，同时在电台进行读音示范，加强"国语文"教育。② 1949 年 6 月，台湾地区教育主管部门实施"台湾省立各师范学校应届毕业生'国语文'统一考试"，要求"国语文"不及格的不准毕业。③

推"国"禁方阶段（1949—1987）主要是推行"国语"、严禁方言使用的语言政策。1952 年，台湾地区教育主管部门规定凡举行各种集会口头报告，必须讲"国语"。④ 1956 年，台湾地区教育主管部门发布通知：各中等学校谈话应尽量讲"国语"，避免用方言。⑤ 1966 年，台湾地区当局加强推行"国语"计划，并规定各级学校师生必须随时随地使用"国语"，同时禁止电影院等公众场所播放方言和外语影视作品、使用方言和外语进行宣传。⑥ 1975 年，台湾地区行政管理机构对方言（含台湾地区少数民族语言）

---

① 台湾地区的"国语"与中国内地"国语"有区别，特加注引号。
② 许长安. 台湾语文政策概述 [M]. 北京：商务印书馆，2011：37-38，44-46.
③ 费锦昌. 中国语文现代化百年记事（1892—1995）[M]. 北京：语文出版社，1997：113.
④ 尚红娟. 台湾地区公民教育发展中"文化认同"变迁之研究（1945—2008）[M]. 上海：上海人民出版社，2014：134.
⑤ 费锦昌. 中国语文现代化百年记事（1892—1995）[M]. 北京：语文出版社，1997：227.
⑥ 许长安. 台湾四百年语文政策沿革及语文使用现状 [G] //苏新春. 台湾语言文字问题对策研究. 厦门：厦门大学出版社，2016：13.

严格限制。1984 年，台湾地区教育主管部门呼吁电视台多播放"国语"节目。① 这些文件和通知对推行、使用"国语"做出了具体规定，并对方言及外语的使用进行了明确限定。以上种种政策及措施在某种程度上促进了"国语"在全社会的通行，但因其过于严苛地压制方言，对方言及台湾地区少数民族语言产生了巨大的冲击，实施不久即遭抵制。②

尊方护民阶段（1987—2000）的语言政策在教育领域尊重并推广方言和台湾地区少数民族语言的使用。1990 年，台湾地区教育主管部门对"本土语言"的教育诉求进行了回复：在国民教育阶段仍应使用"国语"，但有兴趣研习方言的学生，可以利用课外时间学习。1993 年，台湾地区教育主管部门正式宣布"将母语教育列入中小学正式教学活动范畴，在不妨碍推动'国语'的前提下，让中小学依兴趣及需要，以选修方式学习闽南语及客家语"。1994 年，《国小乡土教育活动课程标准》颁布，明确规定 1996 年正式将"母语"教育纳入课程。③ 1996 年，小学三年级到六年级增设"乡土教学活动"一科，其中包括乡土语言教学。④

2. 国民党"执政"时期（1945—2000）的文字政策

20 世纪 50 年代前，中国大陆与台湾地区的文字面貌是相同的，自 50 年代末两岸文字面貌开始分化，中国大陆使用简化汉字，台湾地区至今仍主要使用繁体字。但在 20 世纪 70 年代以前台湾地区围绕着简繁字体使用的"简繁之争"则一直存在。

1951 年，台湾政界人士马有岳提出"请政府颁制常用简易汉字，限制使用奥僻文字，以利人民辨认"。1953 年 3 月，台湾地区当局"禁止各校学生写简体字"。同年 9 月，台湾教育界人士罗家伦支持简化中国文字。⑤ 1954 年 2 月，台湾政界人士廖维藩在一份提案中明确反对罗家伦关于简化汉字的提议。1954 年 3 月，罗家伦发表长文《简体字之提倡甚为必要》，以

---

① 戴红亮. 台湾语言文字政策 [M]. 北京：九州出版社，2012：88-89.

② 许长安. 台湾语文政策概述 [M]. 北京：商务印书馆，2011：65.

③ 许长安. 台湾语文观察 [M]. 北京：九州出版社，2015：10-11.

④ 蔡金安. 台湾闽南话的复兴运动 [G] //李宇明. 两岸语言文字调查与语文生活. 北京：商务印书馆，2017：381.

⑤ 马重奇，林玉山. 海峡两岸语言及辞书研究 [M]. 福州：福建人民出版社，2013：2.

期说服廖维藩。①

20 世纪 60 年代末，汉字简化问题又被提出。1969 年 4 月台湾政界人士何应钦提出"整理简笔字案"，除少数专家学者持不同意见外，各界对此案表示推崇。同年 5 月，林语堂建议整理简体文字。1970 年 12 月，台湾地区教育主管部门邀集专家整理简体字。1972 年，拟订汉字标准化的计划与具体施行步骤。自 1973 年至 1982 年，先后完成常用、次常用、罕用汉字与异体字字体表的编制。此后，繁体字即确定为台湾地区语言生活中汉字的主要书写方式。②

文字政策中，中文排写方式也曾经历几次争议。1956 年，台湾地区教育主管部门规定"学生作业均应用正楷，不得写简体字；考试试题试卷，除数理化乐谱等横写外，其他如'国文'、公民、史地等科目，均应由上而下，由右而左，不得横排或横写"③。1997 年修订的《中文书写及排印方式统一规定》明确规定：中文直式书写及排印，自上而下，自右而左；中文横式书写及排印，自左而右，自上而下。④ 至 2005 年，原先一直采用竖式的公文也改为全面实施横式书写模式。

2000 年以前，国民党当局从清除日语、力推"国语"到严禁方言、主推"国语"，再到尊重方言和台湾地区少数民族语言，采取多元化价值取向的语言政策。而在文字政策方面则相对坚决，虽有过"简繁之争"，但从其采取的措施看是一力维护繁体字的绝对地位。

此外，国民党迁台之后，台湾地区在教育教学和译音领域分别采取不同的拼音政策。教学中，一直使用注音符号进行中文教学；而中文译音则使用过注音符号、威妥玛式、汉语拼音等三套不同系统。这种双轨制的拼音政策，是台湾地区语文生活中的一大特色。

1949 年，台湾地区教育主管部门公布《台湾省各级学校"国语"正音

---

① 费锦昌．中国语文现代化百年记事（1892—1995）［M］．北京：语文出版社，1997：183-184．

② 许长安．台湾语文政策概述［M］．北京：商务印书馆，2011：76-79．

③ 费锦昌．中国语文现代化百年记事（1892—1995）［M］．北京：语文出版社，1997：227．

④ 许长安．台湾的语文政策沿革及语文使用现状［G］//马庆株．语文现代化论丛（第七辑）．北京：中央广播电视大学出版社，2008：263．

补救办法六条》，"传习注音符号，以为正音工具"，利用广播电台等学习注音符号。1954 年，台湾地区教育主管部门规定从当年起，一年级的"国语"教学前 12 周先学习注音符号。① 1999 年以前，台湾地区长期使用注音符号或威妥玛式拼音。20 世纪后期，受信息化和中文国际化潮流的影响，台湾地区教育主管部门在 1986 年发布了"'国语'注音符号第二式"，但没有得到批准。1999 年国民党当局将汉语拼音作为译音系统的拼读工具。②

乡土语言音标的制定是国民党语言文字拼音政策中的新领域。自 1991 年起，台湾语文学会成立，并开始制定涉及台湾地区少数民族语言、闽语、客家话的一系列拼音系统。1994 年，台湾地区少数民族语言音标符号系统公布施行。1998 年，"台湾闽南语音标系统"与"台湾客家语音标系统"公布，成为闽语与客家话的拼写工具。③

（五）民进党"执政"时期（2000—2008）的语言文字政策

民进党在 2000 年至 2008 年"执政"期间出台的语言文字政策集中体现为"废止'国语'推广政策、实行'乡土语言'政策"④，一方面消弭"国语"的影响，降低其在台湾地区语言生活中的地位，另一方面通过推行"乡土语言教育"，大力抬升所谓"乡土语言"的重要性。这些政策均与国民党时期的语言文字政策相背，其目的是推行其"台独"理念，为"台独"造势。同时，民进党强调发展闽南方言文化等"本土文化"，增强对台湾地区的认同感。⑤ 这种对所谓"本土文化"的抬升，其实质也是在否定与大陆的源脉关系。

2000 年，台湾地区"政党"更迭，民进党上台后，立即对"'国语'推行委员会"（简称"国语会"）进行改组，并于 2000 年 9 月否定了 1999 年由国民党提出的与大陆通用的汉语拼音方案，通过了所谓的"通用拼音"方

---

① 费锦昌．中国语文现代化百年记事（1892—1995）[M]．北京：语文出版社，1997：118，121，186.

② 戴红亮．台湾语言文字政策 [M]．北京：九州出版社，2012：9.

③ 许长安．台湾语文政策概述 [M]．北京：商务印书馆，2011：101.

④ 吴晓芳，林晓峰．台湾 70 年语言政策演变与语言使用现实及其政治影响 [J]．云南师范大学学报（哲学社会科学版），2017（1）：30.

⑤ 戴红亮．台湾语言文字政策 [M]．北京：九州出版社，2012：145.

案，引起了社会各界的强烈反对。2002 年 7 月，"国语会"再度表决中文译音系统，通过了作为中文译音系统的"通用拼音"方案，此举遭到诸多质疑和强烈反对。同年 9 月，"国语会"又印制了"中文译音使用原则"发往各县市等单位。①

2003 年，"国语会"通令各校废止《"国语"推行办法》，该决议一公布就引起各方强烈反对。不少学者指出，这一举措实际上把语言问题政治化。许长安（2006：29）认为"废除这个法令就是要取消'国语'的共同语地位，要害是否定'国语'运动"。郭光明、苏新春（2016：43）认为废除《"国语"推行办法》"就是要打压'国语'的共同语地位，其要害是否定'国语'运动，为提升台湾的'乡土语言'地位扫清障碍"。

与此同时，"乡土语言教育"被提升到新的位阶。2000 年，台湾地区出台《"国民"中小学九年一贯课程暂行纲要》，"乡土语言"被列为小学阶段必修课程，国中学生自行决定是否选修。② 2001 年，九年一贯课程标准正式实施，"乡土语言"被纳入正式课程之中。

2003 年 2 月，新改组的"国语会"通过"语言平等法（草案）"，将"国语"改称为"华语"，"台语"专指闽南语，并将华语与客家话、闽南语及 11 种"台湾少数民族语言"并列为"法律上平等的'国家语言'"。该"草案"公布后引发各方质疑，后将此"草案"修订为"语言发展法（草案）"。这两个"草案"的主要区别在于"发展法"删除了 14 种"国家语言"的具体名称，其核心内容并无二异。③

台湾地区推行的"乡土语言教育"以及发布的上述两个"草案"，"表面上是语言平等，实际上是挤压'国语'；表面上是保护语言资源、提倡多元文化，实际上是去'中华文化'。""'乡土语言'政策既然与文化'台独'紧密关联，从语言上看是失败的，是反语言规律的，但从政治上看，只要

---

① 许长安．台湾的语文政策沿革及语文使用现状［G］//马庆株．语文现代化论丛（第七辑）．北京：中央广播电视大学出版社，2008：265.
② 石勇．台湾语言文字政策的意识形态之争［J］．世界知识，2009（18）：47.
③ 沈海英．多国语言政策比较研究［M］．昆明：云南人民出版社，2014：67-68.

'台独'势力当政，依然会大力推行"①。

（六）国民党重新"执政"时期（2008—2016）的语言文字政策

国民党重新"执政"时期（2008—2016）的语言文字政策主要是调整修订民进党执政时期的相关政策，"实行一个主轴两个并轨，'推行国语和尊重母语和外语'的语言政策，母语教育依然被大力推广"②，主要体现在对"国语"地位的恢复，重新修订"国语"标准；重新使用汉语拼音。在学校教学方面，抛弃"教科书不当用词检核"报告，恢复"国文"、历史、地理等绝大部分教科书用词；《中华文化基本教材》恢复为必选科目，列入高中毕业要求；适当延长中小学"国文"选文的长度，增加学生对"国文"选文的阅读量等。③

国民党"执政"时期的语言文字政策随着时代的发展与社会的需求不断发生阶段性调整，由一意推行"国语"变成了主推"国语"，尊重、提振"本土语言"、外语共同发展的局面：在仍以推行"国语"为中心的前提下，台湾地区当局不再压制汉语方言与台湾地区少数民族语言，还在中小学阶段设立了相关课程，教习"本土语言"；同时，提倡多角度全方位提高外语能力，重视公共外语（主要是英语）的使用。

在推行"国语"方面，2008年，台湾地区教育主管部门在"九八学年普通高级中学课程纲要"中增加高中三年"国文"科的学分，文言文比例从45％提高到50％。2010年，台湾地区教育主管部门通过"九九学年高中国文课程纲要"，将高中"国文"课中文言文比例改为具有弹性开放性质的45％至65％。文言文课文篇数由34篇最多可增为49篇。④

在"本土语言"教育方面，台湾地区教育主管部门以"本土语言"统称闽南方言、客家方言及台湾地区少数民族语言，取代以前"乡土语言"的名称。2008年修正公布的《"国民"中小学九年一贯课程纲要》规定，

① 吴晓芳，林晓峰.台湾70年语言政策演变与语言使用现实及其政治影响［J］.云南师范大学学报（哲学社会科学版），2017（1）：34.

② 吴晓芳，林晓峰.台湾70年语言政策演变与语言使用现实及其政治影响［J］.云南师范大学学报（哲学社会科学版），2017（1）：30.

③ 戴红亮.台湾语言文字政策［M］.北京：九州出版社，2012：13.

④ 许长安.台湾语文观察［M］.北京：九州出版社，2015：19.

"小学一年级至六年级学生，应就闽南语、客家语、少数民族语言等三种本土语言任选一种修习，国中则依学生意愿自由选习"。

在推广外语方面，"着重多角度全方位提升英语能力，重视营造外语环境和提供多语服务"①，包括公务员考试加考外语等，将英语能力视为公务人员考试的应考资格条件，"以提升公务人员整体竞争力及因应国际环境变迁的能力"。2008 年台湾地区公务人员考试有 315 种，80% 都已加考英语，且占分比例不断提高。②

国民党再度"执政"后，规定自 2009 年起官方译音标准从通用拼音全面改采汉语拼音。③ 但是，为顾及修改拼音方案而造成的巨额耗费及其他影响，该方案配套措施分三阶段逐步实施，并且未强制在社会语言生活中全面修改。这些举措在规范台湾地区拼音政策方面起到了积极作用。

（七）民进党重新"执政"时期（2016—）的语言文字政策

民进党重新"执政"时期（2016—）的语言政策延续之前对"国语"的抑制及对"本土语言"的抬升。在"国家语言"概念的炮制中，民进党当局首先将部分"本土语言"以立法的形式规定为所谓"国家语言"，并设立具体措施保障其在基础教育阶段的教学实施，实则民进党当局包藏处心积虑"去中国化"的祸心，实施的"文化台独"策略。具体表现在 2017 年公布施行所谓的《"原住民族"语言发展法》及 2018 年公布施行所谓的《客家基本法》将台湾地区少数民族语言及客家方言定义为所谓的"国家语言"。

在拼音政策方面，面对通用拼音提出之后多年的不休纷乱，民进党在 2016 年再度"执政"后亦不再坚持使用通用拼音，在中文译音领域延续使用国民党"执政"期间所确定的汉语拼音方案。历时数年的通用拼音与汉语拼音之争终以汉语拼音的使用更为普及而暂告终结。

2016 年，民进党当局重提"第二官方语言"问题，并于 2017 年提出所谓"2030 双语政策"，随后又进一步强推"2030 双语社会"，"要在岛内高

---

① 戴红亮. 台湾语言文字政策 [M]. 北京：九州出版社，2012：187.

② 台考试部门称两年内公务员考试全面列考英文 [EB/OL]. （2008-09-04）[2024-02-10]. https://www.chinanews.com/tw/mswx/news/2008/09-04/1371429.shtml.

③ [美] 梁培炽. 美国华文教育论丛 [M]. 北京：中国华侨出版社，2014：105.

中以下学校运用英语进行多领域学习，在大专院校设立双语标杆学校"，认为"英语是'提升国际交流'与'提升专业领域知识'所必要的国际语言"①。民进党当局试图以英语取代"国语"的举措，不仅反映了其"去中国化"的图谋，在某种程度上更是主动被殖民地化，这也是台湾民众所无法接受的。

在外语政策方面，民进党当局提出所谓"新南向政策"，实施"东南亚文化及语言计划"，区域覆盖东盟十国、澳大利亚、新西兰和南亚六国等 18 个国家。② 为此，台湾地区教育主管部门加强与东盟国家的教育交流，采取多项措施为所谓"新南向政策"培养全方位的语言人才。③ 台湾教育界人士张世沛表示，小学阶段，学生可以从闽南方言等"本土语言"以及越南等 7 国语言中任选一种作为必修课程。初高中阶段则将"新住民语"作为选修课程，根据学生需求弹性开课。④ 这些做法亦是披着"多元语言选择"的外衣，实则为达成其"去中国化"政治目标的行径。

综上可见，民进党当局为实现其"文化台独"目的，在语言文字政策上大力"造势""精心"策划，在"执政"后期采用多项措施实施带有浓重政治色彩的语言文字政策，并下沉至基础教育阶段，"其目的是削弱台湾同胞特别是青少年的中华民族意识，切断台湾同胞同祖国历史文化的血脉联系"⑤，这些举措也的确造成了极为恶劣的影响。

▶ 三、加强两岸语文沟通，促进国家完全统一

近三十年来，香港、澳门的实践已经证明"一国两制"是解决相关历史遗留问题的正确选择。解决台湾问题、实现祖国完全统一，符合包括台

---

① 于名. 老师痛苦，学生难接受，家长质疑……民进党强推双语，各方都在骂！[EB/OL]. (2023-09-05) [2024-02-09]. https：//www. toutiao. com/article/7275096290999009833/? wid = 1703564963315；关语."双语政策"乱象频出，民进党执意谋"独"让台湾社会痛苦 [EB/OL]. (2023-09-28) [2024-02-10]. https：//www. vos. com. cn/kuaiping/2023-09/28/cms211892article. shtml.

② 李鸿阶. RCEP 对台湾当局"新南向政策"的影响研究 [J]. 亚太经济，2022 (1)：123-124.

③ 张平. 我国台湾地区外语政策的动向、特点及思考 [J]. 武陵学刊，2018 (3)：127.

④ 王平. 台当局把小学生当"小白鼠"[N]. 人民日报海外版，2016-12-14 (04).

⑤ 戴红亮. 台湾语言文字政策 [M]. 北京：九州出版社，2012：12.

湾同胞在内的全体中华民族的根本利益，也是全国各族人民的共同愿望。党的二十大报告、《台湾问题与新时代中国统一事业》白皮书为扎实推动新时代两岸关系和平稳定发展，并最终实现祖国完全统一指明了道路。

语言文字统一是国家统一的基础和桥梁。大陆与台湾地区同属一个中国，文化传统相同，使用的语言文字本是同根同源，但由于海峡两岸尚未完全统一，在语言生活中仍存在分歧。针对目前大陆与台湾地区语言文字生活现状，我们认为可以从以下几个方面探求问题解决的有效途径：

（一）深入开展台湾地区语言文字及其政策研究

大陆与台湾地区同属一个中国，台湾地区自古以来便是中国不可分割的一部分。虽然历史上存在几次外国势力入侵，但台湾地区民众所说的语言依旧与大陆同根同源。而民进党当局却逐步降低"国语"地位，推行"乡土语言教育"，目的就是在语言上"去中国化"。然而，不论是台湾地区的"国语"还是被称为"母语"的闽语和客家话，都与大陆的普通话、闽语和客家话属于同源关系。为此，我们可以加强大陆与台湾地区的语言文字研究，特别是海峡两岸的闽语、客家话的语言研究，从语源上论证大陆与台湾地区的源脉关系。

此外，要开展台湾地区语言文字政策研究，了解这些政策实施的前因后果，深入剖析其背后是否存在政治操作。只有了解其政策实质，在面对复杂问题时才能有针对性地予以回应。近年来，很多学者致力于此，如许长安（2011）、戴红亮（2012）、苏新春（2016）、李行健等（2017）、苏新春等（2018）和仇志群（2021）等。特别是2000年民进党上台后推行"多元文化主义"和"去中国化"政策，"台独"分裂势力鼓吹"文化台独"，更需要我们及时关注台湾地区语言文字政策动向，深入剖析民进党当局推行语言"多元化"举措背后的政治企图，从学理上遏制"台独"分裂势力在语言文字政策上的"理论外衣"。①

---

① 李行健，仇志群．"文化台独"在语言问题上的表现及其政策思考［J］. 台湾研究，2017（1）：14-19.

（二）加强两岸语言文化沟通交流

交流沟通是双方互相了解、增加信任与亲近度的最好方式。拓展大陆与台湾地区在语言文化方面的双向交流沟通，增强两岸人民的文化认同，可为祖国统一筑垒文化基石。

大陆使用的普通话及台湾地区使用的"国语"是研究汉语发展变化不可或缺的语言资源。若能处理好两者之间的关系，定能为语言文字事业的发展提供助力。海峡两岸学者在这一方面已经取得了一些成果，如 2003 年出版发行的《两岸现代汉语常用词词典》是第一部由海峡两岸学者合作编写、反映海峡两岸汉语差异的现代汉语词典。① 2012 年出版《两岸常用词典》，2015 年出版《两岸通用词典》等，2016 年发布《中华语文大辞典》（电子版），2018 年出版发行《中华语文大辞典》（纸质版）等。② 两岸学者合作共建中华语文知识库网站，合编《中华科技名词大词典》等系列词典，解决两岸民众最关心、最迫切需要解决的语言沟通问题。③ 这些词典的出版，既有助于我们研究两岸汉语词汇，也为两岸人民的沟通交流带来了便利。

汉字艺术节的持续举办也是两岸合作互通的成功案例。自 2010 年在北京举办首届"两岸汉字艺术节"起，至 2023 年在山东寿光举办第十三届两岸汉字艺术节，"两岸汉字艺术节"已在大陆和台湾轮流举办 12 届。④ 大陆和台湾地区的书法爱好者通过书写汉字之美，发扬汉字精神，传承海峡两岸一脉相承的中华优秀传统文化。

今后，大陆与台湾地区的语言文化交流，还可以根据形势需要灵活地

---

① 冯瑞. 两岸学者首次合编词典　真实记录两岸词语之异同 [EB/OL]. （2003-09-21）[2024-02-06]. https://www.chinanews.com/n/2003-09-21/26/349168.html.

② 宗河. 两岸语言文字交流合作机制已基本形成 [EB/OL]. （2016-04-26）[2024-02-06]. http://paper.jyb.cn/zgjyb../html/2016-04/26/content_454579.htm? div=-1.

③ 徐壮. 语言文化交流合作增进港澳台同胞认同感 [N]. 人民日报海外版，2022-06-29（04）.

④ 首届"两岸汉字艺术节"新闻发布会在京隆重举行 [EB/OL]. （2010-05-18）[2024-02-06]. http://www.scio.gov.cn/ztk/dtzt/46/10/5/Document/828897/828897.htm；王态. 第十三届两岸汉字艺术节在山东寿光举办 [EB/OL]. （2023-09-18）[2024-02-06]. http://www.sd.xinhuanet.com/20230918/15f54da7e742482f9e478a6cfdc3ad01/c.html.

推出新内容、新形式，争取与台湾地区各社会群体（尤其是青少年群体）达成并保持全方位有效交流沟通，为未来推进语言文字统一事业打下扎实基础。

（三）共同推进国际中文教育

21世纪以来，全球经济迅猛发展，国家之间的交流日益密切，越来越多的国家日渐重视中文学习。据2023年的统计，全球共有190多个国家和地区开展中文教学项目，85个国家把中文纳入国民教育体系，海外正在学习中文的人数超过3000万。[①] 台湾地区的对外中文教育[②]起步较早，20世纪50年代即已开始并设有多家机构从事该项事务，并在此方面积累了大量经验，如举办民俗文化培训、开展华语文能力测验、研究中文数位教学等。

中文是大陆与台湾地区共同的文化基因，二者的语言实况也存在高度一致性。在中文国际传播已成为全球热点的当下，大陆与台湾地区可以加强合作，共同促进中文教育的国际传播。如2011年至今，暨南大学等高校与台湾地区世界华语文教育学会合作举办了九届"两岸华文教师论坛"；湖南师范大学与台湾师范大学于2019年共同发起的"新时代两岸华语教学学术研讨会"迄今已举办四届。

此外，还可以加强两岸国际中文教育数字平台建设，深化国际中文教育合作交流。目前，大陆已建成中文联盟、全球中文学习平台、梧桐中文等学习平台，教育部中外语言交流合作中心发布语合智慧教室平台，倡导教学资源共享，方便汉语学习者学习汉语；[③] 台湾地区建有"全球华文网""全球华语文数位教与学资源中心"等汉语学习网站。在国际中文教育数字平台建设方面，两岸可以合作共建国际中文教育数字资源库，共同推进中文国际传播。

---

① 王辉，周智婉. 中文的世界性正在增强［N］. 人民日报海外版，2023-12-20（11）.

② 台湾地区将针对母语非汉语的外国人和海外华人所进行的汉语教学称为"华语文教学"或"华文教学"，其实质与大陆的"国际中文教育（2019年之前称作"汉语国际教育"）"相同。为避免歧义，本文称其为"对外中文教育"。

③ 惠天罡，梁德惠. 国际中文教育（2020）［G］//国家语言文字工作委员会. 中国语言生活状况报告（2021）. 北京：商务印书馆，2021：128；惠天罡，梁德惠. 国际中文教育（2021）［G］//国家语言文字工作委员会. 中国语言生活状况报告（2022）. 北京：商务印书馆，2022：145.

以上各种交流合作都充分显示大陆与台湾地区合作的可能性与必要性。两岸在语言文字上的同根同源是不争的历史事实，也将是深化联系的有效纽带。新时代赋予语言文字事业以重要使命，它已成为国家的重要文化资源、经济资源、安全资源及战略资源。统一的国家，首先要有统一的语言文字。针对港澳台地区的现状，我们要着眼于新时代的视角，立足全面推进语言文字事业发展的战略高度，全力构筑与祖国大陆紧密相连的港澳台"语言文字共同体"，为早日实现祖国完全统一打下坚实的语文基础。

第四章
汉语方言与社会和谐

习近平总书记在庆祝中国共产党成立 100 周年大会上强调："新的征程上，我们必须坚持党的基本理论、基本路线、基本方略，统筹推进'五位一体'总体布局、协调推进'四个全面'战略布局，……，坚持社会主义核心价值体系，坚持在发展中保障和改善民生，坚持人与自然和谐共生，协同推进人民富裕、国家强盛、中国美丽。"① "和谐共生"已成为时代的主旋律，其涵盖范围广泛，不仅仅涉及自然生态的和谐共生，还涉及物质、精神等方面的和谐共生，其中自然也包括语言的和谐共生。语言和谐是社会和谐的重要组成部分，而和谐的语言生活是维护群体甚至国家团结统一和安定的重要基础。② 我国是幅员辽阔的统一多民族国家，国土面积大，人员分布广，居民集中性高，区域地缘性强，存在多种民族语言，汉语是使用人数最多、分布范围最广、影响最大的语言。就汉语自身而言，除了作为国家通用语言的普通话之外，还有众多蕴含丰富地域文化基因的汉语方言、次方言。汉语普通话为民间往来提供跨地域的交际工具，汉语方言则有利于加强区域内部合作、保持地方特色，两者在营造和谐语言生活和构建和谐社会上都发挥着重要作用。面对当下社会的语言生活实情，一方面，我们要厘清普通话与汉语方言之间的关系，促进二者共同发展；另一方面，我们要正视汉语方言的属性特点及其不适配和谐社会建设的短板，提出有效的应对措施，以营造和谐的语言环境，推动社会的和谐发展。

---

① 习近平：在庆祝中国共产党成立 100 周年大会上的讲话［EB/OL］.（2021-07-15）［2022-12-11］. https://m.gmw.cn/baijia/2021/07/15/34997423.html.

② 赵世举. 语言与国家［M］. 北京：商务印书馆，2015：66-67.

第一节　汉语方言与普通话

汉语方言是汉民族共同语的地域变体，服务于一定区域内的民众，与汉民族共同语相辅相成。普通话是现代汉民族共同语，源于汉语方言，又高于汉语方言。作为国家通用语言，普通话是维系民族团结的纽带，是促进社会和谐发展的桥梁。

▶▶ 一、方言的属性及其价值

语言在社会发展过程中会因人口迁徙、地理隔绝和社会生活变化等因素产生程度不一的分化与统一，由此日渐形成一个或数个供局部地理区域、部分社会团体的民众所使用的语言变体，通常称之为"方言"。方言是全民族语言在各个地域或各个社会团体的不同表现形式，方言的属性凸显其与所隶属民族语言之间的关系和区别，方言的价值包括其作为交际工具的主体功能，以及受地域、历史演变和社会分化等因素影响而获得的社会价值、历史价值、文化价值与审美价值。

（一）方言的属性

方言是语言的变体，"为小于某个语言群体的团体所使用"[1]，对应于这一"团体"划分标准的不同，方言有狭义和广义之分。狭义的方言指地域方言，俗称"地方话"，通用于特定区域或特定地点，分地区方言和地点方言两大类，对应方言、次方言、土语等层级系统，是同族语言在地理上渐变出来的分支（赵元任 1980：100），是因语言历史发展而生的一种客观存在的语言现象。就我国而言，"方言"一说周代已有，时人称其为"殊方异语"，由于汉语历史源远流长，使用范围甚广，使用人口颇多，因而分化出更多不同方言变体。[2] 广义的方言还包括社会方言，指的是同一地域的社会成员因不同阶层、职业、年龄、性别，乃至因不同风格，处于不同语用环

---

① 冯小巍. 现代英语语言学多维探索与研究［M］. 北京：新华出版社，2018：158.
② 詹伯慧. 汉语方言及方言调查［M］. 武汉：湖北教育出版社，1991：1.

境而形成的语言使用（如语音、措辞、谈吐）上的变异，[①] 如著名的"女国音"现象、江湖黑话、网络新兴用语等。

通常所说的方言指地域方言，它能够体现语言在时间和空间上的变化，语言学者常据此对某个语言的方言进行分区。汉语较为通行的方言分区有"七区说"和"十区说"。"七区"指的是官话区、吴语区、湘语区、赣语区、客家话区、闽语区、粤语区；"十区"则除上述七区外，还包括徽语、晋语、平话和土话三区。[②] 于"七区说"和"十区说"之上，分汉语方言为北方方言和南方方言两大类，北方方言包括官话和晋语，南方方言包括二者之外的其他方言。著名语言学家周有光先生曾亲切地称方言为"母亲语"，[③] 这一说法得到了官方调查数据的印证：据统计，在我国，15—69 岁年龄段人口小时候最先会说方言的人数占比为 84.68%。[④] 可见，方言是我国绝大多数人的"第一语言"。当然，汉语方言在各区的使用情况存在明显差异，有关数据如下：

表 4-1 能用汉语方言与人交谈（分方言区）的比例（%）[⑤]

方言分区	所占比例（%）
官话区	66.86
晋语区	5.56
吴语区	7.10
闽语区	4.94
粤语区	5.73
客家话区	3.85
赣语区	3.85
湘语区	2.88
徽语区	0.27
平话区	0.36
其他	0.80

---

① 游汝杰. 汉语方言学导论（修订本）[M]. 上海：上海教育出版社，2018：3.

② 熊正辉，张振兴. 中国语言地图集（第 2 版）·汉语方言卷 [M]. 北京：商务印书馆，2012：8.

③ 周有光. 周有光语言学论文集 [G]. 北京：商务印书馆，2004：69.

④ 中国语言文字使用情况调查领导小组办公室. 中国语言文字使用情况调查资料 [R]. 北京：语文出版社，2006：23.

⑤ 中国语言文字使用情况调查领导小组办公室. 中国语言文字使用情况调查资料 [R]. 北京：语文出版社，2006：34.

表 4-2 汉语方言分布区划及人口数（单位：万人）①

方言分区	行政区划数	人口数
东北官话	198	9802
北京官话	52	2676
冀鲁官话	162	8942.5
胶辽官话	44	3495
中原官话	397	18648
兰银官话	70	1690
江淮官话	108	8605
西南官话	546	26000
晋语	194	6305
吴语	160	7379
闽语	154	7500
客家话	110	4220
粤语	141	5882
湘语	64	3637
赣语	102	4800
徽语	19	330
平话和土话	60	778
合计	2581	120689.5

　　通过上表数据，我们可以大致归纳出汉语方言在使用上所表现出来的一些特点：总体而言，北方方言的使用人口多于南方方言；官话的使用人口多于其他方言区。从分区来看，北方方言中，西南官话的使用人口最多，中原官话次之，东北官话位居第三，兰银官话最少；南方方言中，闽语、吴语、粤语的使用人口最多。

　　语言是社会约定俗成的产物，方言自然也不例外。汉语方言作为特定区域的交际工具，往往承载特定区域的民间文化、社会风俗，因而方言也

---

① 熊正辉，张振兴. 中国语言地图集（第 2 版）·汉语方言卷 [M]. 北京：商务印书馆，2012：3.

是一种文化现象。作为地域文化的一种表现形式，方言反映地域文化是全方位的，也是常年不懈的。透过方言事实，我们可以把地域文化看得更加真切。①

（二）方言的价值

特定的方言植根于特定的区域，体现时间和空间两个维度上方言自身的演变及当地社会文化的变迁。作为交际工具，方言除了在主体功能上拥有极富区域色彩的语言形式之外，在社会、历史、文化、审美等方面亦有着无可替代的独特价值。

1. **社会价值**

俗话说："老乡见老乡，两眼泪汪汪"，同一方言区的人，基于共同的社会环境，大多有着相似的思维方式和表达习惯，体现为对该方言叙述方式的认同。这种认同感往往以心理情感上的认同为前提，即感觉方言"亲切"，这也是人们对该方言所负载的文化的归属感与认同感的重要构成要素。② 这种认同有助于增强各民系内部的凝聚力。当下社会，普遍的共识是普通话有利于增强统一多民族国家的凝聚力，但事实上，一些在海外影响较大的汉语方言，如在北美、英国、澳大利亚等华人社群中使用的粤语，在东南亚、欧美等许多华人社群中使用的闽语等，在加强海外华人的认同感、增强中华民族凝聚力、提升国家软实力等方面也具有重要作用。③ 此外，方言的社会价值还表现在某些特殊的场合，例如军事通信、体育赛事和商业竞争领域，使用方言可以起到对外保密的作用，方言与普通话间的语码转换有时能起到重新组织谈话参与者的作用。④

2. **历史价值**

方言是对历史的有声记录。方言的发展变化，除了内部规律的作用外，政权的更迭、人口的迁移等都是影响其发展变化的重要因素。如今台湾地区民众常说的闽语和客家话，恰能反映大陆人民渡海向台湾岛迁移的历史：

---

① 李如龙. 汉语方言学 [M]. 北京：高等教育出版社，2001：155.
② 郭龙生. 正视汉语方言功能　实施科学语言规划 [J]. 中国社会语言学，2012 (1)：28.
③ 王树瑛. 试论汉语方言的价值与保护策略 [J]. 东南学术，2017 (4)：238.
④ 游汝杰. 方言和普通话的社会功能与和谐发展 [J]. 修辞学习，2006 (6)：8.

说闽语的台湾人多迁自福建泉州、漳州等地，说客家话的台湾人则大多是迁自广东嘉应州所属四县和惠州地区。① 一些方言词汇的特定表义也可能与历史有密切关联，比如：大部分湘方言地区用"炮"表示"十"，这是因为在清代兵制中一炮配十兵，故谓"炮"为"十"。② 这些在方言中留下的足迹，是我们了解历史变迁的重要材料。

3. 文化价值

文化内蕴方言，方言映射文化。方言既是社会文化生活的重要构成部分，也是建构、传达文化的重要手段和媒介。方言中的文化"印记"所体现的是民族的文化思维、文化心理、文化历史和价值观念。③

首先，方言是源于民间、充分汲取民间文化养分的一种文化载体，对一方百姓的生活有着强大的表现力。比如，基于各地区广大人民群众生产生活逐渐产生和发展起来的地方戏曲，只有用方言来唱念演绎，才能淋漓尽致地诠释和展现地方的历史传承、文化底蕴以及人文精神。可以说，方言之于地方戏曲犹如食盐之于菜肴，设想基于浙北吴语的越剧，基于上海话的滑稽戏，基于苏州话的评弹等，一旦改用普通话，便会索然无味，失去活力。④

其次，富有地域特色的历史文化以直接或间接的方式积淀于方言之中，是观察地域文化的重要窗口。比如，长沙方言中"走水路（拉关系、走后门）""水老倌（作风不正派的男人）""水色（肤色）"等"水系"词汇，均是对极具湖南特色的水乡文化的直观反映。⑤

此外，方言还是文化多样性的具体表现：不同方言区反映不同的文化特色，如广东有广府文化、客家文化、潮汕文化、雷州文化，湖南有湖湘文化，江浙有吴越文化等。即使是同一方言区，内部文化差异也很明显，以福建方言为例，闽东方言区体现江城文化，闽南、莆仙方言区体现海洋

---

① 詹伯慧. 汉语方言及方言调查 [M]. 武汉：湖北教育出版社，1991：15.
② 鲍厚星，等. 长沙方言词典 [M]. 南京：江苏教育出版社，1998：139.
③ 宋永培，端木黎明. 中国文化语言学辞典 [M]. 成都：四川人民出版社，1993：1-2.
④ 游汝杰. 方言和普通话的社会功能与和谐发展 [J]. 修辞学习，2006（6）：7-8.
⑤ 言岚. 方言的产生及其地域文化性透视：以湖南方言研究为例 [J]. 理论月刊，2009（11）：116.

文化，闽北方言区体现青山文化，闽西客家方言区体现移垦文化。①

4. 审美价值

汉语方言具有独特的审美价值。先说语音美。方言的语音美淋漓尽致地展现在吟诵等艺术形式中。如唐代诗人柳宗元的《江雪》一诗的韵脚字"绝""灭""雪"，在普通话中调类分别为阳平、去声、上声，而在温州话中均读入声。用接近唐宋音的温州话来吟诵唐诗宋词，在声律上更为协调完满，也更能凸显诵读的韵味。② 方言的语音美在日常生活中也能发挥其特有的附加价值。如上海特色小吃招牌"粥天粥地"源于词语"作天作地"，经营者巧妙地利用了上海方言中"作"与"粥"的谐音，既幽默亲切、朗朗上口，又很好地反映了自己的主营项目，加上"食材好，价格好，服务好"，吸引众多顾客慕名前来，生意火爆。③

再说文采美。方言中留存了许多由古代汉语语素构成的词语，或在造词上具有独特的理据性，细思起来很有诗意，颇有文采。如某些江淮官话把锅盖叫作"釜冠"，如皋话把"东西"叫作"杲栘"，盖因为"杲杲出日"之方为"东"，"栘栘日落"之方为"西"。④ 此外，方言中还有很多极富形象性的表达，体现了独特的审美价值。如河北、天津一些地方，把牛毛雨叫作"罗面雨、蛸蛸尿（知了尿）"，把大雨叫作"箭杆子雨、面条子雨"，把雪珠儿叫作"米糁子雪、荞面糁儿雪、雪蛋蛋、琉璃蛋儿"等，⑤ 给人以无限的联想空间。

二、方言与普通话的关系

方言和普通话是现代生活中凸显汉语之美的语体要素，在表达上各有侧重：前者形成复杂，差异明显，服务于地方，后者规范度高，颇有声望，

---

① 李如龙. 福建方言［M］. 福州：福建人民出版社，1997：264.

② 洪一初. 温州话与古诗文吟诵［EB/OL］.（2019-08-28）［2020-07-21］. http：//www.chinakongzi.org/zt/4189/lw/201908/t20190828_199655.htm.

③ 取个方言店名妙处多［EB/OL］.（2014-12-03）［2020-07-21］. http：//www.koduo.com/zhinan/quming/32648.html.

④ 孙汝建. 汉语的性别歧视与性别差异［M］. 武汉：华中科技大学出版社，2010：43.

⑤ 李行健，余志鸿. 20 世纪中国社会科学·语言学卷［M］. 广州：广东教育出版社，2014：1075.

服务于全民；前者为后者之源，后者高于前者，二者共同构成汉语整体。概括说来：方言与普通话合在社会与源流，分在层次与功能。①

（一）普通话源于方言

普通话在产生、发展过程中需要不断吸收方言中的养分，以葆其生机活力：

其一，方言是普通话的语音之源。元代周德清所著韵书《中原音韵》记录了当时活的北方话音系，根据学界研究成果，《中原音韵》所反映的音系虽然与现代普通话有不小差距，但是已为现代普通话的语音系统奠定历史基础。② 清军入关后，满洲人所习的"北京话"逐步成为清朝所推广的新的北京官话，承德作为清朝北京的陪都，大批满族旗人为看守陪都落户于承德及滦平等地，因此承德的北京官话沿袭了较纯正的满洲人"北京话"，随着北京内城下属旗人的模仿和外城汉语官话的渗入，到清中叶逐渐形成了一种特有的京腔，③ 包括诸如儿化、省字、尾音等现象，而河北滦平的北京官话反而受此影响较少，因此在新中国成立后成为语言专家学者采集普通话语音的方言点之一，是制定普通话语音标准的重要现实依据。近年来，教育部语信司对普通话审音工作的进行也能体现方言语音对普通话语音的影响，如 2016 年发布的《普通话异读词审音表（修订稿）》中，将普通话吸收的粤方言词"打的"中的"的"，确定为读音 dī，④ 都体现了方言语音对普通话的影响。

其二，方言是普通话的词汇之源。普通话以北方方言为词汇基础，在发展过程中依据规范原则不断吸收南方方言中的有用成分，以丰富内涵，扩展外延。词汇规范化的原则主要有：普遍性、必要性和意义明确性。⑤ 方言词汇是词汇规范化的重要对象，工作内容常常是汇集各方言中同实异名

---

① 苏新春. 普通话与方言的关系：合在社会与源流，分在层次与功能 [N]. 语言文字周报，2005-05-11（001）.

② 唐作藩. 普通话语音史话 [M]. 北京：商务印书馆，2018：9-10，22.

③ 赵杰. 官话迁徙与京腔移植 [J]. 北京社会科学，1990（3）：31-36.

④ 《普通话异读词审音表（修订稿）》征求意见公告 [EB/OL].（2016-06-06）[2020-07-25]. http://www.moe.gov.cn/jyb_xwfb/s248/201606/t20160606_248272.html.

⑤ 王国安. 世界汉语教学百科辞典 [M]. 北京：汉语大词典出版社，1990：97.

的词汇，用通用的词汇进行解释，或者选择一个方言的词汇作为规范词，化多为一。同时，词汇发展要求丰富和多样化，选择方言中意义明确、表义生动的词汇吸收进普通话也是词汇规范化的重要内容，如《现代汉语词典》（第7版）标注为"〈方〉"的方言词汇约2500个，"巴巴儿地""大料""捯饬""扶梯""添堵""自个儿"等方言词已进入了普通话中，逐渐被人们使用。方言词汇承载富有地域特色的语言文化，因吸收方言词汇，普通话词汇库在数量和意义上都日益丰富，如相比于《现代汉语词典》（第6版），《现代汉语词典》（第7版）就新增了不少方言词，如"底儿朝天""分分钟""跑路"等。

其三，方言是普通话的语法之源。一些地区强势方言中的语法格式，也常被普通话所吸纳，如普通话中"动词＋掉＋了"（如"输掉了"）就是吸收了吴语中的表达格式（输脱哉_{输掉了}）：吴语中"脱"既可以作结果补语（死脱哉_{死掉了}），也可以表示动作简单完成（输脱哉_{输掉了}），北方方言中"掉"类词在用法上本来是有前者而无后者，受吴语的影响，"掉"类词就产生了表示"简单完成"的新用法。[①]

（二）普通话高于方言

无论是基于语言本质、发展方向，还是基于其地位、适用性，普通话都是源于方言而高于方言的特殊方言。

第一，"高"表现为影响度高。在现代语言学中，标准语通常被理解为一定程度上具有精练性、多功能性和修辞分化特征，并且趋向于标准化的超方言语言存在形式。[②] 标准语的形成与集中的政治、经济、文化关系密切。普通话是我国的标准语，在其传播、推广的过程中，都脱不开文教这一主要方式，因而普通话被称为"教师语"。[③] 历史上各方言区人民学习同时期北方官话主要通过文化影响和教化政策，新中国成立后各地方言区人

---

① 赵元任. 赵元任语言学论文选［M］. 叶蜚声，译. 北京：中国社会科学出版社，1985：69-70.

② C. A. 别洛夫. 俄罗斯国家语言的法规范和语言规范［M］. 哈尔滨：黑龙江大学出版社，2019：93.

③ 周有光. 周有光语言学论文集［G］. 北京：商务印书馆，2004：69.

民学习普通话离不开国家推普工作方针的落实。文教之外，经济发展的辐射能力也会自然地吸引各方言区人民学习普通话。政治、经济、文化三者的强力助推，使得以北京语音为标准音、以北方方言为基础方言、以典型的现代白话文为语法规范的普通话，成为我国各民族地区、各汉语方言地区人民实现跨地域无障碍沟通的交际工具。

第二，"高"表现为规范度高。普通话是以北方方言为基础、经过进一步规范后形成的标准语。语音上，系统简明（音位 32 个，声调 4 个，音节 400 余个，带调音节大约 1200 个），发音柔亮，便于掌握；词汇上，规旧纳新，去粗取精，化多为一（如以"太阳"作为"日（热）头""阳婆""老爷儿""佛爷儿""老阳""悠地"等各地称呼不一的等义词的通行说法）；语法上，立足白话，遵循典范，言文统一（源于"白话"的兴盛与"官话"的扩散，20 世纪初的"国语运动"和"白话文运动"进一步加速了二者的融会合流，中华人民共和国成立后，书面语与口语基本趋于统一）。

第三，"高"还表现为通行需求度高。在这样一个知识经济高速发展的时代，普及有"教师语"之称的普通话是国民文化素质教育的重要内容，既关乎信息畅通、民心连通，也关乎文化繁荣、科技进步、经济发展。[①] 我们在政治、经济、文化、科技上取得的一切优秀成果均有赖于准确鲜明的通用语言文字来展现，这事关我国软实力及国际地位的提升。"母亲语"在一定程度上限制了最快、最新、最全的信息获取，只有接受和学习"教师语"，才能有效消除交际障碍，赶上社会政治、经济、文化、科技发展的大潮。所以，普通话这一共同语的普及和使用已成为全社会的共同需求。

赵沁平指出："在语言的协调发展方面，要努力形成以国家通用语言文字为主体的多语多方言并存、良性互动的语言发展态势。"[②] 这表明方言与普通话之间除了存在上述学理上的关系外，在社会语言生活中，它们之间应当始终保持"有主有从，互补共荣"的关系。需要说明的一点是，这里

---

① 国家语言文字工作委员会 . 中国语言生活状况报告（2021）［G］. 北京：商务印书馆，2021：3.

② 赵沁平 . 营造和谐语言生活为构建社会主义和谐社会做贡献［N］. 语言文字周报，2007-04-04（001）.

不存在"有我无你"或是"不两立""死对头"之类"你死我活"的问题。①
一方面，大力推普是宪法及国家通用语言文字法中的明文规定，既是当前
政治、经济、文化发展的需要，也是信息化时代背景下语言规范的需要。
在如今信息飞速发展的时代，人们的日常生活、工作与网络融为一体，即
便在农村，先进的农民也会利用便捷的网络推销自家绿色农产品，以达到
增收的目的，信息化语言只能以共同语为支撑，必须坚持"推普不动摇"，
才能满足我国各项事业飞速发展的需求。② 另一方面，普通话和方言承担着
不同的社会功能，方言除了基本言语交际功能外，其难以替代的诸如民系
认同、情感纽带、文化载体、机密保护等特殊的社会功能，往往也赋予了
它在社会、历史、文化、审美方面的独特价值。"普方互补"是社会交际与
语言心理的客观需要，和谐的普方关系应该是二者和睦相处，各司其职，
共同发展，在国民教育、公共媒体、政府公务和公共交际中由普通话唱主
角，在亲朋好友、邻里街坊、乡党聚会等日常生活和休闲娱乐场合，方言
尽可大显神通。③

第二节　汉语方言与和谐社会生活的营造

　　语言生活是社会生活的重要内容，构建和谐的语言生活，也是营造和
谐社会的重要一环，④ 这关系到民族的团结和国家的稳定。我国各民族既有
对本民族语言文字或地区方言的个别认同，又有对国家通用语言文字的共
同认同，这种"多元一体"的语言认同构成了我国和谐语言生活最重要的
基础。⑤

---

　　① 詹伯慧. 略论方言、共同语与双语制问题 [G] //詹伯慧. 漫步语坛的第三个脚印　汉语
方言与语言应用论集. 广州：暨南大学出版社，2003：304.
　　② 钱曾怡. 推广普通话和保护方言 [EB/OL]. (2006-03-22) [2020-07-29]. http：//www.
moe. gov. cn/jyb_xwfb/xw_fbh/moe_2128/moe_2326/moe_1144/tnull_14359. html.
　　③ 袁钟瑞. 新中国推广普通话 70 年 [J]. 汉字文化，2020 (1)：4.
　　④ 李宇明. 提升国家语言能力的若干思考 [J]. 南开语言学刊，2011 (1)：7.
　　⑤ 赵世举. 语言与国家 [M]. 北京：商务印书馆，2015：68.

▶ 一、当前方言使用中存在的不和谐现象

方言和谐事关语言和谐，语言和谐事关社会和谐。现如今，由于历史原因及社会经济发展失衡等状况导致的诸如方言"独盛"、方言濒危、方言失范、方言"歧视"等和谐语境构建过程中的不和谐现象亟待关注，刻不容缓。

（一）方言"独盛"问题

这里的方言"独盛"，指的是某些地区方言盛行，而国家通用语言文字的普及率较低。2020 年，我国普通话普及率已达到 80.72%，但普通话推广普及发展不平衡，中部"洼地"现象值得关注。普通话水平较低以及不能使用普通话进行沟通的人口，主要集中在中西部，特别是农村和边远地区、民族地区，① 尤其是在"胡焕庸线"以西的 11 个集中连片的特困地区，语言生态复杂，方言、少数民族语言盛行，普通话普及率低，是语言扶贫的主要目标地区。② 中西部贫困地区往往交通闭塞，与外界交流不畅，这在保存了其独有的方言特色的同时，也为推普工作带来了极大的难度。地理位置造成的语言不通，不仅不利于当地民众知识、技能、技术方面的培训，进而制约当地经济的整体发展，甚至造成民众纠纷，妨碍稳定团结。国家通用语言文字的使用水平与劳动收入、就业率和劳动者的社会经济地位正相关。推广使用国家通用语言文字有利于发展国民经济，有利于促进教育公平，有利于提升人力资本。党的十九大以来，推普脱贫与乡村振兴受到学界高度关注。

（二）方言濒危问题

2003 年联合国教科文组织大会通过的《语言活力与语言濒危》（*Language Vitality and Endangerment*）明确指出了濒危语言的重要特征："一旦说某种语言的人不再使用该语言，或者用它交流的场合越来越少，或者

---

① 国家语言文字工作委员会. 中国语言文字事业发展报告（2021）［G］. 北京：商务印书馆，2021：39-40.

② 江婕. 推普如何扶贫［J］. 社科纵横，2019（12）：65.

不再将它传给后代，这种语言将面临濒危。这就是说该语言没有新的使用者，无论成人还是儿童。"① 简言之，功能的衰退和使用域的萎缩是方言濒危的主要表现。在中国语言资源保护工程实施过程中，专家提出四类濒危方言：一是特殊人群方言，如黑龙江站话等。二是汉族使用的以汉语方言为基础的汉民混合语。三是方言岛，如在众多地区散状分布的客家话、畲话等。四是未分区方言，如湘粤桂交界地区的土话、平话等方言。② 另外，在一些人口密集的中心城市，尤其是大城市，其规模越大，方言受到的冲击越大，如：潮汕话在潮汕地区及粤港澳大湾区中深圳、香港、澳门的使用人口总体呈下降趋势，湾区中心城市萎缩尤为迅速。其中，约150万在香港的潮汕人中，以潮汕话为惯用语的人数比例仅 2.4%，以潮汕话为其他语言/方言（非惯用语言/方言）的人数比例约 14%（截至 2016 年）；澳门潮汕人少（约 10 万）且未形成聚地，潮汕话使用范围狭小（仅限家庭内部交流，公共场合基本不用，且占比为 0.1%），使用人数很少，已然濒临消亡。③ 又如作为粤港澳大湾区龙头城市之一的广州，母语为单一粤方言的占比呈代际下降趋势，而母语为非单一粤方言的占比呈代际增长趋势，学龄孩童都说普通话，不说粤方言了，原本诸多地道的粤方言说法现在基本消失不见。④ 方言濒危早已不限于"人少语种"，城市方言濒危，尤其是强势方言在城市的急剧退化，已成为方言濒危问题中备受关注的重点。

（三）方言失范问题

方言失范即方言使用不规范。陈恩泉在讨论方言规范时指出，方言规范既包括方言自身的规范，又包括语用场的规范。⑤ 相应地，方言失范也包括方言自身的不规范和语用场的不规范。方言自身的不规范，指在方言语音、词汇或语法等语言要素的使用上存在不规范、不统一的现象，从而造

---

① 范俊军. 濒危语言有声语档建设研究［M］. 广州：广东人民出版社，2018：5.
② 我国已建成全球规模最大语言资源库，四类方言濒危［EB/OL］.（2020-10-10）［2021-09-11］. http://www.ddcpc.cn/detail/d_guonei/115151115413858.html.
③ 屈哨兵. 语言生活皮书：粤港澳大湾区语言生活状况报告（2021）［G］. 北京：商务印书馆，2021：78-84.
④ 屈哨兵. 语言生活皮书：粤港澳大湾区语言生活状况报告（2021）［G］. 北京：商务印书馆，2021：87-90.
⑤ 陈恩泉. 双语双方言问题研究［M］. 北京：国际文化出版公司，2011：226-227.

成使用混乱，甚至产生误会等现象。这在日常交际中经常出现，比如某包工头委托山东老乡电话招工，方言一出，"三四"变"三十"，引发纠纷。①再如，长期以来，潮州方言只有方音字典，没有方言词典，存在很多有音无字的情况，同音等义现象相当复杂，给潮汕人民的语言生活带来了严重影响。方言语用场的不规范，指在不该使用方言的场合里使用方言的情况。这样的失范现象集中且频繁地见于大众媒体和大众生活。诚然，适当使用方言词语，对"内"（当地民众）能激发共鸣，倍感亲切，对"外"（外来移民）能推介文化，增交促融，②但使用方言词语不当，也容易造成歧解，引发争议。一些节目基于吸引受众、突出个性的初衷，过量地使用方言词汇，未能正确把握语言规范与语言创新之间的"度"，致使节目质量不升反降，对受众产生了较大的负面影响。因而，如何恰如其分地处理方言运用和语言规范化之间的关系，是当前乃至今后在构建和谐社会语言生活的过程中无法规避的问题。

（四）方言"歧视"问题

语言歧视是语言情感属性负面、消极和语言无知的表现，也是政治、经济、文化和种族差异、矛盾、对立、不平衡的反映。在一种方言内部，也可能出现方言歧视现象，例如早前民间出现的诸如"南蛮北侉"的说法，反映的就是方言歧视。③方言歧视作为一种偏离客观事实的文化意识形态，在某一方言区域内往往表现在不同的职业、身份、地域之间，如一些方言中的称谓词"打工仔/妹""台巴子""大陆妹/北姑""贵州佬""土老帽儿"等。方言歧视现象的存在，往小了说，会影响语言使用者的情绪和身心健康；往大了说，会影响社会公平正义，甚至容易引发社会矛盾。比如，大学生应聘设置"方言"门槛，能讲某种方言的应聘者优先录取，若因岗位需要，无可厚非，若为语言"歧视"，则有碍公平竞聘。此外，因部分媒体

① 单永才，倪隆盛，张宗伟，苏艺. "三四个"听成"三十个" 包工头为方言买单 7000 元 [EB/OL]. （2015-05-09）[2023-04-24]. http：//news. cntv. cn/2015/05/09/ARTI1431143322133871. shtml.
② 蒋冰冰. 论媒体语言马赛克现象 [J]. 新闻大学，2015（4）：73-74.
③ 王世凯. 新编现代汉语教程（下）[M]. 上海：上海交通大学出版社，2016：192-193.

曲解国家推普要旨所致的方言"歧视",引来方言区民众的强烈反感,如上海传媒的方言问题(2010 年 2 月 4 日)以及广州"撑粤语"事件(2010 年 6—7 月)等,这些大规模的普方争论都产生了不良影响,经过相关人员公开澄清,方才平息。① 需要指出的是,方言"歧视"不只见于中国,在英国,80%的成年人对"语音语调"尤为注重,在他们的传统观念里往往将口音的标准与否和修养程度挂钩,比如,在伦敦,电台方音引抱怨,商谈口音受讥笑、遭拒绝的现象,也屡见不鲜。②

▶▶ 二、营造和谐社会语言生活的举措

构建社会主义和谐社会,离不开和谐的社会语言生活。面对汉语方言在社会语言生活中存在的"独盛"、濒危、失范、"歧视"等不和谐问题,我们应当采取行之有效的措施,以营造和谐的语言生活环境。具体说来,可从如下几个方面着手。

(一) 推普通话助振兴

目前我国已经完成新时代脱贫攻坚目标任务,推广普通话在脱贫攻坚任务中发挥着重要作用。脱贫攻坚目标任务完成后,"三农"工作重心转向全面推进乡村振兴。促进乡村振兴,依旧需要加大普通话的推广力度。深入开展国家通用语言文字推广工作,为实现乡村振兴、促进社会文明进步、提高人民生活水平贡献力量。

一要谙熟政策,把握契机,精准助力。国务院办公厅印发的《关于全面加强新时代语言文字工作的意见》(2021)提出"聚焦民族地区、农村地区,聚焦重点人群,加大国家通用语言文字推广力度,继续推进国家通用语言文字普及攻坚,大幅提高民族地区国家通用语言文字普及程度和农村普通话水平,助力乡村振兴"③。2021 年,教育部、国家语委印发《国家语

---

① 教育部语言文字信息管理司.中国语言生活状况报告(2011)[G]. 北京:商务印书馆,2011:6-7.

② 唐若水.英伦的口音与外表"歧视"[J]. 世界知识,1997(2):35.

③ 国务院办公厅关于全面加强新时代语言文字工作的意见[EB/OL]. (2017-09-14)[2021-08-13]. https://www.gov.cn/gongbao/content/2021/content_5661979.htm.

言文字事业"十四五"发展规划》，教育部、国家乡村振兴局和国家语委联合印发的《国家通用语言文字普及提升工程和推普助力乡村振兴计划实施方案》，明确"聚焦民族地区，服务铸牢中华民族共同体意识，集中力量开展推普攻坚行动；聚焦农村地区，巩固推普脱贫攻坚成果，助力乡村振兴战略，实施推普助力乡村振兴计划；聚焦普通话普及率已达到85%的省份和基础较好的城市地区，以更全面更充分普及为目标，开展国家通用语言文字高质量普及行动"的重点任务，并指出"推普脱贫攻坚成果得到巩固拓展，推普助力乡村振兴作用彰显"的工作目标。① 由此可见，推普工作已从普及到提质转变，提高民族地区、农村地区的国家通用语言文字普及质量是助力乡村振兴的重要举措。

从以上政策中，我们不难发现，国家已然充分认识到语言在乡村振兴进程中至关重要的作用，紧跟乡村振兴的方向标，我们在助力乡村振兴的目标上越来越"精准"，在对象上越来越"精准"，在举措上越来越"精准"。特别是方言"独盛"地区在推普过程中紧紧围绕以上政策，结合地方实际，把握契机，精准助力。例如，石家庄市井陉县依托推普脱贫政策，走出了一条具有井陉特色的推普之路，后又抓住推普助力乡村振兴计划，深入挖掘创意农业、文化旅游等新兴业态，农民的普通话水平提高了，来往的游客增多了，当地产业也发展起来了。②

二要重视教育，牢筑阵地，精准培训。首先要重视基础教育阶段的学校教育，学校教育是国家通用语言文字推广的主要途径之一。学校是方言"独盛"地区推普的主要阵地，要重视学前教育和义务教育阶段孩子普通话水平的提升。《国家通用语言文字普及提升工程和推普助力乡村振兴计划实施方案》（2021）特别指出，要"进一步发挥学校作为语言文字工作基础阵

---

① 关于印发《国家通用语言文字普及提升工程和推普助力乡村振兴计划实施方案》的通知 [EB/OL]．（2022-01-09）［2024-01-29］．https：//www.gov.cn/zhengce/zhengceku/2022-01/09/content_5667268.htm.

② 马军明．井陉县推普脱贫与乡村兴携手前行［EB/OL］．（2020-12-18）［2021-08-15］．http：//www.centv.cn/p/379065.html.；曹国厂，杜一方．新春走基层丨河北井陉：乡村振兴结硕果 千年古县焕新生［EB/OL］．（2023-01-25）［2024-01-29］．http：//www.news.cn/2023-01/25/c_1129311640.htm.

地作用，落实国家通用语言文字作为教育教学基本用语用字的法定要求，全面推行国家通用语言文字教育教学"①。一方面要加大资金投入，解决教学"硬件"（教学设施落后）及教学"软件"（师资力量不足）等问题，确保所有适龄儿童均能入学接受教育，进一步完善教育教学体系，打造文化研学基地，为后续国家通用语言文字以及中华民族传统文化的学习打下坚实的基础。另一方面要将中小学生普通话水平纳入国家义务教育质量监测内容，② 将语言文字建设达标情况纳入学校的各类考评体系中，积极开展各类诸如诵读经典、汉字听写大会、临摹篆刻等有助于推普和传承中华民族传统文化的语言文字"第二课堂"，推动师生在校园内使用普通话进行交流，营造良好的普通话学习使用环境，切实提高广大师生汉字书写水平及普通话应用水平，进一步弘扬中华民族优秀语言文化。如叶堡镇阳兀川小学将推普周宣传活动与日常工作有机结合，组织主题班会、经典朗诵及书法比赛等活动，在活动中，孩子们真切感受到提高自身的语言文字水平、说好普通话和推广普通话的重要意义，认识到汉字规范书写的重要性，培养了认真书写的良好习惯。③

　　除此之外，也要注重高等教育阶段学校的语言文字工作。教育部、国家语委《关于加强高等学校服务国家通用语言文字高质量推广普及的若干意见》（2022）提出要"提高大学生语言文字应用能力""加强学校语言文字规范化和校园文化环境建设"。大学生因受教育背景的不同，也存在语言文字使用不规范等问题，特别是从贫困地区或欠发达地区走出来的大学生，因教育资源相对匮乏，基础教育阶段教师教育教学能力有限，致使学生语言文字表达能力不强，严重影响其步入大学后的学习、人际交往和就业求职。因此，可将语言文字应用能力纳入高校学生毕业要求中，普遍开设大

---

① 关于印发《国家通用语言文字普及提升工程和推普助力乡村振兴计划实施方案》的通知 [EB/OL]. （2022-01-09）［2022-08-15］. https：//www.gov.cn/zhengce/zhengceku/2022-01/09/content_5667268.htm.

② 教育部相关负责人就《国家通用语言文字普及提升工程和推普助力乡村振兴计划实施方案》答记者问 [EB/OL]. （2022-01-09）［2023-04-25］. http：//www.gov.cn/zhengce/2022-01/09/content_5667265.htm.

③ 叶堡镇阳兀川小学举行推普周系列宣传活动 [EB/OL]. （2023-09-25）［2024-01-29］. https：//www.qinan.gov.cn/info/10092/929092.htm.

学语文、应用写作等课程，增设普通话培训课程，促进大学生规范使用国家通用语言文字。同时，高校也应将规范语言文字纳入教学质量监控中，加强校园语言文字环境建设，发挥环境育人作用。

同时还要重视家庭教育。在经济相对发达的城市地区，普通话的发展最为强势。据张国治、邵蒙蒙（2018：19）的调查，家庭既具备普通话的代际传承条件，也具备代际传承意愿和行动。有关调查数据显示，93.33％的家长主要使用普通话和孩子进行沟通。① 然而，在贫困地区或经济欠发达地区，地理位置闭塞，经济条件落后，教育环境滞后，大大增强了"不通语"代际传递的潜在风险。语言资源具有群体衍生性，收入较低群体语言能力相对较低，会影响下一代对语言的认识与选择，而且他们往往缺乏家庭语言规划的能力，不会为下一代进行专门的语言投资。② 因而，除了孩子，对父母等家庭成员进行国家通用语言文字的普及与培训也必不可少。

就培训而言，"精准"二字要贯穿始终。首先，在培训对象上，一方面应当提升教师的国家通用语言文字教育教学能力，一是基础教育阶段教师的普通话水平培训，这直接关系到青少年普通话的学习效果。学前教育以及中小学阶段教师使用国家通用语言文字的能力较低，是当前方言"独盛"的欠发达地区存在的普遍现象，应当严格落实教师持教师资格证书、普通话等级证书上岗制度，加强教师"三字一话"（钢笔字、毛笔字、粉笔字和普通话）教学基本功和教学技能训练，开展教师普通话水平和使用情况动态监测，对未达标的教师开展专项培训，邀请专职人员授课，传授普通话的学习经验。有条件的，要求教师定期参加全国普通话水平测试，将普通话等级水平纳入教师的年度考核、绩效考核、评优评先、职称评定当中，以便更好地开展当地的国家通用语言文字的教育教学工作；③ 二是提升高等教育阶段教师的语言文化素养，高校教师应自主学习党和国家有关语言文字的方针政策及法律法规，落实高校教师资格认定的普通话等级要求，鼓

---

① 周贝，肖向一，刘群. 杭州市区学龄前儿童家庭语言规划状况调查：以父母学历大专以上背景的家庭为对象［J］. 湖北科技学院学报，2018（1）：92.

② 陈丽湘，魏晖. 推普脱贫有关问题探讨［J］. 语言文字运用，2019（3）：8.

③ 教育部　国家乡村振兴局　国家语委关于印发《国家通用语言文字普及提升工程和推普助力乡村振兴计划实施方案》的通知［EB/OL］.（2022-01-09）［2023-04-19］. https：//www.gov.cn/zhengce/zhengceku/2022-01/09/content_5667268.htm.

励副教授以上职称或博士学位的教师参加普通话水平测试并达到二级乙等以上水平，将参与推广普及国家通用语言文字工作纳入高校教师考核标准，让学生听得懂老师讲授的内容，提高学生的知识掌握水平。① 另一方面，应当加强收入较低人口中成年人尤其是青壮年劳动力群体的普通话培训，打破其"语言屏障"，促进交流沟通，为其就业和创业提供帮助；加大对中老年人的普通话普及与培训力度，能在一定程度上缓解"不通语"的代际传递。除了提高欠发达地区民众的普通话水平之外，还应当加强对一线乡村基层干部的普通话培训，充分发挥其模范带头作用，通过干部带动群众，形成良性互动。

其次，在培训内容上，应当因人而异。对于学前及义务教育阶段的中小学生来说，夯实基础是主要目标，要根据不同学段，出版相应的纸质出版物、有声读物，开发视频课程。② 如教育部、国家语委曾专门针对贫困地区和民族地区的3～6岁学前幼儿编制了《幼儿普通话365句》，开展了朗诵、书法、阅读等一系列教育教学和文化实践活动，有效提高了其汉字书写和国家通用语言的运用水平。对于收入较低人口中的成年人来说，应当避免传统的学校教育模式，除了配套针对性的教材（《普通话1000句》）外，还要涉及最新的政策、信息、技术以及职业技能等相关内容，实行"普通话＋"模式，以提高其就业竞争力，进而助推当地经济发展。如青海省互助土族自治县积极开展推普工作，并和当地旅游产业结合，互助土族自治县几乎所有旅游景点的工作人员都能用一口标准或近乎标准的普通话和游客交流，土乡旅游日益兴旺，土族儿女生活水平也随之提高。③

最后，在培训方式上，可采取线上线下相结合的方式。线下方式包括：

---

① 教育部　国家语委《关于加强高等学校服务国家通用语言文字高质量推广普及的若干意见》[EB/OL]．(2022-11-23)［2023-04-19］．http://www.moe.gov.cn/srcsite/A18/s7066/202211/t20221128_1006812.html.

② 海霞．普及国家通用语言，助力精准扶贫，促进民族团结［J］．语言战略研究，2019（2）：6-7.

③ 推普助力脱贫攻坚讲好旅游致富故事：青海省互助土族自治县语言扶贫见成效［EB/OL］．(2020-12-18)　［2021-08-15］．https：//mp.weixin.qq.com/s?＿＿biz＝MzU4Mzg1NzI3MQ＝＝&mid＝2247495834&idx＝1&sn＝8973b9b9e75d5da163098d1e53041c46&chksm＝fda01582cad79c9401488b33766d4b3ec5fcb26aa019d24f1ecbe23f029cb4b513b856bae093&scene＝178&cur_album_id＝1657328611542024197♯rd.

在校师生多以学校为主阵地开展各类培训活动；广大低收入人口中的成年人则以农民夜校、乡村文化站以及县委党校为平台，开展各类普通话普及与培训；一线基层干部则更多地采取脱产学习、帮扶结对等有效方式。[①] 线上方式可利用现代科学技术搭建普通话远程学习平台，开发普通话学习手机应用软件、微信小程序等，以打破时空限制，方便学习。教育部、国家语委、国务院扶贫办曾与中国移动、科大讯飞开展战略合作，开发了"语言扶贫App"这一普通话学习手机应用软件，创造了"人人皆学，时时能学，处处可学"的普通话学习条件。[②] 截至2018年12月，云南省发放手机20000台，196649人通过App学习普通话，其中149924人使用"语言扶贫App"学习，46725人使用"Superfish"智能普通话互动学习系统（由云南北飞公司开发）学习，充分利用信息技术的现代化培训模式，实现目标人群的广覆盖，取得了阶段性的成果。[③]

三要加大宣传，规范意识，营造氛围。要继续围绕全国推广普通话宣传周活动，结合当地实际，开展各类宣讲、文化实践活动，提高规范意识。教育部联合共青团中央组织开展的"推普助力乡村振兴"全国大学生暑期社会实践志愿服务活动，面向全国语言学类院校、师范类院校、综合类院校的语言文学类相关专业学生召集志愿者，加入"推普助力乡村振兴"的社会实践中来，2022年共计有826支实践团队1万余人深入中西部512个县（区、旗）开展与当地生产紧密结合且形式丰富的社会实践活动，达到了很好的培训、宣传、推广国家通用语言文字的效果。[④] 如广西贺州市连续举办24届全国推广普通话宣传周活动，"十三五"期间，全市发放各类宣传资料30多万册（份），参加宣传活动人数超过50万人次。[⑤] 近年来，包括本书作者在内的一大批语言文字工作者，先后前往湖南省湘阴县杨林寨乡，

---

① 江婕. 推普如何扶贫 [J]. 社科纵横，2019（12）：68.
② 国家语言文字工作委员会. 中国语言文字事业发展报告（2019）[G]. 北京：商务印书馆，2019：18.
③ 陈丽湘，魏晖. 推普脱贫有关问题探讨 [J]. 语言文字运用，2019（3）：9.
④ 国家语言文字工作委员会. 中国语言生活状况报告（2023）[G]. 北京：商务印书馆，2023：32.
⑤ 黄筱珂. 贺州市："推普助力乡村振兴"结出累累硕果 [EB/OL]. （2022-07-11）[2023-07-28]. http://www.gxhz.gov.cn/sy/ywzx/hzyw/t12779306.shtml.

一方面对其独具特色的移民方言进行深入的实地调查研究，另一方面进行推普宣传，让当地民众充分意识到国家通用语言文字在促进文化认同、维稳团结、增收促发等方面的关键性作用。现在，昔日经济落后、语言不通、民心不齐的杨林寨，语言无阻了，情感联结了，相处和谐了，收入增加了，日子红火了。

与此同时，还应该充分发挥各类媒体在推普助力乡村振兴上的宣传、引导作用：一方面，随着国家"村村通""户户通"工程的实施，广播电视在方言"独盛"的贫困地区日益普及，充分利用广播电视等传统媒体的语言传播功能，通过形式丰富的广播电视节目，可以很好地达到宣传、推广普通话的目的；另一方面，随着手机在欠发达地区的日渐普及，充分利用微信、微博等灵活多样的新媒体，通过推普语音、视频节目等形式，可以带动广大民众自觉加入学习、推广国家通用语言文字的行列中来。①

四要总结经验，立足长远，持续推进。推普助力乡村振兴周期长，见效慢，不可一蹴而就，需细水长流。有研究表明，作为一项人力资本投入，普通话在短期内所带来的直接经济效益可能并不高。它对经济增长是拉动还是抑制，往往取决于其普及程度。若以普通话普及的"最低有效规模"为标准，在未达标前，普通话有碍经济发展；一旦超过标准，其普及程度的提升则会助推经济增长。② 因此，农村和民族地区巩固推普成果，助力乡村振兴，不仅应当着力于近期目标，解决国家通用语言文字在地域上发展不平衡的问题，更应当立足长远，要看到国家通用语言文字能力提升所产生的"溢出效应"对于"后脱贫时代"的乡村振兴有着不可估量的作用。比如，近年来，湖南师范大学国家通用语言文字推广基地致力于发挥国家通用语言文字推广普及的示范作用，着力提高民族地区、农村地区教师国家通用语言文字的应用能力和教学水平，扎实推动国家通用语言文字普及提升工程和推普助力乡村振兴计划，彰显了国家通用语言文字在巩固脱贫

---

① 江婕. 推普如何扶贫［J］. 社科纵横，2019（12）：68.

② 卞成林，等. 少数民族地区普通话推广的经济发展效应分析：来自广西市际面板数据的证据［J］. 制度经济学研究，2017（3）：230.

成果和促进乡村振兴方面的"溢出效应"。① 总之，在推普过程中，加快普及速度，提高普及质量，提升语言素养，建立长效机制，形成良好环境，这是更好、更高效地促进乡村振兴、服务国家社会经济发展的必然需要。

（二）推普保方促和谐

2020 年 9 月 28 日，习近平总书记在中央政治局第二十三次集体学习时强调："我们要加强考古工作和历史研究，让收藏在博物馆里的文物、陈列在广阔大地上的遗产、书写在古籍里的文字都活起来，丰富全社会历史文化滋养。"② 方言文化是非常重要的非物质文化遗产，是"陈列在广阔大地上的遗产"，需要我们去保护和继承。的确，近年来，很多地方的方言文化受到推普政策的影响，逐渐淡出人们的日常交际圈，如广西南宁在成为"推普先进城市"的过程中，南宁粤语慢慢在公共场合消失。面对亟待解决的方言危机，我们要在"坚持推广国家通用语言文字不动摇"的前提下，大力保护方言文化。近年来如火如荼开展的"语保工程"，探索出了一套"政府主导、学者支持、社会参与"的工作模式，为方言文化的传承和保护积累了宝贵的经验。

一是政府的主导与政策支持。保护方言是构建和谐社会语言生活的重要一环，各级政府理应为其提供强有力的政策支持和资金保障。近十年来，有关部门出台了一系列与方言保护相关的政策。比如，教育部、国家语委于 2012 年 12 月发布的《国家中长期语言文字事业改革和发展规划纲要（2012—2020 年）》明确指出："增强全社会的语言资源观念和语言保护意识。积极开展树立语言资源观念和科学保护意识的各项公益性活动。""加强语言资源数字化建设，推动语言资源共享，充分挖掘、合理利用语言资源的文化价值和经济价值。建立和完善语言资源库，探索方言使用和保护

---

① 湖南师范大学国家语言文字推广基地对口陕西省安康市汉滨区国家通用语言文字能力提升培训项目圆满结束［EB/OL］．（2022-09-05）［2022-12-23］．https：//www.hunantoday.cn/article/202209/202209052302314826.html.

② 张蕊．保护好传承好历史文化遗产［EB/OL］．（2020-11-20）［2022-12-23］．http：//hn.people.com.cn/n2/2020/1120/c195196-34427724.html.

的科学途径，用现代技术手段记录保存少数民族濒危语言。"① 由国家财政支持，教育部、国家语委领导的"中国语言资源保护工程"也于 2015 年正式启动，该工程堪称中华人民共和国成立以来规模最大的语言资源调查保护工程。② 2017 年 1 月，中共中央办公厅、国务院办公厅印发的《关于实施中华优秀传统文化传承发展工程的意见》指出，要"大力推广和规范使用国家通用语言文字，保护传承方言文化"③。联合国教科文组织首个以"保护语言多样性"为主题的重要永久性文件《岳麓宣言》于 2019 年 2 月发布，由我国主导形成的保护方言和促进世界语言多样性的理念在世界范围内达成广泛共识。④ 目前，"语保工程"一期建设已于 2019 年底完成，共调查采录涵盖包括港澳台在内的全国所有省份和 123 个语种及其主要汉语方言共 1712 个语言资源点，其标志性成果——"中国语言资源采录展示平台"已上线。⑤ 截至 2024 年 4 月，该平台已汇聚 1289 个汉语方言调查点、429 个少数民族语言调查点的语言资源，⑥ 其他调查点数据经过科学规范的整理加工后，也将陆续进入平台，向社会各界开放使用。类似的还有广西民族大学语言博物馆、山西太原方言博物馆、贺州学院语言博物馆和岭南方言文化博物馆等，全国性的中国语言资源博物馆也即将在长沙湖南博物院挂牌。从近年来《中国语言生活状况报告》中所反映的情况可以获知，在国家相关政策的指导和支持下，方言保护的观念日渐深入人心，方言保护的行动在全国各地不断扩展、延伸，方言保护的成效日益显现。

　　二是学者的倡导与身体力行。方言保护离不开专家学者的参与。方言

---

① 教育部　国家语委关于印发《国家中长期语言文字事业改革和发展规划纲要（2012—2020年）》的通知［EB/OL］.（2012-12-10）［2023-08-02］. http：//www.moe.gov.cn/srcsite/A18/s3127/s7072/201212/t20121210_146511.html.

② 国家语言文字工作委员会.中国语言生活状况报告（2020）［G］.北京：商务印书馆，2020：83.

③ 中共中央办公厅　国务院办公厅印发《关于实施中华优秀传统文化传承发展工程的意见》［EB/OL］.（2017-01-25）［2022-12-25］. http：//www.gov.cn/zhengce/2017-01/25/content_5163472.htm.

④ 国家语言文字工作委员会.中国语言生活状况报告（2019）［G］.北京：商务印书馆，2019：23.

⑤ 中国语言资源采录展示平台上线试运行［EB/OL］.（2020-09-30）［2023-08-02］. http：//www.moe.gov.cn/jyb_xwfb/gzdt_gzdt/s5987/202009/t20200930_492655.html.

⑥ 语保工程采录展示官网［EB/OL］.［2024-01-30］. https：//zhongguoyuyan.cn/index.

濒危和方言保护问题最初是在学术界引起关注的。曹志耘（2001）、李如龙（2009）、庄初升（2017）等均对濒危方言有所讨论，正是学者们的呼吁和身体力行，才促使政府及普通民众逐步认识到保护方言文化的重要性。各地高校或科研机构的学者们纷纷自觉投入保护方言的行动当中，以学者个人为主体的方言研究项目或课题不胜枚举，近年来出版的方言文化著作亦达数百种。[①]

"语保工程"涉及范围广、参与人员众多、情况复杂、技术要求高，为此，需要制定科学高效、切实可行的实施方案，以确保工程顺利推进。[②] 方言保护方案的制定，濒危方言的界定与测评，工程业务规范标准的制定，语保课题的中期检查、验收等，都是众多专家集体智慧的结晶。可参照《语言活力与语言濒危》《岳麓宣言》这类涉及世界语言资源保护政策、措施的纲领性文件，提出符合我国语言资源实际情况的可行性建议。

此外，方言资源保护是一项具有学术、技术含量的工作，不仅需要实施者具备较高的方言学素养，还需要具备录音、录像设备和相关语料处理软件的使用技术，这必须让学界相关领域的专门人才或专业化团队通力合作，并予以充分的技术支持。

三是社会各界的重视与积极参与。任何一种语言只有在不断使用中才能永葆生机活力，方言只有在使用中才能更好地得到传承、保护。要让广大民众意识到方言与普通话二者是并行不悖的，有效提升民众的责任感和参与度；要让社会大众积极投入方言保护的工作中来，让每一个语言使用者都成为"语保人"；要让推普保方工作由政府主导、专家倡导，内化为社会公众的思想共识，转变为他们的自觉行动。[③]

近年来，一些有眼光、有担当的有识之士自觉投入方言保护中。最典型的如湖南卫视著名主持人汪涵于 2015 年资助发起的"湖南方言'響應'计划"，分方言和口头文化两部分，目前已调查方言点 50 余个，已成为社会

---

① 国家语言文字工作委员会. 中国语言生活状况报告（2020）[G]. 北京：商务印书馆，2020：83.

② 王莉宁. 中国语言资源保护工程的实施策略与方法 [J]. 语言文字应用，2015（4）：18-19.

③ 王莉宁. 中国语言资源保护工程的实施策略与方法 [J]. 语言文字应用，2015（4）：26.

力量开展语保的一面旗帜。①

在幼儿园、中小学开设方言文化选修课或兴趣课，让"方言文化进课堂"，也是将民众参与感落到实处的一种典型实践。该活动一开始主要集中在我国东南沿海部分地区（闽南地区、苏南地区、上海市），②目前已在其他地区陆续铺开，如湖南师范大学附属小学在每周五的课后服务时间开设了方言趣味课堂。这些活动极大地提升了孩子们的方言参与感，让他们从小就感受到当地方言文化的独特魅力，进一步培养了其保护与传承方言文化的意识。类似的还有山西、河南等地乡村幼儿园的"华夏三亲启蒙教育项目"③等，均致力于方言文化保护。

除此之外，还可挖掘与整理地方戏曲、俗语民谣等民众喜闻乐见的优秀语言文化资源，积极开展诸如地方戏剧大舞台、民谣大家唱等活动，寓教于乐，以此提高社会民众的参与度。

广大文艺工作者可以适当使用当地方言进行创作，将方言融入文学文本或音乐创作中，以不同的文化表现形式吸引百姓关注和参与。如韩少功在其文学作品《马桥词典》中虚构了一个叫"马桥"的湖南村庄，收录当地方言的116个词条，汇编成词典，各词条彼此独立又相互勾连，串联起马桥从古至今几千年的风土人情与传奇历史。流行音乐如《西安人的歌》（西安方言）、《重庆魂》（川渝方言）、《过早歌》（武汉方言）等，将方言融入歌词中，不仅在表情达意上更加贴切，同时增加了趣味性和传唱度。

四是媒体的宣传与引导。随着科技的发展，媒体的形式也日趋多样化，媒体在国民语言生活中的作用也日益凸显，各级各类媒体理应在推普保方，尤其是在促进方言有效传承和保护方面发挥更积极的作用。目前，全国部分电视台、网站均推出方言节目，形式多样，异彩纷呈。综艺类如《越策

---

① 国家语言文字工作委员会. 中国语言生活状况报告（2020）[G]. 北京：商务印书馆，2020：83.

② 教育部语言文字信息管理司. 中国语言生活状况报告（2016）[G]. 北京：商务印书馆，2016：84.

③ 王瑾. 幼儿园传统节日教育传承中华优秀传统文化策略研究：以"华夏三亲启蒙教育"项目的探索为例 [J]. 当代教育理论与实践，2020（1）：48-52.

越开心》（湖南）、《浙江方言大擂台》（浙江）、《谁与争锋》（山东）、《阿拉乒乓响》（上海）、《方言达人》（爱奇艺）；音乐类如《粤唱越响》（广东）、《十三亿分贝》（爱奇艺）；情感生活类如《雾都夜话》《生活麻辣烫》（重庆）、《地宝当家》（江西）；综合类如《拉呱》（山东）；新闻类如《听我韶韶》（南京）、《阿六说新闻》（杭州）等。全天候方言播音的电视台、广播电台也是一种重要的推普保方宣传平台，如南方卫视（现为"大湾区卫视"）、广州电视台的粤语节目，福州人民广播电台"左海之声"的闽语节目等，在海内外产生了很大的影响。中国首个以微电影形式传承方言、呼唤乡情，倡导把现当代创作、拍摄技术与当地文化巧妙融合的足荣村方言电影节（始于 2015 年），①也是依靠媒体传播方言文化、寄托乡愁新模式的一种尝试性探索。此外，还可以充分利用"互联网＋"、广播电视"村村通"，以及蓬勃发展的微信视频号、抖音、快手、小红书等自媒体，提升媒体的传播引导能力，适时适当进行方言传承与保护的宣传。

（三）推普规方树意识

方言失范有碍语言生态文明建设，不仅不利于方言文化的传承与发展，还会产生较为消极的社会影响。因而，推普规方不仅是语言文字规范化的内在要求，也是营造和谐语言环境的必要举措。方言失范体现在方言自身的不规范和语用场的不规范两个方面，相应地，推普规方的工作也可以从这两个方面入手：

就方言自身的规范而言，最主要的是避免使用混乱、产生误会，因而需要规范方言的语音、词汇和语法。如华北、东北方言词汇"gèying"（讨厌义），《现代汉语词典》（第 7 版）写为"硌硬"［kɣ⁵¹ iŋ］。《哈尔滨方言词典》写为"膈殃/膈应"［kɣ⁵³ iaŋ/kɣ⁵³ iŋ］，"膈"还可以写作"硌""各""忔"。②两者不仅读音不同，字形也有差异，这就需要我们对方言自身进行规范。且方言规范"应该允许方言保持自身独有的语言成分"，"不是把普

---

①　中国最南端的小小村庄里，办起来第一个聚焦方言的电影节！［EB/OL］（2018-12-04）［2022-12-27］. https：//baijiahao.baidu.com/s? id=1618837351270286977&wfr=spider&for=pc.

②　尹世超. 哈尔滨方言词典［M］. 南京：江苏教育出版社，1997：137.

通话某些语言成分作为规范内容来规范所有的汉语方言"①，规范方言的同时也要保持方言的特色。

　　就方言语用场的规范而言，重点是明确普通话和方言在不同行业、不同场合的使用场域。

　　第一，要颁布、出台相关的法律法规及语言政策予以规范。目前颁布的相关法律法规及准则主要有：《中华人民共和国国家通用语言文字法》（2000）第十二条规定了广播电台、电视台以普通话为基本的播音用语；《中国广播电视播音员主持人职业道德准则》（2004）、《中国广播电视播音员主持人自律公约》（2005）要求："除特殊需要外，一律使用普通话，不模仿地域音及其表达方式，不使用对规范语言有损害的口音、语调、粗俗语言、俚语、行话，不在普通话中夹杂不必要的外语，不模仿港台话及其表达方式。"《国家中长期语言文字事业改革和发展规划纲要》（2012—2020）强调："大力推广和普及国家通用语言文字、推进语言文字规范化标准化信息化建设、加强语言文字社会应用监督检查和服务、提高国民语言文字应用能力、加强语言文字法制建设、推进语言文字规范化标准化信息化建设、科学保护各民族语言文字、弘扬传播中华优秀文化。"依据以上法律、法规，国家新闻出版广电总局（现为国家广播电视总局）先后三次颁布了"方言禁令"：2004 年首次提出禁止播放用方言译制的境外影视片，并于次年 10 月 8 日广电总局发出《关于进一步重申电视剧使用规范语言的通知》重申了电视剧语言（地方戏曲片除外）不得使用方言的禁令；第二次主要针对方言影视剧；② 第三次主要针对为播音员主持人、嘉宾、节目制作机构。③ 相较于前两次，第三次覆盖面更广。为响应国家层面的"禁令"，一些地方机关作出了更为具体的规定，例如浙江省广播电视局于 2005 年、2007 年分别下达了《关于加强方言类节目管理的通知》《关于进一步加强方

　　① 陈恩泉 . 双语双方言问题研究［M］. 北京：国际文化出版公司，2011：226.

　　② 广电总局办公厅关于严格控制电视剧使用方言的通知［EB/OL］.（2009-07-20）［2022-12-29］. https：//dsj. nrta. gov. cn/article. shanty？ id=012296fb5e0b004f402881a122874887.

　　③ 广电系统大力规范广播电视节目用语［EB/OL］.（2014-01-07）［2022-12-29］. http：//www.nrta. gov. cn/art/2014/1/7/art _ 112 _ 15074. html.

言类节目管理的通知》①，后者提出，各级广播电视播出机构应当以普通话
为基本的播音用语；各级广播电视播出机构如确需开办方言类节目、使用
地方方言作为播音用语，应经市级以上广播电视行政管理部门审核同意后，
报省级广播电视行政管理部门审批；在方言节目的开办总量和播出频率、
时段以及方言词汇的选择上做出了具体规定，并要求方言类节目应配上规
范的汉字字幕。② 当然，"禁令"主要针对媒体语言中方言使用不当的情况，
并非禁止方言使用、扼杀语言生态中方言的多样性，其根本目的在于排除
语言污染，维护语言生态的良性发展。

　　第二，要加大宣传力度，树立规范用语意识。通过宣传，让全社会形
成共识，国家颁布"方言禁令"，并非遏制其发展，相反，对其进行合理规
范更有助于其蓬勃有序发展；鼓励语言的多元发展，对于语言失范问题不
能听之任之；与"强制明禁"相比，要用民众更易于接受的模式来倡导规
范用语，净化语言环境。例如，自 1998 年起开始的全国推广普通话宣传周
（每年 9 月的第三周）影响广泛。2020 年，第 23 届全国推广普通话宣传周
以"同讲普通话，携手进小康"为主题，全国各地围绕这一主题，开展了
一系列形式多样的宣传活动：浙江举办第八届大学生经典诵读会，上海组
织"青衿书苑读书会"亲子阅读活动，河北邯郸举办规范汉字书写等级测
试现场会，广东东莞举办"莞香溢两江，雅韵飘四海"语言艺术展示会
等。③ 此外，主流媒体、公众人物、人民教师、公务员等，也应当在宣传规
范用语的过程中起先锋带头作用。

　　第三，民众需要有足够的语言自觉。2020 年 9 月 15 日，时任教育部副
部长、国家语委主任、全国推普周领导小组副组长田学军在第 23 届全国推
广普通话宣传周开幕式上指出："国家通用语言文字是现代科学知识的重要
信息载体，推广普及国家通用语言文字，有利于消除语言交流障碍，促进

---

　　① 吴雪青. 浙江省广播电视方言类节目的理性审视 [J]. 浙江传媒学院学报，2008（6）：13.

　　② 浙江省广播电视局关于进一步加强方言类节目管理的通知 [EB/OL]. （2007-08-15）[2022-12-30]. http://gdj.zj.gov.cn/art/2007/8/15/art_1229271379_794132.html.

　　③ 柴如瑾. 第二十三届全国普通话宣传周开幕 [EB/OL]. （2020-09-15）[2022-12-30]. http://www.gov.cn/xinwen/2020-09/15/content_5543436.htm.

各民族群众获取有效信息，学习先进文化和科学知识以及技术。"① 广大民众必须深谙国家通用语言文字在铸牢中华民族共同体意识、构筑中华民族共同文化和实现中华民族共同富裕中发挥的不可或缺的关键性作用，做到"努力学普，自觉用普，合力推普"。在公共交际领域，规范用语用字，以示文明形象，构建和谐语言生态。

（四）推普谐方共发展

语言和谐对社会和谐有重要意义，语言态度又是直接影响语言和谐环境营造的重要因素之一。② 上述诸如"方普之争""方方之争"等关涉语言"歧视"问题的现象，实际上就是人们对于普方二者在语言态度上的一种"不和谐"反映。目前，"推普谐方，共荣发展"应该是处理该问题的最佳方式，这需要国家、企业、个人三者的共同助力。

一是国家应当大力加强相关语言法律及政策的宣传以及立法规范。前文提到的广州"撑粤语"事件、上海传媒方言问题等，主要还是部分民众对国家相关语言法律及政策不甚了解，或者是故意曲解、放大、炒作。事实上，《中华人民共和国国家通用语言文字法》第十六条明文规定，有以下情形的，可以使用方言：（1）国家机关的工作人员执行公务时确需使用；（2）经国务院广播电视部门或省级广播电视部门批准的播音用语；（3）戏曲、影视等艺术形式中需要使用的；（4）出版、教学、研究中确需使用的。显然，国家法律规范的是公共领域的用词用语，对个人在非公共领域使用语言文字没有做过多的限制，对其在公共领域使用方言留有空间。③ 不仅如此，为加强对海内外粤语人群的服务工作，中央还特别安排南方电视台（现已并入广东广播电视台）的一个卫星频道，24 小时全天候地用粤语进行

---

① 柴如瑾. 第二十三届全国普通话宣传周开幕［EB/OL］.（2020-09-15）［2022-12-30］. http：//www.gov.cn/xinwen/2020-09/15/content_5543436.htm.

② 冯广艺. 语言和谐论［M］. 北京：人民出版社，2007：181.

③ 教育部：推广普通话和使用传承方言并不矛盾［EB/OL］.（2020-06-02）［2023-01-05］. http：//www.ddcpc.cn/detail/d_shehui/115151115270013.html.

播音;① 专门设立了岭南方言文化博物馆、海派文化博物馆对方言文化进行展示、传承与保护；广州、福州等城市的公交地铁也都提供方言语音报站的服务。由此可见，所谓的"推普废方"的语言"歧视"之说纯属无稽之谈。总之，要让民众意识到普方之间并非冤家对头，在汉语方言区推广普通话，目的是消除不同方言区之间的隔阂，而不是消灭汉语方言。②

二是企业应当明确岗位需求，以除误解。需要明确，语言优势不等于语言"歧视"。用人单位在招揽人才时往往会设置一些特殊门槛，倘若这些"门槛"是基于工作岗位的需要来考察受聘者与岗位相关的能力，则不能算作"歧视"。一些岗位在执行任务的过程中往往需要通晓当地方言，或者使用方言能带来一定的沟通优势，那么在招聘过程中，同等条件下优先录用会说当地方言者，这无可厚非。相反，一些无关工作需要因个人主观因素而在招聘过程中对"方言"设限，则是方言歧视。因而，企业在制定用人标准时，应当明确岗位需求，以免应聘者存有"歧视"误解，影响公平竞聘。

三是民众应当尊重地方标签，感受多元文化。我国是一个多方言并存的国家，各方言之间并无高低之分，不同的方言承载着不同的地域文化，有着独特的文化魅力，比如，可以通过花鼓戏感受湖湘文化，通过苏州评弹、越剧感受吴越文化，通过评剧来感受燕赵文化。在长期的社会生活中，方言已俨然由一种语言逐渐演化为一种地方标签，是乡土文化的"根"之所在。人们应当转变对方言的固有认知，要深刻意识到"大俗即大雅"，方言并非"土"的象征，使用方言的人也并非低人一等。对于承载着故乡文化、故乡记忆的方言，即便不学习、不使用，我们也应当给予应有的尊重。我们应当打破地域的限制，充分享受多种方言所带来的多元文化体验，以促其共荣和谐发展。

和谐语境要营造，普方关系贯始终。以普通话为中心，普通话和方言

---

① 詹伯慧. 粤语是绝对不会沦陷的：对出现"废粤推普"风波的一些思考 [J]. 学术研究，2011 (3)：154.

② 周庆生. 语言和谐思想刍议 [J]. 语言文字应用，2005 (3)：26.

和谐发展，是当前我国语言生活的客观现实，也将是今后较长一段时间的必然趋势。2015 年，一则"全国仍有约 4 亿人不能用普通话进行交流"的新闻，① 引发热议，诸如"方言致使推普受阻""推普加速方言消失"的言论，实质上是广大民众在普方关系问题上有失公允的相互"归咎"。事实上，不管是方言同化，还是推普进展，除了受到语言本身发展规律的影响外，还会受到当地经济、教育水平的牵制。总而言之，"推普"和"保方""规方""谐方"都是我国语言生活的重要组成部分，"推普"是基于对语言的共同认同，响应国家号召的必然之举，"保方""规方""谐方"是基于对语言的个别认同，传承多元文化的明智之举。

---

① 中国仍有约 4 亿人不能用普通话进行交流 ［EB/OL］. （2015-9-20）［2023-01-12］. http：//www.xinhuanet.com/politics/2015-09/20/c_128248449.htm.

第五章
语言与国家软实力

　　"软实力"是由美国学者约瑟夫·奈提出的概念，它是一种依靠吸引力，而非通过威逼或利诱的手段来达到目标的能力。① 作为一个适用于国家主体的综合性概念，"软实力"的核心在于一国综合本国的文化、政治观念和外交政策等生发出来的吸引力，这种吸引力可以使本国不借助硬实力强制手段就能使他国按照自己的意志行事，② 因此也被称为"国家软实力"。"软实力"通常包括两方面：一是与看得见、摸得着的经济、军事、科技等"硬实力"相对，国家软实力主要体现为文化观念、政治观念、外交策略等看不见、摸不着的抽象事物；二是指非强制性，即国家不靠军事威压、经济制裁等强制手段，而是依靠自身魅力吸引其他国家按照自己的意愿办事。③ 概括而言，软实力来源于能产生吸引力的资产，文化无疑是其中重要的角色或要素之一，而语言是打开文化的一把钥匙，是一国文化进入他国的通行证，它不能离开文化而存在，因而其与软实力之间的学理接口是必然存在的。④

　　"语言是软实力"这一命题已有共识，⑤ 一个村庄、一个民族乃至以语言为立国要素的民族国家，都是大小不同的"语言共同体"。共同的语言便

---

　　① 约瑟夫·奈．软实力［M］．马娟娟，译．北京：中信出版社，2013：8-9.

　　② 陈韬．中国经济学话语建构史的双重审视：基于"国家软实力"和马克思经济范畴"术语的革命"视角［J］．南都学坛（人文社会科学学报），2019（2）：117.

　　③ 约瑟夫·奈．软实力［M］．马娟娟，译．北京：中信出版社，2013：8.

　　④ 陈伟．语言与软实力关系解析［J］．燕山大学学报（哲学社会科学版），2016（2）：42.

　　⑤ 李宇明．语言也是"硬实力"［J］．华中师范大学学报（人文社会科学版），2011（5）：68.

积淀为一个群体的文化基因、身份认同和情感维系，把"语言共同体"紧密地凝聚在一起。可见，语言的作用是内在性的（immanent）和建构性的（constitutive）。①

　　本章通过对语言与国家软实力之间的关系的探讨来认识"语言是一种软实力"这一命题，并结合我国语言软实力的现状，提出若干进一步提升我国语言软实力的建议。

第一节　语言是一种软实力

　　据美国学者约瑟夫·奈的观点，软实力是文化、政治价值观、外交政策三种资源共同创造的，由于资源会随环境的变化而变化，这也意味着软实力并非一成不变。② 事实上，语言除了是文化资源外，还是一种经济资源，③ 更是一种战略资源，④ 语言作为资源的多重属性也反映着国家软实力的方方面面。我们不难发现，语言作为资源的多重属性之间存在着一种互动关系，即文化、经济二者之间可以实现转化，且共同服务于国家发展战略，这使得语言与国家软实力之间的关系错综复杂，因此我们有必要从二者的关系出发，进一步深化对"语言是一种软实力"这一命题的认识。

　　语言是重要的软实力，其对国家治理、发展和安全具有重要作用，⑤ 表现之一便是政府需要运用语言去处理一切与国家利益相关的事务，政府所具备的这一运用语言来处理一切与国家利益相关事务的能力即为国家语言能力。⑥ 国家语言能力反映了国家社会经济的发展，是国家软实力和综合实

---

　　① 赵世举. 国家软实力建设亟待研究和应对的重要语言问题 [J]. 文化软实力研究，2016 (2)：36-37.

　　② 魏晖. 语言文化交流与国家文化软实力 [J]. 文化软实力研究，2019 (1)：16.

　　③ 李宇明. 语言也是"硬实力" [J]. 华中师范大学学报（人文社会科学版），2011 (5)：68.

　　④ 文秋芳，张天伟. 国外语言资源管理的经验与启示 [J]. 新疆师范大学学报（哲学社会科学版），2014 (6)：99.

　　⑤ 赵世举. 语言与国家 [M]. 北京：商务印书馆，2015：1.

　　⑥ 文秋芳. 对"国家语言能力"的再解读：兼述中国国家语言能力 70 年的建设与发展 [J]. 新疆师范大学学报（哲学社会科学版），2019 (5)：60.

力的重要标志,① 语言与国家软实力的关系集中体现为国家语言能力与国家软实力的关系。文秋芳(2019:57)将国家语言能力抽象概括为国家语言治理能力、国家语言核心能力和国家语言战略能力三个分项。本小节拟基于这一观点,并结合黄劲怡、王晋军(2021:91-92)所提及的"国家语言能力"广义观来探讨国家语言能力与国家软实力之间的关系。

▶ 一、语言治理能力体现国家软实力

"国家语言治理能力是国家治理国内外公共语言事务的能力,是国家语言治理体系的执行能力的体现。"② 国家语言治理既是政府语言工作的一部分,也是国家治理体系工作的一部分,二者在治理对象及治理目标上具有一致性。一般说来,国家语言治理能力可以从语言治理机构体系构建、语言规划制定与实施、语言生活研究与交流等三个方面进行考察。③

(一)语言治理机构体系构建

机构的"完整性"是衡量国家语言治理能力的标准之一,即国家是否有从中央到地方上下贯通的语言治理机构体系。④ 二战结束以来,经过数十年的努力,德国在国家通用语普及、国家外语教育与德国国际传播事务上均已构建了完善的行政治理机构体系。以德国国家外语教育事务机构体系建设为例,其形成了以联邦各州文化教育部长联席会议为主体的,涵盖联邦和地方两个层面的治理机构体系。在联邦层面上,成立于1948年由各州负责教育、高校和科研以及文化事务的部长组成的联邦各州文化教育部长联席会议负责协调与教育文化相关的全国性政策,并在与联邦政府和欧盟合作谈判中代表各州的共同利益,下设全体大会、专业委员会、常务分委会和秘书处,其签订的框架性教育决议、建议和协议具有约束力,对德国

---

① 段丹洁.扎实推进国家语言能力建设 [EB/OL].(2019-07-12)[2023-07-10].http://sscp.cssn.cn/xkpd/xszx/gn/201907/t20190712_4932702.html.

② 王辉,周智婉.从治理到"智理":提升国家语言治理能力的新路向 [EB/OL].(2021-07-12)[2022-06-25].https://www.hnzk.gov.cn/zhikujianyan/15091.html.

③ 文秋芳.对"国家语言能力"的再解读:兼述中国国家语言能力70年的建设与发展 [J].新疆师范大学学报(哲学社会科学版),2019(5):61.

④ 文秋芳.对"国家语言能力"的再解读:兼述中国国家语言能力70年的建设与发展 [J].新疆师范大学学报(哲学社会科学版),2019(5):62.

外语教育的规划和政策制定起重要作用，各州议会和教育部在此基础上制定和颁布教育法规，以进一步完善其外语教育体系、课程设置和教学安排。在地方层面上，根据德国的宪法《德意志联邦共和国基本法》，教育立法与行政管理权属于各州，在此基础上形成了地方层面的州（州教育部）、地区（地区教育局）、县（县教育局）三级自上而下联动的外语教育事务机构体系，对接联邦层面的各州文化教育部长联席会议工作。[①]

（二）语言规划制定与实施

符合语情实际且行之有效的语言治理方针、措施也能在一定程度上体现国家软实力的发展情况。如欧洲是一个多元语言和文化地区，为了达成欧盟成员国之间的语言教育的合作与交流、各语言的资质互认，欧洲理事会于 1991 年召集欧洲内外语言教学专家和一线语言教师开始共同规划制定欧洲语言共同参考框架，在 2001 年正式出版《欧洲语言共同参考框架》（简称 CEFR）。CEFR 是欧洲理事会为其成员国在语言（包括欧洲各国语言）教学和评估领域提供的一套标准，旨在为欧洲语言教学的大纲设计、课程指南、测试评估和教材编写提供一个共同基础，[②] 这些语言措施为欧盟一体化顺利达成和巩固提供了强有力的保障，是欧盟成员国具备较强国家语言治理能力的体现，也是成员国利用国家软实力推进国家发展的例证。在国际社会层面的语言措施、语言政策也属于国家语言治理范畴，反映出一国在国际社会中利用国家软实力实现本国发展目标所做的努力。如法国政府非常看重法语的文化地位，在国内重法语、禁他语，1992 年将"共和国的语言是法语"写入宪法，1994 年颁布的《法语使用法》详细规范了法语在职场、媒体、商业、教育、学术会议、公共服务等各方面的使用群体和使用范围。此外，法国政府为了维护法语的地位，以实际行动抵制了 1992 年欧盟委员会颁布的《欧洲区域或少数民族语言宪章》。[③] 针对本国实际语言

---

① 詹霞，葛囡囡. 德国国家语言能力研究［M］. 北京：外语教学与研究出版社，2023：24，26-27.

② 邹申，张文星，孔菊芳.《欧洲语言共同参考框架》在中国：研究现状与应用展望［J］. 中国外语，2015（3）：24.

③ 栾婷. 法国在全球推广法语的政策与措施分析［J］. 首都经济贸易大学学报，2014（5）：57-58.

情况制定相应的语言政策，不仅能够科学应对语言发展问题，还可以针对性提升本国的国家软实力，在国际社会交往中培养本国语言和文化的优势。

（三）语言生活研究与交流

国家语言治理能力不仅体现在机构体系的构建、规划方针的制定与实施上，还体现在多样的国家语言生活研究与交流上。以荷兰为例，在国家语言生活研究上，主要分为主导管理机构、合作研究机构、系列研究项目三个方面。

从主导管理机构来看，荷兰科学研究院主要负责发布全国性科研规划，并组织经费申报来推进语言生活研究，在 2019—2022 年科研规划中，将保持荷兰科学研究的高水平和高效性列为首要目标。受荷兰教育、文化和科学部委托，科学研究院从 2018 年起启用"国家科学议程"，统筹各类在今日社会与未来社会间架设桥梁的科学研究。目前，国家科研议程框架下已有 14 种主题经费开放申请，资助或正在资助的项目达到 174 个。

从合作研究机构来看，主要有荷兰语言研究院、荷兰语语言联盟、外语专名委员会、墨卡托欧洲多语种和语言学习知识中心等，既关涉到荷兰语的规范化、信息化，也关涉到荷兰语区语言生活研究资源的协调，还关涉到区域通用语弗里斯语及区域语言林堡语、低地撒克逊语等语言研究。如 2017 年，荷兰语语言联盟与荷兰皇家图书馆耗时 12 年，合作推出了荷兰文学研究领域的重量级出版：八卷本《荷兰语文学史》，目前，八卷本《荷兰语文学史》中已有两部可以在荷兰数字文学图书馆免费阅读或下载。2020 年，荷兰语语言联盟还与荷兰皇家图书馆合作上线了《荷兰语文学史》网站。

从系列项目研究来看，涵盖传统学术研究项目和公益宣传项目两种类型。传统学术研究项目比较具有代表性的是"荷兰语地位调查"和"弗里斯语地位调查"。前者分别在 2016 年、2018 年和 2020 年完成调查，在 2017 年、2019 年、2021 年完成调查报告，其中，2021 年的调查报告还在荷兰兰诺出版社的支持下，成为《荷兰语语言图景》的一部分；后者呈现调查结果的《弗里斯语语言图景》已分别在 2007 年、2011 年、2015 年、2020 年出版。公益宣传项目则以"清楚明了"为代表，该项目自 2018 年启动以来，推出了信息时代与政府交流数据报告、《欧框》B1 等级对有效沟通的重要性等研究。

与国家语言生活研究类似，荷兰国家语言生活交流也是在荷兰语区、欧洲乃至全球大背景下展开的，并不局限于荷兰境内，交流主要以学术会议的形式展开。如每年和每三年轮流在荷兰、比利时两地举办的荷兰教育大会和跨高校语言习得讨论会都会把每届成果结集成卷、成册。其中，荷兰教育大会的会议成果目前已经出版了 34 卷，是荷兰语教育研究的重要资料。相关的学术会议还有每两年举办一次的区域性学术会议"加勒比海荷兰研究大会"，由国际荷兰语研究者联合会每三年举办一次的全球性学术讨论会"荷兰研究学术研讨会"等等。①

▶▶ 二、国家语言核心能力体现国家软实力

语言是一个国家不可或缺的文化与精神内核，国家语言能力的建设与国家软实力的提升休戚相关。国家语言核心能力是国家语言能力的重要组成部分，所谓"国家语言核心能力"，即国家处理涉内事务的语言能力，具有基础性和先导性。② 文秋芳（2019：64）认为国家语言核心能力涉及 4 个维度，包括国家通用语普及、国家通用语规范使用、国家语言智能化与国家语言和谐生活建设。在此基础上，我们进一步将国家语言核心能力所涉内容概括为国家通用语的普及与规范、多语能力的培养、国家语言智能化与国家和谐语言生活建设等 4 个方面。

（一）国家通用语的普及与规范

国家通用语是一个国家传承民族文化的基础，也是实现有效社会管理、畅通社会交流的文化基础。国家通用语的普及与规范于一个国家，特别是统一的多民族国家而言不可或缺，是维护国家长治久安、团结稳定的重要举措，也是国家语言文化持续发展和国家核心语言能力增强的重要动力，对于国家软实力的提升至关重要。

---

① 张佳琛. 荷兰国家语言能力研究［M］. 北京：外语教学与研究出版社，2023：58-63.
② 文秋芳，杨佳. 提升国家语言能力，助推两个共同体建设［J］. 语言文字应用，2020（4）：9.

位于中南半岛的柬埔寨是一个多民族国家，有 20 多个民族，且语言各异，尤以高棉语（柬埔寨语）、华语（包括汉语方言）、越南语和占语为多，此外还有缅语、老挝语、马来语、嘎卓语、科伦语等，其中使用高棉语的高棉族人占全国总人口的 80％左右。因过去饱受外来侵略和殖民统治的迫害，加之国内政局不稳，导致柬埔寨的经济、教育等发展受限，特别是独立初期，为解决法国殖民时期遗留的法语对高棉语的排挤打压等问题，从 20 世纪 50 年代开始，柬埔寨全国开展"高棉化"运动，以高棉语为媒介进行教育教学，开展高棉语的普及工作。①

柬埔寨高棉语有主体民族优势，加之历史悠久，其普及率较高，但在当前全球化、信息化冲击下，逐渐暴露出诸如拼读、拼写不规范，混淆、误用音同意近的异形词，语言使用标准宣传普及不到位以及在外来新词冲击下高棉语词汇未能及时推陈出新等问题。为此，旨在促进高棉语标准化、规范化和现代化的《国家高棉语政策》草案于 2019 年获得通过，该政策一经推出，相关部门便开始推动其在全国范围内的实施工作。截至 2020 年 6 月，高棉语理事会发布涵盖内容广泛的学术年报和术语词典各 11 期（册），印发纸质版《国家高棉语政策手册》；自 2019 年 7 月始，各级政府部门集中开展招牌文字整治行动，要求文字书写有误或不规范的门店限期整改等。《国家高棉语政策》的实施卓有成效，也得到了社会各界的关注和支持，如柬埔寨作协开发了一套用以校验电脑输入高棉语时是否出现错误的正字法软件；民众积极响应高棉语理事会举办的词语拼写、拼读、词义竞赛等活动，及时向上反馈新词新语以帮助扩充《高棉语大辞典》词条，向有关部门反映日常所见标志牌、广告牌上出现的书写错误等。②

在软实力日益重要的今天，若要借助历史悠久的高棉语来增强柬埔寨的国家软实力，势必要先完善其作为国家语言的核心能力，解决高棉语自身存在的问题是当务之急。为此，柬埔寨积极推广和普及高棉语，并针对

---

① 张治国，刘振．柬埔寨语言生态及语言政策研究［G］//语言政策与规划研究（第十五辑）．北京：外语教学与研究出版社，2022：90，93-94，97，99.
② 卢军．柬埔寨《国家高棉语政策》［G］//国家语言文字工作委员会．语言生活皮书：世界语言生活状况报告（2021）．北京：商务印书馆，2021：10-16.

暴露出的现实问题，对高棉语的使用进行规范。这反映出柬埔寨为提升高棉语地位，增强国家软实力，维护国家稳定团结的决心。

（二）多语能力的培养

世界上多数国家都属于多语言、多民族国家，这些国家往往拥有丰富的语言资源，除了国家通用语言、官方语言以外，还存在一些方言和少数民族语言。培养国民的多语能力，不仅可以保护本国的方言和民族语言、维护语言的多样性和国家语言文化安全，还可以提高国家的软实力并产生相应的经济效益。

英国是典型的单语主义国家，国内虽有盖尔语、威尔士语、爱尔兰语等历史悠久的小族语言存在，然其独尊英语，致使国民多语能力普遍偏低。在全球化进程中多语并存的新常态环境下，英国政府也逐渐意识到单语主义会影响和阻碍语言文化多元发展以及国家软实力的提升，因而英国的语言教育思想开始从单语主义向多语主义转型，如其国内掀起了小族语言复兴运动等，虽然成效有限，但也迈出了走向多语政策和多语教育的坚实步伐。[①]

巴西在第二次世界大战结束之前严格执行以葡语为官方语言的单语制政策，战后受世界政治经济格局以及 20 世纪六七十年代巴西经济腾飞的影响，巴西开始与葡语国家进行葡语语言本体改革，保护境内其他族群的语言权利。20 世纪末开始，针对土著社区、移民社区、边境地区的多语现象，巴西完善了土著语言教育和多语教育政策，设置土著学校与边境学校，允许土著和移民群体使用本族语言，保障境内不同族群的语言权利。例如，巴西于 1999 年颁布了《土著学校教育国家课程指南》，其中主要条款为"土著语言是巴西文化的组成部分；允许学习使用土著语言，葡语为土著第二语言"；又于 2012 年颁布《土著学校国家课程教育指南》，主要条款为"尊重土著语言、社区多语传统；允许课程以葡语或其他语言双语编写；保障

---

① 张颖，戴曼纯.英国语言教育从单语主义到多语愿景的政策转型与实践［J］.外语界，2023（3）：55-59.

学生接受多元化教育的权利"。① 巴西的语言政策有效保护和促进了国内语言文化的多元发展，培养了国民（尤其是少数族裔）的多语能力，提升了国家软实力。

加拿大是典型的移民国家，长期以来实施多元文化政策和多语、双语政策，形成了多语种并存的局面，其政府非常重视语言在政治、经济、文化等方面的作用，通过浸入式教学策略以及公务员双语培训项目来进一步提高精通英语、法语两种官方语言的人才比例。这种多语能力的培养有助于其在国民就业、国际交流、贸易谈判、语言翻译和语言培训等方面抢占先机。② 相反，语言多样性的缺乏可能会给国家和民众带来经济上的损失。欧洲委员会 2007 年 2 月公布的一项调查显示，有 11％的中小型企业因缺乏语言的多样性和国际交流能力而损失经济利益，平均每家企业 3 年内损失约为 32.5 万欧元，其中还不包括隐性损失。③ 由此足见提升国民多语能力以及维护国家语言文化多样性在国际经贸往来中的重要性。

（三）国家语言智能化

2021 年，习近平总书记在致世界互联网大会乌镇峰会的贺信中指出："数字技术正以新理念、新业态、新模式全面融入人类经济、政治、文化、社会、生态文明建设各领域和全过程，给人类生产生活带来广泛而深刻的影响。"④ 当今社会是信息技术和语言智能处理技术蓬勃发展的新时代，国家语言智能化代表国家核心语言能力的新发展方向，代表国家软实力发展的新突破点。语言智能的概念提出于 2013 年在北京举办的"语言智能学术论坛"，即语言信息的智能化，是一种机器的认知智能活动⑤，其水平已成

① 陈道彬. 巴西语言政策的衍变与探讨 [J]. 西南科技大学学报（哲学社会科学版），2023（3）：2-4.
② 徐静，吕杰. 多语教育带来良好的社会回报：基于加拿大语言能力调查 [J]. 世界教育信息，2015（4）：59-61.
③ 尚军. 欧企外语"短腿"失商机 [EB/OL]. （2007-02-25）[2023-08-03]. https：//www.gmw.cn/ 01gmrb/2007-02/25/content_557607.htm
④ 习近平向 2021 年世界互联网大会乌镇峰会致贺信 [N]. 人民日报，2021-09-27（01）.
⑤ 杨尔弘，刘鹏远，韩林涛，饶高琦. 语言智能那些事儿 [M] //郭熙. 中国语言生活状况报告（2018）. 北京：商务印书馆，2018：85.

为衡量国家现代化进程与国家语言能力发展水平的重要标志,① 而国家语言能力反映了国家社会经济的发展,是国家软实力和综合实力的重要标志,② 因而,语言智能化水平直接关乎国家软实力建设的长足发展。目前,美国在语言智能处理领域处于全球领先地位,以其应用于军事领域的语言处理技术为例,在 2014 年美国国防部提出的"第三次抵消战略"背景下,近年来,美国发布了"基于人工智能的语言习得"(Grounded Artificial Intelligence Language Acquisition,简称 GAILA)"可解释的人工智能"(Explainable Artificial Intelligence,简称 XAI)以及"确保 AI 抗欺骗可靠性"(Guaranteeing Artificial Intelligence Robustness against Deception,简称 GARD)等一系列项目。③ 此外,随着自然语言处理技术以及相关的算法推荐被应用于更广泛的文化生活和生产领域,人们也越来越依赖算法推荐内容和技术生成信息而做出决定。拥有强大语言文字处理能力和智能化人机交互功能的 Chat GPT 的横空出世,喻示着语言教育与人工智能深度融合的时代已经到来,④ 掌握以互联网为基础的语言智能技术已经成为国家在数字时代建设国家软实力、掌握国际话语权的重要砝码。

(四) 国家和谐语言生活建设

语言是保障社会稳定和谐的重要工具。习近平总书记认为,"观察当代中国哲学社会科学,需要有一个宽广的视角,需要放到世界和我国发展大历史中去看"⑤。考察世界民族语言历史和现代语言生活状况,可以发现很多国家在制定基本国家语言政策时,始终以保障社会稳定、构建和谐语言生活为目标。

谈及和谐语言生活,不得不讲的便是新加坡,这也是新加坡国家软实

---

① 文秋芳,杨佳. 新中国国家语言能力研究 [M]. 北京:外语教学与研究出版社,2021:74.

② 扎实推进国家语言能力建设 [EB/OL]. (2019-07-12)[2024-01-29]. https://m. thepaper. cn/baijiahao _ 3904654.

③ 梁晓波,邓祯. 美军语言智能处理技术的发展策略与启示 [J]. 国防科技,2021 (4):86.

④ 刘利,等."ChatGPT 来了:国际中文教育的新机遇与新挑战"大家谈(上)[J]. 语言教学与研究,2023 (3):1.

⑤ 习近平:在哲学社会科学工作座谈会上的讲话 [EB/OL]. (2016-05-17)[2023-08-03]. http://www. xinhuanet. com/politics/2016/05/18/c _ 1118891128. htm.

力的重要表现之一。新加坡有三大种族——华族、马来族和印度族，其中华族人口占全国人口的 74.3％，马来族人口占 13.4％，印度族人口占比为 9.1％,① 这样的人口比例使得新加坡在处理语言问题时不得不慎重。《新加坡共和国宪法》第 153A 款规定"马来语、华语、泰米尔语和英语是新加坡的四种官方语言"②，从宪法上保证了四种语言在新加坡的地位。四种语言各司其职，英语是国际通用语言，也是新加坡融入世界必不可少的媒介，加之历史原因，英语在新加坡的地位和实际功用无可替代；华语、马来语和泰米尔语是社群语言，维系着社群内的稳定和谐。为此，新加坡实施了"多语＋双语"的政策。李光耀曾说："在我们这个多元种族、多元文化的国家，如果只学英文，又是愚不可及的。因为这将使人民脱离自己的文化根源。如果人民不了解自身的历史文化，因为学英语而斩断了源头，丧失了文化认同感，失去对自己文化的自豪感，以致没有定向，不知何去何从，那又是一出悲剧。"③ 为促进这一政策的实施，实现语言和谐，社会稳定，政府也采取了一系列积极举措，以华语为例，新加坡于 1968 年成立了"简化汉字委员会"，1971 年开始采用汉语拼音方案，后又调整字序为从左到右。④ 1979 年还发起了华语运动。新加坡的一些中小学校园中随处可见的双语标记方便学生接受双语信息，同时学校还配备熟练掌握母语和第二语言的"双语"教师，为学生传授知识、答疑解惑。⑤

这些举措确保了新加坡社会中英语的通用地位以及华语、马来语和泰米尔语的传承与传播，新加坡民众与外人交流以英语，与社群内部交流使用本族语言，顺利与外界沟通接轨的同时也保证了本民族语言与文化的继承与发扬。新加坡在构建和谐语言生活这一国家软实力上所取得的举世瞩目的成就，亦离不开英语、华语、马来语和泰米尔语在各自领域发挥的核

---

① 陈名树. 新加坡教育访学之旅［M］. 长沙：湖南师范大学出版社，2021：176.

② Constitution of the Republic of Singapore Part 13 General Provisions 153A（1）［EB/OL］.［2023-08-19］. https://sso.agc.gov.sg/Act/CONS1963? ProvIds＝P113-＃pr153A-.

③ 张治国. 政治家的语言生活和语言治理：以新加坡李光耀为例［J］. 陕西师范大学学报（哲学社会科学版），2020（5）：75，77.

④ 黄筱丝. 李光耀的语文观与新加坡的"双语政策"［D］. 霹雳：拉曼大学，2018：83-85.

⑤ 陈名树. 新加坡教育访学之旅［M］. 长沙：湖南师范大学出版社，2021：178，180.

心作用。

▶▷ 三、语言战略能力体现国家软实力

语言战略能力一般指国家处理涉外事务的语言能力，[①] 主要包括三方面内容：国家通过外语教育培养符合国家需要的外语人才；通过国家通用语的国际传播塑造国家形象，构建对外话语权；通过国家语言安全建设保障国家对外事务安全。[②] 实现上述战略要求需要其有较强的国家软实力作为后盾，同时，语言战略能力的强弱也能体现国家软实力的高低。

（一）国家外语教育建设与人才培养

国家语言战略能力的发展首先要有相应的外语人才，而外语人才的培养则需要外语教育的孵化。在全球政治、经济的动态影响下，外语人才于一国而言至关重要，不论是政治互动、经贸往来、文化交流都需要外语人才作为媒介进行沟通。因而，一个国家的外语教育建设和人才培养情况深刻反映出国家语言战略能力的强弱，体现着该国国家软实力的高低。

日本作为亚洲为数不多的发达国家，非常注重外语教育及人才培养。出于向欧美国家学习先进生产技术的目的，从明治维新时期起，日本就开始发展英语教育。日本文部科学省制定了《课程教学标准》，后几经修正以符合实际外语教育需求，然而教学结果并不理想，日本民众与外国人交流沟通未达政府预期，致使其他国家对日本的评价失之偏颇。为此日本政府决定改革国家外语教育，于 2003 年颁布针对全体日本国民的《提升日本国民英语交际能力》作为 21 世纪日本英语教育的指导性纲领。《提升日本国民英语交际能力》的实施，提高了日本师生的英语交际水平，同时也暴露出其弊端，因而日本政府又于 2011 年颁布了其姊妹篇《发展英语国际沟通能力的五项建议》，以期改革弊端，完善英语教育。为迎接 2020 年东京奥运会，2014 年日本政府颁布《因应全球化英语教学改革》，要求初、高中阶段

---

① 文秋芳. 实现国家语言能力与综合国力相适应［EB/OL］.（2021-11-14）［2023-08-07］. https：//www.sinoss.net/c/2021-11-15/567495.shtml.
② 关于语言战略能力所涵盖的具体内容是在参考文秋芳（2019：65）的基础上，把国家语言安全建设也纳入其中，概括总结而成。

英语课程全英文授课。① 足见日本发展英语教育的决心。

除作为第一外国语的英语在日本备受关注外，日本的第二外语教育也不容忽视。截至 2018 年 5 月 1 日，日本开设非英语语种教学的高中有 677 所，提供 18 个语种的学习。② 日本高校也大力推进外语语种多样化教学。得益于与中国频繁的经济文化交流，汉语已超德语跻身日本最受欢迎的第二外语，开设汉语语种课程的高校数量比德语要多。③

表 5-1　2013 年文部省《大学教育内容改革状况（概要）》公布设置不同语种课程高校数量

语种	高校数量（校）	语种	高校数量（校）	语种	高校数量（校）
英语	738	西班牙语	233	希腊语	75
汉语	631	俄语	146	泰语	37
法语	518	意大利语	92	阿拉伯语	43
德语	505	葡萄牙语	68	拉丁语	95
韩语/朝鲜语	468	印尼语	43	其他	121

日本还注重专业人才的语言能力培养。大阪大学外国语学部、焊接科学研究所和工学研究科联合开展了为期五年的"打造亚洲地区制造技术/人才高度化据点项目"，旨在培养具备研究极限环境、气候变化、先进焊接技术的多语化、实践型制造业国际人才。东京外国语大学实施"外语＋专业"教学模式，着力培养懂得英语、西班牙语、汉语、老挝语、孟加拉语、德语、葡萄牙语、朝鲜语、越南语、阿拉伯语、波兰语、俄语（俄罗斯、中亚）、印尼语、柬埔寨语、波斯语、捷克语、马来西亚语、缅甸语、土耳其语、法语、蒙古语、菲律宾语、乌尔都语、意大利语、印地语和泰语至少其中一种语言，且修语言信息、全球交流、综合文化、区域社会研究、现代世界论和国际关系六种专业方向其中之一的复合型专业人才。④

① 牟宜武. 全球化时代背景下的日本外语教育战略：培养日本国民的英语交际能力 [J]. 外语教学理论与实践，2016（2）：54-59.

② 曾婧. 日本第二外语教育情况研究：以德语为例 [G] //语言与文化研究（第二十三辑）. 北京：中国华桥出版社，2022：161.

③ 艾菁，郑咏滟. 日本高校多外语教育传统、现状及对我国的启示 [J]. 当代外语研究，2018（5）：4.

④ 黄小丽. 日本小语种教育的历史、现状及相关政策 [J]. 外语教学理论与实践，2019（4）：76-77.

日本的外语教育和人才培养情况反映出日本顺应时代需求，以外语为国际化手段参与国际交流的语言战略布局，彰显国家文化软实力。

（二）国家通用语的国际拓展与对外话语权构建

语言战略能力的另一个方面是国家通用语的国际拓展与对外话语权构建。任何国家都希冀本国通用语能够在国际范围推广，实现这一目标则需国家实力支撑。这种国家实力以硬实力为基础，以软实力为推手，以语言文化输出为载体，以国家通用语的国际拓展和对外话语权构建成效为直观表征。

自 17 世纪上半叶，法国便开始在非洲传播其语言文化，并逐步确立在非的对外话语权。据统计，全球讲法语的人数有 60％在非洲。① 在非洲的54 个国家中，法语已然成为其中 26 个国家的官方语言（之一）或通用语言。② 不仅如此，法语对非洲的影响已经深入语言内部，在非洲西部的部分国家和地区，法语为当地的克里奥尔语提供了大量词汇基础。③ 凡此种种足见法语在非洲国家地位之重要，这也是法国以法语构建对外话语权的一个缩影。

然而，随着英语影响力提升、非洲经济重振、民族意识觉醒，加之法国对非洲政治、军事干预的负面影响，法国在非洲的话语地位遭受冲击，"转法为英"的卢旺达就是一个典型。为此，法国也在寻求解决之法，"由于缺乏强大的军事、经济支撑和启蒙运动的光芒，要维护法国的'世界地位'，只能通过向国外大量宣传和输出法国文化来实现"④。诚然，法国也是如此行动，借推广保护语言文化多样性的快车，将推广法语与支持非洲国家多语制相结合来提高法语在撒哈拉以南国家的地位。如 2013 年开始在贝宁、布基纳法索、卡隆迪、喀麦隆、刚果民主共和国、马里、尼日尔和塞内加尔八国推广"非洲学校和民族语言"项目，并于 2010—2015 年持续投

---

① 刘洪东. 法语国际传播政策与实践研究 [D]. 济南：山东大学，2022：78.
② 王辉. 非洲的语言多样性与中非合作 [N]. 光明日报，2018-09-24（08）.
③ 杨晓燕. 非洲法语国家语言状况及语言政策 [G] //张永宏，詹世明. 非洲法语国家：发展与合作. 北京：社会科学文献出版社，2020：154.
④ 冯亮. 法兰西战略文化 [M]. 北京：社会科学文献出版社，2014：196.

入 1000 万欧元，截至 2017 年，有 12 个国家 2500 所小学参与该项目。这一举措成效明显，改善了非洲国家法语教学的环境与质量，提高了法语在非洲国家的地位及话语权。基础教育提升必然促进高等教育向前发展，法国政府亦有所作为。如设立了位于科特迪瓦和塞内加尔、采用法国高校教学管理模式的"法非共建校园"，在科特迪瓦、布基纳法索和喀麦隆建立区域大学卓越中心，推出开设英、法、阿拉伯和斯瓦希里四语的《全球非洲》学术期刊等，影响甚广。[①]

为提振在非话语权，修复国家形象，法国合乎时宜的法语推广策略为其赢得了转机，通过诸如法语教育等方式着力表现法语所承载的国家文化软实力。然而，法国为构建其对外话语权而实施的法语推广策略之目标地不只非洲，而是着眼全球：于 1883 年成立的"法语联盟"已在全球 131 个国家和地区成立 832 家分支机构。"法语联盟"年度报告显示，2019 年共有59.7 万名学习者接受"法语联盟"教育培训；面向公司或机构开设的培训课程销售量同比增长 16%；全球总计销售 2920 万学时课程，其中 2800 万学时为法语课程。马达加斯加、印度、美国、墨西哥、法国、中国、巴西、哥伦比亚、秘鲁和津巴布韦的"法语联盟"学员数量位列全球前十。有32% 的"法语联盟"机构提供在线教学，25237 名学习者参与了在线课程。[②] 可见法国为推广法语、构建话语权所做的努力。

国家对外话语权的争夺已成为国际竞争中的焦点，加强本国通用语的国际传播能力建设，增强国家文化软实力，提升本国语言的国际地位和影响力，对于提升该国在国际上的话语权至关重要，是全球化时代增强国际竞争力的必要手段。

（三）语言安全建设

语言安全建设也是语言战略能力的重要内容之一。语言不仅仅是人类

---

① 张黎．法国在撒哈拉以南法语非洲的文化政策研究（1960—2022 年）［D］．北京：北京外国语大学，2023：95-97，106.

② 郭沐涵．法国法语联盟年度报告（2019）［G］//国家语言文字工作委员会．语言生活皮书：世界语言生活状况报告（2021）．北京：商务印书馆，2021：205，209.

交流交往的工具，同时也是"人权"、"身份"、"资源"和"软实力"。① 语言安全战略布局作为国家软实力的重要内容备受关注。语言安全有广义、狭义之分：狭义的语言安全指的是本国语言存在、使用、传承的安全；广义的语言安全应是与国家安全息息相关，涵盖"对内"与"对外"两个方面。其中，涉外语言安全主要指包括国防语言建设、全球语言治理、跨境语言问题等在内的语言安全布局。语言战略能力所包含的语言安全建设则重点关注涉外语言安全。

美国的语言安全建设最先起步。为应对诸如"9·11"事件等威胁美国国家安全的事件发生，2003 年，美众议院议员向国会提交"国家安全语言法案"指明要学习世界各地的语言文化，培养国家需要的关键语言人才，以保障国家安全。时任美国总统布什于 2006 年正式提出"国家安全语言计划"，鼓励美国民众学习包括阿拉伯语、汉语、朝鲜语、俄语、印地语、日语、波斯语和土耳其语在内的 8 种国家需要"关键语言"。此后美教育部、国务院、国防部和国家情报主任办公室联合行动，不遗余力地实施"关键语言"战略。② 美国"关键语言"并非一成不变，会根据实际需要及时调整，2009—2015 年公布的关键语言达 78 种。国防部、国务院、情报部门也会依据具体项目自行确定"关键语言"。美国的"关键语言"战略并非纸上谈兵，2008 年俄罗斯与格鲁吉亚爆发冲突，美国开始支持格鲁吉亚语教育；2013 年俄乌冲突，美国通过"美国之音""自由欧洲"媒体等加强对苏联国家的俄语广播，传播美国声音。③

美国的语言安全建设背后是其强大文化软实力的支撑，以外语教育涉及的语种覆盖数量为例，美国高校在 2009 年时便可开设 259 种语言课程（非通用语 244 种），其语言战略能力之强毋庸置疑。而我国高校招收的非通

① 国家语言文字工作委员会. 中国语言政策研究报告（2019）[G]. 北京：商务印书馆，2019：60-61.

② 王建勤. 美国"关键语言"战略与我国国家安全语言战略 [J]. 云南师范大学学报（哲学社会科学版），2010（2）：7-8.

③ 李艳红. 美国以语言为工具实现国家政治目标：以美国对苏联及俄罗斯的语言战略为例 [J]. 世界社会主义研究，2016（2）：82，84.

用语专业 2019 年才达 101 种,① 语言战略能力建设任重道远。

第二节　提升我国语言软实力

语言作为一种文化软实力的载体与国家软实力紧密相连。② 当今,在全球政治多极化、经济一体化的浪潮下,文化软实力建设已经成为全球竞争新的制高点③,语言是文化的天然构成,是重要的文化软实力④,从某种程度上说,语言软实力建设就是文化软实力建设,提升我国语言软实力,充分发挥语言在我国软实力构建中的作用,是提升我国文化软实力的必由之路。

▶▶ 一、我国语言软实力建设的成就及不足

我国是一个语言大国,并逐步向语言强国迈进。我国拥有 56 个民族 130 多种语言,⑤ 其中边疆地区还分布了 50 余种跨境语言,占中国境内语言总数的 40% 以上,⑥ 汉语的使用人口达 16 亿之多,⑦ 是世界上使用人数最多的语种之一。随着我国国际地位的日益攀升,汉语成为联合国等部分国际组织的工作语言,据不完全统计,目前全球正在学习中文的人数超过 2500 万,全球累计学习使用中文人数接近 2 亿人。⑧ 全球化 3.0 时代下,外

---

① 言实,周祥. 新时代语言文字事业的新使命 [J]. 语言战略研究,2020 (6): 9.

② 黄行. "一带一路" 国家语言 "软实力" 的实证分析 [J]. 语言文字应用,2020 (2): 16.

③ 赵世举. 国家软实力建设亟待研究和应对的重要语言问题 [J]. 文化软实力研究,2016 (2): 37.

④ 语言与文化软实力建设 [EB/OL]. (2018-01-25) [2023-03-27]. https://jinhua.zjol.com.cn/jinhua/system/2018/01/25/030664863.shtml.

⑤ 孙宏开. 中国少数民族语言状况及其对策研究:以云南中缅边境上的阿侬等语言为例 [G] // 中国语言战略 (第 1 期). 南京:南京大学出版社,2016.

⑥ 黄行,许峰. 我国与周边国家跨境语言的语言规划研究 [J]. 语言文字应用,2014 (2): 10.

⑦ 汉语具备的十大优势 [EB/OL]. (2015-10-10) [2024-02-04]. https://jw.beijing.gov.cn/language/ywsh/201612/t20161219_1056615.html.

⑧ 叶雨婷. 教育部:全球超 2500 万人正在学习中文 [EB/OL]. (2022-06-28) [2024-02-03]. https://china.huanqiu.com/article/48bXxZ8c2do.

语学习从"独尊英语"走向多语互补,[①] 互联网的迅猛发展也推动了中文信息处理技术的升级,中文走向"云端",更走向世界,国际影响力不断提升。[②] 现阶段我国语言软实力建设取得了诸多成就,也存在些许不足,具体可从国家语言治理能力建设、国家语言核心能力建设、国家语言战略能力建设等三个方面来谈。

(一) 国家语言治理能力建设

国家语言治理能力建设上取得的成就亦涵盖治理机构体系构建、规划制定与实施、语言生活研究与交流等三个方面。

1. 语言治理机构体系构建日趋完善、成熟

完善的语言管理机构体系代表了国家政府在语言治理能力上的建设实力和建设成果,也是一国语言及文化软实力发展的基础和依托。一般而言,我国国内语言事务的治理工作沿着国家通用语与少数民族语言这两个方面进行,且二者时而分开,时而交叉。[③] 因而,我国在语言治理机构体系构建上的成就也可从这两个方面来谈:

其一,以国家语委为主体的国家通用语事务治理体系已基本完善,整个体系涵盖国家与地方两个层面。从国家层面上说,有教育部和国家语委。[④] 其中,国家语委是"由 29 个党政部门、社会团体等组成的规划、统筹推进国家语言文字事业的职能部门"[⑤],下设"两司"分别是教育部语言文字应用管理司和教育部语言文字信息管理司,"一所"中国社会科学院语言研究所,"一社"语文出版社,机构体系已基本完善,是世界上规模最

① 沈骑. 全球化 3.0 时代的外语学习:从"独尊英语"走向多语互补 [N]. 文汇报,2017-08-04(06).

② 林焕新. 夯实强国建设的语言之基:新时代我国语言文字事业改革发展综述 [EB/OL].(2023-05-10)[2023-06-25]. https://hudong.moe.gov.cn/jyb_xwfb/s5147/202305/t20230510_1059027.html.

③ 文秋芳. 国家语言治理能力建设 70 年:回顾与展望 [J]. 云南师范大学学报(哲学社会科学版),2019(5):31.

④ 文秋芳. 国家语言治理能力建设 70 年:回顾与展望 [J]. 云南师范大学学报(哲学社会科学版),2019(5):35.

⑤ 国家语言文字工作委员会. 中国语言文字事业发展报告(2017)[R]. 北京:商务印书馆,2017:137.

大、上下联动的国家语言能力治理机构体系。① 从地方层面上说，除了省/区/直辖市级，地/市级、县级机构也基本建成，从而形成了省、市、县三级自上而下联动的语言文字机构体系，对接国家层面的国家语委工作。② 截至 2021 年，全国 31 个省（区、市）和新疆生产建设兵团的省级语言文字工作机构（省级语委的办事机构）中，行政独立的 15 个，行政合署的 17 个；全国地市级语言文字工作机构（地市级语委的办事机构）中，行政独立的 35 个，行政合署的 314 个，事业独立的 15 个，事业兼管的 63 个，尚未正式成立机构的 11 个；全国县级语言文字工作机构（县级语委的办事机构）中，行政独立的 47 个，行政合署的 1174 个，事业独立的 80 个，事业兼管的 1260 个，尚未正式成立机构的 773 个。③

其二，少数民族语言治理机构体系亦日渐成熟。从国家层面来说，隶属国家民委的教育科技司内设有民族语文处，具体负责与少数民族语言相关的事务。同时 2013 年成立了服务于我国少数民族语言文字工作的国家民委民族语文工作专家咨询委员会，包括 11 个语种，涵盖民族语文理论政策、民族语文应用研究等领域的知名专家学者。2017 年完成换届，并新增了语言规划、政治学、法律学、历史学、管理学等领域的著名专家。从地方层面来说，既有与国家民委语文工作处对接的区（市）语文工作机构，又有跨省区的民族语文协作机构。④

2. 语言规划制定与实施日臻全面、切实

众所周知，无论是符合国家语情，助推国家政治、经济、文化等发展的语言治理方针、政策，抑或是针对具体的语言问题而提出的行之有效的语言治理举措均是国家语言软实力的重要体现。总体而言，当前我国语言规划制定与实施一方面趋于紧贴国家战略，另一方面主体性语言政策与多

---

① 文秋芳. 对"国家语言能力"的再解读：兼述中国国家语言能力 70 年的建设与发展［J］. 新疆师范大学学报（哲学社会科学版），2019（5）：62-63.

② 文秋芳. 国家语言治理能力建设 70 年：回顾与展望［J］. 云南师范大学学报（哲学社会科学版），2019（5）：34.

③ 国家语言文字工作委员会. 中国语言文字事业发展报告（2021）［R］. 北京：商务印书馆，2021：112，114.

④ 文秋芳. 国家语言治理能力建设 70 年：回顾与展望［J］. 云南师范大学学报（哲学社会科学版），2019（5）：34-35.

样性语言政策实现合流。① 这既是当下我国语言规划制定与实施的两大动向，也是我国在语言规划制定与实施上取得进一步发展的集中体现。我国"主体多样"语言政策于 2006 年开始逐步合流、统筹发展，涵盖构建和谐语言生活、语言保护、语言服务、语言能力提升等四个层面，② 因此，我国在语言规划制定与实施上取得的进一步发展也可以从这四个维度着手来谈。为了便于阐述，我们结合文秋芳（2019）、周庆生（2019）的观点，将这四个维度划分为"构建和谐语言生活"与"语言服务与语言能力的提升"两大板块。具体如下：

从构建和谐语言生活的层面上讲，在"主体性和多样性"的总原则③下，一来必须保障国家通用语言文字的主体地位不动摇。随着《国家通用语言文字法》颁布实施，语言文字工作步入了法制轨道，并且自 1986 年语言文字规划进入议事日程开始，"推广普通话""推行《汉语拼音方案》""推行已公布的简化汉字"三大任务贯穿于我国语言文字规划工作的始终。其中，"八五"规划增加了有关语言文字信息化的新任务；推行《汉语拼音方案》已在"十一五"规划前（2006 以前）基本完成；"十二五"规划期间（2012 年起）规划内容增加了"弘扬传播中华优秀文化"；"十三五"规划实施力度显著增强，规划中的六项任务分工细化。④ 二来必须加强汉语方言、少数民族语言文字的保护、开发与利用。2007 年，《国家语言文字工作"十一五"规划》首次提出，"重视语言资源的保护及开发利用是基本工作原则之一"；2010 年，国家民委发布的《国家民委关于做好少数民族语言文字管理工作的意见》分别在第十九条、第十五条规定"依法保障少数民族语言文字在相关领域的应用""加强少数民族濒危语言的抢救—保护工作"；

---

① 周庆生 . 中国语言政策研究七十年 ［J］. 新疆师范大学学报（哲学社会科学版），2019（6）：60.

② 周庆生 . 中国语言政策研究七十年 ［J］. 新疆师范大学学报（哲学社会科学版），2019（6）：62.

③ 袁伟 . 我国主体多样的语言政策 ［EB/OL］.（2020-10-10）［2023-08-22］http：//www. moe. gov. cn/jyb＿xwfb/xw＿zt/moe＿357/jyzt＿2020n/2020＿zt23/zhuanjiawenzhang/202010/t20201026＿496622. html

④ 文秋芳，杨佳 . 新中国国家语言能力研究 ［M］. 北京：外语教学与研究出版社，2021：39.

2011 年，中国共产党第十七届六中全会颁布的《中共中央关于深化体制改革、推动社会主义文化大发展大繁荣若干重大问题的决定》提出，要"大力推广和规范使用国家通用语言文字，科学保护各民族语言文字"，首次将普通话推广和语言文字保护并列；《中华人民共和国非物质文化遗产法》（2011）规定了非物质文化遗产包括"传统口头文学以及作为其载体的语言"；《国家"十二五"时期文化改革发展规划纲要》要求"依法保护各民族语言文字，推动文化遗产教育与国民教育紧密结合"；《国家中长期语言文字事业改革和发展规划纲要（2012—2020 年）》对语言资源保护提出了相关要求。① 2017 年，国家民委还公布了《"十三五"少数民族语言文字工作规划》，在此之前，国家民委未制定有关少数民族语言文字的五年计划。② 2021 年，国务院办公厅发布的《关于全面加强新时代语言文字工作的意见》明确指出，要"坚持以人民为中心的发展思想，以推广普及和规范使用国家通用语言文字为重点，加强语言文字法治建设，推进语言文字规范化、标准化、信息化建设，科学保护各民族语言文字，构建和谐健康语言生活，传承弘扬中华优秀语言文化，提升国家文化软实力，为铸牢中华民族共同体意识、建设社会主义现代化强国贡献力量"③。2022 年，教育部、国家乡村振兴局、国家语委联合印发了《国家通用语言文字普及提升工程和推普助力乡村振兴计划实施方案》强调，要坚持"系统谋划、统筹推进，突出重点、精准施策，尊重规律、协同创新"的工作原则，经过五年努力，实现国家通用语言文字普及程度和质量全面提升。并提出全国普通话普及率具体目标是：到 2025 年，全国范围内普通话普及率达到 85％；基础较薄弱的民族地区普通话普及率在现有基础上提高 6～10 个百分点，接近或达到

① 周庆生. 中国语言政策研究七十年［J］. 新疆师范大学学报（哲学社会科学版），2019（6）：65-67.

② 文秋芳，杨佳. 新中国国家语言能力研究［M］. 北京：外语教学与研究出版社，2021：40.

③ 国务院办公厅关于全面加强新时代语言文字工作的意见［EB/OL］.（2021-11-30）［2024-01-30］. https：//www.gov.cn/zhengce/content/2021-11/30/content_5654985. htm.

80％的基本普及目标。①

从语言服务与语言能力提升的层面上讲，"概念明晰化"与"任务精细化"是关涉该层面语言规划制定与实施的显著特征，也是其取得进一步发展的重要体现。2012 年发布的《国家中长期语言文字事业改革和发展规划纲要（2012—2020 年）》首次提出国民语言能力，并明确提出将"语言服务"列为国家语言文字主要工作任务之一，并大体区分了语言服务的类型和方式。2016 年《国家语言文字事业"十三五"发展规划》则进一步提出并完善了语言服务的五大方式，还首次提出了"国家语言能力"的概念，深刻认识到我国的"国家语言能力""还不能完全适应经济、社会和文化发展的需求"，仍然是我国当今语言文字事业中的一个薄弱环节。② 2021 年《国家语言文字事业"十四五"发展规划》的指导思想中更加明确提出"以满足人民日益增长的语言教育和语言服务需求为根本目的""加强语言服务能力和服务体系建设""增强国家语言文字服务能力"是"十四五"发展规划中 6 个主要任务之一；并且在其中的"提升语言服务能力"板块中还特别提出建立语言服务机制，提升语言公共服务数字化、智能化水平，要关注进城务工人员、留守儿童、留守妇女、老年人群体的语言需求，为来华外国人提供语言服务，推进手语和盲文规范化标准化信息化建设，为听力、视力残疾人提供无障碍语言服务，等等。③ 2022 年教育部、国家语委发布《关于加强高等学校服务国家通用语言文字高质量推广普及的若干意见》提出，探索数字化赋能推普新举措。积极建设国家通用语言文字数字化资源、教学和科研平台。支持全球中文学习平台和国家语言资源服务平台建设。④

---

① 教育部等三部门印发《国家通用语言文字普及提升工程和推普助力乡村振兴计划实施方案》[EB/OL].（2022-01-09）[2024-01-30]. https：//www.gov.cn/xinwen/2022-01/09/content_5667262.htm.

② 周庆生. 中国语言政策研究七十年 [J]. 新疆师范大学学报（哲学社会科学版），2019（6）：68.

③ 屈哨兵. 语言服务聚焦新时代 [J]. 语言战略研究，2022（5）：13.

④ 教育部　国家语委关于加强高等学校服务国家通用语言文字高质量推广普及的若干意见 [EB/OL].（2022-11-23）[2024-01-30]. http：//www.moe.gov.cn/srcsite/A18/s7066/202211/t20221128_1006812.html.

3. 语言生活研究与交流日益多元、深入

当前，语言生活研究与成果交流实现了跨越式发展，主要表现有二①：一是国家语委、国家民委组织下的语言生活研究充分反映了"依规管理、科研支撑、队伍培养"三大特点。如国家语委、印发了《国家语言文字工作委员会科研规划领导职责与构成》《国家语言文字工作委员会科研项目管理办法》向社会公布了多个五年科研规划（最新为"十四五"科研规划）；国家民委则印发了《国家民委科研项目管理办法》等管理章程。又如2004—2019年，国家语委先后与高校、地方研究机构共建了21个科研基地。再如国家语委、国家民委有计划、有步骤地培养优秀中青年语言文字工作者。2014—2019年，国家语委一共举办了五期中国语言文字应用研究优秀中青年学者研修班，2017—2019年国家语委与国家留学基金委联合组织了三期"语言文字中青年学者出国研修项目"，2015—2019年，国家民委举办了五期全国民族语文应用研究中青年学者研修班。二是多元的科研成果交流既向国内外展示了我国在语言生活研究上作出的努力，也积极推动了中外交流与合作。如国家语委于2004年筹编，2006年开始出版《中国语言生活状况报告》，2016年开始出版《中国语言文字政策研究发展报告》与《世界语言生活状况报告》，2017年开始出版《中国语言文字事业发展报告》，至此形成了"绿、蓝、黄、白"皮书系列，汇集了国内社会语言生活状况的前沿研究。除此之外，国家语委配合政府和联合国教科文组织召开了多个学术会议，既有世界性大会，如2014年、2017年分别在苏州、北京召开的"世界语言大会"与首届"中国北京国际语言文化博览会"（语博会）以及2018年先后长沙、北京举办的"世界语言资源保护大会"和第二届"语博会"；也有国与国之间的学术交流，如2012年、2014年、2016年先后举行了三届"中法语言政策与规划国际研讨会"（2012年第一届、2016年第三届在北京召开，2014年第二届在巴黎召开），2013年在北京召开了"中德语言文化政策高层论坛"，2015年在中国举办了"中德语言文化研习之旅"，2018年在俄罗斯圣彼得堡举办了首届"中俄语言政策论坛"。

---

① 文秋芳，杨佳. 新中国国家语言能力研究［M］. 北京：外语教学与研究出版社，2021：41-44.

诚如上述所言，我国在国家语言治理能力建设上已取得诸多成就，但在地县级机构落实、国家语委与民委之间的协同、涉外语言事务治理能力、国家语言治理能力理论研究等方面仍有不足。[①] 除此之外，地方性、区域性语言生活研究成果较少，目前出版的仅有《北京市语言生活状况报告》《广州语言生活状况报告》《上海语言生活状况报告》《粤港澳大湾区语言生活状况报告》4 本，其他地区的语言生活研究还有待加强。

（二）国家语言核心能力建设

国家语言核心能力建设取得的成就则涉及国家通用语的普及与使用规范、语言智能化以及国家和谐语言生活建设三个层面，可以概括为三个"进一步"：

1. **国家通用语言文字得到进一步普及、规范**

我国拥有 56 个民族，130 多种语言，[②] 推广和规范使用国家通用语言文字是新时代一项国家语言文字基本政策，是"推广普通话，推行规范汉字"在新时代的延伸和拓展。[③]

先谈普及，从规章政策层面上看，当前我国已经形成了"以《中华人民共和国宪法》和《国家通用语言文字法》为主体、37 个地方性法规规章为支撑，其他相关法规规章配套"的语言文字法律法规体系，各类法律法规数量接近 2200 项，为普通话推广提供了有效的法律保障，[④] 且语言法中"刚柔兼济"的原则[⑤]为其实施效力的不断提升奠基。从举措落实上看，主要有三：首先，城市语言文字工作评估完成数量不断累增。截至 2018 年底，全国 36 个一类城市全部完成评估，391 个二类城市完成评估，1701 个三类

① 文秋芳．国家语言治理能力建设 70 年：回顾与展望［J］．云南师范大学学报（哲学社会科学版），2019（5）：38-39.

② 孙宏开．中国少数民族语言状况及其对策研究：以云南中缅边境上的阿侬等语言为例［G］//中国语言战略（第 1 期）．南京：南京大学出版社，2016：1.

③ 魏晖．推广和规范使用国家通用语言文字是新时代一项国家语言文字基本政策［EB/OL］．(2018-07-30)［2023-08-22］．https：//mp. weixin. qq. com/s/LP8B8-vNoabi NPjuutzxA.

④ 国家语言文字工作委员会．中国语言文字事业发展报告（2017）［R］．北京：商务印书馆，2017：5.

⑤ 周庆生．中国语言政策研究七十年［J］．新疆师范大学学报（哲学社会科学版），2019（6）：65.

城市完成评估。① 其次，普通话水平测试参测人数稳步攀升。从 1994 年到 2004 年，参测人数累计突破 1000 万，从 2005 年到 2007 年参测人数累计突破 2000 万，2007 年起，参测人数增长速度进一步加快，基本每两年增长 1000 万人次。② 截至 2020 年底，我国境内参加普通话水平测试的人次累计达到 9357.12 万人次。③ 第三，全国推广普通话周活动（以下简称"推普周"）持续举办。自 1998 年起，每年举办一届推普周，截至 2022 年，已连续举办了 25 届，2023 年 9 月 11 日至 17 日将举办主题为"推广普通话，奋进新征程"的第 26 届"推普周"。④

再说规范，其成就主要表现在三个方面：一是规范标准的科学性、精细度得到进一步提升。如国家语委、国务院分别于 2008 年、2013 年公布了《现代汉语常用词表》《通用规范汉字表》，前者于 2017 年完成进一步修订，及时调整了常用词范围；后者是中华人民共和国成立以来汉字规范标准的集大成者，该表的研制立足于现代语言生活，真实反映了当前汉字使用情况。又如各类普通水平测试标准、制定地名汉字译写导则、公布规范术语等得到进一步细化，主要有：《旅游行业普通话水平等级标准及测试大纲（草案）》(2014)，《普通话朗读水平等级标准及测试大纲（草案）》(2014)，《普通话演讲水平等级标准及测试大纲（草案）》(2014)，《第一批冥卫—地名标准汉字译名表》(2018) 等。再如建立了通用语工作评估标准、少数民族通用语水平测试标准、汉字水平测试标准，统一规范了外语词中文译名，主要有：《一类城市语言工作文字评估指导标准（试行）》(2000)，《中国少数民族汉语水平等级考试大纲》(2001 起陆续发布 1—4 级)，《外语地名汉字译写导则　葡萄牙语》(2003)，《外语地名汉字译写导则　蒙古语》(2008)，《汉字应用水平等级及测

① 国家语言文字工作委员会. 中国语言文字事业发展报告（2019）[R]. 北京：商务印书馆，2019：109.

② 文秋芳，杨佳. 新中国国家语言能力研究 [M]. 北京：外语教学与研究出版社，2021：55.

③ 国家语言文字工作委员会. 中国语言文字事业发展报告（2021）[R]. 北京：商务印书馆，2021：94.

④ 教育部等九部门关于开展第 26 届全国推广普通话宣传周活动的通知 [EB/OL]. (2023-07-10) [2023-07-20]. http://www.moe.gov.cn/srcsite/A18/s3135/202307/t20230717_1069309.html.

试大纲》（2006 年发布，2016 年修订）等。① 二是通用语水平测试体系已全面建立，参测人数颇为可观。除了上述提到的普通话水平测试外，还有汉字应用水平测试与中国少数民族汉语水平等级考试两项测试，截至 2020 年底，前者参测人数累计约 34 万，后者参测人数累计约 293.50 万。② 三是通用语规范化督查制度、宣传机制日渐完善、成熟。如 2001 年，城市语言文字工作评估正式开展，督查范围从学校扩大到城市；2015 年国务院教育督导委员会办公室下发的《语言文字工作督导评估暂行办法》督查范围从地方政府、各级各类学校拓展到全社会，督查内容涵盖通用语教学、培训、宣传各个方面，且该办法还制定了相关条例，根据履职情况实行奖惩。又如除推普周外，近年来政府部门还相继开展了语言文字规范化示范学校、全国双语和谐乡村（社区）示范点、规范汉字书写教育特色学校等典型评选活动，并创建了"中华经典诵读""中国汉字听写大会""中国成语大会"等形式多样的宣传活动，进一步提高了大众的参与性。③

如今，普通话在全国范围内普及率已达到 80.72％，识字人口使用规范汉字的比例超过了 95％，④ 这标志着语言障碍已经基本得到消除，国家通用语言文字成为新时期促进中华民族繁荣发展、深化中华文化认同的共同"根脉"，为构筑中华民族共同体打下了更为坚实牢固的语言文化基础。⑤

2. 国家语言智能化水平得到进一步提高

国家语言智能化建设主要指新中国在国家通用语言文字、少数民族语言、国家通用手语和盲文等领域开展语言文字信息处理研究与实践活动，⑥ 这对实现国家信息化的战略目标具有基础性作用，也是国家信息化水平的具体体

---

① 文秋芳，杨佳. 新中国国家语言能力研究［M］. 北京：外语教学与研究出版社，2021：65-68.

② 国家语言文字工作委员会. 中国语言文字事业发展报告（2021）［R］. 北京：商务印书馆，2021：96-97.

③ 文秋芳，杨佳. 新中国国家语言能力研究［M］. 北京：外语教学与研究出版社，2021：68-69.

④ 赵婀娜，吴月. 筑牢国家发展的语言文字基石［N］. 人民日报，2020-10-13（12）.

⑤ 文秋芳，杨佳. 提升国家语言能力，助推两个共同体建设［J］. 语言文字应用，2020（4）：10.

⑥ 文秋芳，杨佳. 新中国国家语言能力研究［M］. 北京：外语教学与研究出版社，2021：74.

现。① 文秋芳，杨佳（2021：74）指出，新中国中文信息处理和少数民族语言信息处理最能代表语言文字智能化建设所取得的成就，涉及语言文字信息处理标准的制定、软件开发与应用、语料库建设三个主要维度。我们借鉴这一观点，展开具体阐述：第一，语言文字信息编码、规范、测评标准逐步完善。如 2022 年 7 月批准发布的新版《信息技术　中文编码字符集》（GB 18030—2022）收录汉字达 87887 个，比上一版增加录入了 1.7 万余个生僻汉字。② 又如少数民族语言信息处理技术标准的研制取得新进展：《信息技术　信息处理用蒙古文词语标记》《信息处理用藏语词类标记集》《信息处理用藏文分词规范》相继颁布。第二，软件研发与应用迅速发展。在中文信息处理领域，汉字操作系统始于 CCDOS1.0（1983），后续又推出了 CCDOS、GWDOS 等多个系列；国内流行的中文输入软件均可通过搜索引擎技术将互联网变成支撑文字输入的"活词库"，互联网机器翻译系统已研制成功；百度、科大讯飞等公司研制的语音识别与合成系统已经达到国际先进水平。在少数民族语言信息处理领域，蒙古文、藏文、维吾尔文、彝文等少数民族语言文字操作系统则由最开始的 DOS 操作系统逐步发展为 Windows 和 Linux 操作系统，并在此基础上研发了相应的文字处理系统；"统一平台少数民族文字识别系统"研制成功，解决了印刷体蒙古文、藏文、维吾尔文、哈萨克文等多种少数民族文字的图文识别难题；蒙古文、藏文、维吾尔文自动词和标注系统现已开发，蒙汉、藏汉、维汉、彝汉、朝汉、哈汉等各类翻译系统相继推出。③ 近日，中国社会科学院民族学与人类学研究所民族语言文化行为实验室利用深度学习的神经网络算法，训练出了国际音标字符自动识别模型——IPAOCR-IEA 模型，开发出了首款国际音标字符 OCR 识别实用工具——"龙水国际音标识别软件"。④ 第三，语言文字资源库建设日渐完备。在中文信息处理领域，目前具有代表性的大规模语言文字资源库主要有北京大学计算机语言学研究所建立

---

① 张挺，于桂英，魏晖. 当代语言文字信息化建设的思考 [J]. 语言文字应用，2010 (1)：36.

② 中文编码字符集新国标发布　新增 1.7 万余个生僻汉字 [EB/OL]. (2022-07-28) [2023-09-08]. http：//m. people. cn/n4/2022/0728/c125-20197046. html.

③ 文秋芳，杨佳. 新中国国家语言能力研究 [M]. 北京：外语教学与研究出版社，2021：77.

④ 国际音标 OCR 识别技术取得关键进展 [EB/OL]. (2024-02-20) [2024-02-28]. https：//mp. weixin. qq. com/s/ed _ TxZ-FlCaGByNffB6Hgg.

的"综合型语言知识库"以及董振东团队创建的"知网",由中国中文信息学
会发起的"中文语言资源联盟"也涵盖了中文信息处理各个层面所需要的语
言资源。在少数民族语言信息处理领域,我国既建立了蒙古语、藏语、朝鲜
语、彝语等传统通用民族语言的单语语料库,也建立了蒙汉、藏汉彝汉英等
大规模双语或多语平行语料库,近年来还推出"藏、维、彝民语音参数数据
库""汉藏语系语言词汇语音数据库""达斡尔、鄂温克和鄂伦春语语音声学
参数数据库""蒙古语语言知识库""现代藏语语法信息词典数据库"等专业
型数据库。[①]

3. 国家语言和谐生活建设得到进一步推进

《国家中长期语言文字事业改革和发展规划纲要(2012—2020 年)》指出,
构建和谐语言生活是国家语言文字工作的指导思想。[②] 文秋芳、杨佳(2021:
86)认为,国家和谐语言生活建设涉及范围较广,主要包括语言文字定位与
功能规划与语言文字规范与发展规划两个层面。我国在和谐语言生活建设上
所取得的成就也集中体现于此:

从语言文字定位与功能规划上看,关涉各类语言文字资源的保护、开发
与利用,关于我国在国家通用语言文字的保护、开发、利用上取得的成就前
文已多有提及,此不赘述。这里我们着重简述一下我国在对汉语方言、少数
民族语言以及繁体字的保护、开发、利用上的成就:在汉语方言及少数民族
语言的保护、开发、利用上,最具代表性的是 2015 年正式启动的由国家财政
支持,教育部、国家语委领导的"中国语言资源保护工程",该工程堪称中华
人民共和国成立以来规模最大的语言资源调查保护工程。[③] 目前,"语保工程"
一期建设已于 2019 年底完成,共调查采录涵盖包括港澳台在内的全国所有省
份和 123 个语种及其主要汉语方言共 1712 个语言资源点;[④] 据民族语言调研

① 文秋芳,杨佳. 新中国国家语言能力研究 [M]. 北京:外语教学与研究出版社,2021:78-80.

② 国家中长期语言文字事业改革和发展规划纲要(2012—2020 年)[EB/OL].(2013-01-06)[2023-07-28]. http://culture.people.com.cn/n/2013/0106/c172318-20108279.html.

③ 国家语言文字工作委员会. 中国语言生活状况报告(2020)[G]. 北京:商务印书馆,2020:83.

④ 国家语言文字工作委员会. 中国语言文字事业发展报告(2021)[R]. 北京:商务印书馆,2020:67.

专项任务相关数据统计，共计立项 410 个点，包括一般语言点立项 323 个，已结项 255 个；濒危语言点 87 个，已结项 74 个，已立项与已完成的调研点涵盖了分布于中国大陆和台湾的 56 个民族使用的 130 余种语言及新发现的若干语言；① 该工程标志性成果——"中国语言资源采录展示平台"已上线试运行，截至 2024 年 4 月，该平台已汇聚 1289 个汉语方言调查点、429 个少数民族语言调查点的语言资源，② 其他调查点数据经过科学规范的整理加工后，也将陆续进入平台，向社会各界开放使用。与此同时，2019 年 2 月联合国教科文组织首个以"保护语言多样性"为主题的重要永久性文件《岳麓宣言》在长沙发布，由我国主导形成的保护方言和促进世界语言多样性的理念在世界范围内达成广泛共识。③ 在对繁体字、异体字的开发与利用上，语言文字部门同样采取了多项措施，如国务院颁布了《通用规范汉字表》(2013)，首次以附表形式呈现了规范字与繁体字、异体字之间的对应关系，以方便海峡两岸及港澳台信息交流和海外华人的汉字应用；又如 2014 年颁布的《汉字简繁文本智能转化系统》，实现了面向中国台湾和面向古籍两种繁简转换，进一步增强两岸语言文化认同；再如"汉字全息资源应用系统"(2019) 正式发布，有效满足了不同领域的多元汉字应用需求。④

从语言文字规范与发展规划上看，最具代表性的则是处理好国家通用语言文字规范与发展的关系。前文已详述了我国在国家通用语言文字在规范上所作出的努力。然而，规范与发展之间存在矛盾：一方面由于新事物、新观念涌现以及普通话、方言、英语等语言文字互动加速所带来的语音、词汇、语法方面的新变化反映了国家通用语言文字的强大生命力；另一方面，由于语言传播形式彻底变革所带来词语滥用、语言暴力等不规范现象，也对国家通用语言文字的健康发展造成了负面影响。因此，除了前文多次

---

① 丁石庆. 中国少数民族语言资源开发应用刍议 [J]. 语言战略研究，2019 (3)：39.

② 中国语言资源保护工程采录展示平台 [EB/OL]. [2023-03-21]. https：//zhongguoyuyan. cn/index.

③ 国家语言文字工作委员会. 中国语言生活状况报告 (2019) [G]. 北京：商务印书馆，2019：23.

④ 文秋芳，杨佳. 新中国国家语言能力研究 [M]. 北京：外语教学与研究出版社，2021：91.

提到的规范标准的修订及其体系的制定、语言生活皮书的发布等，我国还积极开展语言社会生活状况监测、研究、引导，并利用语言监测数据进行各类宣传，这既为观测语言生活新内容以及国家通用语言文字规范标准研制与修订提供重要的材料支撑，也有助于营造和谐健康的文字使用氛围。①

此外，与上述三个层面的建设内容密切相关的语言服务能力建设亦有进一步提升，颇具代表性的成就主要表现在：其一，应急语言服务研究与服务持续推进。如组建战疫语言服务团，先后研制《抗击疫情湖北方言通》《疫情防控外语通》《疫情防控"简明汉语"》为援鄂医护人员、在华留学生、外籍人士等提供多维语言服务，在国家语委科研规划 2020 年度项目中设立"应急语言服务"系列课题，开展应急语言服务产品使用效果调研、分区域分地区进行应急语言服务需求调查、国外应急语言服务理论与实践等研究，在《语言战略研究》等学术期刊设立"应急语言服务"专栏，指导组编《应急语言问题研究》论文集，编写《应急语言服务通讯》，举办应急语言服务讲坛，引导学界及时宣介相关研究成果。② 其二，语言多元化服务蓬勃发展。以科大讯飞为例，该公司能够为各种语言平台提供服务：讯飞翻译机 3.0 版本可以提供 59 种语言的翻译；讯飞输入法（手机版）可以提供 11 种汉语方言的语音输入，还可以支持粤语英语混说且同时支持说普通话（讯飞官网介绍的是支持 23 种方言的输入），同时还支持 9 种外语的语音输入及其与中文的互译；咪咕灵犀据官网的介绍是"支持 23 地方言，三大民族语言轻松互译"。其三，语言服务数字化、智能化水平，逐步提升。如 2022 年高考，已经有 12 个省份使用人工智能技术来辅助批改语文、英语作文，该技术在中高考中已经累计服务 3000 多万考生。③

当然，我国语言核心能力建设尚有不足。如相关条例法规的约束力较弱，与国家通用语言文字推广在国家语言能力建设过程中的重要地位不匹

① 文秋芳，杨佳．新中国国家语言能力研究［M］．北京：外语教学与研究出版社，2021：92-96.

② 国家语言文字工作委员会．中国语言文字事业发展报告（2021）［R］．北京：商务印书馆，2021：53-54.

③ 屈哨兵，王海兰．数字经济发展中的四大基本语言服务能力建设［J］．广州大学学报（社会科学版），2023（5）：118-119.

配，国家通用语言文字推广在社会受重视的程度不够，推广力度不强，其普及率与一些国家相比尚存一定距离。① 又如在国家通用语言文字推广普及"量"的较快增长与"质"的有效提升上还有诸多问题需要作很多研究探索：少数民族地区和方言区的推普任务有不同，经济发达地区和不发达地区的推普工作有差异；标准语言能力水平建设、社会语言能力建设、职业语言能力建设、艺术语言能力和文化认同建设等在不同地区、不同人群的建设需求有差异等。② 再如民间力量参与语言资源保护的积极性有待进一步激发；地方政府对语保工作的资金投入有待进一步增加；语言资源保护标志性成果的开发力度有待进一步加大；语言资源保护专门人才培养的数量和质量都有待进一步提升；语言资源学学科建设还有待进一步加强；语言资源保护的中国经验有待进一步总结、推广。还如我国当前的语言应急机制与预案有待进一步完善；语言服务者服务意识及素养不强；语言服务平台建设也相对滞后。另外语言智能化建设在整体部署、方针规划、基础建设、中文及少数民族语言文字信息处理水平以及语言文字信息产业化；③ 语言信息数据生产和管理落后④等方面的问题仍需予以持续关注。

（三）国家语言战略能力建设

国家语言战略能力建设上所取得的成就可以从国家外语教育、国家通用语的国际拓展、国家语言人才资源掌控等主要维度入手来谈。

1. 国家外语教育快速发展

国家外语能力是国家主体参与国际事务的前提，包括使用国际通用语言的能力和处理多种世界语言的能力。现阶段我国外语能力建设事业取得的成就突出表现在两个方面：一是我国外语能力测评体系建设取得显著成

① 文秋芳，杨佳. 新中国国家语言能力研究［M］. 北京：外语教学与研究出版社，2021：56-57.

② 张强，王仁法，杨亦鸣. 从语言能力到国家语言能力：兼论当前我国国家语言能力建设的主要任务［J］. 语言科学，2023（6）：582.

③ 张挺，于桂英，魏晖. 当代语言文字信息化建设的思考［J］. 语言文字应用，2010（1）：37.

④ 赵世举. 数智化社会国家语言能力建设的新课题［J］. 语言科学，2023（6）：574.

果，如 2018 年 4 月，由教育部国家语委发布并实施了面向我国英语学习者的首个英语能力测评量表《中国英语能力等级量表》，这是第一个覆盖我国各阶段英语教学、学习和测评的具有中国特色、国际水准、功能多元的外语能力测评标准和考试体系，① 有助于解决我国各项英语考试标准各异，教学与测评目标分离，各阶段教学目标不连贯等问题，实现英语教学"一条龙"和多种学习成果的沟通互认。二是外语院校与高校外语系培养了数量较大的通用语种及非通用语种人才。截至 2018 年底，我国高等院校外语语种专业达 100 个，覆盖语种达 101 种。目前，北京外国语大学已基本开齐 175 个与中国建交国家的官方语言语种专业，授课语种 101 种；上海外国语大学授课语种 40 种；北京第二外国语学院开设 26 个语种专业；天津外国语大学开设 32 个语种专业；大连外国语大学开设 13 个语种专业；广东外语外贸大学开设 26 个语种专业；四川外国语大学开设 16 个语种专业；中国传媒大学开设 22 个语种专业；对外经济贸易大学开设 13 个语种专业。② 另外，复合型外语人才培养逐步得到重视，目前的模式有："外语＋专业知识""外语＋专业方向""外语＋专业""专业＋外语"和双学位。③

2. 国家通用语拓展能力迅速提升

国家通用语言文字的国际地位与影响力是一个国家语言能力强弱的先行标识之一，④ 也是我国语言软实力的重要体现。我国在国家通用语拓展能力上的发展集中表现在三个方面：

第一，地域辐射面越来越广，受众越来越多。据 2023 年 12 月世界中文大会上的采访获悉，全球已有 160 个国家和地区设立了 499 所孔子学院和

---

① 柴如瑾. 光明日报刊文解读中国英语能力等级量表：建立具有中国特色、国际水准、功能多元的外语能力测评标准和考试体系［EB/OL］.（2018-04-12）［2023-02-15］. https：//www. neea. edu. cn/html1/report/1804/9117-1. htm.

② 国家语言文字工作委员会. 中国语言文字事业发展报告（2019）［R］. 北京：商务印书馆，2019：96.

③ 文秋芳. 对"国家语言能力"的再解读：兼述中国国家语言能力 70 年的建设与发展［J］. 新疆师范大学学报（哲学社会科学版），2019（5）：65.

④ 文秋芳，杨佳. 新中国国家语言能力研究［M］. 北京：外语教学与研究出版社，2021：112.

793 个孔子课堂。① 又如 6000 多万华侨华人分布在世界近 200 个国家（地区）开设各类华文学校近 2 万所，在校华裔、非华裔学生人数百万人；华文学校基本覆盖了整个基础教育阶段，在马来西亚、菲律宾等国甚至延伸到了大专及以上层次。② 再如世界知识产权组织和国际货币基金组织等的官方网站有专门的中文版本；1982 年获国际批准中文罗马字母拼写法（IS07098）经 1991 年、2015 年两次修订，已得到世界广泛认可；外交部从 2006 年起新闻发布只用汉语的举措，中华人民共和国文化和旅游部推动旅游目的国汉语导游、汉语解说和汉语标识使用等方面的工作等。③

第二，影响力越来越大。如 190 多个国家和地区开展了中文教育项目，85 个国家通过颁布法令政令等方式将中文纳入国民教育体系。160 多个国家设立中文水平考试考点 1300 多个，累计考试人数达 5800 多万人次。据不完全统计，目前海外正在学习中文的人数超过 3000 万。④

第三，科学性越来越强。集中体现为国家采取多种措施、途径，以提升国际中文教育水平。如 2021 年以来，教育部中外语言交流合作中心与东盟国家主管部门合作，开展"中文＋职业技能"本土教师培训，吸引了 100 余所当地职业院校的 1000 余名本土教师参与。⑤ 自 2002 年举办首届"汉语桥"比赛以来，截至 2021 年底，已有 150 多个国家，超过 140 万名莘莘学子因为热爱中文与之结缘，每年更有 1 亿多海外观众关注比赛盛况。⑥

---

① 柴如瑾，唐培兰，李建涛. 中文为桥　让世界相通相亲：来自 2023 世界中文大会的声音 [EB/OL]. （2023-12-12）［2024-01-30］. https：//wenhua. youth. cn/whyw/202312/t20231212 _ 14959351. htm.

② 文秋芳，杨佳. 新中国国家语言能力研究［M］. 北京：外语教学与研究出版社，2021：114-115.

③ 张天伟. 我国国家通用语国际拓展能力现状与发展路径研究［J］. 语言文字应用，2020（1）：5.

④ 柴如瑾，唐培兰，李建涛. 中文为桥　让世界相通相亲：来自 2023 世界中文大会的声音 [EB/OL]. （2023-12-12）［2024-01-30］. https：//wenhua. youth. cn/whyw/202312/t20231212 _ 14959351. htm.

⑤ "中文＋职业技能"本土教师培训在东盟国家持续推进［EB/OL］. （2022-05-24）［2023-02-22］. http：//www. chinese. cn/page/#/pcpage/article? id=1120&page=3.

⑥ "汉语桥"二十载正青春，五大洲共携手迎未来［EB/OL］.［2021-10-28］［2024-01-29］. https：//content-static. cctvnews. cctv. com/snow-book/index. html? item _ id ＝ 10949767857870910989& toc _ style _ id＝feeds _ default.

3. 国家外语人才资源动态掌控

随着世界经济全球化和一体化的发展，外语人才资源成为国家重要的战略资源。它既是国家核心竞争力的一部分，也是国家软实力的重要体现。[①] 建立动态数据库既是掌控外语人才资源最有效的手段，也是我国在掌控外语人才资源方面迈出实质性一步的集中反映。2017 年，"国家外语人才资源动态数据库"历时 4 年建成，包括"高端外语人才数据库""外语专业师生数据库""外语人才供需信息库"3 个子库。其中，"高端外语人才数据库"收集了全国 121 所高校的高端外语人才信息，总计 27000 多人，涉及 5 种通用语、44 种非通用语、12 个学科门类、87 个一级学科。这些信息有助于政府部门和企事业随时调用所需人才，为国家建设和安全服务。"外语专业师生数据库"收集了全国近 900 所高校 2010 年以来的外语专业师生信息，为教育部门制定外语教育政策提供了重要依据，也为广大外语教育研究者分析和研究我国外语教育现状和问题提供了重要资源。"外语人才供需信息库"是一个网络平台，语言人才供需双方可通过该平台进行交流和洽谈，满足各自需求。[②]

此外，对外政治话语表述的核心内涵不断丰富，表述风格更贴近海外受众的华语习惯，机制建设趋于完善，清晰地反映新中国国家对外话语表述能力由强到弱的发展过程。[③]

同样地，我国在国家语言战略能力建设上取得的成就颇为显著，但仍有些许不足，尚存发展空间。如外语语种建设布局不合理;[④] 未能恰当处理

---

① 文秋芳，杨佳. 新中国国家语言能力研究［M］. 北京：外语教学与研究出版社，2021：112.

② "国家外语人才资源动态数据库"历时 4 年建成［EB/OL］.（2017-08-02）［2023-02-25］. http://edu.people.com.cn/n1/2017/0802/c1006-29445470.html.

③ 文秋芳，杨佳. 新中国国家语言能力研究［M］. 北京：外语教学与研究出版社，2021：145.

④ 崔希亮. 目前语言教育存在的问题［EB/OL］.（2018-10-18）［2023-06-15］. https://mp.weixin.qq.com/s?__biz=MzAxMDA5ODczNg==&mid=2652344339&idx=1&sn=642d81b097291b5e1eebe91d4053dbff&chksm=80b6b14cb7c1385a64b1d2160c23b09984815564b10de1859db300db8bff0364eb27239c8301&scene=27.

国际视野和中国立场之间的辩证关系。① 又如海外本土中文教师的量与质尚不能满足国际中文教育事业的发展需求；民间形态、产业形态的国际中文教育发展相对滞后；国际中文教育与华文教育的协同融合发展有待进一步增强；国际中文教育学科建设水平有待进一步提升，等等。

▶ 二、提升我国语言软实力的对策

语言—文化是软实力的核心，在国家软实力建设和参与国际竞争的过程中，具有基础性、先导性作用。② 语言软实力通过语言文字的传播和广泛使用，以及文化交流、价值观念的扩展，外交政策（外交语言）的运用等，在社会的政治、经济、文化和世界外交中体现出相当重要的价值。③ 正因如此，面对上述我国语言软实力建设过程中存在的主要问题，采取行之有效的解决举措势在必行，主要概括为五个"加强"：

（一）加强"多元一体"的和谐语言生活建设，应对新时代语情变化的新挑战

在 2021 年 8 月的中央民族工作会议上，习近平总书记着重强调："铸牢中华民族共同体意识是新时代党的民族工作的'纲'，所有工作要向此聚焦。"④ 构建中华民族共同体意识落实到语言文字工作上，就是要注意加强"多元一体"的和谐语言生活建设，应对新时代语情变化的新挑战：一方面，我们要进一步做好国家通用语言文字的普及与规范工作，坚持其主体地位不动摇；另一方面，我们要重视语言资源的保护、开发与应用，以维护语言文化的多样性。要进一步做好国家通用语言文字的普及与规范工作，我们应当努力做到：

首先，提升"三力"。要进一步提升国家通用语言文字在普及规范过程

---

① 文秋芳. 对"国家语言能力"的再解读：兼述中国国家语言能力 70 年的建设与发展［J］. 新疆师范大学学报（哲学社会科学版），2019（5）：65.

② 段奕. 硬实力-软实力理论框架下的语言-文化推广与孔子学院［J］. 复旦教育论坛，2008（2）：48.

③ 王越，吕美嘉. 语言软实力发展新模式与路径创新［J］. 东北师大学报（哲学社会科学版），2011（5）：93-94.

④ 牢牢把握新时代党的民族工作主线　铸牢中华民族共同体意识［EB/OL］.（2021-09-03）［2024-01-29］http：// xz. people. com. cn/GB/nz/2021/0903/C138901-34897776. html.

中的政策力、实践力、绩效力。如继续加强语言文字法制建设，坚持把学校作为国家通用语言文字推广的主阵地、主干道，同时大力提升农村地区普通话水平，加快少数民族地区国家通用语言文字普及，同时适当调整工作目标，以国家语言文字工作、国家语文教育的提质增效作为新时代国家通用语言文字教育的新发展方向，① 将国家通用语言文字推广工作与中华优秀传统文化的传承发展事业相结合，将国民语文教育与书法、诗词、演讲等文化语言活动相结合，营造良好的国家通用语言文字学习氛围。

其次，遵循"三性"。在落实国家语言文字主管部门制定的相关政策的同时，要依据差异性、市场性、融合性的原则来制定措施。如对于经济发达地区，推普主要应以"刚性"措施为主；对于经济较为落后的农村、边远地区，语言文字主管部门应当加大资金和人才的支持力度。又如政府部门应当在制定相关推广措施时，应从市场的角度提升推广措施的针对性和可行性。再如在推广活动内容的设置上，不应仅限于语言文字，还应与社会大众的生活、工作紧密结合，提升推普过程中的大众参与感。

最后，加强"三化"。随着我国经济的高速发展，国家通用语言文字的规范化建设还需以专业化、大众化、平衡化为发展导向。如通过联合高校、科研院组建专业机构，培养语言文字科研人才。又如树立群众理念，增强服务意识。再如加大对农村、边远和民族地区国家通用语言文字规范上的帮扶力度，包括资金投入、基础设施建设、教学培训多个方面。②

在进一步推进国家通用语言文字普及、规范的同时，还要重视语言资源的保护、开发与利用，维护语言文化的多样性。我们可以从以下几个方面发力：

第一，吸引民间力量与政府部门合作，保障语言资源保护的资金投入。如湖南语言资源保护工程与汪涵"響應"计划官方民间共助的语保模式为全国首创。其中，湖南著名媒体人汪涵个人资助经费465万元，用5至10

---

① 提质增效：新时代国家通用语言文字教育的新发展［EB/OL］.（2021-05-12）［2023-06-15］. http://politics.people.com.cn/n1/2021/0512/c1001-32100479.html.

② 文秋芳，杨佳．新中国国家语言能力研究［M］．北京：外语教学与研究出版社，2021：58-60，71-73.

年时间完成教育部立项外的 53 个方言点的调查，2015 年以来，湖南语保项目与民间"響應"计划相互配合、互通有无，推动湖南语言资源保护事业空前繁荣。① 目前，这种模式在全国其他地区还较为少见，有待进一步推广。

第二，鼓励自主出版与统一规划结合，推进语保标志成果的开发应用。《中国语言文化典藏》《中国濒危语言志》以及"中国语言资源采录展示平台"等"语保工程"一期的标志性成果主要是以统一规划的方式出版与应用，下一阶段可以更多地鼓励专家学者自主出版相关语保成果，积极参与语保成果的开发应用，逐步实现语言资源保护的可持续性发展。

第三，坚持数量增长与质量提升并举，创新语保专门人才的培养机制。诚如前文所言，"语保工程"一期已完成了相当数量语言点调查工作，在保证了"量"的同时，又注重了"质"的提升。在"语保工程"二期建设过程，我们应当继续坚持"质"与"量"并举，重视语保专门人才的培养。在"语保工程"一期建设过程中，主要采取核心专家负责制与以老带新相结合的方式开展课题，让一些主攻汉语方言以及少数民族语言方向的博士讲师或者在读博士有机会参与到语保课题中来。在接下来的语保工作中，我们要延续这样一种行之有效的模式，特别是让一些具有语言学背景的濒危语言母语人参与其中，或者挖掘一些对语言学感兴趣且具有濒危语言母语优势的年轻一辈，对其进行系统的语言学知识及田野调查训练，为语保工作储备优秀的专业人才。

第四，推动语言调查研究与现代科技融合，提升语言调查的科技发展水平。将传统的调查与现代科技相结合，运用 Elan、声飞等软件对调查采集的语料进行标注转写，"语保工程"也推出了专门语料标注软件"语保标注"。今后可以联合搜狗、科大讯飞等专研人工智能的公司，进一步开发识别更为精准、转写更为迅速的软件，为语保工作助力。

第五，促进区域合作与国际交流互鉴，扩大语保中国经验的国际影响。

---

① 语保"湖南模式"全国推广 工程立项全国第一［EB/OL］.（2018-09-07）［2023-06-15］. http：//jyt. hunan. gov. cn/sjyt/xxgk/gzdt/tpxw/201809/t20180917_5096199. html.

2018 年 9 月，在长沙召开的首届"世界资源保护大会"为世界各国的语保工作的交流互鉴提供了很好的平台；2020 年 10 月，在新时代第一次全国语言文字工作会议上，语保"湖南经验"在全国推广交流，促进了湖南与其他地区的互助合作。后续的语保工作中，其他地区应当基于"湖南经验"形成符合区域语情特点，有助于区域和谐语言生活构建的"语保经验"；要持续加强与世界各国的经验交流，不只是湖南的语保经验，还要有更多地区的语保经验"走出去"。

（二）加强国家外语教育能力建设，加速国际传播力的提升

外语教育能力建设是提升国际传播力的基本前提。① 面对当前我国外语教育存在的问题，我们亟须从两点入手：一方面仍要加强英语教育，当前的英语教育，尤其是学校的英语教育应当由"应试英语教育"向"实用英语教育"转型，让英语学习学以致用。② 此外，提升英语教育质量不能只依靠国民教育体系，还应充分发挥社会外语教培行业的作用，依照学习型社会的思路逐步构建起外语的终身教育体系，因此政府部门要发展外语培训产业，同时建立社会外语培训的行业标准，通过政策导向鼓励国民参加外语培训，通过社会培训来提高国民的外语水平。③ 另一方面，要合理布局语种资源格局，重视非通用语种的人才培养，尤其要将小语种人才培养与国家"一带一路"倡议的推进相结合，在人才培养机制上适度创新，以凸显其在推行"一带一路"倡议中的重要作用，④ 如上海外国语大学采用"多语种＋"卓越国际化人才培养机制；广西民族大学从 1993 年就开始采用国内 3 年、国外 1 年的"3＋1"本科人才培养模式，培养了一大批通晓东南亚语种的复合型人才；云南师范大学与国内外高校合作，采取"2＋N＋N"中外联合培养非通用语种人才的教学模式，最终培养"双外语＋专业技能"

---

① 王文斌 . 外语教育能力建设是提升国际传播力的基本前提［J］. 语言战略研究，2022（6）：8.
② 从应试走向实践的英语教育［EB/OL］.（2015-07-10）［2023-03-12］. https：//guangdong. eol. cn/guangdongnews/201507/t20150710＿1287063. shtml.
③ 李宇明 . 中国外语规划的若干思考［J］. 外国语（上海外国语大学学报），2010（1）：7.
④ 杨学义：加快培养高端非通用语人才服务"一带一路"倡议［EB/OL］.（2017-03-12）［2023-03-22］. http：//qnzs. youth. cn/tsxq/201703/t20170312＿9274961. htm.

或"专业＋非通用语"的复合型人才。①

以上说的多是线下外语教育的建设，应对新时代的国际社会语言生活，还要注重发挥网络教学工具在外语教育中的作用，依托国家 5G 新基建项目，扩大线上教育覆盖范围，以信息技术成本的降低带动线上外语教育成本降低，同时依托外语教育研究成果提高外语教育质量和教育成效，以满足更多有志于学习外语的民众的需求，最大限度地挖掘市场潜力，同时促进国家语言产业经济的增长和国家外语能力的增强。

（三）加强国际中文教育转型建设，适应新时代海外中文教育的发展

为适应新时代海外中文教育发展新常态，国际中文教育应致力于在以下几个方面实现转型发展：

其一，国际中文教育应纵向延展深度，培养更多"汉学家"类型的高端中文人才，横向拓宽幅度，根据不同社区的不同需求，重点发展"中文＋职业技能"的复合型人才。2021 年以来，语合中心与东盟国家主管部门合作，开展"中文＋职业技能"本土教师培训，吸引了 100 余所当地职业院校的1000 余名本土教师参与；② 2022 年 6 月 15 日，华南农业大学与墨西哥查平戈自治大学、巴西马托格罗索联邦大学在线举办共建中拉"中文＋农业科教发展中心"项目签约仪式，③ 未来中国与拉美地区在农业科技领域的合作将进一步深化，同时填补当地中文教学的空白，一举多得。国内的国际中文师资培养模式应精简、深化，高校国际中文教育团队继续探索教育模式的深化改革，提高人才培养的效率性和针对性，为海外中文教育输送优质师资人才，形成海内外国际中文教育互促互进的良性循环。

其二，强化民间性，充分调动民间力量、市场力量进入国际中文教育领域，助力我国通用语的国际拓展。尽管国内高校通过长期摸索，已经形

---

① 丁超. 对我国高校外语非通用语种类专业建设现状的观察分析［J］. 中国外语教育，2017（4）：6.

② "中文＋职业技能"本土教师培训在东盟国家持续推进［EB/OL］.（2022-05-24）［2023-03-22］. http：//www. chinese. cn/page/#/pcpage/article? id＝1120&page＝3.

③ 陈一鸣. 华南农业大学与拉美两所高校试点设立全球首批"中文＋农业科教发展中心"［EB/OL］.（2022-07-04）［2023-03-26］. http：//world. people. com. cn/n1/2022/0704/c1002-32465069. html.

成本硕博贯通培养模式，全国汉语国际教育硕士授权点从建立初期的 24 所增加到 198 所，累计培养国际中文教育各类专业人才 7 万余人，一半以上的中国学生担任过国际中文教育志愿者或专职教师，① 但这还远远不够，国际中文拓展事业的不断发展呼唤民间力量的加入。只有社会民众对国际中文专职教师和国际中文学习资源的需求来自民众自身需要而非政府机构的强制安排或刻意引导，国际中文的教与学才能引发更多的社会共鸣，例如，哈兔中文作为民间性质的中文教育平台，在国际中文教育方面探索出许多创新的经验和做法，自主研发的远程教学系统已在全球 110 多个国家和地区落地推广，在海外华人社会产生了重要影响。②

其三，强化本土性和针对性，加强本土中文教材的研发与建设，构建更完善的本土中文教师培养机制，助力各国自主培养中文教师，同时国际中文教育教学理念、模式、方法、手段及相关习得理论的研究与实践，要加强面向低龄学习者的针对性。国际中文拓展事业对专职教师有大量的需求，光靠国内培养、输送专职教师人才是远远不够的，必须推动国际中文人才培养的重心从注重海外学生来华留学转向海外中文教育的本土化，加大力度推进中文课程纳入各国国民教育体系尤其是国民基础教育体系，培育中文教育低龄化基本面，③ 对有需求的国家启动国别中文教育标准体系建设学术支持项目，引领国别中文教育科学发展。④ 以国际中文学科研究推动实际教学方法的革新，重视教学模式与教学平台的优化与完善，优化教学设计，细化教学任务，实现教学模式、教学设计与教学目标的高度匹配。⑤ 国际中文教育的研究方法也应放置到全球视野下，注重区域化、国别化，

① 汉语国际教育硕士专业学位研究生教育新增授权点院校业务培训顺利举行［EB/OL］.（2022-11-14）［2023-03-26］. http：//www.chinese.cn/page/#/pcpage/article? id＝1264&page＝1.

② 民间文化力量出海　助力国际传播能力建设［EB/OL］.（2021-09-14）［2023-03-22］. http：//photo.china.com.cn/2021-09/14/content_77752618.htm

③ 吴勇毅.国际中文教育"十四五"展望［J］.国际汉语教学研究，2020（4）：10.

④ 吴应辉.新时代国际中文教育服务强国战略八大功能与实现路径［J］.云南师范大学学报（哲学社会科学版），2022（3）：54.

⑤ 王辉.新冠疫情影响下的国际中文教育：问题与对策［J］.语言教学与研究，2021（4）：19-20.

一地一策，一群一方针。运用"全球视野比较法"和"整体系统分析法"，基于大数据进行量化研究，① 在发展自身学科的同时把国际中文教育作为一项事业来推进，以更好地服务国家战略，为构建人类命运共同体添砖加瓦。

其四，强化融合性，依托面向华裔子弟的华文教育促进中文国际传播，实现中文在华族内的代际传承与族群间的横向传播有效结合。海外华文教育起步早、历史长，经验足、传承能力强，目前全球华侨华人大约 6000 万，华校 2 万多所，华文教师 10 多万人，学生数百万。华校之外，海外还有华文媒体 800 多家。海外华文教育能力作为国家语言能力的一个组成部分，在"一带一路"倡议实施、人类命运共同体构建、国际中文拓展、国家急需人才培养等方面都有其重要功能。我们应该依托海外华文教育，重点培养两类人才：一是"双通人才"，指能够熟练地运用国外语言，深刻了解国外社会文化、风土人情，能顺畅进行跨文化交际的人才。语言是文化的载体，且语言本身也是一种文化。华文教育不只是语言教育，还是文化传承教育，华裔子弟接受华文教育往往是受家庭态度的影响，因此其家庭环境一般保有中华文化传统语境，能够帮助华裔子弟继承中华民族优秀语言文化，同时华裔子弟身处世界不同国家，自然而然习得当地语言文化，这样良好的"双语实景课堂"有利于培养热爱祖国又精通所在国语言文化的人才，有利于华裔在融入当地生活的同时，自然地传播中华优秀语言文化。第二类人才是海外华文教师、华文教育相关工作人员、华文传媒的从业人员，这些职业人才在使用华语华文、传授华语华文方面有较强的传播能力，有利于中文、华文在当地社群、当地族群之间的横向传播，通过日常的人际交往和社会交流推动中文、华文在非华裔族群中的传播，吸引更多海外民众了解中文、学习中文，拓展国际中文的影响力。②

其五，强化人文性，国际中文教育既是中文作为交际工具的教育，也是中华语言文明的分享，强化文明分享理念有利于提升中华文明的传播力、

---

① 吴应辉. 国际中文教育新动态、新领域与新方法 [J]. 河南大学学报（社会科学版），2022（2）：109.

② 郭熙. 新时代的海外华文教育与中国国家语言能力的提升 [J]. 语言文字应用，2020（4）：18，21-24.

影响力。语言是文化的载体，但人们学习一种陌生语言，首先是受到该语言所属民族文化的吸引，例如英语全球化的实现依托于英语国家文化的强势传播，世界各国民众对英语国家文化产品，诸如好莱坞大片、英式贵族文化、英语文学作品等文化形态，产生从新奇到理解、从理解到追随的心理认知进程，那么英语作为承载英美等国家生活方式、思维方式、政治制度和理想价值观等多种文化观念的文化形态，也会受到世界各国民众的关注、追捧。反观国际中文教育，我们在海外孔子学院和中小学孔子课堂上介绍的中华优秀传统文化具有同质性，一般都是中华古诗词、中华民俗节日、中华传统服饰等较浅层的文化形态，较难满足国家中文学习者深入了解对中华民族文化的愿望，也较难贴近新时代年轻群体的文化消费、欣赏习惯。因此，在未来的国家中文教育事业拓展中，应该更加强调人文性，推动新时代国内年轻群体的文化消费内容向海外国家中文教育接受者介引、传扬的文化交流工作，尤其是推动网络文学文化、国风动漫文化、短视频文化等形态"出海"交流。

当然，我们还应当注意提升国际中文教育安全发展的风险应对能力，做好这一领域的安全风险识别、分析、评估工作，健全安全风险定期评估、监督检查机制，[①] 认识到中文与印欧诸语言的语言和文字对接情况的不同，关注各国国际中文教育在当地的学科发展，通过中外联合培养，为不同国家培养高端中文师资、帮助各国建设适合本国的中文教育学科体系，并培育一大批知华、友华的各国人士，不断扩大我国的国际朋友圈，以构筑更加广泛的国际统一战线。[②]

（四）加强语言服务能力建设，助力语言服务水平的提高

语言服务能力的建设体现国家调用语言资源服务社会需求的科学性、效率性和准确性。针对当下国家语言服务建设方面存在的问题，我们有如下三个方面的建议：

---

① 李宝贵，刘家宁.新时代国际中文教育的转型向度、现实挑战及因应对策［J］.世界汉语教学，2021（1）：10.

② 吴应辉.新时代国际中文教育服务强国战略八大功能与实现路径［J］.云南师范大学学报（哲学社会科学版），2022（3）：51，55.

其一，做好顶层设计，建立系统的、完善的机制与预案，加强语言服务平台的建设与升级。粤港澳大湾区就为我们应对突发性公共事件提供了很好的示范，2020 年以来，国家相关部委基于《国家语言文字事业中长期改革和发展规划纲要（2012—2020 年）》，出台了一系列涉及应急处置和危机防范的领域发展规划，① 初步搭建了大湾区应急管理合作平台，以切实提升深圳市各类灾害事故应急处置能力，加强深圳与周边城市应急协调作战能力，助力夯实粤港澳大湾区整体安全基石。②

其二，语言服务意识应当进一步强化，以应急语言服务为例，语言服务志愿者的服务素养是其中的一个重要方面，加强高素质的语言服务志愿者队伍建设，要注意如下四点：1. 提高志愿者对目标语言与标准语言差异的认识能力，如高校科研队伍可针对同一外语在不同地域，不同主体进行日常交流过程中的方言差异编写小册子，及时对志愿者进行培训；2. 提高志愿者的伦理素质，建立一支集语言与文化于一体的高质量志愿者队伍；3. 优化语言服务志愿者在信息分配方面的功能，如应急外语志愿服务用"以网格化管理为切入点"的方式，建立完善语言服务"第一响应人"制度；4. 加强志愿者专业责任感的培养。③

其三，加强语言服务能力现代化建设，以自贸区为例，如四川自贸区通过引导中欧班列进口企业规范使用适合铁路运输的贸易术语，提高了进口企业的运费议价能力，从而保护了企业在国际贸易中的权益；又如陕西自贸区先后制定了《旱区农业术语与定义》等 10 项行业标准，并在与"一带一路"相关国家的农业国际合作园中实现了转化应用；再如山东自贸区语言服务龙头企业构建了"标准＋体系＋平台"的语言服务数智化模式等。④

---

① 王海兰，李宇明. 试论粤港澳大湾区的应急语言服务需求［G］//语言政策与规划与研究（第十四辑），2021：4-5.

② 初步搭建大湾区应急管理合作平台［EB/OL］.（2022-12-23）［2023-03-27］. https://epaper. southcn. com/nfdaily/html/202212/23/content _ 10045632. html.

③ 加强应急语言服务中高素质志愿者队伍的建设［EB/OL］.（2022-04-09）［2023-03-27］. https://tj. chinadaily. com. cn/a/202204/09/WS625144caa3101c3ee7acfa32. html.

④ 余江英. 自贸区语言服务能力的现代化建设［N］. 光明日报，2023-07-30（06）.

（五）加强语言文字智能化建设，推动国家信息化事业的发展

国家语言智能化建设是目前我国国家语言核心能力建设最前沿的部分。随着数字化、智能化、多元化和知识链接开放化时代的到来，信息处理、人机交互、人工智能是未来的发展方向，需要语言资源为其提供知识基础和生产资料。语言文字信息化建设在助推国家信息化事业发展的过程中的作用至关重要。基于当前我国语言文字智能化存在的一些问题，提出以下四点措施：

首先，要重视高校语言基础研究工作，以基础研究的理论突破推动语言信息处理技术的不断升级，为技术应用奠定基础，使国家语言处理技术真正成为激发经济的新增长点、服务社会国民生活的强大工具。如科大讯飞解码 AI 多语种技术创新要以对语言的分析研究为基础，小语种语言分析积累不足是实现这一技术创新的"拦路虎"之一。①

其次，加强语言资源建设，实现多元转变。资源库的建设将从词性标注库、树库向语义知识库的建设转变；从文本资源库向融合语音、视频和文本的多媒体和多模态资源库转变。不仅要建立平衡资源库，同时要关注多语言共时同题数据库的建立；不仅要建立国内语言资源监测语料库，同时要关注整个华语地区的语言资源监测资源库的建立；不仅要建立书面语的资源库，同时要关注口语和方言资源库的建立，② 尤其应当加强包括古籍的自动标点、句子分析、文献内容分析、古今汉语机器翻译在内的古汉语的信息化处理，③ 如安徽省响应国务院办公厅印发了《关于推进新时代古籍工作的意见》，发挥古籍大省优势，认真贯彻落实，汇聚各方力量，形成工作合力，赓续江淮文脉，让古籍上的文字"活"起来，发挥更大价值。2021 年，安徽省图书馆首批馆藏家谱专题数字资源上线。同年 4 月 21 日，国家图书馆联合 10 家单位发布古籍数字资源，安徽省图书馆的"安徽家谱"

---

① 解码 AI 多语种技术创新，跨语种沟通正成为现实［EB/OL］.（2021-09-02）［2023-03-27］. https：//weibo.com/ttarticle/p/show？id=2309404676912118104133.

② 张挺，于桂英，魏晖. 当代语言文字信息化建设的思考［J］. 语言文字应用，2010（1）：39.

③ 李宇明. 当代中国语言学研究（1949—2015）［M］. 北京：中国社会科学出版社，2016：509.

数据库也在其中，总发布量达 157 部 35 万页。尘封在藏书馆的古籍文字、故事，从历史深处走来，在网上"活"起来、"云端"飘起来。① 与此同时，加强少数民族语言信息处理团队、技术建设，重点关注语言本体研究和信息处理研究的有机结合、相互促进②亦必不可少。

再次，加强平台建设与人才培养。加强语言文字应用支撑平台建设，包括与平台建设相适应的运行机制，如领导机构与人员的明确定位，由论文、专利、项目社会价值、项目经济价值等多维度组成的立体评价体系的建立，高水平实验室的建立，成果转化机制、奖惩机制等。与此同时，加强平台建设的过程中，尽快培养和锻炼一批适应语言文字信息化研究的专业复合型人才。③ 如上海交通大学语料库建成的上海自贸区语言文字应用信息化平台，将成为介绍自贸区政策法规、规范城市公示语使用的公共信息服务平台，将对提升自贸区对外文化形象、展示上海国际形象起到积极的作用。④

最后，把握数字经济发展的窗口期，基于数字经济及其核心产业发展需求针对性加强语言智能服务建设。语言智能是语言信息的智能化，是运用计算机信息技术模仿人类，分析和处理人类语言的过程，是人工智能的重要组成部分及人机交互认知的重要基础和手段。⑤ 我国数字经济的发展依托中文信息的处理和传播，信息处理智能化离不开语言智能，可以说，语言智能是"智能化"的核心一环。⑥ 以中文信息处理为核心的人工智能技术，将有助于提升新时代中文的国际地位与影响力。

---

① 安徽多措并举推进古籍数字化让古籍上的文字"活"起来 [EB/OL]. （2022-04-28）[2023-03-27]. https：//mp. weixin. qq. com/s? ＿ ＿ biz＝MzI5MzAyOTE1Mw＝＝＆mid＝2654660506＆idx＝1＆sn＝3d21db319b7f9a2d96decf5bdabeca84＆chksm＝f7b613d4c0c19ac2a2d570296a592d606359f3db3099200d95b5cd864c447aaa1a6003c8f957＆scene＝27.

② 龙从军，安波. 中国少数民族语言文字信息处理的进展 [J]. 暨南学报（哲学社会科学版），2022（9）：23.

③ 张挺，于桂英，魏晖. 当代语言文字信息化建设的思考 [J]. 语言文字应用，2010（1）：39-40.

④ 杨东东，杨柳. 上海自贸区语言文字应用信息化平台建设 [J]. 科教文汇，2016（12）上：170.

⑤ 周建设. 语言智能，在未来教育中扮演什么角色 [N]. 光明日报，2019-03-02（12）

⑥ 李宇明. 中国语言资源的理念与实践 [J]. 语言战略研究，2019（3）：26.

第六章
语言和谐与人类命运共同体的构建

　　在经济全球化与文化多元化时代，国际竞争领域日益拓宽，方式更为多样，除了传统的政治、经济、科技等方面的竞争，文化竞争也日趋激烈。语言作为文化的载体，其在国际文化竞争中的重要性不言而喻，各国因语言问题产生的社会矛盾和国际冲突愈发频繁，人们越发关注语言与语言、语言与社会乃至语言与国家之间的关系，怎样减少因语言问题引发的社会矛盾和国际冲突，维系语言和谐、社会繁荣、国际关系稳定，成为学者们关注的热点话题。

　　此外，随着"一带一路"倡议的深入开展，沿线各国、各民族都需要妥善处理不同语言之间的关系，共同建立一种有利于社会交际活动顺利进行的语言秩序，营造有助于各国发展的语言生活环境，真正实现语言和谐，推动人类命运共同体的构建。

第一节　语言和谐与社会稳定

　　语言之间存在多种类型的关系，如语言和谐、语言冲突、语言歧视、等，语言和谐是语言关系中最理想的类型。[①] 我们认为，语言和谐是指在一个社会中的不同语言能够和谐共生，互利互惠，开放包容，不相互排斥；

---

　　① 戴庆厦. 开展我国语言和谐研究的构想 [J]. 黔南民族师范学院学报，2013（3）：2.

不同语言在使用过程中能够得到尊重并被平等对待，各司其职，协调配合，和谐发展。语言和谐包括语言人、语言体系、语际关系、语言发展、语言运用的和谐。① 多语种环境中，语言之间的关系处理不当，容易造成语言冲突，进而引发社会动荡，阻碍社会进步。处理好语言之间的关系，实现其和谐相处、平等互补，有助于社会的稳定团结，符合人类共同愿望。

我国是一个多民族、多语言的国家，各民族语言生活的主流是和谐的。比如，在云南省德宏傣族景颇族自治州，居住着傣族、傈僳族、德昂族、阿昌族、景颇族等少数民族，其中景颇语还作为跨境语言与缅甸、印度部分地区相通。德宏境内的少数民族群众大多是双语者，有的兼用汉语，有的兼用区域内其他的民族语，与本族人进行交流时，人们多使用自己的民族语言，和其他民族进行交流时则大多使用汉语，或使用双方通晓的少数民族语言。② 中缅跨境景颇族长期使用相同的语言和文字，凭借语言互通优势，双方的经济、文化都得到了发展。总体而言，云南省德宏傣族景颇族自治州区域内外用于沟通的各种语言都能得到尊重并可以自由使用，合理处理语言之间的关系促进了当地各民族的和谐相处，有助于社会和谐稳定。

又如瑞士将德语、法语、意大利语和罗曼什语四种语言作为国语，充分尊重公民在语言使用上的自由权，保障了各民族间的和谐相处及国家的和平稳定。受全球化的影响，国内移民人数不断增多、英语使用范围不断扩大，瑞士根据实际情况尊重并保护移民语言及英语，瑞士由此从四语走向了多语。③ 不同语言和谐有序、各尽所能，不仅维护了语言的多样性，更保证了国家的和谐稳定。

语言是社会生活的重要组成部分。语言和谐与国家稳定、社会和谐、民族团结息息相关。和谐的语言关系，有利于国家安全、社会稳定、民族团结；而不和谐的语言关系，即语言矛盾和对立，则往往容易引发社会矛盾和民族危机，④ 甚至引起国家动乱。

---

① 冯广艺. 语言和谐论 [J]. 修辞学习，2006 (2)：16.
② 戴庆厦. 开展我国语言和谐研究的构想 [J]. 黔南民族师范学院学报，2013 (3)：2.
③ 叶莎. 瑞士语言政策：从四语走向多语 [G] //教育部语言文字信息管理司. 语言生活皮书：世界语言生活报告 (2016). 北京：商务印书馆，2016：68-72.
④ 戴庆厦. 语言关系与国家安全 [J]. 云南师范大学学报（哲学社会科学版），2010 (2)：2.

▶▶ 一、影响语言和谐的主要因素

语言和谐的影响因素是多方面的，既有宏观的，也有微观的。就宏观而言，国际关系、国家政权的稳定与否，语言政策的制定与实施情况，都有可能影响语言关系；就微观而言，人们对语言的态度是否包容、语言使用是否规范，也在一定程度上影响着语言关系。

（一）国际关系

世界上有两百多个国家和地区，受政治、经济、文化等因素的影响，国家间的关系呈现出和谐或冲突的不同局面，这种国际关系的变化作用在语言上，往往表现为某一国语言在另一国中得到广泛传播或者推广受到阻碍。

受历史、地理因素影响，爱沙尼亚与俄罗斯民众之间交往频繁、联系密切。目前在爱沙尼亚有约 25% 的民众在家庭内部以俄语交流，约 40% 的高水平课堂用俄语授课。[①] 然而近二十年来，受克里米亚危机等国家边界与地区归属争端的影响，爱沙尼亚与俄罗斯的政治冲突加剧，爱沙尼亚当局强制要求境内俄罗斯族裔使用爱沙尼亚语，限制境内俄语的使用与发展。[②] 2022 年 12 月 17 日，爱沙尼亚教育部批准一项计划，预计到 2024 年，全国小学及以下学习阶段只教授爱沙尼亚语，逐渐将俄语排除在基础教育之外。[③] 爱沙尼亚采取以上针对俄语的语言政策是为了在国际政治冲突中占据优势地位，但从语言发展与社会生活的角度来说，不顾国家实际情况，盲目排斥俄语的政策不利于本国民众的生活，也可能造成教育阶段的语言冲突，甚至影响社会政治、经济和文化的发展。

再以我国为例。中华人民共和国成立初期我国的外语教育政策的重点是学习俄语与英语，且俄语的社会地位更高，这一语种的选择深受"一边

[①] 熊超然. 爱沙尼亚总统：不要"对抗"俄罗斯语言或文化［EB/OL］.（2023-01-05）［2023-05-15］. https://cj.sina.com.cn/articles/view/1887344341/707e96d502001c09g.

[②] 彭磊. 民粹主义浪潮下中东欧国家俄裔的身份分析：以拉脱维亚和爱沙尼亚为例［J］. 世界民族，2022（2）：83.

[③] 熊超然. 爱沙尼亚总统：不要"对抗"俄罗斯语言或文化［EB/OL］.（2023-01-05）［2023-05-15］. https://cj.sina.com.cn/articles/view/1887344341/707e96d502001c09g.

倒"外交政策的影响。俄语作为非本土语言在中国得到了较好的推广，这不仅未引起社会上的语言冲突，相反，因为新中国在当时社会各领域全面学习苏联模式，俄语人才广受欢迎，甚至供不应求。

(二) 国内政局

世界上大多数国家是多民族国家，境内不同民族之间因政治、经济、文化等因素，容易产生矛盾，进而引起国内社会失衡；少数的单一民族国家也可能因为党政斗争使得社会稳定遭受冲击。国内政局稳定与否是影响语言是否和谐的因素之一。

加拿大是一个多民族的移民国家，因民族关系紧张导致加拿大民族语言冲突频发。1534 年，法国航海探险家雅谷·卡蒂埃奉法王之命率船队远征北美，开启了法国殖民加拿大的历史。17 世纪，法国人在加拿大相继建立殖民据点，魁北克城因风景秀丽和地理位置优良，成为新法兰西人的首府和居住活动中心。17 世纪初，英国参与了对加拿大的殖民争夺并战胜了法国，加拿大成为英属北美殖民地。沦为英国统治下的 6 万法兰西人在被盎格鲁·撒克逊同化和为民族生存而抗争之间，选择了后者，只是这一次的斗争由武力对抗转为了语言和文化的对抗。美国独立战争爆发后，从美国及英国移居加拿大的英国人大量增加，到 19 世纪初，英语居民占据全加人口总数的三分之二，而法语居民则不到三分之一。出于对自身语言和文化被同化的担忧，加上英国重新推行"英国化"政策，加拿大法语居民不断发动运动来维护自己的语言和文化。20 世纪 60 年代，法裔加拿大人的民族情绪形成一股强大的政治力量，导致语言冲突升级为暴力行动。迫于压力，加拿大政府于 1969 年通过《加拿大官方语言法》，把英语和法语作为加拿大官方语言，规定两种语言在政府和官方机构具有同等使用价值。但是，魁北克民族激进分子并不满足这一政策，1970 年发生了震惊整个加拿大的"十月危机"。1971 年，加拿大政府出台多元文化主义政策，受到了各民族的拥护，民族冲突有所缓和。1976 年，因一名魁北克的英裔飞行员以罢工形式要求取消在空中使用两种语言的制度，英、法语言冲突卷土重来。这次冲突的直接结果是《101 语言法》的颁布，魁北克政府独立的要求更加强烈。1998 年 11 月 30 日，主张独立的魁北克人党在全民公决中获得胜利，根据加拿大联邦宪法规定，魁北克人将组成新一届魁北克省政府。[①]

多元文化主义政策给加拿大法语的生存和发展提供了前所未有的社会条件和有力的法律保护，从根本上消除了法裔居民对法语前途的担忧，然而法语和英语的冲突却从未中断，并且还将持续下去，这与两个民族三百多年的斗争形成的积怨难脱关系。从加拿大语言冲突中我们不难发现，缺乏稳定的政局环境作为基础，合理的语言政策也难以发挥其作用。

相较于加拿大，同样作为多民族、多语言国家的中国，在语言关系的表现上，则完全不同。维系各民族之间的团结稳定一直是政府工作的重要内容。特别是改革开放以来，我国经济得到飞速发展，现已成为世界第二大经济体，经济的高速发展为全国各族人民带来了红利，人民的物质文化生活得到前所未有的改善，各民族紧密团结、和谐融洽，这种长期稳定的社会环境为语言和谐共生提供了坚实保障。

以我国在民族地区推普工作为例，由于民族地区群众切身感受到我国经济发展给百姓生产生活领域带来的美好变化，意识到掌握普通话便能更加高效地与外界接触交流，进而提升生活质量，满足精神需求，因而，在当下稳定的社会环境中，普通话与民族语言之间出现了相互补充、和谐共生的局面。李蔚（2023：165-166）调查了湘西土家族苗族自治州乡村国民国家通用语言能力后发现，在我国经济飞速发展的背景下，在加快农业农村现代化建设的目标下，民族地区的推普工作成效显著，且并未引起明显的语言冲突。

（三）语言政策

语言政策的制定和实施直接关系到语言的生存和发展，可以说，语言政策是语言和谐最直接的影响因素。对于多民族、多语言国家而言，单语政策的制定，会在一定程度上限制多语言的和谐共生；多语政策的实施，则会在一定程度上维系语言的和谐发展。

斯洛伐克是多民族、多语言国家，除使用斯洛伐克语的主体民族——

[①] 刘宝俊. 加拿大的语言冲突和多元文化主义进程［G］//中南民族学院民族研究所民族学系. 南方民族研究论丛（第 4 辑）. 北京：民族出版社，1999：114-124.

斯洛伐克族外，还有匈牙利族（约占全国人口的 8%）、罗姆族等 12 个少数民族，各少数民族也保留了自己的民族语言，如匈牙利语等。然而，自 1993 年独立建国后，斯洛伐克政府为巩固其主体民族的优势地位，于 1995 年通过了《国家语言法》，规定在公共场合必须使用斯洛伐克语，废除《官方语言法》，宣布小语种的使用另法规定。诸如此类限制少数民族语言使用的法规引起了斯洛伐克境内少数民族的不满。2009 年，斯洛伐克通过《国家语言法》修正案，以改变民族混居地区对国家语言不够尊重、对斯洛伐克族的歧视现象，但该修正案打破了斯洛伐克语与少数民族语言之间的平衡关系，加剧了斯洛伐克国内民族矛盾，导致以匈牙利族语言为主的少数民族语言与斯洛伐克族语言冲突频发。①

（四）语言态度

语言态度指"人们对语言的使用价值的看法，其中包括对语言的地位、功能以及发展前途等的看法"②。人们是否选择学习和使用某一语言取决于对这一语言的态度与看法，如果态度包容，即便是外来语言，也能和本族语言和谐共存；若态度抵牾，则会一律排挤外族语言在本民族的使用，甚至是逐出本民族的语言圈。

一直以来，法国非常重视法语的推广和保护。法国大革命时期，政府更直接进行语言干预。救国委员会成员贝尔特朗·巴莱尔发表了"扬国语灭方言"演说，他指出"如果公民不知道国语的存在，是对祖国的背叛……"。1831 年开始，在法国全境，尤其在布列塔尼地区开展了为时一个多世纪的消灭方言运动。20 世纪 20 年代，时任法国教育部长的阿纳多尔·德蒙兹强调声称"为了法国语言的统一，必须消灭布列塔尼语"。1972 年，时任法国总统乔治·蓬皮杜表示"法国要在欧洲打下自己的烙印就不能给地方语言和文化留有一丝空间"③。由此可见，当时的法国政府在对待法语和境内方言的态度上形成鲜明的对比，这种不合理的态度导致了法语与境内

---

① 何山华. 国语地位维护与国族认同构建：斯洛伐克建国以来语言政策析要［G］//语言政策与规划研究（第 2 期）. 北京：外语教学与研究出版社，2015（2）：21-25.

② 戴庆厦. 社会语言学教程［M］. 北京：中央民族大学出版社，1993：144.

③ 李克勇. 法国保护法语的政策与立法［J］. 法国研究，2006（3）：23-24.

其他语言之间的矛盾进一步加剧。相较于法国，中国政府充分尊重并积极保护少数民族语和方言，从国家到使用者在对待通用语和方言关系的问题上，态度更加理性。如魏琳（2021：121-128）调查了毛南族的语言生活状况，发现毛南族总体上处于以毛南语为主，多语并存且分工明确、功能互补的和谐语言生态中，具体表现为：毛南语在非工作域占主导，普通话在工作域使用较多，桂柳话在一定范围内使用，壮语只限于与壮族交流中使用。调查发现，毛南族学习普通话态度积极，没有出现排斥现象，大多数毛南族人认为学好普通话能够让其获得更多的学习和工作机会，从而提高他们的生活水平。在自主学习普通话的同时，毛南族并没有放弃使用毛南语，日常沟通乃至与外族人交流或涉及政府公务时，也偶有使用。

（五）语言规范

冯广艺（2008：7）指出，语言规范是语言健康、纯洁地发展的基本保证。语言规范一方面体现为通用语言文字本身的规范和标准，即语音、词汇、语法、文字的规范；另一方面是通用语言文字使用的规范和标准，即通用语言文字在各个领域中能够被准确、恰当、得体地使用。[①] 语言规范是打造良好语言生态的基本要求之一，也是影响语言和谐的重要因素。促进语言规范是语言和谐的前提条件，语言不规范容易引发语言冲突。

中华人民共和国成立以来，我国政府积极推行语言文字规范化，在规范语音、词汇、语法等方面做了大量的工作，使我国语言文字事业逐步朝着健康、和谐、规范的方向发展。在文字方面，开展了简化汉字、整理异体字与异形字等工作，为语言和谐奠定了基础。

除了语言自身的规范会影响语言和谐外，语言使用不规范也会影响到语言的和谐发展。以网络流行语为例，人民网舆情监测室 2015 年 6 月发布《网络低俗语言调查报告》显示，"尼玛""屌丝""逗比""你妹""装逼""叫兽""砖家"等网络低俗用语使用率居高不下，[②] 詈语之风盛行，严重影响网络社区语言和谐。2023 年 3 月 7 日人民网发文批评网络恶俗语言毒害

[①]　李宇明. 通用语言文字规范和标准的建设：学习《中华人民共和国国家通用语言文字法》的体会 [J]. 语言文字应用，2001（2）：18-21.

[②]　王建华. 网络语言治理：功能、问题、框架与任务 [J]. 浙江社会科学，2022（8）：133.

青少年,① 引发社会热议。

随着信息化时代的到来,网络语言对社会生活的影响越来越大,它一方面推动了语言要素的更新发展,另一方面也极大地挑战着语言规范。在网络洪流中,我们要顺应时代潮流,积极应对,清理语言污染,把握好语言发展的方向,让网络成为语言和谐的"秀场"。

▶▶ 二、构建和谐语言生活面临的问题

语言和谐是社会和谐的重要标志,也是建构和谐、稳定、有序的社会生活的基础。人们只有尽可能避免因语言直接或间接引发的各种矛盾,努力营造和谐的语言环境,才能顺畅地实现语言的交际功能,发挥语言的最大价值,从而促进社会和谐。当前,构建和谐语言生活还存在如下一些问题。

(一) 语言政策不合理

语言政策是国家的基本国策,合理有效的语言政策有助于建设良好的语言生态环境,促进语言和谐;反之,则会破坏语言和谐,或加剧语言冲突。因此,从某种意义上来说,语言政策的制定是对国家管理能力的一次考核。有些国家在制定语言政策时,没有充分考虑语言现实,从而引发语言冲突,进而影响社会稳定。

乌克兰深受苏联语言政策的影响,俄语是乌克兰境内各民族进行交流的主要工具。乌克兰独立后,为去俄罗斯化,提高乌克兰语的地位,乌政府采取了一系列限制俄语的语言政策。先是通过了《乌克兰宪法》,以国家根本大法的形式确定了乌克兰语的国语地位,并把俄语认定为少数民族语言。然而,现实中超三分之一的乌克兰人认为俄语才是自己的母语。2012年时任乌克兰总统的亚努科维奇签署《国家语言政策基本法》,赋予俄语作为乌克兰官方语言的地位。这一举措引起反对党强烈不满,称亚努科维奇政府的语言政策是摧毁乌克兰语,俄化乌克兰。2014 年,乌克兰最高议会

---

① 秦川. 人民热评:不能让恶俗的网络烂梗毒害孩子 [EB/OL]. (2023-03-07) [2023-05-11]. http://opinion. people. com. cn/n1/2023/0307/c1003-32638939. html.

宣布废除《国家语言政策基本法》，俄语丧失了官方语言的身份，乌克兰语言冲突进一步加剧，最直接的表现便是克里米亚自治共和国宣布独立，提出加入俄罗斯联邦。①

（二）语际关系不和谐

语际关系即语言与语言之间的关系，包括不同国家语言之间的关系、同一国家不同民族语言之间的关系以及多语国家或多语地区语言与语言之间的关系等。② 现代社会中几乎没有哪种语言能够与世隔绝，都不可避免地会与其他语言产生接触，那么语言间的竞争也会随之而来，如果这种竞争没有处理好，发展成为一种"恶性竞争"，这对于语言和谐的破坏是极大的。

由于历史政治原因，面积仅三万平方公里左右的比利时拥有荷兰语、法语、德语三种官方语言，语言问题在比利时政治生活中占据着重要地位。③ 1830 年，比利时独立后的半个世纪内，国内经济发展南北失衡，南方工业化程度比北方高，经济发展比北方快，以法语瓦隆话为主的南方人，虽然人口数量比以荷兰语佛拉芒话为主的北方人少，但因其经济地位高，南方瓦隆人在政府、军队等重要部门占据主导席位，南方瓦隆人所讲的法语也是比利时唯一的官方语言，北方佛拉芒人所讲的荷兰语佛拉芒话则地位低下，长期受到排挤，最终导致旨在提升荷兰语佛拉芒话地位的佛拉芒运动爆发。④

（三）语言态度不理性

所有语言都是为了语言使用者的要求而发展起来的，因而从某种意义上说，所有的语言都是平等的。但是，现代语言学上这一信条常常遭到否认。⑤ 就语言的工具属性来说，只要能够满足人们交际需要，并被人们所使

---

① 梅颖，赵蓉晖. 乌克兰语言冲突升温［G］//教育部语言文字信息管理司. 语言生活皮书：中国语言生活状况报告（2014）. 北京：商务印书馆，2014：324-326.
② 冯广艺. 再论语言和谐：从语言和谐所面临的几个关系谈起［J］. 海南师范学院学报（社会科学版），2007（1）：114.
③ 余春红，傅荣. 从纷争走向多元：一项关于比利时"语言之争"的质性研究［J］. 外国语文，2019（4）：90.
④ 何俊芳，周庆生. 语言冲突研究［M］. 北京：中央民族大学出版社，2010：260.
⑤ 冯广艺. 生态文明建设中的语言生态问题［J］. 贵州社会科学，2008（4）：5.

用，这种语言就都有一定的价值。但是从语言作为社会资源的属性角度来看，由于其规范程度、功能、活力、声望等差异，价值也有所区别。① 正因如此，为实现语言价值的最大化，国家、社会乃至个人在对待不同语种的态度上，会产生一定的差异，有时候这种态度是理性的，有时候是不理性的。

阿联酋一直以阿拉伯语作为本国的官方语言，随着经济的发展，特别是石油开采给本国带来的巨大红利，越来越多的外籍人口涌入阿联酋，严重冲击着阿拉伯语的适用范围。不论是日常生活还是工作交流，抑或政府办公，作为全球最强势的语言——英语逐渐成为阿联酋使用频率最高、使用范围最广的语言。在这样的社会语言环境下，很多阿联酋人逐渐认识到相较于阿拉伯语，英语的优势地位更加突出，便开始主动学习英语，逐渐放弃阿拉伯语，并将自己的孩子送到私立学校或国际学校中学习英语。② 在阿联酋生活的外籍人士大多也用英语交流，这为阿联酋人学习和使用英语提供了良好的语言环境。语言态度的转变，对阿拉伯语造成了巨大冲击，严重影响了阿联酋人学习并使用阿拉伯语的积极性，导致阿联酋人使用阿拉伯语能力的降低，从而逐渐淡化了阿联酋人的民族身份认同。③ 可见，人们对某种语言持有的态度，很大程度上会影响语言的和谐与发展。

（四）语言使用不规范

随着全球化进程的推进，不同国家、不同地区、不同民族之间，语言交流日益频繁，进入 21 世纪后，信息技术产业飞速成长，语言交流和信息技术手段为社会发展带来便利的同时，也让原有的语言规范带来了前所未有的挑战与压力。

英语作为世界上使用范围最广的语言，在经济贸易、文化交流方面的作用无可比拟。一些国家，特别是发展中国家会以使用英语作为身份的象

---

① 陈章太. 语言资源与语言问题 [J]. 云南师范大学学报（哲学社会科学版），2009（4）：2.

② 阿联酋大部分私立学校和国际学校都采用英语作为第一教学语言，而采用阿拉伯语作为第一教学语言授课的主要是公立学校。

③ 蒋传瑛. 阿拉伯联合酋长国的语言危机 [G] //教育部语言文字信息管理司. 语言生活皮书：世界语言生活报告（2016）. 北京：商务印书馆，2016：131-137.

征，在人际交往中，人们会在官方语言或母语中夹杂英文，造成语言使用的不规范。坦桑尼亚是一个多民族、多语言的国家，斯瓦希里语是坦桑尼亚的国语，和英语一同作为国家官方语言。然而在全球化浪潮的推动下，英语比斯瓦希里语具备更强的竞争力，坦桑尼亚的家长们认为熟练掌握英语能让孩子在学习和就业方面更占优势，这就导致了普通民众虽然对斯瓦希里语有着深厚的民族情感，但是却希望孩子能够学习英语。很大一部分受过高等教育的坦桑尼亚人在用斯瓦希里语表达专业术语时力不从心，因此常需借用英语，这一举动进一步加深了民众对英语的崇拜。这种语言使用环境和语言选择的倾向，导致斯瓦希里语的使用出现了问题，人们常常将斯瓦希里语的词汇编织进英语的语法结构中借用英语的语法结构来表达斯瓦希里语，从而破坏了标准斯瓦希里语语法的规范性；同时人们喜欢在交际中夹杂英语词汇，造成了词汇使用上的不规范。[①]

语言规范是衡量语言价值的一个重要参数，语言失范从个体交往角度看，或许只是影响了交际双方的表情达意；但是，从宏观上看，语言失范是语言污染的一种表现，将直接降低语言的使用价值，从而破坏语言和谐。

▶ 三、构建和谐语言生活的对策

语言是社会的重要组成部分，语言和谐与政治和谐、经济和谐、文化和谐等一起构成了社会和谐。语言和谐是构建和谐社会的内在要求，健康和谐的语言生活，既是和谐社会的表现之一，也是促进社会和谐的重要因素。语言是人们日常交流和文化传承的工具，人作为语言的使用主体，在实现语言和谐过程中的作用至关重要。大体而言，这种作用通过语言使用主体制定的语言政策、不同语言使用主体所营造的语言关系、语言使用主体对待不同语言的态度以及语言自身和语言使用的规范与否等表现出来。构建和谐语言生活可以从以下几个方面着手：

（一）合理制定语言政策

语言政策是一个国家的基本政策之一，语言政策的制定，关系到国家

---

① 魏媛媛．坦桑尼亚国语的困境［G］//教育部语言文字信息管理司．语言生活皮书：世界语言生活报告（2016）．北京：商务印书馆，2016：140-147.

的经济社会发展、民族关系和谐和文化事业进步，必须综合考虑本国国情，因时因事制定出正确、科学的语言政策。语言政策的制定既要体现国家意志，也要充分尊重和保障各方正当利益，实事求是。

1. 立足现实，循序渐进

语言政策和规划的制定应该要基于对国家语言状况的充分了解，这是一项基础性的工作，也是评估政策前景，预测国家语言生活发展趋势的重要指标。[①] 因此，国家在制定语言政策时，必须充分考虑语言国情。我国是一个多民族、多语种、多文种的国家，[②] 制定语言政策时，坚持以"主体性和多样性"为总原则，保证普通话作为国家通用语的主体性，同时保障各民族使用和发展自己语言文字的自由。[③]

立足现实是制定合理的语言政策的基础，循序渐进是语言政策长久发展的保障。语言政策的制定是一项非常宏大且繁杂的工作，不可能一蹴而就，也不能一成不变，在不同的历史阶段，应有所侧重。中华人民共和国成立之初，为解决国内文盲率较高的问题，我国将语言文字改革和规范作为重点，为国家建设提效增速；改革开放后，我国以经济和现代化建设为主要目标，语言文字工作在延续上一阶段规范化、标准化的基础上，启动语言文字信息化建设；2000 年底，全民识字率提升到 80%，这一时期扫盲已经不再是汉字教育与规划的主要任务，普通话的地位规划成为这一时期的工作重心，推动国家语言文字由"三化"向"四化"（规范化、标准化、信息化、法制化）前进成了时代需求，2000 年颁布的《中华人民共和国国家通用语言文字法》明确界定了普通话的地位；面对世界政治多极化、经济全球化、社会信息化的新形势，语言资源意识逐渐普及，语言文字被认定为"国家资源"，需要保护、开发和利用，新时代的语言政策重点又有所转变，党和国家的语言文字事业"更上一层楼"。[④] 中华人民共和国成立以

---

① 什维策尔.现代社会语言学 [M].卫志强，译.北京：北京大学出版社，1987：191.

② 戴庆厦.语言国情调查的再认识 [J].语言文字应用，2020 (2)：3.

③ 周庆生.中国"主体多样"语言政策的发展 [J].新疆师范大学学报（哲学社会科学版），2013 (2)：32.

④ 沈骑，赵丹.中国共产党百年历程中的语言文字规划观 [J].浙江大学学报（人文社会科学版），2022 (10)：9-15.

来对语言政策侧重点的调整，是基于对我国的语言国情和时代需求的准确判断。正因如此，我国的语言事业才能够展现出蓬勃生机，语言关系才能够始终保持和谐的主旋律。

2. 健全法制，提高保障

语言之于民族、国家、族群所具有的精神象征地位也是凸显而明确的，通过法律的形式为语言确立这样的地位，尤其是在一个国家之内以立法的方式将语言置于标志性的精神象征地位，是必需的也是顺理成章的立国之道。① 建立健全语言法治体系，对于处理语言文字问题，维护国家统一，促进民族团结，推动社会主义现代化建设都具有深远意义。

我国《宪法》中明确规定以普通话为国家通用语，并向全国推广，各少数民族拥有语言文字自由以及民族诉讼语言自由。《民族区域自治法》中规定了行政机关执行职务语言文字权、民族教育语言文字权、诉讼语言文字权。该法还要求鼓励、奖励学习和尊重民族语言文字。2000 年，《中华人民共和国国家通用语言文字法》通过，这是中华人民共和国成立以来第一次以法律形式确定了普通话和规范汉字的语言地位，是中国第一部语言文字方面的专门法律，标志着中国语言文字规范化、标准化工作开始走上法制轨道。② 2020 年，首次以国务院办公厅的名义发布《关于全面加强新时代语言文字工作的意见》，对新时代中国语言文字工作开展做出指示。③ 2023 年，教育部发布《信息技术产品国家通用语言文字使用管理规定》，明确了信息技术产品语言文字使用的规范标准。④

积极出台相关法律、法规保障语言文字工作的顺利开展，全方位建立健全我国的语言政策保障体系，是新时代全面推进依法治国的重要组成部分，也是构建语言和谐的必要手段。

---

① 刘红婴. 当代语言立法价值取向探旨［J］. 语言文字应用，2009（1）：98.

② 魏丹. 语言立法与语言政策［J］. 语言文字应用，2005（4）：8-9.

③ 国务院办公厅关于全面加强新时代语言文字工作的意见［EB/OL］.（2021-11-30）［2023-08-21］. https://www.gov.cn/zhengce/content/2021-11/30/content_5654985.htm.

④ 信息技术产品国家通用语言文字使用管理规定［EB/OL］.（2023-01-16）［2023-08-21］. http://www.moe.gov.cn/srcsite/A02/s5911/moe_621/202301/t20230113_1039278.html.

（二）正确处理语际关系

随着经济全球化时代的到来，经济发展打破了区域界限，语言沟通打破了民族界限。当今时代，不同语言之间的"相遇"已经成为社会发展的必然趋势，一个国家、民族或者个体因为发展的需要兼用或者转用其他民族语言，并不意味着"背叛"，语言虽是一个民族传统文化的载体，但它更是一种交际工具，过分强调语言的民族情感，会导致狭隘的民族语言观，制约民族成员利用最有效语言获得先进的科学文化知识。[①] 正确处理语际关系，我们认为可以从以下两个方面考虑：

1. 开放包容，兼收并蓄

面对不同语言时，无论是从国家、民族层面来看，还是从使用者层面来看，都应该秉持开放包容的心态，兼收并蓄，以乐观积极的态度面对其他语言。从某种意义上来说，要正确处理语际冲突，应该充分尊重和维护语言的独立性，而不应将它当成政治的附庸。

被誉为"语言博物馆"的澳门，同时通行汉语、葡萄牙语、英语三种语言，其中前两者为官方语言，英语则广泛应用于金融、高科技、高等教育等领域，三语并存，三语和谐共生。[②] 考虑到经济、历史等因素，葡萄牙语依然保留着澳门特别行政区官方语言的地位。随着澳门特别行政区在国际交往中的作用逐渐增加，社会上使用英语的人数逐渐赶超葡萄牙语。2021 年人口普查结果显示，澳门特别行政区社会中使用中文、英语和葡萄牙语的人占比较 2016 年均有所上升，多语共存现状并未发生明显变化。[③]

澳门特别行政区多元文化造就了公民对待不同语言和文化持"平等宽容、知其所异、敬其所异"的态度。[④] 同时，澳门特别行政区政府以开放包容的心态平等对待区域内的各种语言，也并没有因为澳门回归而大力排挤

---

① 张梅. 全球化时代多民族地区的语言竞争与语言和谐 [J]. 中央民族大学学报（哲学社会科学版），2011（4）：141-142.

② 曾薇，刘上扶. 澳门的多语现象与语言政策 [J]. 东南亚纵横，2020（1）：103-107.

③ 澳门特区政府统计暨普查局. 2021 人口普查详细结果，第 18 页 [EB/OL].（2022-10）[2023-08-03] https://www.dsec.gov.mo/getAttachment/b9cf8539-4731-48a9-8319-116d761ea03a/C_CEN_PUB_2021_Y.aspx

④ 张桂菊. 澳门语言状况与语言政策 [J]. 语言文字应用，2010（3）：46.

葡萄牙语，从而保证了汉语、葡萄牙语、英语等各种语言在不同环境中各司其职，为澳门地区构建了和谐的语际关系，促进了该地区的持续稳定发展。

2. 协调各方，适当干预

语言冲突的根源在于不同语言群体间在语言利益上的差别与对立。① 因此，要妥善解决好语际冲突问题，必须协调各方利益。同时，政府对语言发展的走向要进行适度的干预，让语言朝着健康、和谐、稳定的方向前进。

苏联解体前夕，除俄罗斯民族外，各加盟共和国民族主义情绪高涨，作为加盟共和国之一的白俄罗斯于 1990 年发布《在白俄罗斯推广白俄罗斯民族语言的决定》，宣布从当年 9 月开始推广白俄罗斯语，并制定了一系列推广措施，如：政府、机关公文只准用白俄文印发；国家电视台、广播电台只准用白俄语播音；苏联解体后，白俄罗斯发行的"小卢布"只印白俄文字样；学校也开始推广将白俄罗斯语作为教学语言等。虽然白俄语的推广运动开展得如火如荼，但没有改变当时 90% 以上白俄罗斯人使用俄语的实际，且还引起了社会民众的不满。1992 年，明斯克市多次发生动乱，抗议政府的"语言政策"。1994 年，白俄罗斯在《宪法》中确立了白俄语的国语地位，"推广白俄语运动"达到了高潮，一场"国语之争"就此爆发。支持白俄语和支持俄语的双方各执一词，前者认为独立后的白俄罗斯应该要推行自己的民族语言，后者认为俄语普及度高，单一使用白俄语，会给国家发展带来不利后果。"国语之争"从语言地位之争，引发了社会冲突。最后，白俄罗斯总统龙卡申科提出进行"全民公决"，83.1% 的选民支持俄语与白俄语共同作为国语，这场轰轰烈烈的"国语之争"才逐渐平息。②

在复杂的语际关系中，国家应该充当"协调者"的角色，可以适当干预，而不是强制推行，否则容易引发语言冲突，进而引发社会冲突。白俄罗斯政府在这次事件中，很好地扮演了协调者的角色，对语际冲突进行了及时、有效的干预，既保证了民族语言的地位，也照顾了当时绝大多数说

---

① 何俊芳.论语言冲突的若干基本理论问题［J］.中央民族大学学报（哲学社会科学版），2009（3）：142.

② 王群生.白俄罗斯的语言政策和"国语"之争［J］.语文建设，1995（9）：42-44.

俄语人的正当关切，协调了各方的利益，促进了语言和谐，维护了社会稳定。

（三）理性确立语言态度

不论是国家还是个人，语言态度决定了其对某种或某些语言的选择和应用。语言态度作为一种主观性相对较强的价值选择，常常容易失去理性而走向极端，要理性确立语言态度，我们认为应该从以下几个方面着手：

1. 树立语言平等意识

语言和民族一样都有自己的尊严，应被平等对待。周有光（2006：34）认为："语言平等指尊严平等，不是作用平等，语言的作用本身不平等。"语言平等是指其法律地位的平等，换言之，不同民族、不同地区的语言都拥有其生存和发展的权利。

21 世纪后，卡塔尔为融入世界经济发展进程，开展了一项"面向新时代的教育"改革发展计划，提出了带有官方态度的语言教育目标：要用英语取代阿拉伯语，融入学校教育中。但这一举措引起了社会各界对阿拉伯语生存状况以及未来卡塔尔人民国家和民族认同的担忧。计划实施多年，英语教育实际表现并没有达到预期目标，致使批评四起。鉴于此种情况，卡塔尔政府及时做出调整，开始重视阿拉伯语在学校教育中的积极作用，在基础教育和高等教育阶段逐步恢复阿拉伯语教学，语言政策从英语向阿拉伯语转变的态度明显。不仅如此，卡塔尔还颁布了《阿拉伯语保护法》来维护阿拉伯语在阿拉伯世界文化竞争中塑造卡塔尔国际形象的重要地位。[①]

英语作为一种强势语言，其竞争力自然要强于阿拉伯语，卡塔尔前期过于功利化的语言政策，相当于变相剥夺了阿拉伯语的生存和发展的权利。卡塔尔英语教育政策的调整可以说是端正语言态度，增进语言和谐，促进社会发展的典型案例。

2. 树立语言保护意识

法律可以赋予不同语言政治地位的平等，但是，语言的社会功能差异

---

① 廉超群. 卡塔尔《阿拉伯语保护法》[G]//国家语言文字工作委员会. 语言生活皮书：世界语言生活状况报告（2021）. 北京：商务印书馆，2021：24-27.

是不以人的意志为转移的。不同社会功能的语言之间的竞争不可避免，这是语言演变的自然法则，而这种竞争的结果有三种：一是长期共存，相互渗透；二是强者更强，弱者更弱；三是弱势语言逐渐濒危，甚至消亡。① 因此，语言保护意识的树立，对于语言和谐也是非常必要的。

从 2015 年起，中国教育部、国家语委启动中国语言资源保护工程。这一工程利用现代化技术手段，按照统一的工作和技术规范，开展对少数民族语言和汉语方言的调查、保存、展示和开发利用等工作。"语保工程"一期历经 5 年建设，调查范围涵盖了全国所有省（区市）共 1700 多个调查点、123 个语种及其主要方言，其中，少数民族语言调查点共计 400 余个，包括满语、赫哲语等一大批濒危语言得到科学系统的调查保存。②

"一花独放不是春，百花齐放春满园"，这些举措不仅推动了少数民族语言、汉语方言、语言资源保护研究等学科的发展，还有效维护了不同群体的语言利益，体现了我国对少数民族语言、方言的尊重和保护，也保障了我国语言生活的和谐与稳定。

（四）协同强化语言规范

语言规范是保障语言交际功能的基础，也是促进语言健康发展，维护语言和谐的重要保障。成熟的优秀的有影响的语言，必须在语言结构、文字系统和语言文字的社会应用等方面，建立一系列科学、管用的规范和标准，以便于语言的教学与使用、便于语言文字的信息处理，并有利于语言声望的提高。③

1. 加强顶层设计，明确语言规范标准

语言文字是人类社会最重要的交际工具和信息载体，是文化的基础要素和鲜明标志。④ 推进语言文字规范化工作深入开展，需要从加强顶层设计

---

① 张梅. 全球化时代多民族地区的语言竞争与语言和谐［J］. 中央民族大学学报（哲学社会科学版），2011（4）：137-138.

② 教育部：积极推进少数民族语言文字保护和传承［EB/OL］.（2021-08-25）［2023-08-03］. https：//news. eol. cn/yaowen/202108/t20210825＿2147046. shtml.

③ 李宇明. 强国的语言与语言强国［N］. 光明日报，2004-07-28（B1）.

④ 国务院办公厅关于全面加强新时代语言文字工作的意见［EB/OL］.（2020-09-14）［2023-07-26］. http：//www. moe. gov. cn/jyb＿xxgk/moe＿1777/moe＿1778/202111/t20211130＿583564. html.

着手，自上而下确定规范标准，人们在规范使用语言时才能有据可依。

中华人民共和国成立以来，大力开展国家通用语言文字规范化工作，先后颁布了《汉字简化方案》《汉语拼音方案》《简化字总表》《普通话异读词审音表》《标点符号用法》《通用规范汉字表》等方案，基本确立了语言文字规范标准，保障了语言文字在社会生活中的作用。① 除此之外，国家还积极开展少数民族语言文字的规范工作，先后为壮、布依、彝、苗、哈尼等 10 个民族制定拉丁字母形式的文字方案。② 2000 年，中国历史上第一部有关语言文字的国家法律——《中华人民共和国国家通用语言文字法》通过，该法案对党政机关、新闻媒体、教育教学和公共服务领域的从业人员的语言义务进行了划分；2013 年，国务院公布《通用规范汉字表》，与时俱进地确定社会各领域汉字应用规范标准；2018 年，教育部、国家语委印发了《国家语言文字工作委员会语言文字规范标准管理办法（2018 年修订）》，明确语言文字应用的各领域及相关人员规范使用语言文字的责任；2020 年，国务院办公厅发布《关于全面加强新时代语言文字工作的意见》，以推广普及和规范使用国家通用语言文字为重点，强调要加强语言文字法治建设，推进语言文字规范化、标准化、信息化建设；2023 年，教育部发布《信息技术产品国家通用语言文字使用管理规定》，要求信息技术产品使用国家通用语言文字，应当符合国家颁布的语言文字规范标准；同年，国家新闻出版署发布《汉字字体使用要求》，对汉字字体使用进行规范。③

全球化、信息化时代，语言接触越发频繁，语言发展的速度也随之加快，语言生活日新月异，因此，国家在制定语言文字规范标准时，应树立动态的语言文字规范观，因势而变，与时俱进，实现语言规范标准制定的科学性与时效性。

2. 协同多方力量，提升规范用语能力

语言规范大体有两个方向相反而作用相成的运动，自下而上的约定俗

---

① 我国语言文字规范化标准化将持续推进［EB/OL］．（2022-08-09）［2023-07-26］．https：// mp. weixin. qq. com/s/3YMcNA-qO0JqgyWNzBHg-w.

② 道布．中国的语言政策和语言规划［J］．民族语文，1998（6）：44.

③ 国家新闻出版署发布的《汉字字体使用要求》等 10 项行业标准 8 月 1 日起实施［EB/OL］．（2023-07-31）［2023-07-31］．https：//mp. weixin. qq. com/s/WU60X0KP46siNPEXyIQrtg.

成和自上而下的制定推广。约定俗成是基础，语言来自千千万万的使用者，是一种习惯，从社会习惯里推而广之。自上而下的运动不理睬自下而上的运动，制定的规范将是无效的。① 因此，协同多方力量对于制定语言规范有着重要意义。

韩国是单一民族国家，韩语是韩国的官方语言。随着经济的发展，越来越多的外国人口或移民或旅游，特别是与韩国关系紧密的美国以及邻近的中国和日本赴韩旅游观光的人数庞大，街道、商店等公共场所随处可见英、汉、日三语标识，然而这些标识却存在诸多疏漏。为此，韩国文化体育观光部协同韩国国立国语院、行政自治部等相关部门开展了外文标识纠错规范工作，相继公布了《外文观光标识用语集》《200 个韩国菜名的翻译标准试行方案》，建设了"首尔市外文标识词典网站"，举办了"外文标识纠错"活动，成立了"外国人纠错检查团"等。纠错规范工作开展三个月内，首尔市便接收到约 500 份外文使用错误报告。工作开展一年多，首尔市便对 105 个综合观光标识牌、641 个景点标识牌、19668 个交通道路和公园标识牌的译写工作进行了规范。同时，首尔市还统一了标识牌中的韩、英、汉、日四语规范。这些规范举措的实施，在提升外国人眼中韩国社会形象方面取得了一些成效，促进了韩、英、汉、日四语在韩国社会的和谐共存。②

除借助民众力量外，积极推动国际组织、政府部门、学界、企业、媒体等多方力量参与制定语言规范标准，对于提升民众规范用语能力同样至关重要。2022 年 2 月中国出版协会等 11 家协会、学会联合发布《关于规范使用汉字的倡议》；同年 4 月，国家新闻出版署、国家广播电视总局开展新闻出版、广播电视领域不规范使用汉字问题专项整治工作；2023 年 6 月，由澎湃新闻牵头发起，上海人工智能研究院、上海市信息安全测评认证中心、上海新华传媒连锁有限公司和上海蜜度信息技术有限公司联合共建的数字内容生态实验室发布《网络不规范用字用词现象研究报告》，推动网络

---

① 许嘉璐. 关于语言文字规范问题的若干思考 [J]. 语言文字应用，1998（4）：46.
② 尹悦. 韩国多举措规范外文译写 [G] //国家语言文字工作委员会. 语言生活皮书：世界语言生活状况报告（2018）. 北京：商务印书馆，2018：9-15.

文字规范化。①

部分学者认为语言规范在一定程度上和语言发展是相互抵牾的，但是，我们所说的语言规范并不是限制语言的发展变化，而是为语言的发展变化把握方向。李宇明（2015：4）指出，语言规范是依据语言发展规律所进行的选择活动，并不是阻碍语言发展，而是在帮助语言健康发展。换言之，语言规范的目标是剔除那些不利于语言生态良性发展的变化。制定和执行语言规范，既要自上而下，依靠国家力量推广执行，也要自下而上，以语言生活实际作为语言规范的基础，充分调动各方力量，多方协作。这既是保障语言规范合理性的需要，也有利于语言规范意识深入群众。

第二节　人类命运共同体视域下面向"一带一路"的语言和谐实践

"一带一路"贯穿亚欧大陆，以我国陕西西安为起点，东西分别连接亚太经济圈与欧洲经济圈，涉及国家众多、地域广阔。沿线各国的语言加起来有近千种，其语言复杂程度不言而喻。而我国和周边国家的跨境语言就有 50 余种，约占我国语言总数的 40%。② 面对跨国、跨民族、跨文化的复杂背景，和谐的语言环境、顺畅的语言沟通对于交流合作有着至关重要的作用。深入地了解这些语言，尊重并科学地使用这些语言，是语言和谐的基础，也是睦邻友邦的关键，更是国家安全稳定发展的保障。国与国之间的语言和谐能为我国与"一带一路"共建国家的合作交流创造良好的国际环境，推动世界的和平稳定，与构建人类命运共同体的美好愿景深度契合。

中国作为"一带一路"倡议的发起国，作为构建人类命运共同体理念的倡导者和践行者，一直秉承兼容并包、持续发展的理念，努力构建有助

---

① 李敏.《网络不规范用字用词现象研究报告》（全文）发布［EB/OL］.（2013-06-08）［2023-07-26］. https://www.thepaper.cn/newsDetail_forward_23329917.
② 黄行，许峰. 我国与周边国家跨境语言的语言规划研究［J］. 语言文字应用，2014（2）：10.

于各国发展的和谐语言环境，打造互利共赢的责任共同体和利益共同体。

▶▶ 一、面向"一带一路"的语言和谐实践现状

坚持推动构建人类命运共同体是习近平新时代中国特色社会主义思想的重要组成部分。党的十九届四中全会把"坚持独立自主和对外开放相统一，积极参与全球治理，为构建人类命运共同体不断作出贡献"提升为我国国家制度和国家治理体系的"显著优势"之一。[①] 构建人类命运共同体是习近平总书记着眼人类未来发展和世界前途命运提出的中国理念、中国方案，其内涵十分丰富，其中，文明交流互鉴是人类命运共同体建设的人文基础和发展动力。[②] 语言文化交流合作对于促进文明交流互鉴，推进人类命运共同体构建的意义不言而喻。

（一）面向"一带一路"的语言和谐实践成就

2017 年 5 月 14 日，习近平总书记在"一带一路"国际合作高峰论坛开幕式讲话中指出："国之交在于民相亲，民相亲在于心相通。"[③] 语言互通是民心相通的重要基础。近年来，在"一带一路"倡议的推动下，我国在语言文化交流与传播、语言产业发展、语言人才培养、语言技术与服务等方面取得了一系列成就，为"一带一路"倡议的深入开展构筑了和谐的语言环境，促进了民心相通。

1. 语言文化交流与传播

我国以汉语国际传播为核心的语言文化交流事业主要致力于为世界各国提供汉语言文化教学资源与服务，满足各国学习者的多元语言和文化需求，这是促进民心相通、推动中华文明与其他文明交流互鉴、构建人类命运共同体的人文基础。促进汉语国际传播与各国民族语言教育并行不悖，是尊重文化多样性、抑制英语"一语独大"的中国方略，符合构建人类命

---

① 中共中央关于坚持和完善中国特色社会主义制度　推进国家治理体系和治理能力现代化若干重大问题的决定［EB/OL］.（2019-11-05）［2023-08-04］. https：//www. gov. cn/zhengce/2019-11/05/content _ 5449023. htm.

② 何星亮. 文明交流互鉴与人类命运共同体建设［J］. 人民论坛，2019（21）：8.

③ 携手推进"一带一路"倡议：在"一带一路"国际合作高峰论坛开幕式上的演讲［EB/OL］.（2017-05-14）［2023-08-02］. http：//www. xinhuanet. com/world/2017-05/14/c _ 1120969677. htm.

运共同体的价值取向。①

我国的语言文化交流传播实践成效卓著。教育部副部长、成都大运会组委会副主席陈杰在由教育部中外语言交流合作中心、中国大学生体育协会和成都大学共同主办的"汉语桥"中文学习互动体验区揭幕仪式上致辞时指出，全球目前已有180多个国家和地区开展中文教学，83个国家把中文纳入国民教育体系，开设中文课程的各类学校和培训机构有8万多所，正在学习中文的人数超过3000万。② 据统计，截至2019年，"一带一路"沿线有51个国家建立了136所孔子学院，占全球孔子学院总数的26%，其中，东南亚10个国家建立了31所孔子学院。③ 孔子学院和孔子课堂在聚焦语言教学的同时，也让世界各地的汉语学习者了解了中国和中华文化，为各国民众提供了一个语言文化交流的平台，促进了中华文化的国际传播，也促进了中外文明交流互鉴。同时，我国还在多国实施解决当地民众实际困难的"光明行""爱心行""甘泉行"等公益项目；同各国加强教育交流合作，如面向各国实施"丝绸之路奖学金计划""青年汉学家研修计划"等。这些举措拉近了中国与各合作国之间的距离，增进了我国与各国民众的友好感情，提高了各国人民对"一带一路"倡议的认同感和支持率，让我国与各国之间的联系和交流变得更为紧密和频繁。④ 此外，各类大小型语言文化交流活动和比赛，如"汉语桥"系列中文竞赛、"用英语讲中国故事"比赛、"第三只眼看中国"国际短视频大赛、"百年大党——老外讲故事"活动、"百国青年共话人类命运共同体"中文演讲比赛等，⑤ 都促进了我国与沿线各国人民之间的语言文化交流。

总之，在"一带一路"倡议的推动下，我国语言文化交流与传播事业

① 沈敏. 新时代汉语国际传播的湖南对策 [J]. 湖南社会科学，2021 (2)：144.

② 语言架起心灵桥：成都大运村"汉语桥"中文学习互动体验区揭幕 [EB/OL]. (2023-07-28) [2023-08-04]. http://www.xinhuanet.com/edu/20230728/c15b6f7f6cc34206bd003d94ee277108/c.html.

③ 王辉，陈阳. 基于大数据的"一带一路"沿线国家孔子学院分布研究 [J]. 云南师范大学学报（对外汉语教学与研究版），2019 (1)：12.

④ 徐惠喜. 中国将继续弘扬丝路精神夯实民意基础 [EB/OL]. (2019-04-25) [2023-08-02]. http://www.gov.cn/xinwen/2019-04/25/content_5386006.htm.

⑤ 张博. 奋进新时代 百名委员说 | 张博委员：加强中外语言文化交流 增进友谊和相互了解 [EB/OL]. (2022-09-19) [2023-01-07]. http://www.cppcc.gov.cn/zxww/2022/09/19/ARTI1663 555596559362. shtml.

不断拓展，语言文化交流与传播实践空前丰富。

2. 语言产业发展

"一带一路"共建国家约 65 个，占全球 224 个国家和地区的近三分之一。这样大规模的经济贸易合作，势必需要与之配套的语言服务。"一带一路"涉及的国家拥有约 60 多种官方语言和近千种非官方语言及少数民族语言，丰富的语言资源给语言翻译事业带来了良好的发展契机，促进了语言会展业、语言培训事业的发展。据统计，截至 2017 年，我国从事语言或相关服务的企业达到 7.25 万家，"语言产业"年产值超过 2800 亿元人民币。① 良好的语言服务和基于语言服务的语言产业发展促进了"一带一路"共建国家和区域经济的增长。截至 2019 年 12 月，共建"一带一路"倡议提出六年多来，中国已成为"一带一路"25 个共建国家的最大贸易伙伴。② 2021 年全年，中国与"一带一路"共建国家货物贸易额达 11.6 万亿元，同比增长 23.6%，创 8 年来新高，占中国外贸总额的比重达 29.7%。③ 这些活跃的经济贸易往来都离不开和谐的语言环境。

语言文化交流与传播促进语言产业发展。自 2013 年"一带一路"倡议提出以来，中东欧国家以及东盟国家来华留学生数量明显增加，我国及海外各国的汉语培训产业规模逐年壮大。海外华人在世界各地开办的中文学校、华文学校、三语学校也呈现事业与产业并举、传承向传播扩展的良好态势，越来越多的非华裔人群进入华人开办的中文学校学习汉语。我国与各国合办的文化年活动也在助推语言产业发展。中国与埃及共同举办中埃文化年期间，共举办音乐演出、艺术家互访、女性文化交流、美食嘉年华、旅游推介会、埃及文物展等活动共计 150 余场，共吸引 8.6 万人直接参与，间接参与人数更是高达 500 万人次，覆盖了埃及各个阶层。④ 日益密切的旅

① 梁昊光，张耀军."一带一路"语言战略规划与政策实践［J］.人民论坛·学术前沿，2018（10）：99.

② 蔡纯琳.我国已成为"一带一路"25 个共建国家最大贸易伙伴［EB/OL］.（2019-12-07）［2022-10-15］.http://news.cctv.com/2019/12/07/ARTIXmfjRmOgvI45SF2JrCTx191207.shtml.

③ 郑青亭.2021 年"一带一路"成绩单：中国与共建国家货物贸易创 8 年来新高［EB/OL］.（2022-03-07）［2022-10-15］.https://www.southcn.com/node_0183de080d/dce2290e2b.shtml.

④ 蔡春林，罗海峰.深化"一带一路"共建国家旅游服务贸易合作与发展的建议：以埃及、泰国为例［G］//蔡春林.开放合作 命运与共论文集（上），新兴经济体研究会、中国国际文化交流中心、广东工业大学（广州）：广东省新兴经济体研究会，2020：149.

游经贸往来在推动共建国家经济发展的同时，也推动了双方参与人员的语言文化交流和相关产业发展。近年来，中国和"一带一路"共建国家双向旅游交流超过 6000 万人次。① 在旅游经济的拉动下，中国与共建国家的游客和旅游从业人员互相学习对方的语言和文化，有效促进了中外语言文化交流及语言文化相关产业的发展。

3. 语言人才培养

"一带一路"倡议的核心是互联互通。一带一路，语言铺路；语言铺路，人才先行。共建国家语言多样、文化多元，国家与国家之间的交流合作需要大量的语言人才。为我国及沿线各国培养具有较强语言能力和跨文化交际能力的语言人才是"语言铺路"的核心要务。

语言人才培养主要有两大类型，一是对外语言人才培养；二是对内语言人才培养。"一带一路"倡议在沿线各国的顺利实施离不开对外语言人才培养。当前，我国主要通过开展来华留学项目、创办孔子学院、实施境外办学等模式来培养对外语言人才。我国教育部于 2018 年出台《来华留学生高等教育质量规范（试行）》，其人才培养目标中明确指出：以中文为专业教学语言的学科专业中，来华留学生应当能够顺利使用中文完成本学科专业的学习和研究任务，并具备使用中文从事本专业相关工作的能力；毕业时中文能力应当达到《国际汉语能力标准》五级水平。以外语为专业教学语言的学科专业，要求本科生中文能力至少达到四级水平，研究生至少达到三级水平。② 来华留学生的语言能力要求自此有了明确、具体的标准。在办学模式方面，除了依托来华留学和孔子学院为各国培养汉语人才之外，近年来我国部分高校开始探索依托境外办学项目为"一带一路"国家培养语言人才。如湖南师范大学在印度尼西亚雅加达、巴淡、山口洋等 7 个城市设立海外教学点，依托汉语言本科专业、汉语国际教育硕士专业为该国培养高级汉语专门人才 500 余人。

---

① 赵珊. 中国和参与国双向旅游交流已逾 6000 万人次 "一带一路" 带火沿线游 [EB/OL]. (2019-04-26) [2021-06-11]. https://finance.sina.com.cn/roll/2019-04-26/doc-ihvhiewr8370191.shtml.

② 教育部关于印发《来华留学生高等教育质量规范（试行）》的通知 [EB/OL]. (2018-10-09) [2021-06-13]. http://www.moe.gov.cn/srcsite/A20/moe_850/201810/t20181012_351302.html.

2021 年 3 月，经国家语委语言文字规范标准审定委员会审定，《国际中文教育中文水平等级标准（GF 0025—2021）》（以下简称《标准》）由教育部、国家语言文字工作委员会发布，作为国家语委语言文字规范自 2021 年 7 月 1 日起正式实施。《标准》是国家语委首个面向外国中文学习者，全面描绘评价学习者中文语言技能和水平的规范标准。《标准》的发布实施，是语言文字规范标准体系进一步完善的重要标志，将为国际中文教育事业发展和我国对外语言人才培养提供有力支撑。[①]

对内语言人才培养方面，我国在重点培养英语人才的基础上，加大了面向"一带一路"共建国家小语种的人才培养力度。如北京外国语大学主动把学校发展与"一带一路"倡议相结合，加强对非通用语言人才的培养，自 2017 年以来新增了斐济语、桑戈语、库克群岛毛利语、卢森堡语等在内的小语种专业。[②] 此外，我国的国际中文教育学科发展迅速，学科地位不断提升。在 2022 年国务院学位委员会和教育部发布的新版《研究生教育学科专业目录》中，"国际中文教育"成为教育学门类之下一个独立的专业学位类别，与一级学科具有同等重要地位，这是国际中文教育学科发展的新机遇，必将有力推动我国国际中文教育人才培养事业的发展。

4. 语言技术与服务

2017 年 5 月，习近平总书记在"一带一路"国际合作高峰论坛开幕式上提出要坚持创新驱动发展，推动大数据、云计算、智慧城市建设，连接成 21 世纪的数字丝绸之路。[③] 语言与大数据、云计算、人工智能的交叉融合，可为"一带一路"倡议提供更为优质高效的服务。如陕西西咸新区秦汉新城成功打造了陕西省"一带一路"语言服务及大数据平台，与政务、工商、旅游、招商引资、民政、医疗等涉外公共服务热线对接，同时提供

---

① 《国际中文教育中文水平等级标准》发布［EB/OL］．（2021-03-31）［2022-10-28］．http：//www. moe. gov. cn/jyb _ xwfb/gzdt _ gzdt/s5987/202103/t20210329 _ 523304. html.

② 教育部关于公布 2017 年度普通高等学校本科专业备案和审批结果的通知［EB/OL］.（2018-03-15）［2022-11-12］. http：//www. gov. cn/zhengceku/2018/03/15/content _ 5457882. htm.

③ 携手推进"一带一路"倡议：在"一带一路"国际合作高峰论坛开幕式上的演讲［EB/OL］．（2017-05-14）［2022-10-28］. http：//www. xinhuanet. com/world/2017/05/14/c _ 1120969677. htm.

多语种翻译服务。目前，平台涉及"一带一路"沿线包括俄罗斯、印度、泰国、捷克、波兰等10多个国家，并在全球22个主要国家部署了服务器资源，共设置了32万个数据源采集点，涵盖200多个国家和地区，可以对全球数据源进行实时采集。① 这些语言数据为企业对外投资经营活动提供了重要参考。数字化语言服务平台的建设，带来了可观的社会和经济效益，赢得合作国家和企业的一致好评。

我国应急语言服务意识和能力明显提高。2019年新型冠状病毒感染疫情发生后，我国一批学者迅速组成"战疫语言服务团"，在教育部和国家语委指导下，及时研制《抗击疫情湖北方言通》《疫情防控外语通》《疫情防控"简明汉语"》等，为援鄂医护人员、在华外国人士等提供多角度应急语言服务，有效助力疫情防控。② 中国外文局中国翻译研究院按"疫病名称""传染防控""政策举措""机构、职业群体和场所名称""病理症状""器具名称""其他医学名词"七个类别，翻译审定了180条新型冠状病毒感染疫情有关的英文词汇，供相关人员参考使用。中国对外翻译有限公司积极配合有关省、市的政府外事部门，完成多语种疫情防控动态、防护知识和防疫募捐书等相关信息的翻译任务。山东省翻译协会通过中国译协秘书长交流群，为纽约、洛杉矶、莫斯科、迪拜、开普敦、突尼斯、土耳其等多地海外对华医疗物资援助提供落地和海外接洽语言服务。③ 2022年4月28日，国家应急语言服务团在北京成立，标志着我国应急语言服务翻开了新的历史篇章。④

（二）面向"一带一路"的语言和谐实践中的不足

1. 语言政策及规划有待完善

语言政策及规划对国家语言能力建设起着重要的引领和指导作用。我国的语言政策及规划始终心怀"国之大者"，在提升国民素养、助力乡村振

---

① 王偲瑶. 秦汉新城："大数据＋文化"构建人文交流新模式［EB/OL］.（2018-04-13）［2022-11-13］. http://sl. china. com. cn/2018/0413/37985. shtml? from＝singlemessage.

② 李宇明. 加强我国应急语言服务［N］. 中国社会科学报，2022-06-21（008）.

③ 疫情阻击战 翻译界在行动［EB/OL］.（2020-02-06）［2022-10-19］. http：//www. tac-online. org. cn/index. php? m＝content&c＝index&a＝show&catid＝395&id＝3612.

④ 李宇明. 加强我国应急语言服务［N］. 中国社会科学报，2022-06-21（008）.

兴、铸牢中华民族共同体意识、助推中华文化走出去等国家战略中发挥了重要作用。但是，从发展的眼光来看，我国的语言政策及规划仍有值得进一步完善之处。比如，我国存在50余种跨境语言，但我国语言政策及规划对跨境语言的重视程度尚显不够。当前我们虽对跨境语言所在国的语言国情有一定程度的了解，但无论从深度还是广度来看，仍有广阔的探索空间。跨境语言不仅关乎两国人民的民心相通，还是国家战略和国家安全的重要资源。跨境语言资源的调查、开发和利用还需要根据历史和现实情况有针对性地提出相关对策。再如，"一带一路"共建国家使用的语言不仅包括在世界范围或区域范围内有着强势地位的英语、法语、俄语、阿拉伯语等多种国际、跨区域通用语，还包含有60多种国家官方语言和数以千计的非官方语言和少数民族语言。[①] 而我国的外语教育规划对非通用语种的重视程度仍然不够，许多非通用语我们知之甚少。如何更好地推进外语通用语和非通用语的协调发展是我国制定语言政策及规划的一大挑战。

2. 语言能力建设有待加强

我国的国家语种能力与我国作为世界第二大经济体的地位还不相称。相比具有处理约500个语种能力、可为公民开设约200种语言课程的美国，[②] 我国开设的外语课程仅100来种，而且很多都是近些年才开设，语种能力尚显薄弱。我国高校开设的外语语种主要是英语、法语、俄语、西班牙语、阿拉伯语、德语、日语、韩语等，语种人才分布不合理，小语种人才稀缺；英语语言人才过度饱和，而非洲友国、东盟各国的语言人才十分缺乏。在此条件下，我们的对外经贸合作、文化交流乃至政治沟通大多都需要借助中介语来完成，这样不仅沟通成本极高，也很难做到真正的民心相通。因此，我国的国家语种能力还有待增强，且势在必行。

公民个人语言能力建设还存在短板。李宇明（2021：7）指出，我国公民需要具备"三语层"语言能力，其中第一层是"文化语言层"，主要是指少数民族的母语（即少数民族语）和汉语方言；第二层是"主要交际语言层"，指的是国家通用语言，即普通话；第三层是"发展语言层"，指外语。

---

① 连谊慧."'一带一路'语言问题"多人谈［J］.语言战略研究，2016（2）：63.
② 李宇明.语言也是"硬实力"［J］.华中师范大学学报（人文社会科学版），2011（5）：69.

我国公民的个人语言能力在这三个层面均存在不足：一是汉语方言和少数民族语言（有些语言可能还是跨境语言）使用功能和使用范围在一些地区逐渐下降，甚至呈现濒危状态。掌握"文化语言层"语种能力的人数不断减少，这将不利于与"一带一路"共建国家的交流互通，也不利于语言文化的多样性发展。二是国家通用语言能力地区分布不均衡。2020 年，我国普通话总体普及率已达到 80.72％，但普通话普及率在我国东西部之间、城乡之间呈现不平衡的态势。东部地区普及率明显高于西部地区，在大中城市基本普及普通话的同时，许多农村地区只有 50％至 60％，有些民族地区的普通话普及率则更低。① 三是作为"语言发展层"的外语能力偏弱。一方面，人们学习的外语语种类型单一，另一方面，缺乏精通外语又具有外交、经济、金融、军事、贸易、科技等专业才能的高端复合型外语人才。这不仅反映出我国外语培养体系的不健全，更反映出公民个人对外语语种认知的缺乏和不成熟。公民个人语言能力不仅对个人生存和发展具有重要作用，而且对国家语言能力建设也有着重要影响。

3. 孔子学院功能有待优化

我国在海外建设孔子学院的规模在 10 余年时间里发展到 500 余所，已成为中外人文交流的重要窗口，客观上提升了我国的文化软实力。2020 年，中国国际中文教育基金会与教育部中外语言交流合作中心相继成立，标志着孔子学院迈入发展新阶段，此举必将调动更多民间力量参与汉语国际传播，推动汉语国际传播以更民间、柔性的方式提升我国的文化软实力。② 与此同时，孔子学院自身的内涵建设与功能定位等仍然有待优化与调整。李泉（2020：7-9）等提出孔子学院应该聚焦语言教学及"去多功能化"的问题。以往我们孔子学院的运作模式过于官方，大张旗鼓的文化宣传活动，过于浓厚的"外交使者"身份，容易引起外国的戒备甚至误解。如以美国为首的一些西方国家把孔子学院看作中国对外输出文化与价值观的官方机构，因而予以处处设卡限制和打压，甚至强行关闭孔子学院。我们认同孔

---

① 戴红亮. 加强国家通用语言文字教育是民族地区更好适应新发展阶段的客观需要［N］. 光明日报，2021-05-13（04）.

② 沈敏. 新时代汉语国际传播的湖南对策［J］. 湖南社会科学，2021（2）：144.

子学院"去多功能化"的观点，应聚焦主要力量做好各国的汉语教学服务，推动各国汉语教学本土化，为各国民众提供更为多样、质量更高的汉语教学产品。

孔子学院在推动海外汉语教学本土化方面应该发挥更大的作用。各国汉语教学的本土化关键在于师资的本土化。因此，孔子学院不能只注重在一线推动汉语教学的发展，同时也应该致力于加大对各国本土中文教师的培养力度。目前，孔子学院在本土教师培养方面已经有了一些举措，但整体来看，各国孔子学院培养本土教师的作用发挥不均衡，部分孔院在本土教师培养方面的作为还比较有限，其师资培养功能有待进一步强化，主要体现在：中外方院长在孔子学院培养本土教师的意识和认识方面还有待加强；孔子学院培养本土教师的常规化、制度化建设有待加强；孔子学院参与或推动外方院校中文教育（汉语师范）类专业建设的力度有待加强；孔子学院对在职本土教师的培训和服务功能有待加强；本土教师培训项目及其模式和层次的多样性有待加强；外派教师和志愿者开展示范性教学和本土师资培训的"工作母机"作用有待加强等。

4. 语言技术与产业有待突破

随着信息时代的迅速发展，各个产业都与"互联网＋"紧密结合。互联网的大数据、云计算等技术能够快速实现资源配置，提高相关产业的发展水平和竞争力。李宇明（2011：1）提到国家语言能力包含五个方面的内容，它们分别是语种能力、国家主要语言的国内外地位、公民语言能力、拥有现代语言技术的能力和国家语言生活管理水平。一个国家掌握现代语言技术能力的重要性越来越凸显。

"一带一路"倡议促进了我国与共建国家经济、贸易、科技、人文、外交等方面的交流和发展，也为我国语言技术及产业发展带来了更多机遇，比如语言智能技术、语言翻译、语言培训、语言出版、语言测评、语言会展、语言文字速录产业、搜索引擎产业等都获得了更大发展空间，但目前我国拥有自主知识产权的语言技术还不多，语言文字技术标准比较滞后，机器翻译产品涉及的语种有限，"一带一路"共建国家很多语言尚未实现人工智能翻译。此外，还存在相关语言数据库少，语种自动识别、跨语言检索、云资源开发利用效率不高等问题。新型冠状病毒感染疫情突发，更暴露了我国应急语言服务基础薄弱的问题。

李艳（2022）指出，语言出版业当务之急是积极应对互联网及数字技术带来的挑战与机遇，实现融媒体发展，并改变原有发展模式对语言教材、教辅图书出版的依赖。语言测评业面临着如何在现有"水平测试"的基础上，研发"职业（岗位）语言能力测试"以及如何使我国实现由"测试大国"到"测试强国"的转变等问题。语言康复已经成为一个需要普遍关注的社会问题，但由于专业人才缺口巨大，在岗语言康复师数量不足需求量的十分之一，使得目前语言康复服务供需不平衡问题较为严重。语言会展行业在我国尚处于起步阶段。2017 年，北京举办"首届中国北京国际语言文化博览会"，改写了世界华语区无语言主题博览会的历史。但是，以"一带一路"语言文化为主题的博览会尚未列入议题。①

▶ 二、人类命运共同体视域下面向"一带一路"的语言和谐对策

2012 年，党的十八大报告中明确提出"人类命运共同体"这一理念，旨在关注国内社会和谐的同时谋求与各国共同发展，② 而"一带一路"倡议则旨在建立一个政治互信、经济融合、文化包容的责任共同体、利益共同体和命运共同体。③"一带一路"是构建人类命运共同体理念的重要实践形式，我们从语言层面提出以下建议：

（一）综合研判，完善"一带一路"语言规划

"一带一路"的本质是互联互通，实现互通语言先通。④ 合理的语言规划有助于保障文明交流互鉴、经贸投资合作的顺利开展。"一带一路"语言

① 李艳. 我国语言产业的发展与前瞻 [N]. 语言文字报，2022-02-16（01，03）.

② 钱彤，熊争艳，刘劼，刘华. 中共首提"人类命运共同体"倡导和平发展共同发展 [EB/OL]. （2012-11-12）[2022-08-19]. http://www.npc.gov.cn/zgrdw/npc/zggcddsbcqgdbdh/2012-11/12/content_1742789.htm.

③ 王玉英，刘鑫媛. 21 世纪中国文化海外传播下的国家形象 [J]. 沈阳大学学报（社会科学版），2019（1）：134.

④ 梁昊光，张耀军. "一带一路"语言战略规划与政策实践 [J]. 人民论坛·学术前沿，2018（10）：100.

规划既要考虑现实需求，又要立足长远，依据我国国情以及沿线各国语言生活状况和语言战略需求来制定，重点做好共建国家通用语和非通用语以及跨境语言的规划。一方面，对各类通用语进行调查，基于语言状况的摸底与数据分析，与各国平等协商确定区域通用语或国际通用语，并对其进行科学规划。另一方面，在逐步完成通用语规划的基础上要进一步扩展到非通用语规划，做到"缓急有序，取舍有度"，以满足"一带一路"发展的语言服务需求。如，目前的国际通用语为英语，中亚地区的通用语为俄语，西非和北非将法语作为跨区域通用语。① 协调推进"一带一路"通用语和非通用语的规划与建设，以促沿线交流，推动区域发展。

亚洲与周边外交一直是我国外交工作的重点。"一带一路"倡议涉及的65个国家中，周边国家的语言地位举足轻重。我们认为，除了大语种通用语言之外，周边国家语言也应纳入我国"关键语言"之列，其中，跨境语言是其重要组成部分。充分发挥关键语言在交流互鉴、经贸合作等方面的作用，使之最大限度地为"一带一路"倡议提供语言助力，是我们应当重点考虑的问题。制定契合实际且行之有效的关键语言政策，要兼顾语言生活状况实际与国家安全局势，进行综合分析与研判。

除了"一带一路"通用语、非通用语及关键语言的规划、部署外，还应当做好与之相适应的语言人才培养与语言服务规划，整体可坚持如下原则：

着眼全局，统筹兼顾。就规划而言，既要切实考虑现实需求，又要兼顾当前我国语言文字事业的整体布局与长远发展。就当前需求与未来发展而言，须处理好"个别与整体""现实与长远"两对关系，对现行的语言规划政策进行适时的调整和优化，最终达到既能推进国家语言文字事业的发展、增强国家语言实力，又能更好地服务于"一带一路"倡议的成效。

需求先行，主次有序。由于"一带一路"倡议具有工程大、范围广、情况杂、影响深等特点，相关规划的制定应基于深入调研和分析，先按需发展其中的重要方面，然后分阶段，循序渐进，逐一发展其他次要方面。

---

① 沈骑，夏天."一带一路"语言战略规划的基本问题［J］.新疆师范大学学报（哲学社会科学版），2018（1）：38.

现阶段的重点应为语言人才培养和语言翻译服务等。[①]

(二)多措并举,推进国际中文教育本土化

推动国际中文教育在"一带一路"共建国家的本土化,是从语言角度促进我国与共建国家民心相通的重要举措。就国际中文教育来说,教师问题始终是"三教"(教师、教材、教法)问题的核心,教师问题解决好了,教材和教法问题便不难解决。向各国派出中文教师是我国作为中文母语国的应尽职责,但大力培养各国本土教师才是国际中文教育长远发展的关键所在。

1. 丰富办学形式,扩大培养规模

依托"来华留学培养"和"境外就地培养"两手抓,大力推进各国本土华文教师培养工程。来华留学方面,坚持依托中国国际中文教育基金会和各类奖学金,成建制培养汉语言、汉语国际教育、华文教育等汉语相关专业的本科生和研究生回国任教;就地培养方面,要丰富办学形式、扩大培养规模。抓住当下我国大力支持教育对外开放的契机,适度发展境外办学项目,根据"一带一路"合作伙伴的现实需求,就地培养中文传播的本土人才。目前,境外办学宜以本科层次为主,研究生层次为辅。

2. 提升培养层次,改进培养方式

面向未来,本土华文教师的培养必须增强沿线各国的"自我造血"能力。这就需要我们提升培养层次,改进培养方式。主要从以下四个方面入手:第一,启动中文教师培训师的培养,即培养教师的教师。吴勇毅(2010:20)指出,要彻底解决华文师资问题,一定要重视培养高层次的"种子教师",让他们在本国开展有效的师资培养和培训。目前的中文师资培训项目仅局限于培训教师,未来应着力开发"华文教师培训师"培养项目,为各国中文教育培养以一当十的培训"母机"。第二,加强高端中文教师培养。以印尼为例,目前印尼高校开办中文系的基本条件已提高到必须具备 5 名以上的汉语硕士,大部分高校还达不到这个条件。因此,须通过培

---

① 赵世举."一带一路"建设的语言需求及服务对策 [J]. 云南师范大学学报(哲学社会科学版),2015(4):40.

养一定数量的硕士、博士中文教师为各国高校输送和储备师资。第三，加强"互联网＋"中文教师培训。除了"请进来""走出去"的传统培训项目之外，应大力开展高覆盖、低成本的"互联网＋"远程中文教师培训。各国国情、教情、学情不尽相同，开发国别化中文教师远程培训更具针对性、精准性、实效性。第四，夯实孔子学院的本土教师培养功能，具体做到六个"强化"：强化中外方院长培养本土教师的意识和认识；强化孔子学院培养本土教师的制度化建设；强化孔子学院参与外方院校中文教育类专业建设的力度；强化孔子学院对各国在职中文教师的培训和服务功能；强化本土教师培训项目及其模式和层次的多样性；强化外派教师和志愿者开展示范性教学和本土师资培训的"工作母机"作用。

除了本土教师培养之外，真正适合海外的本土中文教材编写也十分重要。从编写方式来看，宜采用"蹲点合作""试用反馈"的合作编写方式，即中国教师在沿线各国蹲点，与本土教师合作编写，一边编写教材一边由本土教师试用反馈，这样编写出来的教材才可能真正成为适合海外教情和学情的精品中文教材。

（三）改革教学模式，大力培养复合型语言人才

"一带一路"倡议需要大量既通晓语言又掌握专业技能的复合型语言人才。对于"一带一路"倡议而言，复合型语言人才主要包括两类：各国的复合型国际中文人才和我国的复合型外语人才。

大力推进"中文＋职业素养"复合型国际中文人才培养。从"一带一路"倡议需求来看，中文教师、翻译等纯语言人才固然需要，但既通晓中文，同时掌握职业技能的人才最受欢迎。目前，沿线各国的导游、企业管理人员、路桥基建等工作人员中懂中文的，与不懂中文的同行相比，薪资会高出不少。随着"一带一路"倡议的深入推进，各国"中文＋职业素养"的复合型人才将会越来越紧俏。在这样的背景下，国际中文人才培养必须拓宽视野，面向职场，做好"中文教育＋"这篇大文章——即把中文教育与专业教育、职业技能教育相结合。目前的国际中文人才培养还存在重视语言教学、忽略职业素养的不足，具体体现为职业素养课程设置薄弱，专业学院介入力度不够，实践的"职业性"难以落实等。以下我们以湖南师

范大学为例，从三个方面列举复合型国际中文人才培养模式改革举措：

1. 课程耦合

贯彻 OBE 理念，构建"基础中文＋职场中文＋职业技能＋中华文化"四大板块课程集群。一、二年级聚焦语言能力培养，三年级根据职业方向分流。指向职业素养的职场中文、职业技能课程保持在 35％以上。

2. 协同培养

国际汉语文化学院负责基础中文、职场中文及中华文化课程教学，教育、商学、旅游、新闻传播等相关专业学院负责职业方向课程教学，且深度参与人才培养全过程。通过协同培养机制保障职业知识、能力目标的达成。

3. 需求导向

人才培养以服务"一带一路"倡议为重点，对接沿线不同国别不同需求。例如，应马来西亚、印尼、老挝等东南亚国家需求，培养了"汉语＋教育/旅游/金融/新闻传播"复合型中文人才 800 余人。

大力推进"外语＋职业素养"复合型外语人才培养。目前，我国以英语专业为主体的外语教育仍然以培养外语教师和翻译人才为主。从"一带一路"倡议需求来看，既通晓外语，又掌握扎实专业技能的外语人才显然更符合海外需求。目前，"外语＋工程技术""外语＋经贸""外语＋企业管理""外语＋金融"等复合型外语人才越来越受到海外欢迎，且十分紧缺。面向"一带一路"倡议，我国外语教育需要大力推进"外语学院＋专业学院"的合作培养模式，夯实外语人才的职业素养，不断增加人才资源的储备量，培养出具有较强融通能力、服务能力、研究能力的语言人才。[①]

（四）融合信息技术，着力提升语言服务质量

"一带一路"合作伙伴语言及文化种类颇多，着力提升面向"一带一路"的语言服务质量，必须全面借力现代信息技术，实现语言服务与技术的巧妙融合，以应时势。

---

① 杨茜.“一带一路”下商务贸易人才语言能力提升探索：评《中国—东盟自由贸易区语言产业与经济发展互动研究》[J].国际贸易，2022（9）：97.

第一，利用信息技术合理配置语言服务资源，整合利用语言人才、语言技术、语言产业等服务要素。提高我国语言信息处理智能化、网络化水平，提供"三多"（多语种、多门类、多功能）的新型语言服务模式，最大限度扫清"一带一路"倡议实践过程中可能出现的各种语言障碍。①

第二，提高我国的人工智能翻译水平。收集并开发共建国家语言资源数据库，完善大数据信息，提高语种的自动识别、自动翻译、跨语言检索、语言类云资源的开发利用水平。

第三，建立语言服务大数据云端中心，搭建语言信息服务云平台。语言信息服务平台可包括语言资源库、文化资源库、语言人才储备信息库、语言产业数据库、AI 语言软件开发工程等。通过云平台可以快速处理多语种、多行业、碎片化的语言服务工作。比如，在与"一带一路"合作伙伴进行经济、文化交流过程中，日常事务性的电子邮件交流一旦有赖于多次语言转换势必会增加时间成本、降低交流成效。倘若通过一系列高端技术，将翻译功能嵌入电子邮件，沟通误差与时耗的问题便会迎刃而解。②

第四，依托信息技术提升语言应急服务能力。新型冠状病毒感染疫情初期，在教育部、国家语委的指导下，有关高校和企业单位的专家们借助语保工程现有的信息资源库，紧急开发出了精确到湖北各地的鄂方言用表，实现了其与普通话在发音数据上的一一对应，并迅速收集了有关基础数据完成了微信版、网页版、抖音版等多种产品形式的《抗击疫情湖北方言通》，为援鄂医护人员和当地人民群众提供了多维度语言应急服务。这些由现代技术赋能的产品和语言服务在互联网、微信公众号及抖音平台迅速传播，在救治患者和疫情防控中得到了及时的应用和广泛的认可。③ 又如，浙江师范大学留学生和北京语言大学"一带一路"青年汉学家联盟成员合作，开发了泰语、高棉语、俄语、葡萄牙语、土耳其语、阿塞拜疆语、斯瓦希

①　梁昊光，张耀军."一带一路"语言战略规划与政策实践［J］.人民论坛·学术前沿，2018（10）：102.

②　魏晖."一带一路"与语言互通［J］.云南师范大学学报（哲学社会科学版），2015（4）：46.

③　田列朋.现代语言技术搭起桥梁　助力抗疫［EB/OL］.（2020-02-28）［2022-12-23］.http://www.jyb.cn/rmtzcg/xwy/wzxw/202002/t20200228_301138.html.

里语、豪萨语、越南语等 9 个语种的《疫情防控外语通》微视频版、多媒体卡片版等应急语言服务产品，疫情防控期间得到各国人士的应用与肯定。①"一带一路"倡议，需要各国人民在突发紧急事件的情况下力争实现无障碍沟通，因而，借助信息技术提升基于国际合作的应急语言服务能力显得十分重要。

第五，借助信息技术为国家信息安全保驾护航。语言文字信息化技术水平反映了国家的语言能力，也直接体现国家的信息安全水平。"一带一路"合作伙伴存在较高程度的非传统安全威胁，通过建立专属的智能化多语种语音识别技术，以加大对跨国跨地区恐怖分子和国际犯罪行动的预警防范力度，② 为"一带一路"倡议保驾护航，这也是构建人类命运共同体的题中应有之义。

① 王辉. 我国突发公共事件应急语言服务实践及建议［J］. 浙江师范大学学报（社会科学版），2020（4）：4.

② 沈骑，夏天. "一带一路"语言战略规划的基本问题［J］. 新疆师范大学学报（哲学社会科学版），2018（1）：39.

第七章
全球化时代的语言政策

哈佛商学院教授 Theodore Levitt（1983：92-102）最早提出"全球化（globalization）"这一术语，他用该术语来概括此前 20 年间国际经济的巨大变化，即商品、服务、资本和技术在世界性生产、消费和投资领域中的扩散，"全球化"究其原意主要指"经济全球化"。经过几十年的发展演变，不同领域的学者对"全球化"从信息和通信技术、经济、全球问题、体制制度、文化和文明等多个角度进行解读和概括。俞正樑（2000：175-176）指出，全球化是一个多维度过程；理论上创造着单一的世界；是统一和多样，合作与冲突并存，不平衡的过程；是一个观念更新和范式转变的过程。

20 世纪 90 年代以来，信息技术迅猛发展，全球化步伐不断加快并向纵深方向发展，各国之间合作越来越多，相互依赖性越来越高。以苹果公司为例，其供应链来自全球多个国家，据苹果公司 2021 年的统计数据，在排名前 200 的供应链名单中，有来自全球 190 家企业供应了高达 98％的原料、制造、组装等项目。① 2022 年第五届中国进口博览会上，127 个国家和地区的企业参加企业商业展，66 个国家和 3 个国际组织亮相国家综合展，284 家世界 500 强和行业龙头参加企业展，回头率近 90％。② 可见，小到一部手机，大到国家生活的方方面面，全球化已经全方位渗透，影响广泛，对各国的语言生活和语言政策自然也影响深刻。

---

① 苹果 2021 年供应链 Top 200 [EB/OL].（2022-10-04）[2023-08-05]. https：//business. sohu. com/a/590102010 _ 121097259.

② 罗珊珊，等. 开放的平台　共赢的舞台 [N]. 人民日报，2022-11-05（006）.

全球化深深影响着各国的语言生态。诺曼·费尔克劳（2020：190）甚至认为如果不将语言考虑在内，我们就无法对全球化进行充分的理解或分析。全球化时代，语言之间的交流、融合加快，语言趋于统一。语言之间互相吸收和借用词汇，网络交流使新词新语快速产生和传播，"纯净"的语言几乎已经不存在；强势语言冲击弱势语言，导致许多语言濒危，① 甚至消失。英语作为全球性语言给其他非英语国家带来了广泛而深远的影响，维护语言的纯洁、保护弱势语言具有必要性与迫切性，但如何保护却是摆在人们面前的一个巨大难题，有效降低外来强势语言（如英语）对本民族语言的负面影响亦困难重重。

全球化影响人们的语言信仰。语言信仰是语言实践的基础，政府的语言信仰影响政府的语言管理和语言政策。个人的语言信仰影响个人的语言使用，政府应对民众的语言信仰进行管理，但如何管理仍需深思。

全球化使得某些语言使用人数较少的民族的权利备受关注。全球化时代完全封闭的国家不复存在，语言权是一种人权和民族权的观点为越来越多的国家和民众所认同。一种语言、一个民族、一个国家的简单对应关系几乎是没有的，② 多语言、多民族是世界大多数国家的共同特征，我们应将多语视作国家的资源而非国家的问题。多语、多民族国家官方语言的确立以及官方语言与民族语言关系的处理问题均较复杂，尤需谨慎，同时国内语言少数群体的语言权利也需要被保障。

全球化影响各国的外语选择。全球化催生了众多的国际组织，但是国家的边界并未消失，因而国际组织在相关国家语言政策的制定方面能产生多大的影响并不确定。国家的语言能力与国家利益、国家安全和国际竞争力息息相关，甄选和建设攸关国家安全和利益的关键语言至关重要，如何确立国家的外语教育制度以及如何在全球传播本国的语言文化都是我们需要思考的问题。

---

① 戴庆厦."科学保护各民族语言文字"研究的理论方法思考［J］. 民族翻译，2014（1）：14.

② 李宇明. 李宇明语言传播与规划论文集［G］. 北京：北京语言文化大学出版社，2018：296.

　　一个国家的语言政策，不仅影响该国语言文字的使用与发展、民族的团结与统一、社会经济的发展与稳定，还会对国家的形象、地位、话语权和利益等产生影响。全球化时代，各国制定语言政策时应了解和借鉴其他国家或国际组织的语言政策，根据自身国情与实际多方位思考，全面考量。因此，本章将介绍若干具有典型性和代表性的国家或组织的语言政策并阐述这些语言政策带给我们的一些启示与思考，探讨中华人民共和国成立以来我国语言政策的发展变化情况。

第一节　国外语言政策及其启示

　　"他山之石，可以攻玉"，关注其他国家的语言政策，一方面有助于我们从中借鉴其成功的经验，吸取其失败的教训，在制定语言政策时能够更加科学且少走弯路；另一方面有助于我们探寻世界语言政策发展的趋势，科学规划未来，为更好地融入世界、处理国际事务做好准备。

一、美国的语言政策及其启示

（一）美国的语言政策

　　讨论美国的语言政策，我们首先需要对两个概念进行区分，即"显性语言政策"和"隐性语言政策"。① 显性语言政策是指政府以法令、规则、条例等方式明文规定的语言政策，比如以宪法的形式明文规定某一语言为该国的官方语言；隐性语言政策是指从惯例、法律法规和法院裁决中推断出来的有关语言实践和语言信仰的隐含内容。美国的联邦宪法中从未明确规定美国的官方语言，美国也没有制定全美统一的语言政策，② 但这不代表美国没有语言政策，只是美国的隐性语言政策较多，多针对政治压力和即时需求而制定。

---

　　① Schiffman, H. F. Linguistic Culture and Language Policy [M]. New York：Routledge, 1996：13-14.

　　② 胡壮麟. 美国新世纪的语言规划和语言政策 [J]. 浙江外国语学院学报，2018（2）：2-3.

讨论美国的语言政策，还有一点也需要明确，即美国的联邦制是双重政府制度，联邦政府与各州政府均为并列的同等主权政治实体，实行联邦政府和州政府两级共管。两级政府拥有各自的权利和义务，互相制约的同时也相互补充，在不违背美国宪法的前提下，两级政府可以各自制定相关的法律法规，并贯彻执行。[①] 我们考察美国的语言政策，不能只了解联邦层面的相关内容，也需要观察各州制定的语言政策。

1. 美国的官方语言立法

1981 年，时任加利福尼亚州联邦参议员早川一会向国会提交旨在修改美国宪法相关内容的《英语语言修正案》，当代美国的官方语言立法运动从此开始，虽然该提案未被列入审议程序，但影响深远。该案提出后，美国掀起了英语官方化运动，不断有国会演讲和议案提出，支持将英语确立为美国的官方语言。2006 年 5 月，时任俄克拉荷马州参议员詹姆士·因霍夫向国会提交的一项名为《英语语言一致法案》的 H. R. 997 号移民法修正案，在参议院投票中获得通过，该法案对美国官方语言立法进程具有里程碑意义。[②] 此后几届国会又陆续有以加强英语的官方语言地位为主要内容的议案提出，为推动美国官方语言立法进程而努力。

虽然英语官方语言立法在美国移民法修正案中获得了通过，但仍未写进联邦宪法，美国的语言政策更多体现在州政府层面，而各州宪法中情况不尽相同。目前已有 31 个州立法将英语确立为官方语言，其中 26 个州是在 20 世纪 80 年代"英语官方化"运动开始后通过的。在这 31 个州中，有 7 个州是通过修改州宪法来确立英语的官方语言地位的，其余 24 个州则是通过颁布法律和出台法令来确立的。在未通过英语官方语言立法的 19 个州中，有 4 个州将英语确定为官方语言但同时也允许使用其他语言，其余的 15 个州仍在为是否确立英语为官方语言而"争论不休"。[③]

美国是一个典型的多民族、多语言（有 125 个民族，380 多种语言[④]）

---

① 巨静，周玉忠. 美国 21 世纪以来的语言政策［G］//王辉，周玉忠. 语言规划与语言政策：理论与国别研究（续）. 北京：中国社会科学出版社，2015：234.

② 巨静，周玉忠. 当代美国语言立法探析［J］. 宁夏社会科学，2009（4）：135.

③ 巨静. 美国当代语言立法［M］. 银川：宁夏人民教育出版社，2011：39-42.

④ 周玉忠. 美国语言政策研究纵横谈［J］. 宁夏师范学院学报（社会科学），2015（5）：81.

的移民国家。这些新移民为美国的经济、人口的增长和国际地位的保持作出了贡献，但如今便捷的通信联络和快速的交通运输使得他们能够继续保持原有的语言、文化和族群身份而未完全融入美国社会，成了散居在美国的"外国人"，这对美国的国家意识造成很大的威胁。推动英语官方语言立法，牢固确立英语的优势语言地位，用英语及其负载的美国文化同化这些移民，可以影响和消解这些移民对祖国（籍）语言的亲近感和对本民族文化的认同，从而帮助构建新移民的美国民族意识，消除对美国的潜在威胁，这是英语官方语言立法一个重要的政治原因。①

2.《双语教育法》的终结

通常我们把双语教育理解为在学校中使用两种语言进行的教学，② 或者使学习者成为双语人的教育。美国的《双语教育法》从 1968 年通过到 2002 年终止使用，共存续了 34 年。③ 该法立法之初是为来自非英语国家的儿童提供英语教学，使不懂英语的学生免受歧视，是一种过渡教育，其根本目的是让非英语儿童尽快地融入英语社会，更有效地排挤非英语民众使用的语言，同化非英语民众语言文化。然而《双语教育法》在具体实施的过程中，有时被少数族群用以维持祖裔语言，反倒在客观上起到了维持语言文化多样性的作用，显然有违立法初衷，因而遭到美国各地方教育机构的攻击。1998 年，加利福尼亚州议会通过全民公投废止了《双语教育法》，2000年，亚利桑那州宣判双语教育"死刑"。2002 年 1 月，美国时任总统小布什签署《不让一个孩子掉队法案》，该法案吸纳了《双语教育法》中有关英语教学相关内容，《双语教育法》失去了存在的前提，联邦《双语教育法》最终被废止。④ 新法案不再顾及少数民族学生的母语和文化，只强调提高学生的英语水平和技能，"双语"一词在联邦的立法中彻底消失。2015 年 12 月，奥巴马政府出台的《每一个学生成功法案》给予各州更大的自由度，相对于《不让一个孩子掉队法案》而言，其国民认可度更高。⑤

① 巨静. 美国当代语言立法 [M]. 银川：宁夏人民教育出版社，2011：51.
② 滕星. 教育人类学通论 [M]. 北京：商务印书馆，2017：339.
③ 孟照海. 美国双语教育法的历史演变 [J]. 民族教育研究，2007（1）：80.
④ 罗豫元. 美国双语教育实施失败的因素分析 [J]. 比较教育研究，2007（1）：60，63.
⑤ 罗朝猛. 寻变：与域外教育面对面 [M]. 福州：福建教育出版社，2017：3-4.

美国长时间对唯英语政策的追求阻碍了美国制定相应的语言政策来维持国内语言文化的多样性。从本质上说，《双语教育法》是实现唯英语政策的一种手段，其初衷是适应多元文化的崛起，其根本目的是促进少数族裔更快地融入美国社会，从而更有效地排挤和打击非英语语言、同化和消解异族语言文化。这一法律显然不能满足全球化和多元化社会发展的需要，被废止是不可避免的。美国的这种唯英语政策也给美国带来不少的负面影响，表现之一即是美国一直以来对本国外语学习和外语教育的重视程度不够，致使其外语教育的质量和普及率很低，掌握小语种的外语人才相当匮乏。①

3. 美国的国防语言战略

2001 年，"9·11"事件爆发，美国本土遭受严重恐怖袭击，这让美国切实感受到了非传统领域的威胁和挑战。美国采取主动出击的方式，要把战火烧到恐怖分子家门口去，但当他们来到人家家门口时，却发现语言技能、区域知识、文化能力都是亟待解决的关键问题。② 此时他们意识到国家语言能力，尤其是外语能力在政治、经济、军事、文化交流以及国家安全等方面的重要性，并明显感觉到本国外语能力的不足，懂阿拉伯语、波斯语、普什图语和孟加拉语的人才尤其匮乏，随之便提出了一系列的语言政策来提高国家的外语能力。③

2004 年，美国国防部资助召开第一次全国语言大会，提出了反恐战争面临的外语危机问题，并于 2005 年 1 月发布《国家外语能力行动倡议书》，号召美国公民学习国家需要的"关键语言（Critical Language）"。同年 2 月，又发布《国防语言变革路线图》，提出国防语言能力变革 4 项总目标，10 项预期结果和一系列实现目标的保障措施。2007 年 6 月，美国国防部组织召开第二次全国语言大会，主题是构建各个领域和社会各界及国际合作伙伴参与的，整合语言、区域和文化能力的战略框架，会后发布的《国防部区

---

① 巨静，周玉忠. 美国 21 世纪以来的语言政策 [G] //王辉，周玉忠. 语言规划与语言政策：理论与国别研究（续）. 北京：中国社会科学出版社，2015：235-237.
② 王建勤. 美国国防语言战略与中国国防语言的现状与对策 [G] //王辉，周玉忠. 语言规划与语言政策：理论与国别研究（续）. 北京：中国社会科学出版社，2015：244.
③ 李英姿. 美国语言政策研究 [M]. 天津：南开大学出版社，2013：108

域与文化能力：未来之路》集中体现了这一框架的内容，并提出了五条行动建议。2011 年 1 月，美国国防部召开第三次语言大会，主题是"语言与文化：战略必备"，会后发布《语言与文化：变化的视角》白皮书，并出台《国防部有关语言技能、区域知识和文化能力的战略计划》，明确提出语言、区域和文化能力是支持各类军事使命的核心战斗力；强调构建基于能力的系统来确定未来语言、区域和文化能力的需求；要求加强国际合作，利用一切可利用的语言资源。[①]

美国还策划了一系列的项目来实施上述战略规划。美教育部负责的国防教育法第六条和富布莱特——海斯项目群，有 14 个子项目，具体内容包括建立国家资源中心、外语和区域研究奖学金以及各类国际研究中心。美国防部负责国家安全教育项目群，有 9 类项目，其主要任务是为国家安全教育提供资源，培养国家所需要的关键语言和区域研究人才，提高关键语言和关键地区研究的教学质量。此外，由白宫牵头，美教育部、国务院、国防部和国家情报局分别负责国家安全语言计划项目群，项目总数 16 项，覆盖全社会不同的教育对象。[②]

（二）美国语言政策给我们的启示

美国制定和实施了不少的显性和隐性语言政策，其中部分政策因实施效果较佳而得以贯彻并延续，有些政策则因实施过程中遇到各种阻碍、困难或因激化了社会矛盾等问题而被废止。美国在语言政策的制定和实施方面拥有不少经验和教训，为我国语言政策的制定带来了启示与思考。

1. 语言政策制定要注重灵活性

政策灵活性是指该政策在面对客观条件的变化时具有一定的适应能力。政策的执行应注重灵活性，如此方可在执行过程中遇到不可控的变数时，能够从实际出发，因时因地对政策进行一定的调整，从而达成既定目标。语言政策的制定亦需注重灵活性。美国的语言政策有显性与隐性之分，隐

---

① 王建勤. 美国国防语言战略与中国国防语言的现状与对策［G］//王辉，周玉忠. 语言规划与语言政策：理论与国别研究（续）. 北京：中国社会科学出版社，2015：244-246.

② 文秋芳，张天伟. 美国国家外语能力建设模式分析［J］. 外语教学与研究，2013（6）：858.

性语言政策显然要较显性语言政策更具灵活性。

显性语言政策目标明确，但并不一定都能起到良好的效果。因为显性的语言政策有时容易激发社会矛盾，如 H. R. 997 号移民法修正案里有显性语言政策的条款，该法案一出台就激起了拉美移民的强烈抗议。但是，通过控制政府资助资金的流向往往能无声无息地贯彻某些语言政策，如凡是以"埃伯尼语（非裔黑人英语方言）是合法语言"为前提的项目都得不到政府资金的资助，这表明政府不支持该语言的发展，使用埃伯尼语的后代便会逐渐摒弃这种方言而转用标准英语，如此既达到了贯彻语言政策的效果又没有激起社会矛盾，反映出该语言政策的灵活性。① 一方面，官方文件没有明文规定不支持某一语言的发展，只是隐蔽地暗示了其倾向；另一方面，这种处理方法实际为政府留有余地，如果该做法引起了公众不满，政府完全可以适时进行调整，灵活度极高。可见，隐性语言政策具有一定的灵活性，在出现问题的时候可以及时转向，而转向以后也不会给公众留下政策不稳定的印象。

2. 语言政策制定要有前瞻性

政府制定政策时需要有前瞻性、预见性，防患于未然，不能等问题暴露了才匆忙制定有关政策，否则政策所起效果将大打折扣，语言政策的制定亦是如此。

早在 1959 年，美国教育部公告中提到了关键语言建设项目，当时美国政府急需的语言是阿拉伯语、汉语、法语、德语、印度斯坦语等，关键语言战略的实质即是语言问题被安全化。经历了"珍珠港事件"、越战，尤其是"9·11"事件后，美国政府深刻体会到关键语言人才对国家安全的重要性，开始着手建立国家语言服务团。2003 年至 2016 年，该服务团已有志愿者 7100 余人，由民间语言人才组成，并受政府的集中管理。其志愿者分布于世界各地，可提供超过 330 种语言的口译、笔译、培训、文化咨询等服务，服务对象包括军方、政府机关、民间机构乃至社区民众，除此之外，这些志愿者还协助联邦、州和地方机构改善跨文化交际。② 语言服务团的设

---

① 巨静. 美国当代语言立法［M］. 银川：宁夏人民教育出版社，2011：33-34，72-73.
② 张天伟. 美国国家语言服务团案例分析［J］. 语言战略研究，2016（5）：89-92.

立，为维护美国国家安全，提升美国的世界地位发挥了不可替代的作用。

随着"一带一路"倡议的不断发展，服务于"一带一路"沿线国家的语言需求日益增加，据统计，"一带一路"沿线国家使用的语言不仅包括在世界范围或区域范围内有着强势地位的英语、法语、俄语、阿拉伯语等多种国际、跨区域通用语，还包含有 60 多种国家官方语言和数以千计的非官方语言和少数民族语言。① 当前我国开设的外语课程也仅 100 来种，而且呈现出大语种过于集中，小语种不足的特点，语言人才数量相较于需求来说，严重不足。为此，2017 年，我国建立了"国家外语人才资源动态数据库"，包括"高端外语人才数据库""外语专业师生数据库""外语人才供需信息库" 3 个子库；② 此外，各省级有关单位也在积极开展外语人才库建设，如 2020 年，青海省建立"涉外经济外语人才信息库"③。要继续深化"一带一路"倡议，实现更加高效的互通互信，打通"一带一路"沿线国家之间的语言屏障，制定具有前瞻性的语言政策势在必行。

3. 国防语言能力建设要有紧迫性

所谓"国防语言能力"，指"一个国家为满足国防和军事需求、维护和平、应对战争、维护领土和主权完整、捍卫国家独立自主、开展军事对外交流和文化传播，在语言储备、建设、发展、运用和保障方面的能力的总和"。早在二战时期，美军因太平洋战场对日作战的需要建设了"国防语言学院"，美国的国防语言能力建设由此开始。"9·11"事件爆发后，美国加大力度提升其国防语言能力。世界大多数国家对于国防语言能力的建设都是跟随美国起步的，越来越多的国家开始注重国防语言能力建设，且不少国家，如北约的一些成员国（英、法等）已经取得了一定的成效。④

加强我国国防语言能力建设刻不容缓，这是建成世界一流军队、捍卫

---

① 连谊慧．"'一带一路'语言问题"多人谈 [J]．语言战略研究，2016 (2)：63.

② "国家外语人才资源动态数据库"历时 4 年建成 [EB/OL]．(2017-08-02) [2022-02-25]. http：//edu. people. com. cn/n1/2017/0802/c1006-29445470. html.

③ 孙睿．青海省建立涉外经济外语人才信息库 [EB/OL]．(2020-06-24) [2023-11-12]. https：//www. chinanews. com/gn/2020/06-24/9221151. shtml.

④ 梁晓波．主持人语　国防语言与国防语言能力建设 [J]．语言战略研究，2022 (6)：12-13.

国家主权和独立以及维护国家安全和利益的需要。目前，我国的国防语言能力建设已经取得了不少成就，但仍然存在一些问题，我国反恐反暴、灾难援助、军事合作、周边外交、海外利益和信息化战争等所需外语语种能力和人才数量也是十分短缺。相关部门应积极应对，聚焦语种人才、能力素质和力量运用，建设一支高水平的国防语言人才队伍。①

二、澳大利亚的语言政策及其启示

（一）澳大利亚的语言政策

澳大利亚也是一个多语言、多民族的移民国家。2016 年人口普查显示，澳大利亚的家庭用语多达 300 余种，有 21％的人在家里不说英语。② 澳大利亚建国至今，基于不同的动机和目的对国内多种语言采取过不同的管理形式，其语言规划和语言政策的发展变迁经历了放任化、同化、多元和优先化 4 个时期。③

1. 放任化语言政策时期（20 世纪以前）

从英国政府 1788 年在澳大利亚建立殖民地到十九世纪晚期，殖民地政府没有制定明确的语言政策。十九世纪中叶，澳大利亚多地发现金矿，来自欧洲、亚洲的淘金客纷纷涌入，带来德语、法语和汉语等语言。当时的殖民地政府对人们使用的语言放任不管、不加干预，因而民众可以自由地选择自己使用的语言，使得这一时期的澳大利亚语言呈现出多元化特点。虽然这一时期政府没有对国民所操语言进行管理，但民众为了自身利益、留在澳大利亚或是融入当地的社区，有时也不得不主动学习英语等主流语言，当地的华人即是如此。

2. 同化语言政策时期（20 世纪初—60 年代后期）

1901 年，澳大利亚各殖民区改名为州，并成立统一的澳大利亚联邦。

---

① 周大军，等 . "国防语言"多人谈［J］. 语言战略研究，2022（6）：53.

② 数据来源于澳大利亚统计局网站：Cultural diversity［EB/OL］. （2017-06-27）［2023-08-05］. http：//www. abs. gov. au/ausstats/abs@. nsf/Latestproducts/2024. 0Main％20Features22016.

③ 刘晓波，战菊 . 澳大利亚语言政策的发展变迁及其动机分析［J］. 东北师大学报（哲学社会科学版），2013（6）：161-162.

联邦政府制定并实施《限制移民法案》，开始限制非欧洲移民进入澳大利亚，对其他非白人族群推行同化政策，即"白澳政策"，联邦政府要求原住民和其他族裔移民放弃自己的语言和文化。① 语言方面，这一时期，澳大利亚独尊英语，民众和各种出版物、广播等都被要求使用英语，当地的原住民和移民被迫放弃自己的母语而不能保持自己的语言，所有人都被同化。②

3. 多元化语言政策时期（20 世纪 70 年代—90 年代）

第二次世界大战结束以后，澳大利亚与亚洲多国的经济贸易往来日益频繁，澳政府在 70 年代初废除了"白澳政策"，开始与亚洲国家往来密切，不再禁止民众使用英语之外的语言（如汉语），亚洲语言在澳大利亚迎来了春天，80 年代开始，学习汉语的人数快速攀升。③ 同时，澳大利亚为了发展经济，又引入大量非英裔劳动移民，这些新移民带来新的语言和文化，使得整个社会的语言文化更加多元化。同时，澳政府还和不同族群、社会团体经过长期的文化和身份认同讨论，最终制定《国家语言政策》，该政策确立英语为澳大利亚的国语和官方语言，认定原住民语言为澳大利亚本土语言，希望所有澳大利亚学生都要学习一门除英语之外的语言，明确移民语言为社区使用语言，政府为英语教学、原住民语言保护和移民语言社区维持等项目提供资金支持。④ 可见，这一时期澳大利亚政府实行的是多元化语言政策。

4. 优先化语言政策时期（20 世纪 90 年代至今）

20 世纪 90 年代以来，澳大利亚逐渐将外交、经贸重心由欧美等传统伙伴国家和地区转向亚太地区，并在艾伯特政府期间明确提出"亚洲优先"战略。澳大利亚语言政策为了服务和保障国家的政治、经济、外交和安全等战略利益，逐步将亚洲语言教育作为重要内容之一，实行优先化的语言

---

① 刘晓波，战菊. 澳大利亚语言政策的发展变迁及其动机分析［J］. 东北师大学报（哲学社会科学版），2013（6）：161.

② 王玉红. 澳大利亚的语言政策及汉语生态：以新南威尔士州为例［J］. 华中学术，2018（3）：214.

③ 王玉红. 澳大利亚的语言政策及汉语生态：以新南威尔士州为例［J］. 华中学术，2018（3）：215.

④ 刘福根. 澳大利亚语言规划简述［J］. 语文建设，1999（5）：58-60.

政策。

1994 年，澳大利亚政府颁布了《澳大利亚国家学校亚洲语言与研究战略》，将学习亚洲语言提升至澳经济发展的战略高度，大大促进了澳民众对于 4 种主要的亚洲语言（汉语、日语、印尼语和韩语）的学习，学习亚洲语言的人数激增。2008 年，澳政府又启动一项《国家学校亚洲语言与研究计划》（以下简称《计划》），决定在 2008 年 9 月至 2011 年 12 月斥资 6240 万澳元，主要用于在高中设立更多亚洲语言课程，开展师资培训，以及为具有一定亚洲语言能力的学生开发一套课程。《计划》的目标是，到 2020 年，至少 12％的 12 年级毕业生能够流利使用四种主要亚洲语言中的一种，能够胜任与亚洲的商贸工作往来或达到大学的语言要求。[①] 澳大利亚实施的亚洲语言优先政策，有助于澳国内语言文化保持多样性，提升国民外语能力，在与亚洲国家的交流交往、经贸往来等方面占据语言优势，促进国家的繁荣与发展。

（二）澳大利亚语言政策给我们的启示

澳大利亚的语言政策在不同时期根据战略需要、国情变化等不断地进行调整，经历了多次转变。目前，澳大利亚是全球语言政策制定比较成功的国家之一，值得我们学习与借鉴。澳大利亚语言政策带给我们的启示主要有以下几点：

1. 国家战略需求指引语言政策的制定

一个国家的语言政策往往用于服务和保障这个国家的重大政治、经济战略，因而国家战略需求指引着国家语言政策制定的方向，国家战略的变化通常会引起国家语言政策的变革与更改，这在澳大利亚语言政策的制定历史中体现得淋漓尽致。

20 世纪 70 年代以前，澳大利亚国内面临着二战后新移民带来的国家文化与身份认同问题，且外交、经贸重心为英美等传统西方大国，因此澳大利亚不仅明确将英语确立为官方语言，还大力开展英语教学，全面提供英语语言服务。澳政府的这些举措不仅提升了国民文化认同、增强了族群凝

---

① 王中奎，宁波. 澳大利亚"亚洲优先"战略及其在语言政策方面的体现 [J]. 外国中小学教育，2018（8）：9-11.

聚力，而且对于增强国家安全、强化国际关系、促进经贸发展大有裨益。

20 世纪 70 年代之后，澳大利亚的国家战略发生了"大转向"，不仅废除了"白澳政策"，还试图"融入亚洲"，并逐步将亚洲置于其国家发展战略中的优先地位。面对新的国情，澳大利亚迅速调整语言政策，将亚洲语言的地位提升到前所未有的高度。由此足见国家战略需求在国家语言政策制定和调整中的重要作用。

2. 语言规划观影响语言政策的制定

王辉根据 Ruíz（1984）"Orientations in Language Planning"一文，对"语言规划观"这一概念作出了界定，即"对语言及其功能，不同语言及其在社会中的功能的一种复杂的认识取向"。细言为三：（1）语言问题观，将语言多样性看成问题和麻烦；（2）语言权利观，重视少数民族语言权利，强调母语教育是不可剥夺的权利；（3）语言资源观，语言是一种需要被管理、发展和保护的资源。[①]

语言规划观影响和引导一个国家语言政策的制定，澳大利亚语言政策的制定与不同时期澳政府语言规划观的转变密切相关。澳大利亚语言同化时期的政策体现的是语言问题观，这一时期澳政府独尊英语，而将其他语言以及希望能够保持自身原有语言文化的移民都视作需要解决的问题或麻烦。20 世纪 70 年代以后，随着政府语言规划观念转为语言权利观和语言资源观，澳大利亚的语言政策也更为务实和灵活，着手保护少数民族和原住民使用自身语言的权利，注重保护、开发、扩展本国的语言资源等。

▶▶ 三、法国的语言政策及其启示

（一）法国的语言政策

法国的语言政策与美国大不相同。美国以隐性语言政策居多，而极少通过联邦层面的显性语言政策来管理国家的语言生活。法国政府则多采用显性语言政策，通过制定法令法规坚决维护法语的标准语地位。[②]

---

① 王辉 . 基于语言规划观的澳大利亚语言政策模型构建及启示［J］. 北华大学学报（社会科学版），2012（6）：15.

② 许静荣，李宇明 . 法国语言政策研究［J］. 语言文字应用，2020（2）：143.

1. 制定保护法语的政策

纵观法国语言政策的发展史，我们可以清楚地看到，法国长久以来推行单语政策，一直用各种法律条款来保持法语的官方语言地位。但在全球化时代，这些政策用以应对英语的冲击时似乎仍显不足，因而法国政府又不断出台了一系列巩固法语地位的法规和政策。

1992 年，法国宪法修正案第二条规定"法语是共和国的语言"①，该宪法第一条是"共和国是不可分的"②，可见法国人民把法语视同领土一样重要，是共和国的重要组成部分。法国用根本大法的方式确立了法语不可撼动的官方语言地位，也是此后法国语言政策制定的基本依据。

1994 年，法国议会通过了《法语使用法》（又称"杜蓬法"），该法案中有如下一些规定：公立学校必须使用法语作为教学语言，否则不能获得政府的资助；工作场合要使用法语，所有劳动合同和需要劳动者知晓的企业文件必须用法文撰写；政府的官方出版物和涉及公共利益的出版物必须用法文印刷，外语广告必须附带法语翻译，在境内销售的商品包装必须使用法文；广播、电视等媒体要为保护和传播法语作贡献，其节目和广告内容，必须使用法语，播放的歌曲至少 40% 是法语歌；③"在法国召开的国际会议上，法国代表必须用法语发言，会议使用其他语言时，必须用法语作同声翻译"④ 等。

《法语使用法》实施以来，有多家公司因存在违法行为遭到起诉，被勒令纠正，甚至受到处罚。《法语使用法》的第一张罚单开给了 The Body Shop 公司，因其销售的化妆品产品只有英文标注。2006 年，通用电气医疗系统公司法国子公司仅用英语发布软件说明书，被凡尔赛法院判处 58 万欧元的罚款，并责令公司在 3 个月内提交相关材料的法语文件，否则每天罚款

---

① 郭友旭. 语言权利的理据及其所针对的问题［G］//中国法学会民族法学研究会. 2013 年中国民族法学年会论文集，2013：175.

② 戴冬梅. 法国语言政策与其"文化多样性"主张的悖论［J］. 北华大学学报（社会科学版），2012（6）：21.

③ 戴曼纯，贺战茹. 法国的语言政策与语言规划实践：由紧到松的政策变迁［J］. 西安外国语大学学报，2010（1）：2.

④ 姚申. 汉语能否成为国际学术研究与交流的通行语言［N］. 中华读书报，2012-11-07（5）.

2 万欧元。2014 年发布的《杜蓬法实施报告》显示，从 1994—2013 年，该法每年干预相关事件在数千件到万余件不等，但法院每年判决的案件只有数十件、百余件不等。①

2. 实施纯洁法语的政策

法国的语言纯洁政策是对其历史语言政策的延续，法国历史上语言政策的重点一直是纯洁和推广法语，② 当然纯洁法语的政策也有不少是为了降低英语对法语的影响。纯洁语言的政策主要通过语言管理机构来制定和实施，法国有众多的法语管理机构，其规模和复杂性都令人难忘，③ 下面我们介绍几个主要的语言管理机构。④

（1）法兰西学术院成立于 1635 年，是著名的法语纯洁机构，是法语拼写、词汇、语法、文学等方面的权威机构，被誉为"塞纳河上的语言警察"⑤，现在其主要任务是保卫法语、接受捐赠和保护艺术。法兰西学术院在保持法语纯洁性方面最突出的贡献是编纂法语词典，对于哪些词语不能进入法语词典，法兰西学术院有明确的规定，其编纂的第一部法语官方词典于 1694 年出版，历史上经过多次修订再版，现已出至第 9 版。

（2）法语和法国方言总署是法国专门负责贯彻实施语言政策的权威机构，其主要责任是关注《法语使用法》的实施情况，为学术会议和讲座提供法语翻译服务；促使全体国民关注法语的使用情况和未来走向；参与设立法语初级证书考试，帮助移民快速融入法国社会；在丰富法语和促进法语现代化方面起监督作用，向公众推广新词；繁荣法国文化多元性，维护语言的多样性，鼓励方言创作；收集大量的法国语言资料，其网站提供各

① 刘亚玲. 法国语言政策研究：单语制与多样性悖论 ［D］. 上海：上海外国语大学，2018：54-55.

② 李克勇. 法国保护法语的政策与立法 ［J］. 法国研究，2006（3）：22.

③ 博纳德·斯波斯基. 语言政策：社会语言学中的重要论题 ［M］张治国，译. 北京：商务印书馆，2011：77.

④ 戴曼纯，贺战茹. 法国的语言政策与语言规划实践：由紧到松的政策变迁 ［J］. 西安外国语大学学报，2010（1）：3.

⑤ 奥利弗巴尔加德. 法兰西学术院：塞纳河上的语言警察 ［M］//玛蒂娜·帕德贝格. 艺术与建筑. 王兰军，译. 北京：中国铁道出版社，2011：66.

类法语活动的信息及法语新词语料库；出版有关法语使用法、科技词汇、法国的语言资源等方面的刊物，并不断修订和再版。

（3）法国各部委均设有"术语委员会"，成立于1970年的"专业词汇委员会"主要负责解决相关领域的法语词汇的空缺问题，提供合适的法语词汇，利用法语国家国际组织的资源传播官方的专业词汇，不定期结集出版专业词汇等。通过国家机构认定的新词和术语，再通过多种方式进行推广，得以传播。例如，《法语使用法》规定公务员必须使用规范的法语词汇；教育部定期认定词汇和语法形式正确与否，并在国家各种考试中作为必考项目进行考查等。

3. 全球推广法语的政策

法语在全球推广的历史久远，也被认为是在本土以外推广本国语言较为成功的案例之一。法国历史上通过征服和控制的手段将法语推广到瑞士、比利时和卢森堡等邻国，通过殖民的方式将法语推广到非洲、美洲、亚洲的多个国家和地区。二战后，法国的殖民地纷纷独立，法国失去了对这些国家的控制权，通过殖民政府推广法语的方式已不可行。现在，法国政府主要是通过组建全球性协会和教育机构以及培养法语教师等手段来推广法语。

（1）法语联盟。法语联盟成立于1883年，是一个非官方、非营利的法国语言和文化的推广机构，主要从事语言教学工作，目前全球130多个国家设立了800多所法语联盟，位于巴黎市中心的"法语联盟"总部每年接收来自120多个国家的10000多名学生前来学习。① 法语联盟配备先进的教学设备，面向各个年龄阶段的学生，采用交际教学法和任务教学法等新的教学方法，提供多样的课程。除此之外，法语联盟还与法国外交部、文化部、教育部以及法国驻外使领馆等有着密切的联系，不定期地举办各种文化活动，比如展览、讲座、音乐会、读书会等，向公众介绍法国语言文化。截至2023年，中国大陆有14所法语联盟法语培训机构，每年有数万名学员接

---

① Alliance Française Paris ［EB/OL］. ［2023-07-12］. https：//www.alliancefr.org/en/a-bout.

受法语培训。①

（2）法国国际学校。法国国际学校是立足于法国公民、面向全世界的教学机构，隶属于法国外交部，专为本土以外的法国学生设立。学校按照法国本土的教学大纲开设课程，以便这些学生在毕业后回到法国可以继续接受高等教育。法国在130多个国家设有400多所法国国际学校，招收学生约30万名。虽然这些学校面向法国籍学生，但并不限于此，也招收其他法语国家和地区以及当地学生。法国国际学校不但保证本土以外的法国学生学习法语的权利，也为当地的学生提供学习法语和法国文化的机会。②

（3）法语国家组织。法语国家组织成立于1970年，目前有88个成员国，在横跨五大洲的范围内形成了一个以法语为核心和纽带的网络。在该组织的推动下，目前全球约有3.2亿人在使用法语。该组织的主要任务是：推广法语及维护语言文化多样性；推动和平、民主和人权建设；支持普及教育、职业培训、高等教育和科研；推进可持续发展领域的合作。③ 该组织将3月20日定为法语日，当天法语国家在全球开展各种法语活动，成为法语的盛会。④

4. 松动的单语制政策

1992年，欧洲委员会通过了《欧洲地区语言或少数民族语言宪章》，虽然身为创始成员国之一，但是法国并没有在该宪章上签字，法国政府给出的解释是他们不愿意将集体权授予少数语言使用者，不想动摇法语在宪法中的重要地位，直至1999年法国政府才签署了该宪章，但仍旧保留着之前的思想。随后法国宪法委员会作出裁决，认定政府批准该宪章违反法国宪法，因此该宪章多年来在法国未获得批准。⑤

---

① Alliances Françaises Chinese ［EB/OL］. ［2023-07-12］. https：//afchine. org/zh/#afc-content.

② 栾婷. 法国在全球推广法语的政策与措施分析 ［J］. 首都经济贸易大学学报，2014（5）：59.

③ The Francophonie in brief ［EB/OL］. ［2021-12-12］. https：//www. francophonie. org/franco-phonie-brief-1763.

④ 刘洪东. 法语全球推广和传播研究 ［M］. 济南：山东大学出版社，2014：90-91.

⑤ 刘亚玲. 法国语言政策研究：单语制与多样性悖论 ［D］. 上海：上海外国语大学，2018：89-95.

2001 年，联合国教科文组织通过了《世界文化多样性宣言》，该宣言第七条提出"每项创作都来源于有关的文化传统，但也在同其他文化传统的交流中得到充分的发展。因此，各种形式的文化遗产都应当作为人类的经历和期望的见证得到保护、开发利用和代代相传，以支持各种创作和建立各种文化之间的真正对话"①。众所周知，语言是文化的载体，是文化遗产的基本元素，只有保护好语言的多样性，才能更好地保护文化的多样性。2005 年，联合国教科文组织又通过了《保护和促进文化表现形式多样性公约》，更是明确指出"语言多样性是文化多样性的基本元素之一"②。这两个文件的通过得益于法国和欧盟的全力推动，但是法国独尊法语的单语政策又与这两个旨在保护和促进文化多样性的文件明显相悖。

法国推行了两百多年的单语政策，为国家统一与社会凝聚力的增强发挥了重要的积极作用，但同时也带来不少负面影响，因而国内也有很多声音来促使政府放宽语言政策。在民众的呼吁下，法国于 1983 年成立了"地区文化与语言国家委员会"。1981 年到 1995 年，时任法国总统密特朗发表了一系列讲话，表示要尊重地方语言和文化，要开设相应的课程教授地方语言，在此期间，法国政府明确提出了倡导语言和文化多样性的口号。1995 年，95-086 号法令出台，这是关于少数民族语言政策的法令，该法令覆盖了法国 20 多种少数民族语言，允许沉浸式双语教学。1966 年组建的保护和推广法语高级委员会几经更名，2001 年改称"法语和法国方言总署"，是法国最具权威的专门负责实施语言政策的政府机构，其主要社会工作职责还包括繁荣法国语言文化多样性，鼓励用方言创作文学作品等。2008 年 7月，法国议会修正宪法，第 75 条明确规定："法国的方言属于法国的文化遗产。"③ 至此，法国各地区的语言得到了宪法的承认，法国政府对待少数民

---

① 多样性宣言 [EB/OL]. [2021-12-13]. http：//www. unwcdo. com/blank1. html？introId =1.

② 中国联合国教科文组织全国委员会秘书处. 保护和促进文化表现形式多样性公约 [EB/OL]. (2005-10-21) [2022-11-12]. http：//www. moe. gov. cn/srcsite/A23/jkwzz _ other/200510/t20051021 _ 81305. html.

③ 戴曼纯，贺战茹. 法国的语言政策与语言规划实践：由紧到松的政策变迁 [J]. 西安外国语大学学报，2010，(1)：2-4.

族语言的态度有了明显的转变。

全球化时代，法国推行的单语政策与欧洲及联合国推行的文化多样性政策明显相悖，并发生了多次碰撞，法国国内语言政策也根据国内外政治、文化发展等情况做出相应调整，我们认为这些正是法国单语政策松动的重要内外部原因。"单语主义"已不再适合"全球化、文化多元化"的时代需要，应当将着眼点转向"多语主义"，研究"多语主义"。①

（二）法国语言政策给我们的启示

法国非常注重法语的传承与保护，实施了"纯洁法语"政策，国内独尊法语，极大地保护了法语这一国家共同语，扩大了法语在法国的使用人数和影响力，增强了国民的凝聚力与向心力，令国内统一和谐。同时，法国政府也以法语为傲，积极推动法语走向世界，设置机构和学校在全球范围内推广法语，以此扩大法语的国际影响力。但随着全球化时代的到来，语言文化多样性理念的冲击使得法国的单语政策开始松动，法国政府也开始倡导语言文化多样性，并通过立宪的形式来保障国内各种语言的合法地位，开始保护方言和少数民族语言。总之，法国的语言政策随着国内国际环境的变化而经历了一些转变，法国语言政策的制定经历和经验给我们带来了如下的一些启示：

1. 坚定推广国家通用语言

法国独尊法语的单语政策实行了 200 多年，为国家的统一、国民的团结、经济的发展作出了重要贡献。虽然我们不提倡单语制，但赞同一个国家需要有一门全国人民都认同的语言来加强人民的凝聚力、消除交流障碍、提高经济效率。因此，在条件允许的情况下，政府理应坚定不移地推广国家通用语言。

以我国为例，1956 年，国务院发布《关于推广普通话的指示》，在全国范围内推广普通话。经过半个多世纪的不懈努力，截至 2022 年 7 月，全国普通话普及率已达 80.72%。② 普通话的推广在方便各地区民众的交流交往、

---

① 李宇明. 李宇明语言传播与规划论文集［G］. 北京：北京语言大学出版社，2018：251-252.

② 丁雅诵. 全国普通话普及率达 80.72%［N］. 人民日报，2022-07-05（07）.

增强社会凝聚力、促进经济发展等方面作出了不可磨灭的贡献，我国应该更加坚定推广普通话的信念并采取积极的语言管理措施来推动更多民众使用普通话这一国家通用语言。

2. 提高国民的语言自信

法国的语言保护力度之大、纯洁法语的决心之坚定是有目共睹的，有些措施值得我们借鉴和学习。例如，在法国举行的重要学术会议要求本国学者一定要使用法语，其余语言必须有法语翻译。法国人对法语充满自信并引以为傲，他们甚至设有一个"卡佩特英语年度大奖"，颁发给那些"致力于促进英语，损害法语"的单位和个人，① 以示讽刺。其实，任何国家及其国民都应对本国的语言文化感到自信，要增强对本国、本民族语言文化的认同感与归属感。一个国家和民族的语言是一笔宝贵的精神文化财富，我们应当坚定地传承、保护和发扬。我们不能数典忘祖、崇洋媚外，认为自己民族的语言低人一等，甚至放弃自己国家和民族的语言，这是不可取的行为。

3. 加强对词典编修的指导

法国有众多的机构专门从事纯洁法语的工作，各部委都设有术语委员会，对于各领域引进的外来语，不是照搬外语词汇，而是按照法语的规则创造新词。当前，我国在新词和术语规范方面显然做得还不够，其中字母词的规范管理问题备受热议。如任由民众滥用字母词而不加管制，或许会危及汉语安全及其纯洁性，亦不利于塑造"文化自信"，因而我们认为应少用、慎用并规范字母词，可用汉语简称进行翻译，避免把汉语外语化。

此外，法国注重历史词典的编纂，即对每一个词在历史上曾经拥有过哪些义项，何时消亡，都在词典中予以呈现，如此则该词在历史上的发展演变情况就十分清晰了。例如，19 世纪下半叶编纂的《利特雷词典》，"词条内容和引例都非常丰富，词义从 17 世纪初起按历史发展的脉络呈现"。② 这种做法对于保存本民族语言文化以及让民众了解本民族语言的历史均大

---

① 刘洪东. 法语全球推广和传播研究［M］. 济南：山东大学出版社，2014：88.

② 李莉. 发达国家学习词典编纂场景概览（三）：法国编纂场景［J］. 鲁东大学学报（哲学社会科学版），2012（5）：57.

有裨益，值得其他国家和民族借鉴学习。汉语也应有自己的历史词典，这一点蒋绍愚和汪维辉等语言学家已在多个场合呼吁，此不赘述。

4. 促进语言的全球传播，提高语言的国际影响力

对于本国、本民族的语言，我们除了传承和保护，还应注重对其进行全球传播，推动其走向世界，吸引更多人来学习，以此提高其国际地位、扩大其影响力，让更多人通过语言来增进对本国家的了解，将本国的优秀语言文化传播至五洲四海。同时，这也有助于提高该国家在国际上的话语权。法国在这方面做了很好的示范，如其成立的"法语联盟"为法语的国际推广与传播作出了重大贡献，我们应借鉴和学习其经验。

我国是世界第二大经济体，中文是全球使用人口最多的语言，我们应当为全球的语言生活提供中国方案，利用各种交流交往形式，提供更多使用中文交流的机会，为全球语言学习者提供更多学习中文的渠道和平台，让世界更好地了解中国，提高中文的国际地位，增强中华文化的国际影响力。以中文在法国的传播情况为例，目前法国大约有十万人学习中文，其中约有一半在中小学接受正规的中文教学，此外，还有一部分人在社区、文化协会、海外华人社团以及孔子学院中学习中文。[①] 在全球化时代搭建语言文化交流平台，加强中国与其他国家的语言文化合作，在促进中文国际传播的同时，提高中文的国际影响力，也能增进中国同其他国家人民的友谊。

▶ 四、印度的语言政策及其启示

（一）印度的语言政策

印度是一个典型的多语国家，语言问题在印度国内是一个极其重要且敏感的话题，印度的语言政策受到多重因素影响。据印度官方 2011 年人口普查中的语言调查数据显示，印度目前有 1369 种可确定的母语（印度政府将母语定义为"一人童年时，母亲对他使用的语言。如果一个人年幼丧母，或为聋哑人，那么他幼年时家庭使用的语言或家族使用的语言就是他的母语"），使用人口在五千万以上的有 7 种，分别为印地语、孟加拉语、马拉提

---

① 李宇明. 中法语言政策研究（第三辑）[M]. 北京：商务印书馆，2017：12.

语、泰卢固语、泰米尔语、古吉拉特语、乌尔都语，其中印地语的使用人口在 5 亿以上。① 我们将重点分析印度独立之后的语言政策情况。

1. 官方语言政策

1946 年，印度成立制宪会议，由 300 多名成员组成，其中包括甘地、尼赫鲁等重要政治人物。该机构的主要任务是制定印度宪法，同时试图解决复杂的语言问题。制宪会议的代表就印度语言问题展开激烈讨论和多轮博弈，最终达成妥协，表面上解决了印度斯坦语、印地语和乌尔都语之间的矛盾，确立了国语、官方语言等问题。②

《印度宪法》（1950 年 1 月 1 日实施）规定：以"天城体"字母书写的印地语为官方语言。《印度宪法》还规定：联邦政府应设立语言委员会，负责向总统就"逐步采用印地语作为联邦的官方语言""联邦政府的官方场合限制使用英文"等问题提供建议。《印度宪法》对英语的规定是：《宪法》实施后 15 年内，即在 1965 年之前，联邦的官方场合均可继续使用英语，1965 年以后用印地语完全取代英语。③ 1965 年 1 月 26 日是印度共和国纪念日，也是印度宪法规定放弃使用英语的最后期限，印度南方爆发了大规模的抗议活动，部分政党借机向中央政府发难并表示，如果废除英语，将印地语确定为唯一官方语言，一些地方政府将会宣布自治。时任印度政府总理夏斯特里不得不做出让步，宣布英语将在非印地语地区拥有官方语言地位并可以继续使用，自此以后，印地语和英语成为印度的官方语言。④

印地语强硬派认为政府让步违背当初的宪法规定，不利于国家和民族的统一，而非印地语地区认为中央在搞"印地语帝国主义"，全国出现大规模的罢工和示威活动，并升级为暴力冲突。中央政府最终做出了五项决议：各邦有权选择自己的语言；各邦之间的交流可以用英语或附上英语译文；

---

① 廖波. 印度的语言状况：基于 2011 年印度人口普查语言调查数据的分析 [J]. 解放军外国语学院学报，2020（6）：100-101.
② 刘长珍. 从单语主义到多语主义的转变：印度语言政策研究 [D]. 北京：北京外国语大学，2015：54.
③ 周庆生. 印度语言政策与语言文化 [J]. 中国社会科学院研究生院学报，2010（6）：106.
④ 刘长珍. 从单语主义到多语主义的转变：印度语言政策研究 [D]. 北京：北京外国语大学，2015：74.

非印地语的邦可以用英语与中央进行正式交流；中央机关继续使用英语；全国文官考试使用英语。由于印地语取代英语失败，地方语言势力抬头，引发了根据语言建邦的"语言邦运动"，从 20 世纪 50 年代开始一直持续至今。①

2. 三语教育政策

印度三语教育政策出台经历了不同的发展阶段，（1）1949 年，根据大学教育委员会的报告，建议在中等教育高级阶段和大学阶段，学生应该熟悉 4 门语言：母语、地区性语言、共同语言，如印地语、英语。（2）1952 年，中等教育委员会建议学生应该学习 4 门语言：母语、各邦地区性语言、联系语言印地语、任何古典语言。（3）1961 年，印度中央教育咨询部在之前相关报告基础上提出新的政策，通常称为"三语模式"，建议儿童应该学习 3 门语言：地区性语言；非印地语地区的儿童应该学习印地语，印地语地区的儿童应该学习其他印度语言；英语和任何现代欧洲语言。②

在通用语言的选择上，印度中央政府始终想将印地语确立为通用语言，然其国内语言状况复杂，随时都可能重新激发矛盾，最终各方势力妥协的结果是"三语"教育方案：非印地语地区的人可以学习本地区语言，但还要学习印地语和英语；印地语地区的人除了学习印地语，还要学习英语和第三种语言。2005 年，印度《国家课程框架》颁布，规定了印度语言教育的几条基本方针：教授多种语言，以学校为起点建设多语环境；学童的母语应该成为学校教育的媒介语言；儿童从一开始就要接受多语教育。三语教育的精神应该得到贯彻。③

（二）印度语言政策给我们的启示

印度境内语言众多，且由于一些历史遗留问题，导致语言问题非常复杂。印度在建国之初确立的官方语言印地语由于认可度不够而导致国内矛

---

① 蒋哲杰. 印度复杂的语言问题与语言政策 [G] //教育部语言文字信息管理司. 世界语言生活报告（2016）. 北京：商务印书馆，2016：94-95.

② 李红毅. 印度语言政策与语言民族间的冲突与争论 [J]. 贵州大学学报（社会科学版），2007（4）：102.

③ 蒋哲杰. 印度复杂的语言问题与语言政策 [G] //教育部语言文字信息管理司. 世界语言生活报告（2016）. 北京：商务印书馆，2016：96.

盾激化，掀起了"语言建邦"运动，其后印度政府被迫妥协，印地语和英语成为国家的共同语。印度在语言政策的制定和调整过程中有不少经验和教训值得我们吸取和反思。

1. 谨慎制定语言政策

多民族、多语言国家或地区语言政策的制定关乎区域范围内的稳定与发展，需要谨慎考量，印度的语言生活状况为此提供了典型案例。独立初期，以印地语为国家官方语言的语言政策加剧了印度国内的语言冲突，"语言建邦"运动纷纷兴起，造成民族和地区的分裂，严重破坏国家统一，危害国家繁荣。为此，印度政府根据实际情况不断调整语言政策，颁布语言教育方案，关注不同族群的语言诉求，终于使印度国内的语言生活状况渐趋缓和。

世界上国内语言状况复杂的国家有很多，这些国家的政府在制定语言政策时均应慎重，不能犯"一刀切"的错误，需广泛征求意见，综合考量和平衡各大语言使用群体的利益，尊重民意，如此方能在不激化内部矛盾的基础上实现各地区、各民族的和谐共处以及国家统一。我国与印度同为人口大国，民族语言问题的复杂程度不亚于印度，因而政府在制定语言政策、进行语言规划以及处理国家通用语与方言、少数民族语言的关系时更应谨慎，需综合考量各民族的诉求，寻求多方面的均衡。

2. 妥善处理英语及其教育的问题

英语在印度的政治和社会生活中扮演重要角色。印度独立之后，英语成为调和多种族语言矛盾的折中选择。印度政府最初为英语的退出设置了15年的过渡期，然而最终仍被宪法认定为印地语之外的官方语言，在区域联系中起到重要作用。教育方面，英语是印度正规教育的基本组成部分，且在科技教育方面是唯一的教学语言。[①] 在英语学习理念方面，相关研究显示，83％的印度学生认为英语是有用的，只有54％的人感到有必要需要出国才能学好英语，因而即便条件不够充分，他们也更愿意在周围环境使用英语；有几乎一半的人认为印度人有能力学好英语，有几乎一半的人反对

---

① 刘长珍. 从单语主义到多语主义的转变：印度语言政策研究 [D]. 北京：北京外国语大学，2015：119-120.

"得把英语说对了才能开口"，可见印度人对待英语的态度。① 此外，印度高等教育的国际化水平比较高，培养了世界第二大能够熟练使用英语的专门人才队伍和长期位列世界前三名的工程技术人员队伍。② 印度的这些英语教学措施与经验、学习理念和取得的一些成效值得其他国家反思与学习。我国英语教育中"哑巴英语"的现象仍比较严重，真正能说会用、熟练掌握英语的人才较少，而既精通英语又熟悉专业知识的复合型外语人才更是匮乏，要改变这一状况，印度的英语教学理念或许可以作为一个有益的借鉴和参考。

五、欧盟的语言政策及其启示

（一）欧盟的语言政策

欧盟作为一个既有国家组织性质，又有联邦特征③的由欧洲众多国家组成的超国家组织，在其管辖区域内实行多语政策。其为多语政策所做的第一项努力是在欧盟工作机构确立多种官方语言和工作语言。截至 2020 年 1 月，欧盟共有 27 个成员国（英国与欧盟已于 2020 年 1 月正式签署脱欧协议）。欧盟规定成员国的官方语言也是欧盟的官方语言和工作语言，因而欧盟是世界上官方语言和工作语言最多的国际组织，有 20 余种，这些语言享有同等的权利，欧盟的所有出版物、官方文件、重要会议和官方网站都必须同时使用这些语言，为此欧盟设立了世界上最大的翻译机构，笔译部有约 1750 名译员，口译部约有 600 名译员，以及多达 3000 名非专职口译人员，每年花在翻译上的经费数目不菲。④

欧盟实行多语政策的第二项努力是保护欧洲语言的多样性。1992 年，欧洲共同体通过《欧洲地区语言或少数民族语言宪章》，1998 年 3 月 1 日开

① 蒋哲杰. 印度复杂的语言问题与语言政策［G］//教育部语言文字信息管理司. 世界语言生活报告（2016）. 北京：商务印书馆，2016：98.

② 凌鹊，徐琼. 高质量且公平：印度高等教育发展行动研究［J］. 高教发展与评估，2023（2）：81.

③ 刘海涛. 欧洲联盟语言状况及语言政策［G］//王辉，周玉忠. 语言规划与语言政策：理论与国别研究（续），北京：中国社会科学出版社，2015：255.

④ 田鹏. 欧盟官方语言政策［G］//教育部语言文字信息管理司. 世界语言生活报告（2016）. 北京：商务印书馆，2016：276-279.

始实施，[①] 其总则部分体现了总体思想：认可区域或少数民族语言是具有丰富文化内涵的表达方式；尊重每种区域或少数民族语言的地理范围；必须采取坚决行动促进此类语言的发展；支持、鼓励人们在私人及公共场合以口头或书面方式使用此类语言；在所有合适阶段为此类语言的教学与研究提供适当的形式与方法；促进相关的跨民族交流；禁止与区域或少数民族语言的使用相关、旨在打击或破坏其存在或发展的一切无理区分、排斥、限制或偏袒；各缔约国应促进各国语言群体之间的相互理解等。[②]

第三项努力是推动各成员国的多语教育与学习。欧洲委员会认为多语能力是各成员国公民从事自由贸易和跨国旅行的必备能力，为此欧洲委员会还制定了欧洲国家的外语教育标准和外语评价体系，并鼓励外语教育从娃娃抓起。欧盟 2003 年通过了"语言学习和语言多样性行动计划"，该计划提出了 820 万欧元的预算资助 40 个教育项目，其中包括为儿童提供"母语＋双外语"的教学项目、终身学习项目、优质外语教学与师资培训项目以及建立友好外语社区项目等。[③] 通过外语政策和欧盟工作人员的影响，欧盟成员国公民的多语能力得到了极大提升，多语语言信仰也在逐步形成。

（二）欧盟语言政策给我们的启示

欧盟积极推行多语政策，提倡语言文化的多样性，采取了不少措施来促进和提升其成员国的多语教育成效，让欧盟区的民众接受多语教育，从而提升了他们的语言能力。当然，欧盟在向其成员国推行多语政策时也会遇到一些问题和阻碍，如：

1. 超国家组织对成员国的语言管理较为有限

全球化使得民族国家的部分权力被淡化，但这并不意味着会有一个世界政府的诞生，相反在有些方面更进一步坚定了人们对民族国家权力的信念，而且超国家组织通常要尊重各成员国的主权，对各成员国的影响其实非常有限，欧盟多语政策的实施就是一例。欧盟在社会经济领域的一体化

---

① 刘华. 民族法学［M］. 昆明：云南大学出版社，2015：230.
② 李鸣. 世界民族法制史纲［M］. 北京：民族出版社，2016：71-77.
③ 博纳德·斯波斯基. 语言管理［M］. 张治国，译. 北京：商务印书馆，2016：287-288.

程度很高,^① 但在语言和文化方面的影响力十分有限。比如,欧盟提出的语言政策只有在其成员国得到批准和实施后,出现问题了才会服从欧盟的裁决,《欧洲地区语言和少数民族语言宪章》被法国议会认定违反法国宪法,这个宪章在法国就无法实施,根本就不能约束法国。这样,从多语政策的实施情况来看,与其说欧盟的多语政策是一种对语言实践的管理,不如说是对语言信仰和语言意识形态的影响。

2. 多语国家、地区或组织应选择适宜的共同语

在多语国家和地区,可以通过协商一致的方式确定一种或多种大家都能接受的共同语,以降低交流成本,提高沟通效率。欧盟因其提出的多语政策,建立了世界上最庞大的翻译机构,消耗了巨大的人力和财力。据报道,欧洲议会为爱尔兰语的翻译服务平均每年耗资 100 万欧元,而以爱尔兰语为母语的议员仅 1 人。欧盟公民最常用的语言是英语、法语、德语和西班牙语,^② 因此,就实用角度而言,使用上述四语作为欧盟的共同语(通用语)或许是一种不错的选择。

▶ 六、国外语言政策启发与思考

我们简要介绍了一些国家和机构在全球化时代的语言政策,这些语言政策有显性的,有隐性的,有单语政策,有多语政策,有成功的经验,有失败的教训。通观上述语言政策并参考其他一些国家的情况后,我们得到了如下一些启发:

1. 语言政策的制定应因时、因地制宜

如上文所述,国情、社会环境、战略需求等因素会影响一个国家的语言政策制定。不同时代,由于国情、社会环境、国家战略的变化,政府需要与时俱进地制定出符合当时实际的语言政策。例如,20 世纪初至 60 年代后期,澳大利亚独尊英语,语言政策单一化;20 世纪 70 年代开始,澳大利亚政府的战略重心逐渐转移至亚洲,语言政策也渐变为"亚洲语言"优先,

---

① 李小圣. 欧洲一体化理论与实践分析 [M]. 北京:世界知识出版社,2007:65.
② 田鹏. 欧盟官方语言政策 [G] //教育部语言文字信息管理司. 世界语言生活报告 (2016).
北京:商务印书馆,2016:284.

可见语言政策往往随着时代的发展而转变。不同国家的国情、语情往往千差万别，因而采取的语言政策多不一致。例如，法国可以采取独尊法语的单一语言政策，但印度这一多语、多民族的国家，语言情况复杂，只确定一种官方语言的政策并不可行。同时，当我们在学习和借鉴别国语言政策制定的经验与教训时，不可不顾自身实际而全盘照搬，否则就会出现"水土不服"的现象，甚至激化社会矛盾等。国家语言政策的制定应因时、因地制宜，从自身实际和各地具体情况出发，与时俱进，顺应时代的变化和需求而更新、调整。

2. 官方语言的设立有其必要性

在多语言、多民族的国家设立官方语言或通用语言是必要的，它有利于形成统一的国家意识，增强民族凝聚力，降低沟通交流的成本。全球有100多个国家指明了一种或几种语言作为本国的官方语言或国语。[①] 可以看到，有些国家是成功的，有些国家却是失败的。究其原因，我们认为在一个多语国家如果只指定某一语言为官方语言，那么这一语言在该国应该有着极大的影响力，否则最好是确立两种或多种官方语言。瑞士、新加坡都有多达四种官方语言，国内的语言生活比较和谐。乌克兰只确立乌克兰语为官方语言，成为爆发民族冲突的诱因之一。印度确立的国语印地语影响力不够，导致了持续了几十年的"语言邦运动"。在多语国家，如果没有一门语言有足够的影响力可以确立为国语，而又想指定一门通用语言来提高交流效率，可以选用一门比较中立的语言，很多前英、法殖民地在独立以后仍沿用英语和法语作为官方语言，以此避免引发冲突。

3. 语言资源需得到保护

全球化时代，语言是国家资源的观点，即语言资源观得到越来越多国家的认可，语言权作为人权和民族权的重要组成部分也愈发受到国际关注。认为多语将影响国家统一与团结一致、妨碍交流而采取单语制的国家将承受的国际和国内压力逐渐增大。为了稳定国内局势、树立良好国际形象，传统单语国家不得不放松或转变语言政策。比如，一直推崇单语制的美国

---

① 博纳德·斯波斯基. 语言政策：社会语言学中的重要论题 [M]. 张治国，译. 北京：商务印书馆，2011：14.

一改打压土著语言的态度，于 1990 年出台《土著语言法》来保护土著语言。传统上实行单语制的法国，2008 年也在宪法中增补了"方言属于法国文化遗产"的条款。① 可见美法两国正以实际行动保护国内的各种语言（方言）。秉持语言资源观的理念，各国应加大力度并开展实际行动，科学地保护好有关语言（方言），以此维护国内语言的多样性。

4. 外语教育应注重外语与本国语言的动态平衡

全球化时代，各国对其国民进行外语教育已司空见惯，但也面临着不少困境。英语已然成为一种全球化语言，英语的全球化对于所有国家来说都是一柄双刃剑。以英语为第一语言的国家，收获了英语带来的巨大红利，因此很难调动国民学习其他语言的积极性，其国内其他语种的生存环境受到极大挤压，进而衰退甚至濒危，同时也导致外语教育困难重重，掌握关键外语的人才匮乏。对于英语非第一语言的国家来说，他们既要鼓励国民努力学好英语，以更好地学习先进的科学技术和获取国际利益，又要担心外语语种的单一化，还要防止英语语言文化给本国语言文化带来的巨大冲击。

各国在制定外语教育政策时，都无法回避"英语问题"。美国国防部、教育部提出了关键外语战略，鼓励国民学习外语。欧洲很多国家都提出双外语政策，在英语之外还要再学习一门外语，这样法语、德语、西班牙语等欧洲主要语言很可能成为第二外语，从而减少英语的威胁。很多国家立法保护本国语言，如坦桑尼亚、阿拉伯联合酋长国、约旦等国都把本国语言设为官方语言，并采取措施推广和保护，但收效甚微。也有些国家为了提高英语的学习效率，把英语设为教学媒介语言，比如马来西亚直接用英语教数学。可以说，为了应对英语全球化带来的问题，各国采取的政策措施五花八门，但大多效果并不尽如人意。

全球化影响了个人的语言选择，进而改变了语言生态系统。在应对英语全球化的问题上，或许从语言信仰着手会更有效，如大力发展本国的科技和经济实力，提高国民的语言文化自信，培养国民的多语信仰，促使英语和本族语言共同发展，使它们在动态中保持平衡。

---

① 戴冬梅. 方言入宪：法国方言政治地位的提升［G］//教育部语言文字信息管理司. 世界语言生活报告（2016）［M］. 北京：商务印书馆，2016：176.

第二节　我国的语言政策

党的十八大以来，中国特色社会主义进入新时代，这是我国发展新的历史方位，我国语言文字工作也在前期积累的基础上不断取得新进展。在相关法律的制定方面，一些新制定的法律条文更加重视语言文字与社会发展、实际生活的密切联系。在语言文字的普及和规范方面，不断提出新方案、推出新举措。在语言文字的信息化建设方面，运用大数据和云平台不断提高语言文字工作的信息化水平。在语言文字服务方面，综合考虑国家、社会与个人的需求，更加全面地推进语言文字服务工作。在加强语言文字的服务与传播能力方面，统筹考虑中华语言文化的国内传承与国外传播，积极响应"一带一路"倡议与"人类命运共同体"理念的伟大实践。我国在语言文字工作方面取得的这些进展，离不开各项语言政策、法规的宏观指导。根据实际国情和语情，我国在各个时期都制定了相应的语言政策，也有相应的语言立法，接下来我们将依次介绍新时代（十八大）以前和新时代以来（十八大至今）我国的语言政策以及语言立法情况。

▶▶ 一、新时代以前的语言立法及语言政策

我国的语言文字拥有悠久历史，承载着中华民族的优秀文化。我国语言资源丰富，经过专家学者的调查和研究，已识别的语言为 134 种，[①] 呈现出复杂的面貌。正因如此，党和政府历来重视国家语言文字工作，重视传统语言文化的传承传播和规范利用以及语言资源的保护和开发工作。

（一）新时代以前语言立法情况

我国的语言立法首见于国家根本大法——《中华人民共和国宪法》（下文简称《宪法》），一般法律又在各个领域对《宪法》的精神进行了延伸。[②]

---

① 孙宏开. 关于语言身份的识别问题［J］. 语言科学，2013（5）：451.
② 本节讨论的法律及法规文件均援引自国家法律法规数据库 https://flk.npc.gov.cn/

自中华人民共和国成立以来，我国政府一直按照《宪法》的要求，坚持主体性和多样性相结合的原则，研究和制定语言政策，开展语言文字工作。

新中国的第一部《宪法》（1954）中的相关内容与人民群众的语言生活直接相关，如第三条规定"各民族都有使用和发展自己的语言文字的自由"，保障了少数民族使用自身语言文字的权利，体现出民族语言平等的原则。第七十七条则对法律诉讼中语言的使用情况做出了规定和要求。

《宪法》（1982）第十九条规定"国家推广全国通用的普通话"，这一条可以抽象为主体性原则。第四条规定"各民族都有使用和发展自己的语言文字的自由，都有保持或者改革自己的风俗习惯的自由"，这一条可以抽象为多样性原则。《宪法》（1982）规定中体现的主体性和多样性既是我国语言文字工作的依据和原则，① 也是我国语言文字工作的核心内容。

1. 主体性立法

上文简要介绍了多个国家的语言立法情况，多语言、多民族国家大多都在宪法中规定了本国的官方语言，为消除交流障碍、提高民族认同感和巩固国家统一服务。《宪法》（1982）第十九条规定"国家推广全国通用的普通话"，没有确立"官方语言"，这是一种政治智慧，因为与"官方语言"相对的是"非官方语言"，"非官方语言"的地位低，其使用者为了提高自己所使用语言的地位，就可能引发语言冲突甚至社会危机。为了消除这种冲突，有些政府只好提出了多种官方语言，但我们从欧盟的多官方语言政策可以看出，多种官方语言会导致交流成本加大，并不具备经济性。多民族、多语言地区应该有一种通用的语言作为共同的交际工具，方便民众沟通，提高交际效率。我国《宪法》规定"国家推广全国通用的普通话"，我们只有通用语言，没有"官方语言"，自然也不存在"非官方语言"，这与我国提出的各民族一律平等的民族政策相符合，有利于加强民族团结，减少民族矛盾，同时也符合我国需要提高各民族语言之间的交流效率的国情，具有务实性。

2000 年颁布的《中华人民共和国国家通用语言文字法》（下文简称《通

① 周庆生. 中国"主体多样"语言政策的发展 [J]. 新疆师范大学学报（哲学社会科学版）2013（2）：32.

用语言文字法》）是我国历史上第一部国家层面的专门的语言法。该法典由总则、国家通用语言文字的使用、管理和监督、附则四个部分组成。① 总则部分共八条，规定了国家通用的语言文字为普通话和规范汉字，国家推广普通话和推行规范汉字，公民有学习和使用国家通用语言文字的权利，规定了国家语言文字使用的总原则；国家通用语言文字的使用部分，明确了国家机关、学校及其他教育机构、汉语出版物、广播电台和电视台、公共服务行业的基本用语和用字应为普通话和规范汉字；广播、电影、电视、公共场所设施、招牌广告、企事业组织名称、境内销售的商品包装与说明等均应使用通用语言文字；规定了方言、繁体字和异体字的使用范围；规定《汉语拼音方案》为拼写和注音工具；规定对外汉语教学应教授普通话和规范汉字。管理和监督部分规定了负责语言管理和监督的各部门的职责和对违法行为的处理措施。② 《通用语言文字法》出台后，中国主体性的语言文字工作便主要围绕《通用语言文字法》来开展。

2. 多样性立法

《宪法》第四条规定"各民族都有使用和发展自己的语言文字的自由，都有保持或者改革自己的风俗习惯的自由"，《宪法》赋予少数民族语言文字的使用以法律效力。除了在总纲中有上述规定以外，又在"国家机构"一章中作了如下详细规定：

第一百二十一条：民族自治地方的自治机关在执行职务的时候，依照本民族自治地方自治条例的规定，使用当地通用的一种或者几种语言文字。

第一百三十四条：各民族公民都有用本民族语言文字进行诉讼的权利。人民法院和人民检察院对于不通晓当地通用的语言文字的诉讼参与人，应当为他们翻译。在少数民族聚居或者多民族共同居住的地区，应当用当地通用的语言进行审理；起诉书、判决书、布告和其他文书应当根据实际需要使用当地通用的一种或者几种文字。

上述两条对国家机关的详细规定能够切实保障各民族语言文字享有平

---

① 王世凯. 语言政策理论与实践 [M]. 北京：中国社会科学出版社，2015：48.

② 中华人民共和国国家通用语言文字法 [EB/OL]. （2000-10-31）[2023-08-10]. https：//www.gov.cn/gongbao/content/2001/content _ 61066. htm.

等的法律地位，民族地区的民众能够享受政府提供的各种服务，不会因为语言不通而造成权利的损害。

《中华人民共和国民族区域自治法》（下文简称《民族区域自治法》）也有关涉少数民族语言文字使用的条文，如：

第十条：民族自治地方的自治机关保障本地方各民族都有使用和发展自己的语言文字的自由，都有保持或者改革自己的风俗习惯的自由。

第二十一条：民族自治地方的自治机关在执行职务的时候，依照本民族自治地方自治条例的规定，使用当地通用的一种或者几种语言文字；同时使用几种通用的语言文字执行职务的，可以以实行区域自治的民族的语言文字为主。

第三十七条：招收少数民族学生为主的学校（班级）和其他教育机构，有条件的应当采用少数民族文字的课本，并用少数民族语言讲课；根据情况从小学低年级或者高年级起开设汉语文课程，推广全国通用的普通话和规范汉字。

第四十七条：民族自治地方的人民法院和人民检察院应当用当地通用的语言审理和检察案件，并合理配备通晓当地通用的少数民族语言文字的人员。对于不通晓当地通用的语言文字的诉讼参与人，应当为他们提供翻译。法律文书应当根据实际需要，使用当地通用的一种或者几种文字。保障各民族公民都有使用本民族语言文字进行诉讼的权利。

第四十九条：民族自治地方的自治机关教育和鼓励各民族的干部互相学习语言文字。汉族干部要学习当地少数民族的语言文字，少数民族干部在学习、使用本民族语言文字的同时，也要学习全国通用的普通话和规范文字。民族自治地方的国家工作人员，能够熟练使用两种以上当地通用的语言文字的，应当予以奖励。

第五十三条：民族自治地方的自治机关提倡爱祖国、爱人民、爱劳动、爱科学、爱社会主义的公德，对本地方内各民族公民进行爱国主义、共产主义和民族政策的教育。教育各民族的干部和群众互相信任，互相学习，互相帮助，互相尊重语言文字、风俗习惯和宗教信仰，共同维护国家的统一和各民族的团结。

《民族区域自治法》用多个条款确保了民族地区的少数民族人口使用和学习本民族语言的权利，同时还鼓励民族地区干部互相学习语言，确保交流顺畅，能够正常开展工作，维护民族团结与地区和谐。

《通用语言文字法》第八条重申"各民族都有使用和发展自己的语言文字的自由。少数民族语言文字的使用依据宪法、民族区域自治法及其他法律的有关规定"，即使是专门针对通用语言文字的法规，仍重申保护少数民族语言的宪法精神，可见我国对于少数民族语言保护的重视。

《中华人民共和国居民身份证法》第四条规定："居民身份证使用规范汉字和符合国家标准的数字符号填写。民族自治地方的自治机关根据本地区的实际情况，对居民身份证用汉字登记的内容，可以决定同时使用实行区域自治的民族的文字或者选用一种当地通用的文字。"[①] 这体现了国家对于少数民族语言的尊重，保障各少数民族使用本民族语言文字的权利的同时，也便利了少数民族地区民众的生活。

从上述有关语言立法的条款中可以看出，我国的宪法和法律自始至终贯彻着主体性和多样性相结合的原则，每一部法律在涉及各自管辖领域的语言问题时都既强调了统一的通用语言文字，又强调了民族、地方语言。可以说我国的语言立法，从一开始就选择了正确的方向，与国际上普遍认同的把语言作为一种权利的语言政策观一致：即人们在私人领域可以自由选择所要使用的语言；少数民族人口有权使用和教授自己的语言；国家有责任向所有公民教授通用语言，并为其他语言的使用者提供政府语言服务的渠道。[②]

我国法律中所保障的语言权是人权和民族权的引申，保障人人都有使用和传授自己语言的人类基本权利和各民族一律平等的权利，客观上为前几十年保护我国语言的多样性起到了较好的作用。当前全球化向纵深发展，在经济利益的驱使以及普通话和英语的冲击之下，不少民族语言的使用群体，选择放弃使用和学习本民族语言，语言信仰发生重大改变，使得不少

---

① 王世凯. 语言政策理论与实践 [M]. 北京：中国社会科学出版社，2015：46-52.
② 博纳德·斯波斯基. 语言政策：社会语言学中的重要论题 [M]. 张治国，译. 北京：商务印书馆，2011：147-148.

的民族语言开始衰退，甚至濒危。在这种环境下，我们的立法也应该开始意识到，语言不仅是一种权利，也是国家的一种资源，应该像保护其他自然资源一样，出台法律保护语言资源。2011 年 6 月 1 日起开始实施的《中华人民共和国非物质文化遗产法》第二条把"传统口头文学以及作为其载体的语言"列为非物质文化遗产，将语言作为一种国家资源写进了法律，这是一种立法观念的转变。

（二）新时代以前的一般性语言政策

1. 普及国家通用语言文字

20 世纪 50 年代初，我国先后成立了中国文字改革协会、中国文字改革研究委员会、中国文字改革委员会等相关机构，主管文字改革工作。[①] 中国文字改革委员会于 1985 年更名为国家语言文字工作委员会，简称国家语委，隶属教育部。其主要职责是：拟定国家语言文字工作的方针、政策；编制语言文字工作中长期规划；制定汉语和少数民族语言文字的规范和标准并组织协调监督检查；指导推广普通话工作。[②] 教育部还设有两个专门的司局级语言生活管理单位：语言文字应用管理司（语用司）和语言文字信息管理司（语信司）。除了国家层面的语言管理机构，地方各级政府也都设有专门的语言管理机构或兼职部门，在全国基本形成了一张功能比较健全的语言生活管理网络。教育部、国家语委制定语言政策、分配工作任务，多家国家和地方机构协同参与，相关部门一直致力于语言文字的规范和改革创新工作，全国形成上下联动，确保政策得到较好的贯彻，任务得以顺利完成。[③]

1955 年 10 月，我国召开全国文字改革会议和现代汉语规范问题学术会议，研究和讨论了全国语言文字改革和标准化问题。1956 年 1 月，国务院通过并公布《汉字简化方案》；同年，国务院颁布《关于推广普通话的指

---

① 张洁. 语言文字工作七十年 [J]. 中国语文，2019（3）：370.
② 周庆生. 中国"主体多样"语言政策的发展 [J]. 新疆师范大学学报（哲学社会科学版），2013（2）：38.
③ 王巧明，郭春霞. 现代汉语课程思政元素的挖掘与应用研究 [J]. 凯里学院学报，2022（2）：103.

示》文件，同时明确了普通话的标准。1958 年，由众多语言文字专家共同设计制定的《汉语拼音方案》公布实施。1986 年召开的全国语言文字工作会议，总结了之前三十年的语言文字工作，明确继续推动文字改革和语言文字的规范化和标准化。1997 年下半年，国务院第 134 次总理办公会议批准，自 1998 年起，每年 9 月第三周在全国开展"推广普通话宣传周"活动。①

为了发挥城市推广普通话和使用规范汉字的优势，教育部、国家语委于 2001 年 9 月发出通知开展城市语言文字工作评估，把全国的城市分为三类，由教育部、国家语委统一制定一类城市的评估标准，二类、三类城市的评估标准由省级语言文字工作部门负责制定。评估的内容包括三个大项：综合管理、普通话普及、社会用字管理，评估的主要对象是城市的党政机关、学校、媒体、公共服务行业。② 这些标准很好地体现了推普工作的基本思路：以城市为中心，以学校为基础，以党政机关为龙头，以广播电视为榜样，以公共服务行业为窗口，带动全社会推广普通话。③ 城市语言文字水平评估工作对国家通用语言文字的推广和普及起到极大推动作用。

2. 推进语言文字信息化建设

进入信息时代，文字的计算机输入问题相当重要。1986 年召开的全国语言文字工作会议研究了汉语汉字信息处理问题。会后，经过计算机科学家和语言文字学家的共同努力，我国汉字信息处理技术实现重大突破，精密的汉字激光照排系统研发成功，汉字以及其他民族语言的计算机输入问题先后得以解决，让我国的语言文字在互联网世界成功占据一席之地。

信息化的基础是信息，人类 80% 的信息都由语言文字负载，因而语言文字信息化技术对于整个国家的信息化起着至关重要的作用。21 世纪以前，我国的语言文字信息化技术比较落后，许多重要的先进技术都掌握在外国人手中，这给国家的发展和安全带来了重大的威胁。进入 21 世纪，国家语

---

① 张日培. 新中国语言文字事业的历程与成就 [J]. 语言战略研究，2020 (6)：21-22.

② 教育部、国家语委关于开展城市语言文字工作评估的通知 [EB/OL]. [2021-08-20]. http：//www. moe. gov. cn/jyb_xxgk/gk_gbgg/moe_0/moe_7/moe_20/tnull_298. html.

③ 推广普通话宣传提纲和宣传口号 [EB/OL]. [2021-08-20]. http：//www. moe. gov. cn/s78/A18/s8357/moe_808/tnull_17134. html.

委一直把语言文字信息化建设作为重点科研方向。我国语言文字信息化建设主要从"技术攻关、资源建设、平台打造"三个方面着手。

《国家中长期语言文字事业改革和发展规划纲要（2012—2020 年)》提出：提升语言文字信息化水平。加强面向中文信息处理的语言文字基础工程建设，开展以语言文字处理为核心的关键技术联合攻关，形成一批具有自主知识产权的核心技术，提高中文信息处理水平。建设语言文字数据库、资源库和学习平台。① 由此可见国家对于语言文字信息化以及中文信息处理工作的重视与期待。

3. 提高国家语言文字服务能力

1950 年 5 月 22 日，中央人民广播电台藏语广播开播，② 标志着新中国民族语言宣传服务工作正式开展。经过几十年的建设，我国目前已形成藏语、蒙古语、维吾尔语、朝鲜语、哈萨克语等多种民族语言的宣传广播电视、新媒体多样化服务平台。民族语言广播电视事业的发展和服务为促进边疆稳定、民族团结和民族地区发展作出了重要贡献。

盲文以及手语的创制及规范工作涉及残疾人群体的切身利益，也是我国语言文字工作的重要内容。2007 年《国家语言文字工作"十一五"规划》提出要"参与、支持盲文、手语的推广与规范化工作"；③ 2009 年，《中国手语基本手势国家标准（GB/T 24435—2009)》发布；④ 2010 年，国家语委、中国残联将"通用盲文的研究"列为"十二五"科研规划年度重大项目；⑤ 2011 年，国家语委与中国残联共同设立重大科研项目，支持国家通

---

① 教育部 国家语委关于印发《国家中长期语言文字事业改革和发展规划纲要（2012—2020 年)》的通知［EB/OL］.（2012-12-10）［2021-11-23］. http：//www. moe. gov. cn/srcsite/A18/s3127/s7072/201212/t20121210 _ 146511. html.

② 中央广播电视总台举行庆祝民族语言节目创办 70 周年座谈会［EB/OL］.（2020-05-22）［2022-03-07］. http：//www. xinhuanet. com/politics/2020-05/22/c _ 1126021244. htm.

③ 国家语言文字工作"十一五"规划［EB/OL］.［2022-08-23］. http：//www. moe. gov. cn/s78/A18/s8357/moe _ 808/tnull _ 22633. html.

④ 胡芳蕾. 手语，你知道多少？［EB/OL］.（2023-06-13）［2023-08-23］. https：//std. samr. gov. cn/gb/search/gbDetailed？id=71F772D7CD30D3A7E05397BE0A0AB82A.

⑤ 我国手语和盲文规范化工作的新里程碑［EB/OL］.（2018-05-21）［2023-08-23］. http：//www. jyb. cn/zcg/xwy/wzxw/201805/t20180521 _ 1081605. html.

用手语和盲文规范标准的研制。① 国家层面的这些政策有助于视听残障人士进行正常的人际交流，保障他们平等充分地参与社会生活、获得政府提供的公共服务等。

4. 传承传播中华优秀语言文化

语言文字是文化的载体，中华民族的语言文字承载着中华民族博大精深的优秀传统文化，我国政府制定与出台了一系列的政策和措施来对其进行传承与弘扬。2007 年颁布的《国家语言文字工作"十一五"规划》提出"正确处理语言文字的规范、发展与中华传统语言文化的保护、弘扬等问题"；2007 年起，教育部、国家语委、中央文明办联合开展并推进"中华经典诵读"活动；②《国家语言文字工作"十一五"规划》（2007）提出"需要将语言作为一种国家资源加以保护和利用，支持濒危语言的保存抢救和弱势方言保护工作，探索将语言文字作为非物质文化遗产加以保护的有效途径"；2011 年，中国共产党第十七届六中全会通过的《中共中央关于深化文化体制改革　推动社会主义文化大发展大繁荣若干重大问题的决定》提出了"科学保护各民族语言文字"的决策。③ 在国家政策的支持和经费的扶持下，2008 年开始，多个省份陆续启动"中国语言资源有声数据库"建设，④ 语言资源保护工作取得新进展。

除了传承与弘扬，我国还出台了不少政策，也成立了一些机构来推动汉语及中华优秀文化的国际传播，助力其提高国际影响力并走向世界，其中最著名的当数孔子学院。

1950 年，在周恩来总理的关心下，清华大学筹建东欧交换生中国语文专修班，这是中国第一个专门从事对外汉语教学的机构。1952 年，朱德熙

---

① 7 月 1 日起实施手语"普通话"和盲文"规范字"［EB/OL］.（2018-05-22）［2023-08-23］. http：//www. xinhuanet. com/politics/2018-05/22/c_1122866399. htm.

② 教育部国家语委全面实施"中华经典诵读工程"［EB/OL］.（2018-10-19）［2023-08-23］. http：//sd. zhonghuasong. cn/news/1375/2018/1019/2659091. html.

③ 中共中央关于深化文化体制改革　推动社会主义文化大发展大繁荣若干重大问题的决定［EB/OL］.（2011-10-26）［2023-08-23］. https：//www. gov. cn/jrzg/2011-10/25/content_1978202. htm.

④ 国家语言文字工作委员会. 中国语言生活状况报告（2019）［G］. 北京：商务印书馆，2019：36.

等人外派赴保加利亚、朝鲜等国教授现代汉语，这是中华人民共和国成立后向国外派遣的第一批汉语教师。① 为了向世界各国提供汉语文化教学的资源和服务，与世界各国携手发展多元文化，共建和谐世界，1987 年，教育部成立了"国家汉语国际推广领导小组办公室"，简称"国家汉办"。自成立以来，国家汉办在支持世界各国各类教学机构的汉语教学、制定国际汉语教师和国际汉语能力标准、选派汉语教师和志愿者、开发和实施汉语水平考试、建立孔子学院等方面成绩斐然，为汉语和中华优秀传统文化的传播作出了突出贡献。2004 年，我国学习英国、法国、德国、西班牙等欧洲国家在海外推广语言的经验，开始在海外建设旨在传播汉语和中国文化的非营利性教学机构"孔子学院"，十多年来，孔子学院快速发展。同时，自 2004 年国际中文教育志愿者项目启动以来，截至 2021 年底，已有累计 6 万余人次的志愿者赴 151 个国家和地区的 4000 多所学校任教，为传播中文和中华文化，推进文明交流互鉴作出了独特贡献。②

▶ 二、新时代我国语言立法及语言政策的新发展

党的十八大报告指出，近年来我国"文化软实力显著增强……文化产业成为国民经济支柱性产业，中华文化走出去迈出更大步伐，社会主义文化强国建设基础更加坚实"。党的十八大以来，新时代中国法治建设不断发展，国家立法机关和各级政府陆续修正和颁布了一批法律法规，其中有相当一部分法律法规与我们的语言文化生活密切相关。同时，这一时期我国也制定和完善了一些语言政策来助力中华优秀语言文化的传承传播、语言资源的保护以及语言服务能力的提高等。

（一）新时代语言立法的发展

我国始终坚持和完善中国特色社会主义法治体系，习近平总书记指出：依法治国是党领导人民治理国家的基本方略，法治是治国理政的基本方式，

---

① 王许童心，管秀兰，赵惠霞. 对外汉语教学架设传播中华优秀文化的桥梁［N］. 中国教育报，2019-09-27（07）.

② 赵晓霞. 致敬国际中文教师和志愿者：三尺讲台 桃李天下［N］. 人民日报海外版，2022-05-06（11）.

要更加注重发挥法治在国家治理和社会管理中的重要作用，全面推进依法治国，加快建设社会主义法治国家。① 上文已述在《宪法》《中华人民共和国民族区域自治法》等法律中都有相关内容涉及语言文字，新时代国家也通过立法的形式，将语言生活纳入法制规范和管理的轨道。

1. 新时代部分涉及语言文字的修正法律

《中华人民共和国教育法》于 2015 年第二次修正，2016 年颁布，《教育法》中一些条文同语言文字教学工作相关。如：

第十二条　国家通用语言文字为学校及其他教育机构的基本教育教学语言文字，学校及其他教育机构应当使用国家通用语言文字进行教育教学。民族自治地方以少数民族学生为主的学校及其他教育机构，从实际出发，使用国家通用语言文字和本民族或者当地民族通用的语言文字实施双语教育。国家采取措施，为少数民族学生为主的学校及其他教育机构实施双语教育提供条件和支持。

本次修正，提出了学校应使用"国家通用语言文字"进行教育教学，民族地区使用"国家通用语言文字"和"本民族或者当地民族通用的语言文字"实施双语教育，可以看出国家在语言文字教育方面较之以前进行了调整。②

2. 新时代部分涉及语言文字的新颁法律

《中华人民共和国国家安全法》于 2015 年颁布实施，相关条文要求"增强中华文化整体实力和竞争力"。如：

第二十三条　国家坚持社会主义先进文化前进方向，继承和弘扬中华民族优秀传统文化，培育和践行社会主义核心价值观，防范和抵制不良文化的影响，掌握意识形态领域主导权，增强文化整体实力和竞争力。

《国家安全法》明文规定要继承和弘扬中华优秀文化，掌握意识领域主

① 习近平. 在首都各界纪念现行宪法公布施行 30 周年大会上的讲话 [J]. 中国宪法年刊，2013（0）：4.

② 《中华人民共和国教育法》2009 年第一次修正版第十二条为：汉语言文字为学校及其他教育机构的基本教学语言文字。少数民族学生为主的学校及其他教育机构，可以使用本民族或者当地民族通用的语言文字进行教学。学校及其他教育机构进行教学，应当推广使用全国通用的普通话和规范字。

导权，增强文化实力和竞争力。中华民族的语言文字历史悠久，中华语言文化的国内传承以及国际传播均与语言文字这一载体息息相关。

《中华人民共和国公共文化服务保障法》于2016年颁布施行，相关条文明确规定要"加强民族语言文字工作"。如：

第四十条　国家加强民族语言文字文化产品的供给，加强优秀公共文化产品的民族语言文字译制及其在民族地区的传播，鼓励和扶助民族文化产品的创作生产，支持开展具有民族特色的群众性文化体育活动。

条文中"加强民族语言文字文化产品的供给""加强优秀公共文化产品的民族语言文字译制及其在民族地区的传播"充分显示出国家十分重视民族语言的传承传播和保护，支持使用民族语言文字创作优秀作品并广泛传播。

《中华人民共和国民法总则》（下文简称《民法总则》）于2017年颁布实施，《民法总则》为全面推进依法治国提供了强有力的法律保障，对各类民事行为给予法律上的规范，部分条文涉及语言文字工作。如：

第一百三十五条　民事法律行为可以采用书面形式、口头形式或者其他形式；法律、行政法规规定或者当事人约定采用特定形式的，应当采用特定形式。

第一百三十七条　以对话方式作出的意思表示，相对人知道其内容时生效。以非对话方式作出的意思表示，到达相对人时生效。以非对话方式作出的采用数据电文形式的意思表示，相对人指定特定系统接收数据电文的，该数据电文进入该特定系统时生效；未指定特定系统的，相对人知道或者应当知道该数据电文进入其系统时生效。当事人对采用数据电文形式的意思表示的生效时间另有约定的，按照其约定。

第一百四十二条　有相对人的意思表示的解释，应当按照所使用的词句，结合相关条款、行为的性质和目的、习惯以及诚信原则，确定意思表示的含义。无相对人的意思表示的解释，不能完全拘泥于所使用的词句，而应当结合相关条款、行为的性质和目的、习惯以及诚信原则，确定行为人的真实意思。

上述第一百三十五条中的"书面形式""口头形式"与语言文字密切相

关。第一百三十七条中的"对话方式"是指"面对面的谈话或者手语、电话或者在线即时通信方式";"非对话方式"是指"通过信函、传真、电报或者电子邮件等方式",这些仍然与人们的口头语言和书面语言等语言文字生活密切相关。第一百四十二条中的"应当按照所使用的词句"也显示出"词句"是语意表达的重要方式。这些都表明民众日常生活中使用的语言文字、口头语、书面表达等都有着重要的法律意义。

《中华人民共和国对外关系法》于 2023 年颁布实施,是我国第一部集中阐述对外工作大政方针、原则立场和制度体系,对我国发展对外关系作出总体规定的基础性涉外法律,它的颁布是我国涉外法治体系建设的重要里程碑,[①] 其中强调要做好"传播能力建设"。如:

第四十四条 国家推进国际传播能力建设,推动世界更好了解和认识中国,促进人类文明交流互鉴。

中华语言文化的国际传播是我国国际传播事业的重要组成部分,我国语言文字事业要加强国际交流合作,通过国际中文教育、海外华文教育等方式,讲好中国故事,提升中国语言文字的国际传播能力与国际影响力,争取形成同我国综合国力和国际地位相匹配的国际话语权,推动世界更好地了解、认识和读懂中国,消除分歧与偏见,推动构建人类命运共同体。

3. 新时代涉及语言文字的地方性法规条例

地方各级政府和地方立法机关也都很重视语言文字工作,尤其是一些民族地区,在新时代出台了一些法规来规范各地的语言文字工作以达到有效管理和保护的目的。如 2013 年,云南省制定实施《云南省少数民族语言文字工作条例》,结合本省特点开展民族语言的使用和保护工作;[②] 2014年,上海市出台《上海市公共场所外国文字使用规定》,对公共场所的外国文字使用情况进行规范管理;[③] 2014 年,青海省出台《青海省实施〈中华

---

① 王毅. 贯彻对外关系法,为新时代中国特色大国外交提供坚强法治保障 [N]. 人民日报,2023-6-29(06).

② 云南省出台少数民族语言文字工作条例 [EB/OL]. (2013-05-02) [2023-08-14]. http://politics. people. com. cn/n/2013/0502/c70731-21341665. html.

③ 上海市公共场所外国文字使用规定 [EB/OL]. (2014-09-27) [2023-08-14]. https://www.gov. cn/zhengce/2014-09-17/content_ 5724362. htm.

人民共和国国家通用语言文字法〉办法》，结合青海省实际情况贯彻落实《中华人民共和国国家通用语言文字法》；① 2018 年，广西壮族自治区制定实施《广西壮族自治区少数民族语言文字工作条例》，指导广西的民族语言使用及保护工作；② 2023 年，广东省发布《广东省全面加强新时代语言文字工作的若干措施》，旨在提高广东省的国家通用语言文字普及程度、加快广东省语言文字基础能力建设、提升粤港澳大湾区语言服务能力等。③

（二）一般语言政策的新发展

习近平总书记指出：不忘历史才能开辟未来，善于继承才能善于创新。优秀传统文化是一个国家、一个民族传承和发展的根本，如果丢掉了，就割断了精神命脉。我们要善于把弘扬优秀传统文化和发展现实文化有机统一起来，紧密结合起来，在继承中发展，在发展中继承。④ 新时代我国的语言政策不断开拓创新，推动我国的语言文化事业健康快速发展。

1. 国家语言文字工作持续推进

习近平总书记指出，文化自信，是更基础、更广泛、更深厚的自信。在 5000 多年文明发展中孕育的中华优秀传统文化，在党和人民伟大斗争中孕育的革命文化和社会主义先进文化，积淀着中华民族最深层的精神追求，代表着中华民族独特的精神标识。⑤ 2022 年 10 月 28 日，习近平总书记视察殷墟遗址时指出：中国的汉文字非常了不起，中华民族的形成和发展离不开汉文字的维系。要通过文物发掘、研究保护工作，更好地传承优秀传统文化。总书记强调，中华优秀传统文化是我们党创新理论的"根"，我们要

---

① 青海省实施《中华人民共和国国家通用语言文字法》办法 ［EB/OL］. （2014-07-28）［2023-08-14］. https：//www. gov. cn/zhengce/2021-12/21/content _5725448. htm.

② 《广西壮族自治区少数民族语言文字工作条例》正式施行 ［EB/OL］. （2018-08-02）［2023-08-15］. https：//www. gxrd. gov. cn/html/art161779. html.

③ 《广东省全面加强新时代语言文字工作的若干措施》解读 ［EB/OL］. （2023-01-12）［2023-08-23］. http：//www. gd. gov. cn/zwgk/zcjd/bmjd/content/post _4080212. html.

④ 习近平在纪念孔子诞辰 2565 周年国际学术研讨会讲话 . ［EB/OL］. （2014-09-24）［2024-03-05］. https：//www. gov. cn/xinwen/2014-09/24/content _2755666. htm.

⑤ 习近平在庆祝中国共产党成立 95 周年大会上的讲话 ［EB/OL］. （2016-07-01）［2023-09-06］. https：//www. 12371. cn/2021/04/15/ARTI1618471700127230. shtml.

坚定文化自信，增强做中国人的自信心和自豪感。① 无论从法规政策层面，还是具体实践方面，新时代语言文字工作者都在不断推进国家语言文字工作，与时俱进，守正创新，为传承和发扬悠久的中华文化而孜孜不倦。

2012 年 12 月，教育部、国家语委印发《国家中长期语言文字事业改革和发展规划纲要（2012—2020 年）》（以下简称《语言文字规划纲要》），这是新时代我国第一个中长期语言文字事业改革和发展规划，是指导全国语言文字工作改革和发展的阶段性纲领文件。语言文字事业具有基础性、全局性、社会性和全民性特点，是国家文化建设和社会发展的重要组成部分，事关历史文化传承和经济社会发展，事关国家统一和民族团结，事关国民素质提高和人的全面发展，在国家发展战略中具有重要地位和作用。②

2016 年 6 月，教育部、国家语委关于印发《国家语言文字事业"十三五"发展规划》（下文简称《"十三五"发展规划》），对"十三五"期间的语言文字工作作出具体规划，对国家通用语言文字普及、语言文字信息化建设、语言文字服务能力提升、中华优秀语言文化弘扬传播等方面提出具体要求。③

2017 年 1 月，中共中央办公厅、国务院办公厅印发《关于实施中华优秀传统文化传承发展工程的意见》，对今后一个时期的语言文字工作做出具体要求：大力推广和规范使用国家通用语言文字，保护传承方言文化。开展少数民族特色文化保护工作，加强少数民族语言文字和经典文献的保护和传播，做好少数民族经典文献和汉族经典文献互译出版工作。④

2022 年《关于加强高等学校服务国家通用语言文字高质量推广普及的

---

① 习近平在陕西延安和河南安阳考察［EB/OL］.（2022-10-28）［2023-06-13］. https：//www. gov. cn/xinwen/2022-10/28/content_5722425. htm.

② 教育部 国家语委关于印发《国家中长期语言文字事业改革和发展规划纲要（2012—2020年）》的通知［EB/OL］.（2012-12-10）［2023-09-12］. http：//www. moe. gov. cn/srcsite/A18/s3127/s7072/201212/t20121210_146511. html.

③ 教育部 国家语委关于印发《国家语言文字事业"十三五"发展规划》的通知［EB/OL］.（2016-08-23）［2023-08-12］. http：//www. moe. gov. cn/srcsite/A18/s3127/s7072/201609/t20160913_281022. html.

④ 国家语言文字工作委员会. 中国语言文字事业发展报告（2018）［R］. 北京：商务印书馆，2018：4.

意见》引导高校在服务国家通用语言文字推广中发挥作用。承担对外汉语教育的各大高校拥有大批语言理论和实践专家，是语言文字教学与科研的人才高地和资源高地。该文件的出台将直接推动国内高校国家通用语言文字教学资源整合。①

现阶段相当多的法律法规关涉语言文字工作，语言文字工作基本实现有法可依，各部门、各单位依法开展语言文字服务、规范和管理工作。

2013年，国务院发布《通用规范汉字表》，在已有简化字以及信息化高速发展的情况下进一步规范汉字。2022年，教育部、国家语委发布《中小学生普通话水平测试等级标准及测试大纲》（试行）和《汉字部首表》，进一步健全和完善了国家通用语言文字规范标准体系。② 2023年，教育部发布《信息技术产品国家通用语言文字使用管理规定》，为信息技术产品使用国家通用语言文字提出了规范标准。③ 在汉语方言和民族语言保护方面，教育部、国家语委自2015年起启动"语保工程"。"语保工程"实施以来，多个省份陆续开展汉语方言和民族语言的记录和保护工作，运用信息化和数字化技术手段，收集整理汉语方言、少数民族语言和口头语言以及日常生活文化的多模态语料。"语保工程"调查收集到全国34个省区市（含港澳台地区）120余种语言和各地方言1700多个调查点的原始文件数据超过1000万条，建成了世界上规模最大的语言资源库。④

推广国家通用语言文字一直是语言文字工作的重要组成部分。到2019年，普通话在全国范围内普及率接近80％，识字人口使用规范汉字的比例超过95％，文盲率从中华人民共和国成立之初的80％以上降至4％以下，各民族各地区交流交往的语言障碍基本消除。⑤ 截至2022年7月，全国普

---

① 刘卫民，付涛. 教育信息化提升国家通用语言文字教学质量的历史进程、向度与路径［J］. 中国电化教育，2023（6）：132-133.

② 教育部、国家语委发布《中小学生普通话水平测试等级标准及测试大纲》（试行）和《汉字部首表》见［EB/OL］. （2022-11-18）［2024-01-28］. http：//www.moe.gov.cn/jyb_xwfb/gzdt_gzdt/s5987/202211/t20221118_995332.html.

③ 刘卫民，付涛. 教育信息化提升国家通用语言文字教学质量的历史进程、向度与路径［J］. 中国电化教育，2023（6）：130-131.

④ 张赟芳. 我国语言文字事业取得跨越式发展［N］. 中国教育报，2022-07-01（05）.

⑤ 丁雅诵. 普通话在全国范围内普及率接近80％［N］. 人民日报，2019-09-19（07）.

通话普及率达到80.72％。国家通用语言文字的推广不但有助于民众之间的交流，同时也助力于贫困地区的脱贫致富。例如，广西壮族自治区罗城少数民族自治县通过大力推广普通话，贫困人口普通话普及率达79.82％，90.47％的贫困家庭青壮年劳动力具备普通话交流能力。2014年以来，年均有2.3万个贫困劳动力实现外出转移就业，累计有9万人、31个贫困村脱贫，贫困发生率由过去的40％降至现在的10％以下。① 推普工作为贫困地区群众的就业和脱贫致富提供了坚实有力的支持和保障。

2. 语言文字信息化建设取得新成就

新时代我国尤为重视语言文字的信息化工作。2014年3月，国家语委发布《关于进一步做好语言文字信息化工作的若干意见》，提出了我国语言文字信息化工作的目标："到2020年，语言文字信息管理相关的规章制度及监督监测、测查认证等举措基本完善，信息处理和信息技术产品中使用的语言文字规范化水平进一步提高。语言文字规范标准基本满足信息化发展的需要。少数民族语言文字信息化水平得到较大提升。语言资源建设取得较大进展，并实现有效共享。信息化服务语言文字事业的能力显著增强，与信息化相关的语言产业进一步发展。语言文字系统门户网站和业务系统建设进一步拓展，'电子语委'初步建成，政府管理社会语言生活的能力和公共服务的质量进一步提高。"② 作为世界上语言资源最为丰富的国家之一，中国拥有汉藏、阿尔泰、南岛、南亚和印欧五大语系的130多种语言，十大汉语方言，方言土语难以计数，每一种语言均根植于丰富的文化之中。"语保工程"，"中国语言文化典藏"丛书、"中国濒危语言志"丛书的相继出版以及"中华思想文化术语传播工程"一期建设的完成，③ 无一不是中国建成世界上最大语言资源库的重要基石。

2016年，《中华人民共和国国民经济和社会发展第十三个五年规划纲

---

① 欧金昌，梁素娟. 语言扶贫扶出的"魔力"[N]. 中国教育报，2019-11-19（06）.

② 国家语言文字工作委员会关于进一步做好语言文字信息化工作的若干意见 [EB/OL].（2014-03-14）[2023-10-18]. http://www.moe.gov.cn/srcsite/A19/s7067/201403/t20140314_166176.html.

③ 国家语委：中国已建成世界最大的语言资源库 [EB/OL].（2021-11-08）[2023-10-19]. https://www.chinanews.com.cn/gn/2021/11-08/9604806.shtml.

要》（以下简称《"十三五"发展规划》）发布，指出要推动自然语言处理、语音识别与合成、文字识别、机器翻译、通用语言文字的计算机辅助学习与测评等技术方面的创新与发展；要树立语言资源意识，要形成"有序开发，多元投入，社会共享"的语言资源建设与管理机制，要研发基础语言资源库，要建设语言资源服务系统等；要建设全球中文学习网络平台，要推进语言文字政务信息化等，并把"语言文字信息化关键技术研究与应用工程"列为重点工程。语言文字信息化关键技术研究与应用工程的实施，加大了计算机辅助普通话水平测试力度。转换准确率高达99％的"汉字简繁文本智能转换系统"、涵盖古今8万多汉字信息的"汉字全息资源系统"、收录35款历代书法名家字体的"中华精品字库"以及收录近千项语言资源的"国家语委语言资源网"先后上线，新科技助力语言文字信息技术和资源建设飞速发展。①

2020年，国务院办公厅《关于全面加强新时代语言文字工作的意见》发布，指出要加强语言文字法治建设，推进语言文字规范化、标准化、信息化建设，科学保护各民族语言文字；推动语言文字信息技术创新发展。发挥语言文字信息技术在国家信息化、智能化建设中的基础支撑作用，提升语言文字信息处理能力，推进语言文字的融媒体应用；大力推动语言文字与人工智能、大数据、云计算等信息技术的深度融合，加强人工智能环境下自然语言处理等关键问题研究和原创技术研发，加强语言技术成果转化及推广应用，支持数字经济发展。加强语言文字信息化平台建设，建设好全球中文学习平台，提供优质学习资源和信息服务资源。②

现今我国语言文字信息化工作取得了丰硕成果。据统计，截至2016年，我国发布的语言文字信息化规范标准共59种，其中中文编码规范标准11种，汉字字型规范标准29种，词处理技术规范标准3种，语音技术规范标准2种，技术评测规范标准8种，键盘输入、手持设备、用户界面等领域语

---

① 张赟芳. 我国语言文字事业取得跨越式发展［N］. 中国教育报，2022-07-01（05）.
② 国务院办公厅关于全面加强新时代语言文字工作的意见［EB/OL］.（2020-09-14）［2024-01-29］. http://www.moe.gov.cn/jyb_xxgk/moe_1777/moe_1778/202111/t20211130_583564.html.

言信息标准 6 种；① 语言智能、辅助学习、机器翻译等语言信息技术快速发展，"智能语音及人工智能技术在语言学习中的应用"等一系列应用研究深入推进；2017 年，"国家语委语言资源服务平台"上线，后又升级改造为"国家语言资源服务平台"，该平台汇聚了众多数字化的语言资源，于 2022 年 12 月 27 日正式上线。②

在民族语言信息化工作方面，国家民委翻译局建设了中国民族语文翻译局民族语文在线翻译网（http://www.mzywfy.org.cn），提供在线民语翻译服务，还研发出蒙古、藏、维吾尔、哈萨克、朝鲜、彝、壮 7 语种民族语文智能语音翻译软件，翻译准确、快捷，使用方便。2020 年 1 月，民委翻译局在北京举行发布会，正式发布蒙古、藏、维吾尔、哈萨克、朝鲜、彝、壮 7 语种民族语文智能语音翻译软件并赠送给部分自治区和省市单位。③ 这些都体现出党和政府对民族语言文字信息化工作的高度重视，也反映出我国民族语言翻译水平和能力借助现代化技术不断发展提高的事实。

3. 国家语言文字服务能力不断增强

语言文字工作服务于国家的统一与稳定、建设与发展一直是我国语言文字工作的一个基本原则，新时代我国的语言服务能力取得长足发展。

习近平总书记 2013 年提出"一带一路"倡议，该倡议涉及的共建国家多达 65 个，官方语言就有 53 种。④ 实现语言互通是"一带一路"倡议的基础，2016 年《"十三五"发展规划》把"语言文字筑桥工程"列为重点工程，提出要协同我国及"一带一路"共建国家语言学研究力量，开展多语种语言人才培养储备状况调查及语言国情调查，建设适应国家对外开放重

---

① 国家语言文字工作委员会．中国语言文字事业发展报告（2017）［R］．北京：商务印书馆，2017：36-43．

② 国家语言资源服务平台正式上线［EB/OL］．（2022-12-28）［2023-04-16］．http://www.jyb.cn/rmtzcg/xwy/wzxw/202212/t20221228_2110986840.html．

③ 李晗雪．藏语维吾尔语等 7 语种民族语文智能语音翻译软件在北京发布［EB/OL］．（2020-01-09）［2023-08-18］．https://www.chinanews.com.cn/gn/2020/01-09/9055711.shtml．

④ 梁昊光，张耀军．"一带一路"语言战略规划与政策实践［J］．人民论坛·学术前沿，2018（10）：99．

大战略需要的语言服务国家资源库。① "一带一路"共建国家语言复杂多样，为促进与其互联互通以及在对外交流中提供优质的语言服务，我国积极制定政策、采取措施来提升国家对外语言服务能力。

我国各高校在外语语种的开设方面明显趋向多元化，外语服务能力显著提高。截至 2016 年，我国高校共开设 72 个外语专业，其中非通用语种专业 65 个，覆盖了欧盟国家 24 种官方语言和东盟 10 国官方语言。外国语言文学类专业在校本科生达到 81 万人。② 截至 2022 年 12 月 31 日，全国高等院校设立翻译本科专业（BTI）的达 301 所，翻译硕士专业（MTI）的达 316 所，全国翻译硕士专业（MTI）累计招生约 11.5 万人，毕业生约 9.7 万人，培养方向包括英语、俄语、法语等 11 个语种。③

2014 年，中华思想文化术语传播工程启动。截至 2022 年 7 月，该工程已整理出版 1000 条术语，在海内外出版图书 100 余种，与"一带一路"沿线 28 个国家开展 32 个语种的国际版权合作。④ 中华思想文化术语传播工程是中华优秀传统文化在对外传播过程中的有益实践，充分体现了语言文字对于中外文明交流互鉴的特殊作用。

2015 年的政府工作报告中把"互联网＋"计划提升到国家战略高度。同年 12 月，习近平总书记在"世界互联网大会"开幕式上再次强调中国将大力实施"互联网＋"行动计划。《国家语言文字事业"十三五"发展规划》则将"'互联网＋'语言文字服务工程"列为重点工程，该工程提出要利用大数据、云计算等技术推动语言学习、服务与管理；要打造全球中文学习平台；要建立语言文字相关的数据库群。

语言产业的发展能够创新语言文字服务的方式，提高语言文字服务的质量。2012 年《语言文字规划纲要》提出要"支持语言产业的发展"。2016

---

① 国家语言文字工作委员会. 中国语言文字事业发展报告（2017）［R］. 北京：商务印书馆，2017：177.

② 2016 年中国语言文字事业发展状况［EB/OL］.（2017-07-18）［2023-08-23］. http：//www.moe.gov.cn/jyb_xwfb/xw_fbh/moe_2069/xwfbh_2017n/xwfb_20170718/170718_sfcl/201707/t20170718_309492.html.

③ 中国翻译协会. 2023 中国翻译及语言服务行业发展报告［R］. 2023-04-03.

④ 张赟芳. 我国语言文字事业取得跨越式发展［N］. 中国教育报，2022-07-01（05）.

年，教育部、国家语委发布的《国家语言文字事业"十三五"发展规划》提出"增强语言经济意识，启动语言产业调查，大力支持语言产业发展，推动生成新的经济增长点"①。在社会需求和国家政策的推动下，提供语言文字类产品以及相关研究咨询、技术研发、工具应用、资产管理、教育培训等专业化服务的现代服务业发展迅猛。据中国翻译协会统计，2021年，中国含有语言服务业务的企业共423547家，语言服务为主营业务的企业9656家，语言服务为主营业务的企业全年总产值为554.48亿元，相较2019年年均增长率11.1%。②

残疾人的语言文字生活也是语言文字工作的重要内容，我国仍需提升为这一群体提供语言服务的能力。例如，目前我国有3000多万的视听残障人士，手语、盲文是他们使用的特殊语言文字，是国家语言文字的重要组成部分。③ 手语和盲文的规范化、标准化、信息化以及推广和普及，对于服务广大残疾群众，保护视听障碍人士的权益，提高他们的生活质量，实现社会生活的和谐等意义重大。但是我国手语和盲文学科起步晚，基础薄弱，专业人才匮乏，需要增加投入、加强建设。

2012年，《语言文字规划纲要》要求语言国情调查要调查特殊语言的使用情况，把手语和盲文的规范与推广列为重点工作。2015年，国家多个部门联合发布《国家手语和盲文规范化行动计划（2015—2020）》，目标是：到2020年颁布国家通用手语和国家通用盲文相关规范标准；分级开展国家通用手语和国家通用盲文培训；在特殊教育学校（院）和社会公共服务领域推行国家通用手语和国家通用盲文；初步实现手语和盲文的信息化；手语和盲文的学科建设和人才培养得到加强；建立健全与手语和盲文相关的

① 国家语言文字工作委员会. 中国语言政策研究报告（2018）［R］. 北京：商务印书馆，2018：232.

② 中国翻译协会发布《2022 中国翻译及语言服务行业发展报告》［EB/OL］.（2022-04-01）［2023-07-14］. http：//www. tac-online. org. cn/index. php？m＝content&c＝index&a＝show&catid＝395&id＝4164.

③ 应妮. 中国发布最新通用手语和盲文规范 造福三千多万人士［EB/OL］.（2018-06-21）［2023-07-17］. https：//www. chinanews. com/gn/2018/06-21/8543149. shtml.

法律法规。^① 同年，"国家通用手语标准""国家通用盲文标准"两项重大课题结项，《国家通用手语常用词表》和《国家通用盲文方案》随之公布，并进行了为期一年半的试点。2018 年，《国家通用手语常用词表》和《国家通用盲文方案》由国家语言文字工作委员会规范标准审定委员会审定，经中国残疾人联合会、教育部、国家语言文字工作委员会同意，作为语言文字规范发布，于 2018 年 7 月 1 日正式实施。至此，手语有了"通用语"，盲文有了"规范字"，我国的手语和盲文的规范化工作取得了里程碑式的进展。随后，国家通用手语和国家通用盲文的推广工作也不断开展，效果显著，大大便利了视听残障人士的交流，降低了交流成本。

应急语言服务是语言服务的重要内容，《国家语言文字事业"十四五"发展规划》明确提出，要大力提升国家应急语言服务能力和人才队伍建设，^② 可见我国对于应急语言服务工作的重视。

应急语言服务曾在抗击新冠疫情的过程中发挥过重要作用。2020 年，全国各族人民在党中央的坚强领导下，万众一心，团结抗疫，全国 346 支国家医疗队、4 万多名医务人员紧急奔赴湖北省武汉市以及其他城市开展医疗援助工作，援鄂医疗人员在救治过程中难以充分理解患者所讲方言，医患沟通不畅。针对这一情况，部分医疗队采取一些措施，如编写简明的"方言手册""制作图卡"等以解燃眉之急。湖北省的部分高校、其他国内院校和科研部门组建"战疫语言服务团"，紧急制作并发布《抗击疫情湖北方言通》，以语言助力"抗疫"。与此同时，相关高校联合研发"疫情防控外语通"，参与翻译工作的大多是在中国留学的中文或相关专业的硕士、博士研究生，推出 20 多个语种的防控多媒体视频。我国驻外使领馆以及国内相关部门也在积极推广和宣传《外语通》成果。这些有力的语言服务举措向世界各国传递我国疫情防控信息，并推广救治经验，助力我国与相关国家抗击疫情的国际合作，为世界各国的疫情防控作出贡献。

---

① 国家语言文字工作委员会. 中国语言文字事业年鉴（2016）［M］. 北京：中国传媒大学出版社，2017：128-129.

② 王立非. "应急语言服务研究"专题［J］. 山东外语教学，2023（1）：7.

4. 中华优秀语言文化的弘扬与传播取得新进展

2023 年 6 月 2 日，习近平总书记在文化传承发展座谈会上指出"中华文化源远流长，中华文明博大精深。只有全面深入了解中华文明的历史，才能更有效地推动中华优秀传统文化创造性转化、创新性发展，更有力地推进中国特色社会主义文化建设，建设中华民族现代文明"①。新时代我国优秀语言文化的弘扬与传播工作取得新进展。我国开展了丰富多彩的文化活动以助力中华优秀语言文化的传承。例如，2013—2015 年，国家语委和中央电视总台联合主办的《中国汉字听写大会》便在语言文字以及中华优秀文化传承方面取得了突出成效，深受广大群众欢迎。据统计，第一届总决赛当晚收视观众达到 1.2 亿之多；② 第二届参与选拔人数超过 2000 万；③第三届前期参与活动的人数破亿。④ 此外还有 2014 年、2015 年举办的两届《中国成语大会》，2016—2020 年连续举办五季的"中国诗词大会"，其中第二季"中国诗词大会"收视人次达 11.63 亿，⑤ 这些语言文字与文化活动为汉语汉字知识传播、语言文字和文学文化的结合与传承起到了积极作用，让广大参与者深切感受到我国语言文字的悠久历史、文化与精神的深厚底蕴，极大增强了民众的文化自豪感和文化自信力，促使他们更加积极主动地承担起弘扬和传播中华优秀语言文化的责任。

语言资源保护工作受到重视并落到实处。2015 年，我国启动"语保工程"，旨在科学保护各民族语言文字。2018 年 9 月，联合国教科文组织与中国教育部、国家语委等单位联合主办题为"语言多样性对于构建人类命运共同体的作用：语言资源保护、应用与推广"的首届"世界语言资源保护

---

① 习近平：在文化传承发展座谈会上的讲话 [EB/OL]. （2023-06-02）[2024-01-29]. https://politics. gmw. cn/2023-08/31/content _ 36802526. htm.

② 杜琳. 语文节目成收视黑马 超 1 亿人看汉字听写总决赛 [EB/OL]. （2013-10-23）[2023-03-13]. https://www. chinanews. com/cul/2013/10-23/5416451. shtml.

③ 王臻青. 第二季汉字听写大会将播 参与选拔人数超 2000 万 [EB/OL]. （2014-03-12）[2023-03-13]. https://www. chinanews. com/cul/2014/03-12/5941181. shtml.

④ "听写大会"焐热"冰封汉字"带动亿万人学习 [EB/OL]. （2014-07-28）[2023-03-13]. http://www. chinanews. com. cn/cul/2014/07-28/6433069. shtml.

⑤ 李贞. 中国诗词大会缘何广受追捧 [N]. 人民日报海外版，2017-02-09（02）.

大会"，全球四十多个国家的代表和联合国教科文组织嘉宾与会。大会旨在分享各国语言资源保护经验，探讨现代信息科技在语言资源保护、开发等领域的应用。① 作为主办方，中国分享了语言文字教育与语言资源保护工作的经验和成果，为国际社会开展语言资源的记录和保护提供中国方案。会议最终通过了旨在保护和抢救濒危语言的重要成果性文件《岳麓宣言（草案）》。2019 年 2 月，《岳麓宣言》经由中国教育部、联合国教科文组织驻华代表处、中国联合国教科文组织全国委员会、国家语言文字工作委员会正式发布，号召国际社会就保护和促进世界语言多样性达成共识。② 语言保护工作不能仅停留在一纸宣言之上，需要采取更多硬性措施来保护和抢救濒危语言，方可避免民族文化因语言的消亡而受损。③ 2020 年 9 月，作为"语保工程"标志性成果的中国语言资源采录展示平台正式上线，该平台汇聚了大规模的汉语方言和少数民族语言调查数据和数字化的语言资源。2021年，中国语言资源保护工程正式启动二期建设。

2022 年 7 月 23 日，中国国家版本馆按照"一总三分"，在北京中央总馆设主会场，在西安、杭州、广州各设一个分会场。中国国家版本馆是以习近平同志为核心的党中央批准实施的重大文化工程，着眼于中华文明载体的永久安全保藏，是国家版本资源总库和中华文化种子基因库。④

我国积极推动中华语言文化的国际传播，加强对外话语体系的构建。习近平总书记指出：提高国家文化软实力，要努力提高国际话语权。要加强国际传播能力建设，精心构建对外话语体系，发挥好新兴媒体作用，增强对外话语的创造力、感召力、公信力，讲好中国故事，传播好中国声音，阐释好中国特色。⑤ 1973 年，联合国大会通过第 3189 号决议，汉语成为联合国工作语言，汉语在联合国这一重要的国际舞台正式拥有其应有的地位

① 首届世界语言资源保护大会在长沙开幕［EB/OL］．（2018-09-20）［2023-03-16］．http：//www. moe. gov. cn/jyb _ xwfb/gzdt _ gzdt/moe _ 1485/201809/t20180920 _ 349502. html.

② 刘天亮. 给濒危语言更广阔的世界（环球走笔）［N］. 人民日报，2019-02-22（16）.

③ 孙宏开. 语言是特殊的非物质文化遗产［J］. 语言战略研究，2021（5）：1.

④ 王帅，张辰. 中国国家版本馆"一总三分"落成典礼举行［EB/OL］．（2022-07-24）［2024-02-23］. http：//sn. people. com. cn/n2/2022/0724/c186331-40051245. html.

⑤ 建设社会主义文化强国　着力提高国家文化软实力［N］. 人民日报，2014-01-01（1）.

和影响。随着我国改革开放的不断深入，中国与世界各地的交往越来越频繁与密切，汉语在国际交往中所起到的积极且重要的作用也逐渐展现，全球掀起"汉语热"即是最具说服力的事实。各国不断新建的孔子学院，在部分国家的一些社区受欢迎的中文学校，以及中国在海外设立的多个中国文化中心都反映出汉语和中华文化在海外深受欢迎。

为了加强汉语言文字的国际传播能力，我国积极制定和修改相关标准，申报国际认证。经国际标准化组织批准，由我国主导修订的国际标准ISO7098《信息与文献——中文罗马字母拼写法》于 2015 年 12 月正式出版，该标准是汉语拼音在国际上得到认可并推广使用的重要依据，是用以规范国际上使用汉语拼音的统一标准。该标准主要应用于世界各国图书馆、博物馆、国际机构中有关中国人名地名的拼写、图书编目、信息与文献的排序检索等。①

我国还通过帮扶海外华文（中文）学校以及与国外相关学校和机构合作开办孔子学院和孔子课堂、为海外华裔青少年以及国外的中文爱好者搭建学习中华语言文化的平台等方式来弘扬与传播中华语言文化。目前海外有 6000 多万华侨华人，分布在世界近 200 个国家和地区，华文教育主要面向海外的华裔子弟，有着悠久的办学历史和较为广泛的分布，被誉为海外华人社会的"留根工程"、"希望工程"与"民生工程"。② 据统计，目前海外各类华文学校约 2 万所，在职教师有数十万人，在校华裔学生达数百万人。③ 在孔子学院建设方面，截至 2021 年，已通过中外合作方式在 159 个国家设立了 1500 多所孔子学院和孔子课堂，累计培养各类学员 1300 多万

---

① 教育部语言文字信息管理司．国际标准《信息与文献：中文罗马字母拼写法》修订成果发布［G］//语言规划学研究（第 1 期）．北京：北京语言大学出版社，2016：72.

② 白祖偕，唐小晴．沈敏：华文教育如何搭建中华文化海外传播桥梁？［EB/OL］．（2022-04-16）［2023-12-01］．https：//m.chinanews.com/wap/detail/chs/zwsp/9730984.shtml.

③ 张永恒，陈秋圆．中文要教好　师资很重要［EB/OL］．（2018-01-31）［2023-12-05］．http：//www.xinhuanet.com/world/2018-01/31/c_129802288.htm.

人。① 2019 年 12 月在长沙召开"国际中文教育大会"，全球 160 多个国家和地区的 1000 多名孔子学院和中文教育机构代表参加大会，大会主题为"新时代国际中文教育的创新与发展"，围绕"中文＋职业技能"，国际中文教育政策、标准、师资、教材、教学方法、考试、品牌项目建设，以及深化中外合作等议题讨论交流。② 此次会议为今后的国际中文教育提供了新的发展思路，指明了着力方向。

中文的国际传播成绩斐然。截至 2023 年 7 月，全球目前已有 180 多个国家和地区开展中文教学，83 个国家把中文纳入国民教育体系，开设中文课程的各类学校和培训机构有 8 万多所，正在学习中文的人数超过 3000 万。③ 可见中文在国际上的影响力和地位得到了提升，我国推动中文走向世界迈出了坚实的步伐。

党的二十大报告指出，中华优秀传统文化得到创造性转化、创新性发展，文化事业日益繁荣。新世纪以来，尤其是进入新时代以来，我国的语言文字事业在党和国家各项政策的指导和引领下取得了长足的发展：语言立法成果丰硕，国家通用语言文字普及率大幅提高，语言文字信息化技术突飞猛进，汉语方言和少数民族语言等语言资源得到了较好的保护，语言服务和治理能力大为增强，语言文字事业发展的短板得到了弥补，语言文字事业的基础性作用得以彰显，中华优秀语言文化的传承传播取得新进展，为国家的统一、民族的团结、经济的发展、文化的繁荣、社会生活的和谐提供了强有力的支撑。

---

① 中华人民共和国教育部. 关于政协第十三届全国委员会第四次会议第 2624 号（教育类 091 号）提案答复的函［EB/OL］.（2021-10-15）［2023-03-18］. http：//www. moe. gov. cn/jyb _ xxgk/xxgk _ jyta/yuhe/202111/t20211104 _ 577702. html.

② 姜文婧. 2019 年国际中文教育大会在长沙开幕［EB/OL］.（2019-12-09）［2023-03-29］. https：//news. cnr. cn/native/city/20191209/t20191209 _ 524889553. shtml.

③ 郑直，季嘉东. 语言架起心灵桥：成都大运村"汉语桥"中文学习互动体验区揭幕［EB/OL］.（2023-07-26）［2023-08-04］. http：//www. news. cn/edu/20230728/c15b6f7f6cc34206bd003d94ee277108/c. html.

参考文献

[1] 埃里·凯杜里. 民族主义 [M]. 张明明，译. 北京：中央编译出版社，2002.

[2] 艾菁，郑咏滟. 日本高校多外语教育传统、现状及对我国的启示 [J]. 当代外语研究，2018 (5).

[3] 安梅，况菁. 贵州省赫章县彝族语言现状及保护 [J]. 六盘水师范学院学报，2022 (6).

[4] 奥利弗·巴尔加德. 法兰西学术院：塞纳河上的语言警察 [M] //玛蒂娜·帕德贝格，艺术与建筑. 王兰军，译. 北京：中国铁道出版社，2011.

[5] 巴塔亚. 澳门语：历史与现状 [J]. 文化杂志（中文版），1994 (3).

[6] 班弨，苏若阳. "荔枝"源于侗台语考 [J]. 民族语文，2017 (4).

[7] 鲍厚星，等. 长沙方言词典 [M]. 南京：江苏教育出版社，1998.

[8] 卞成林，等. 少数民族地区普通话推广的经济发展效应分析：来自广西市际面板数据的证据 [J]. 制度经济学研究，2017 (3).

[9] 卞成林，刘金林，阳柳艳. 中越边境居民语言能力与经济收入关系研究：以广西东兴市为例 [J]. 语言战略研究，2019 (1).

[10] 博纳德·斯波斯基. 语言政策：社会语言学中的重要论题 [M]. 张治国，译. 北京：商务印书馆，2011.

[11] 博纳德·斯波斯基. 语言管理 [M]. 张治国，译. 北京：商务印书馆，2016.

［12］布日古德.《华夷译语》（甲种本）音译汉字研究［M］. 北京：中国社会科学出版社，2012.

［13］蔡春林，罗海峰. 深化"一带一路"沿线国家旅游服务贸易合作与发展的建议：以埃及、泰国为例［G］//蔡春林. 开放合作 命运与共论文集（上）. 新兴经济体研究会、中国国际文化交流中心、广东工业大学（广州）：广东省新兴经济体研究会，2020.

［14］蔡金安. 台湾闽南话的复兴运动［G］//李宇明. 两岸语言文字调查与语文生活. 北京：商务印书馆，2017.

［15］蔡一聪. 香港特区政府"校本支援服务"对校本课程开发作用研究［D］. 武汉：华中师范大学，2021.

［16］操太圣. 香港教育制度史研究（1840—1997）［J］. 华东师范大学学报（教育科学版），1997（2）：7.

［17］曹炜，高军. 广告语言学教程［M］. 广州：暨南大学出版社，2007.

［18］曹志耘. 关于濒危汉语方言问题［J］. 语言教学与研究，2001（1）.

［19］曹志耘. 语保工程在保护和促进语言多样性中的作用［J］. 语言战略研究，2022（5）.

［20］陈道彬. 巴西语言政策的衍变与探讨［J］. 西南科技大学学报（哲学社会科学版），2023（3）.

［21］陈娥. 多语和谐与民族进步：以昆罕大寨布朗族的双语和谐为例［J］. 贵州民族研究，2019（5）.

［22］陈恩泉. 双语双方言问题研究［M］. 北京：国际文化出版公司，2011.

［23］陈立中. 香港两文三语教育架构的历史回顾［G］//戴昭铭. 人类语言学在中国：中国首届人类语言学国际学术研讨会论文集. 哈尔滨：黑龙江人民出版社，2007.

［24］陈丽君. 论旅游业范畴语言的人力资本价值［J］. 沈阳师范大学学报（社会科学版），2011（2）.

［25］陈丽湘，魏晖. 推普脱贫有关问题探讨［J］. 语言文字应用，2019（3）.

［26］陈炼. 从中外文化差异看商标翻译［J］. 湖南商学院学报，2002（1）.

［27］陈名树. 新加坡教育访学之旅［M］. 长沙：湖南师范大学出版社，2021.

［28］陈前瑞. 句末"也"体貌用法的演变［J］. 中国语文，2008（1）.

［29］陈前瑞，王继红. 从完成体到最近将来时：类型学的罕见现象与汉语的常见现象［J］. 世界汉语教学，2012（2）.

［30］陈松岑. 社会语言学导论［M］. 北京：北京大学出版社，1985.

［31］陈韬. 中国经济学话语建构史的双重审视：基于"国家软实力"和马克思经济范畴"术语的革命"视角［J］. 南都学坛（人文社会科学学报），2019（2）.

［32］陈伟. 语言与软实力关系解析［J］. 燕山大学学报（哲学社会科学版），2016（2）.

［33］陈章太. 论语言规划的基本原则［J］. 语言科学，2005（2）.

［34］陈章太. 语言资源与语言问题［J］. 云南师范大学学报（哲学社会科学版），2009（4）.

［35］陈章太. 语言规划概论［M］. 北京：商务印书馆，2015.

［36］陈志峰，杨佩欣. 澳门非高等教育范畴常用法律法规汇编［M］. 北京：中国社会科学出版社，2012.

［37］程祥徽. 中文变迁在澳门［M］. 香港：三联书店（香港）有限公司，2005.

［38］程祥徽. 三文四语在澳门和谐相处［J］. 语言战略研究，2021（4）.

［39］仇志群. "文化台独"在语言和历史教育领域的表现、影响及应对［J］. 现代台湾研究，2021（6）.

［40］储朝晖. 香港十年之教育［N］. 中华读书报，2007-06-27（6）.

［41］崔希亮. 新时代国际中文教育面临新的课题（代主持人语）［J］. 云南师范大学学报（哲学社会科学版），2022（3）.

［42］戴冬梅. 法国语言政策与其"文化多样性"主张的悖论［J］. 北华大学学报（社会科学版），2012（6）.

［43］戴冬梅. 方言入宪：法国方言政治地位的提升［G］//教育部语言文

字信息管理司. 世界语言生活报告（2016）［M］. 北京：商务印书馆，2016.

[44] 戴红亮. 台湾语言文字政策［M］. 北京：九州出版社，2012.

[45] 戴红亮. 加强国家通用语言文字教育是民族地区更好适应新发展阶段的客观需要［N］. 光明日报，2021-05-13（04）.

[46] 戴曼纯，贺战茹. 法国的语言政策与语言规划实践：由紧到松的政策变迁［J］. 西安外国语大学学报，2010（1）.

[47] 戴曼纯. 国家语言能力、语言规划与国家安全［J］. 语言文字应用，2011（4）.

[48] 戴曼纯，李艳红. 论基于国家语言能力建设的外语规划［J］. 语言战略研究，2018（5）.

[49] 戴庆厦. 社会语言学教程［M］. 北京：中央民族大学出版社，1993.

[50] 戴庆厦. 民族心理与少数民族语言文字应用［J］. 中央民族大学学报，2000（5）.

[51] 戴庆厦. 基诺族语言使用现状及其演变［M］. 北京：商务印书馆，2007.

[52] 戴庆厦. 古汉语研究与少数民族语言［J］. 古汉语研究，2008（4）.

[53] 戴庆厦. 语言关系与国家安全［J］. 云南师范大学学报（哲学社会科学版），2010（2）.

[54] 戴庆厦. 开展我国语言和谐研究的构想［J］. 黔南民族师范学院学报，2013（3）.

[55] 戴庆厦. "科学保护各民族语言文字"研究的理论方法思考［J］. 民族翻译，2014（1）.

[56] 戴庆厦. 语言保护与中国的少数民族语言［G］//民俗典籍文字研究（第十八辑）. 北京：商务印书馆，2016.

[57] 戴庆厦. 语言国情调查的再认识［J］. 语言文字应用，2020（2）.

[58] 戴庆厦. 从语言上论中华民族共同体的认同［J］. 民族语文，2022（2）.

[59] 戴庆厦，田静. 濒危语言的语言活力：仙仁土家语个案研究之二［J］.

思想战线，2003（5）.

[60] 戴庆厦，杨再彪，余金枝. 语言接触与语言演变：小陂流苗语为例 [J]. 语言科学，2005（4）.

[61] 戴庆厦，乔翔，邓凤民. 论跨境语言研究的理论与方法 [J]. 云南师范大学学报（哲学社会科学版），2009（3）.

[62] 戴庆厦，白碧波. 元江县羊街乡语言使用现状及其演变 [M]. 北京：商务印书馆，2009.

[63] 戴庆厦，余金枝，余成林，林新宇，范丽君. 片马茶山人和谐的多语生活：语言和谐调查研究的理论方法个案剖析 [J]. 云南师范大学学报（哲学社会科学版），2009（6）.

[64] 戴庆厦，和智利，李旭芳. 丽江市古城区七河镇共和村的语言和谐 [J]. 青海民族研究，2014（3）.

[65] 戴庆厦，和智利，杨露. 论边境地区的语言生活：芒海镇吕英村语言生活个案分析 [J]. 贵州民族研究，2015（4）.

[66] 戴庆厦，李春风. 语言和谐与边疆稳定：云南省文山州都龙镇各民族语言关系的理论分析 [J]. 中南民族大学学报（人文社会科学版），2017（4）.

[67] 戴昭铭. 人类语言学在中国 [M]. 哈尔滨：黑龙江人民出版社，2007.

[68] 道布. 中国的语言政策和语言规划 [J]. 民族语文，1998（6）.

[69] 邓坤宁，王海兰. 面向信息无障碍的精准语言服务 [G] //中国语言战略（第2期）. 南京：南京大学出版社，2022.

[70] 邓佑玲. 从借词看汉语对土家语的影响 [J]. 中南民族学院学报（人文社会科学版），2003（1）.

[71] 丁超. 对我国高校外语非通用语种类专业建设现状的观察分析 [J]. 中国外语教育，2017（4）.

[72] 丁石庆. 中国少数民族语言资源开发应用刍议 [J]. 语言战略研究，2019（3）.

[73] 丁雅诵. 普通话在全国范围内普及率接近80％ [N]. 人民日报，

2019-09-19（07）.

［74］丁雅诵. 全国普通话普及率达 80. 72％［N］. 人民日报，2022-07-05
（07）.

［75］段奕. 硬实力-软实力理论框架下的语言-文化国际推广与孔子学院
［J］. 复旦教育论坛，2008（2）.

［76］《鄂温克族简史》编写组. 鄂温克族简史：修订本［M］. 北京：民族
出版社，2009.

［77］范俊军. 濒危语言有声语档建设研究［M］. 广州：广东人民出版
社，2018.

［78］费锦昌. 香港语文面面观［M］. 北京：语文出版社，1997.

［79］费锦昌. 中国语文现代化百年记事（1892—1995）［M］. 北京：语文
出版社，1997.

［80］冯广艺. 语言和谐论［J］. 修辞学习，2006（2）.

［81］冯广艺. 语言和谐论［M］. 北京：人民出版社，2007.

［82］冯广艺. 再论语言和谐：从语言和谐所面临的几个关系谈起［J］. 海
南师范学院学报（社会科学版），2007（1）.

［83］冯广艺. 生态文明建设中的语言生态问题［J］. 贵州社会科学，2008
（4）.

［84］冯亮. 法兰西战略文化［M］. 北京：社会科学文献出版社，2014.

［85］冯生尧. 香港双语教育初探［J］. 现代教育论丛，1994（6）.

［86］冯生尧. 亚洲"四小龙"课程实践研究［M］. 福州：福建教育出版
社，1998.

［87］冯小巍. 现代英语语言学多维探索与研究［M］. 北京：新华出版
社，2018.

［88］高传智. 当前我国语言产业的发展状况及相关思考［J］. 云南师范大
学学报（哲学社会科学报），2013（5）.

［89］高宁，宋晖. 论语言治理的问题域、困境与原则［J］. 社会科学战线，
2022（12）.

［90］古万年，戴敏丽. 澳门及其人口演变五百年（1500—2000）人口、社

会及经济探讨［M］. 澳门：澳门统计暨普查司，1998.

［91］顾明远. 世界教育大事典［M］. 南京：江苏教育出版社，2000：554.

［92］顾永琦，董连忠. 香港双语教学尝试的经验教训及启示［J］. 现代外语，2005（1）.

［93］郭光明，苏新春. 评民进党时期的语言规划政策［G］//苏新春. 台湾语言文字问题对策研究. 厦门：厦门大学出版社，2016.

［94］郭龙生. 正视汉语方言功能 实施科学语言规划［J］. 中国社会语言学，2012（1）.

［95］郭沐涵. 法国法语联盟年度报告（2019）［G］//国家语言文字工作委员会. 语言生活皮书：世界语言生活状况报告（2021）. 北京：商务印书馆，2021.

［96］郭台辉. "多元一体"与"一体多元"：中华民族研究的两个命题［J］. 思想战线，2022（3）.

［97］郭熙. 汉语的国际地位与国际传播［J］. 渤海大学学报（哲学社会科学版），2007（1）.

［98］郭熙. 华语传播与传承：现状和困境［J］. 世界华文教育，2013（1）.

［99］郭熙. 新时代的海外华文教育与中国国家语言能力的提升［J］. 语言文字应用，2020（4）.

［100］郭晓明，王敏. 澳门回归以来教育发展与经验［M］. 广州：广东经济出版社，2020.

［101］郭友旭. 语言权利的理据及其所针对的问题［G］//中国法学会民族法学研究会. 2013年中国民族法学年会论文集，2013.

［102］郭宇菲. 香港"两文三语"的历史与现状［G］//屈哨兵. 语言生活皮书：粤港澳大湾区语言生活状况报告（2021）. 北京：商务印书馆，2021.

［103］国家通用语言文字推广普及［G］//国家语言文字工作委员会. 语言生活皮书：中国语言文字事业发展报告（2021）. 北京：商务印书馆，2021.

［104］国家语言文字工作委员会. 中国语言生活状况报告（2019）［G］. 北

京：商务印书馆，2019.

[105] 国家语言文字工作委员会. 中国语言生活状况报告（2020）[G]. 北京：商务印书馆，2020.

[106] 国家语言文字工作委员会. 中国语言生活状况报告（2021）[G]. 北京：商务印书馆，2021.

[107] 国家语言文字工作委员会. 中国语言生活状况报告（2023）[G]. 北京：商务印书馆，2023.

[108] 国家语言文字工作委员会. 中国语言文字事业发展报告（2017）[R]. 北京：商务印书馆，2017.

[109] 国家语言文字工作委员会. 中国语言文字事业发展报告（2018）[R]. 北京：商务印书馆，2018.

[110] 国家语言文字工作委员会. 中国语言文字事业发展报告（2019）[R]. 北京：商务印书馆，2019.

[111] 国家语言文字工作委员会. 中国语言文字事业发展报告（2021）[R]. 北京：商务印书馆，2021.

[112] 国家语言文字工作委员会. 中国语言文字事业发展报告（2022）[R]. 北京：商务印书馆，2022.

[113] 国家语言文字工作委员会. 中国语言文字事业年鉴（2016）[M]. 北京：中国传媒大学出版社，2017.

[114] 国家语言文字工作委员会. 中国语言政策研究报告（2018）[R]. 北京：商务印书馆，2018.

[115] 国家语言文字工作委员会. 中国语言政策研究报告（2019）[R]. 北京：商务印书馆，2019.

[116] 海霞. 普及国家通用语言，助力精准扶贫，促进民族团结 [J]. 语言战略研究，2019（2）.

[117] 何俊芳. 论语言冲突的若干基本理论问题 [J]. 中央民族大学学报（哲学社会科学版），2009（3）.

[118] 何俊芳，周庆生. 语言冲突研究 [M]. 北京：中央民族大学出版社，2010.

[119] 何俊芳. 国外多民族国家语言政策与民族关系 [J]. 中南民族大学学报（人文社会科学版），2011（4）.

[120] 何山华. 国语地位维护与国族认同构建：斯洛伐克建国以来语言政策析要 [G] //语言政策与规划研究（第2期）. 北京：外语教学与研究出版社，2015.

[121] 何星亮. 文明交流互鉴与人类命运共同体建设 [J]. 人民论坛，2019（21）.

[122] 河北滦平：打造"普通话之乡"品牌 [N]. 人民日报，2021-09-17（14）.

[123] 贺宏志，陈鹏. 语言产业引论 [M]. 北京：语文出版社，2013.

[124] 赫琳，张丽娟. 语言经济功能再认识 [J]. 武汉大学学报（人文科学版），2017（6）.

[125] 胡慧明.《澳门记略》反映的澳门土生葡语面貌 [J]. 文化杂志（中文版），2004（3）：54.

[126] 胡伟，周丽，许媛. 中国民族语言生态保护之路与语言保护制度优势 [J]. 长沙大学学报，2019（6）.

[127] 胡壮麟. 美国新世纪的语言规划和语言政策 [J]. 浙江外国语学院学报，2018（2）.

[128] 黄平，李春风. 论景颇族和谐语言生活的特点及成因 [J]. 民族翻译，2012（1）.

[129] 黄少安，苏剑. 语言经济学的几个基本命题 [J]. 学术月刊，2011（9）.

[130] 黄薇. 南宁市汉语方言和壮语接触研究 [D]. 长春：吉林大学，2018.

[131] 黄锡惠. 汉语东北方言中的满语影响 [J]. 语文研究，1997（4）.

[132] 黄小丽. 日本小语种教育的历史、现状及相关政策 [J]. 外语教学理论与实践，2019（4）.

[133] 黄筱丝. 李光耀的语文观与新加坡的"双语政策" [D]. 霹雳：拉曼大学，2018.

[134] 黄行，许峰. 我国与周边国家跨境语言的语言规划研究［J］. 语言文字应用，2014（2）.

[135] 黄行. 我国与"一带一路"核心区国家跨境语言文字状况［J］. 云南师范大学学报（哲学社会科学版），2015（5）.

[136] 黄行. "一带一路"国家语言"软实力"的实证分析［J］. 语言文字应用，2020（2）.

[137] 黄兴亚，王晋军. 独龙江乡独龙族村民母语能力调查［J］. 语言战略研究，2018（5）.

[138] 黄翊. 澳门语言研究［M］. 北京：商务印书馆，2007.

[139] 黄知常. 修辞与语言经济学［J］. 衡阳师范学院学报（社会科学），2002（1）.

[140] 惠天罡，梁德惠. 国际中文教育（2020）［G］//国家语言文字工作委员会. 中国语言生活状况报告（2021）. 北京：商务印书馆，2021.

[141] 惠天罡，梁德惠. 国际中文教育（2021）［G］//国家语言文字工作委员会. 中国语言生活状况报告（2022）. 北京：商务印书馆，2022.

[142] 戢广南. 如何认识各民族学习使用国家通用语言文字［J］. 中国民族教育，2019（12）.

[143] 贾晞儒. 语言·民族与民族文化［J］. 青海民族研究，2007（4）.

[144] 建设社会主义文化强国 着力提高国家文化软实力［N］. 人民日报，2014-01-01（1）.

[145] 江桂英. 中国英语教育：语言经济学的视角［M］. 厦门：厦门大学出版社，2010.

[146] 江婕. 推普如何扶贫［J］. 社科纵横，2019（12）.

[147] 江蓝生. 再论"们"的语源是"物"［J］. 中国语文，2018（3）.

[148] 姜红. 论汉语国际推广的经济价值［J］. 华东经济管理，2009（6）.

[149] 蒋冰冰. 论媒体语言马赛克现象［J］. 新闻大学，2015（4）.

[150] 蒋传瑛. 阿拉伯联合酋长国的语言危机［G］//教育部语言文字信息管理司. 语言生活皮书：世界语言生活报告（2016）. 北京：商务印书馆，2016.

［151］蒋洪新，杨安．"一带一路"倡议与中国外语教育改革［J］．外语教学，2020（1）.

［152］蒋颖，朱艳华．耿马县景颇族和谐的多语生活：语言和谐调查研究理论方法的个案剖析［J］．暨南学报（哲学社会科学版），2010（4）.

［153］蒋哲杰．印度复杂的语言问题与语言政策［G］//教育部语言文字信息管理司．世界语言生活报告（2016）．北京：商务印书馆，2016.

［154］教育部语言文字信息管理司．国际标准《信息与文献：中文罗马字母拼写法》修订成果发布［G］//语言规划学研究（第1期）．北京：北京语言大学出版社，2016.

［155］教育部语言文字信息管理司．中国语言生活状况报告（2011）［R］．北京：商务印书馆，2011.

［156］教育部语言文字信息管理司．中国语言生活状况报告（2016）［R］．北京：商务印书馆，2016.

［157］巨静，周玉忠．当代美国语言立法探析［J］．宁夏社会科学，2009（4）.

［158］巨静．美国当代语言立法［M］．银川：宁夏人民教育出版社，2011.

［159］巨静，周玉忠．美国21世纪以来的语言政策［G］//王辉，周玉忠．语言规划与语言政策：理论与国别研究（续）．北京：中国社会科学出版社，2015.

［160］孔繁清，胡波．澳门的语言资源与语言规划［J］．社会科学论坛，2017（12）.

［161］雷昊，王善高，姜海．语言能力对劳动者收入的影响效应研究：基于外语、普通话和方言的实证分析［J］．西北人口，2020（6）.

［162］李宝贵，刘家宁．新时代国际中文教育的转型向度、现实挑战及因应对策［J］．世界汉语教学，2021（1）.

［163］李琛．云南"直过民族"地区铸牢中华民族共同体意识的难点与建议［J］．社会主义论坛，2021（9）.

［164］李楚成，梁慧敏．香港"两文三语"格局：挑战与对策建议［J］．语言战略研究，2020（1）.

[165] 李冬青，付妮. 语言扶贫助力乡村振兴的理论逻辑与实践路径：以广西为例 [J]. 社会科学家，2022 (9).

[166] 李发元. 论国家层面语言政策制定对国内民族团结和睦的影响：以乌克兰为例 [J]. 西南民族大学学报（人文社会科学版），2017 (9).

[167] 李方桂. 藏汉系语言研究法 [G] //汉藏语学报（第 7 期）. 北京：商务印书馆，2013.

[168] 李斐. 香港楼宇命名修辞特点分析：港式中文研究实践 [G] //胡范铸，甘莅豪. 中国修辞 2017. 上海：学林出版社，2018.

[169] 李红毅. 印度语言政策与语言民族间的冲突与争论 [J]. 贵州大学学报（社会科学版），2007 (4).

[170] 李洪峰. 西非法语国家民族语言发展的困境与前景 [J]. 法语国家与地区研究，2023 (1).

[171] 李洪乾，唐贤清. 加强国防语言战略研究，提升国家软实力 [J]. 湖南社会科学，2014 (6).

[172] 李鸿阶. RCEP 对台湾当局"新南向政策"的影响研究 [J]. 亚太经济，2022 (1).

[173] 李洁麟. 马来西亚语言政策的变化及其历史原因 [J]. 暨南学报（哲学社会科学版），2009 (5).

[174] 李锦平. 苗族语言与文化 [M]. 贵州民族出版社，2002.

[175] 李克勇. 法国保护法语的政策与立法 [J]. 法国研究，2006 (3).

[176] 李莉. 发达国家学习词典编纂场景概览（三）：法国编纂场景 [J]. 鲁东大学学报（哲学社会科学版），2012 (5).

[177] 李鸣. 世界民族法制史纲 [M]. 北京：民族出版社，2016.

[178] 李启群. 湘西州汉语与土家语、苗语的相互影响 [J]. 方言，2002 (1).

[179] 李秋萍，陈保亚. 边疆少数民族地区推广普及国家通用语言文字现状及策略：以德宏州盈江县为例 [J]. 昭通学院学报，2022 (3).

[180] 李泉. 孔子学院十五年："院外人"之评说 [J]. 汉语教学学刊，2020 (00).

[181] 李如龙. 福建方言 [M]. 福州：福建人民出版社，1997.

[182] 李如龙. 汉语方言学 [M]. 北京：高等教育出版社，2001.

[183] 李如龙. 濒危方言漫议 [G] //甘于恩. 南方语言学（第 1 辑）. 广州：暨南大学出版社，2009.

[184] 李如龙. 汉语词汇学论集 [G]. 厦门：厦门大学出版社，2011.

[185] 李瑞华. 从国家通用语言的经济价值看民族地区推普脱贫的时代意蕴：基于"三区三州"贫困特征的分析 [J]. 青海师范大学民族师范学院学报，2021 (1).

[186] 李绍明. 论台湾汉族诸民系文化整合的历史与现状 [G] //揣振宇. 汉民族文化与构建和谐社会. 哈尔滨：黑龙江人民出版社，2008.

[187] 李蔚. 我国语言扶贫事业的成效、经验与深化 [J]. 新华文摘，2022 (23).

[188] 李蔚. 乡村振兴背景下民族地区乡村国民语言能力提升和国家通用语能力建设：基于湘西土家族苗族自治州乡村语言调查 [J]. 西南民族大学学报（人文社会科学版），2023 (3).

[189] 李现乐. 语言资源与语言经济研究 [J]. 经济问题，2010 (9).

[190] 李现乐，刘芳. 开发少数民族语言经济价值的意义与途径 [J]. 江汉学术，2013 (5).

[191] 李小圣. 欧洲一体化理论与实践分析 [M]. 北京：世界知识出版社，2007.

[192] 李行健，余志鸿. 20 世纪中国社会科学·语言学卷 [M]. 广州：广东教育出版社，2014.

[193] 李行健，仇志群. "文化台独"在语言问题上的表现及其政策思考 [J]. 台湾研究，2017 (1).

[194] 李行健. 现代汉语规范词典（第 4 版）[M]. 北京：外语教学与研究出版社/语文出版社，2022.

[195] 李秀华. 语言·文化·民族：民族语言认同与民族共同体的建构 [J]. 西北民族大学学报（哲学社会科学版），2018 (2).

[196] 李艳. 我国语言产业的发展与前瞻 [N]. 语言文字报，2022-02-16

（01，03）.

[197] 李艳红. 美国以语言为工具实现国家政治目标：以美国对苏联及俄罗斯的语言战略为例 [J]. 世界社会主义研究，2016（2）.

[198] 李英姿. 美国语言政策研究 [M]. 天津：南开大学出版社，2013.

[199] 李宇明. 通用语言文字规范和标准的建设：学习《中华人民共和国国家通用语言文字法》的体会 [J]. 语言文字应用，2001（2）.

[200] 李宇明. 强国的语言与语言强国 [N]. 光明日报，2004-07-28（B1）.

[201] 李宇明. 努力发展我国的辞书事业：在汉语辞书研究中心揭牌仪式上的讲话 [J]. 鲁东大学学报（哲学社会科学版），2008（2）.

[202] 李宇明. 保护和开发语言资源 [G] // "中国语言生活状况报告"课题组. 中国语言生活状况报告 2008 上编. 北京：商务印书馆，2009.

[203] 李宇明. 中国外语规划的若干思考 [J]. 外国语（上海外国语大学学报），2010（1）.

[204] 李宇明. 提升国家语言能力的若干思考 [J]. 南开语言学刊，2011（1）.

[205] 李宇明. 语言也是"硬实力" [J]. 华中师范大学学报（人文社会科学版），2011（5）.

[206] 李宇明. 认识语言的经济学属性 [J]. 语言文字应用，2012（3）.

[207] 李宇明. 发掘语言的经济价值：《语言产业引论》序 [J]. 语文建设，2014（1）.

[208] 李宇明. 语言规范试说 [J]. 当代修辞学，2015（4）.

[209] 李宇明. 当代中国语言学研究（1949—2015）[M]. 北京：中国社会科学出版社，2016.

[210] 李宇明. 中法语言政策研究（第三辑）[M]. 北京：商务印书馆，2017.

[211] 李宇明. 树立"外语生活"意识 [J]. 中国外语，2017（5）.

[212] 李宇明. 李宇明语言传播与规划论文集 [G]. 北京：北京语言文化

大学出版社，2018.

[213] 李宇明. 中国语言资源的理念与实践 [J]. 语言战略研究，2019 (3).

[214] 李宇明，王海兰. 粤港澳大湾区的四大基本语言建设 [J]. 语言战略研究，2020 (1).

[215] 李宇明. 语言治理正当时 [N]. 光明日报，2020-04-25 (12).

[216] 李宇明. 试论个人语言能力和国家语言能力 [J]. 语言文字应用，2021 (3).

[217] 李宇明. 加强我国应急语言服务 [N]. 中国社会科学报. 2022-06-21 (008).

[218] 李贞. 中国诗词大会缘何广受追捧 [N]. 人民日报海外版，2017-02-09 (02).

[219] 连横. 台湾通史 [M]. 北京：九州出版社，2008.

[220] 连谊慧. "'一带一路'语言问题"多人谈 [J]. 语言战略研究，2016 (2).

[221] 廉超群. 卡塔尔《阿拉伯语保护法》[G] //国家语言文字工作委员会. 语言生活皮书：世界语言生活状况报告（2021）. 北京：商务印书馆，2021.

[222] 梁博祥. 中国新闻年鉴（2000）[M]. 北京：中国新闻年鉴杂志社，2000.

[223] 梁昊光，张耀军. "一带一路"语言战略规划与政策实践 [J]. 人民论坛·学术前沿，2018 (10).

[224] 梁琳琳，杨亦鸣. 充分掌握沿线国家语言国情 [N]. 中国社会科学报，2017-02-17 (005)

[225] [美]梁培炽. 美国华文教育论丛 [M]. 北京：中国华侨出版社，2014.

[226] 梁晓波，邓祯. 美军语言智能处理技术的发展策略与启示 [J]. 国防科技，2021 (4).

[227] 梁晓波. 主持人语 国防语言与国防语言能力建设 [J]. 语言战略研

究，2022 (6).

[228] 廖波. 印度的语言状况：基于 2011 年印度人口普查语言调查数据的分析 [J]. 解放军外国语学院学报，2020 (6).

[229] 廖湘美，等. 台湾中小学生语言使用与语言态度调查：以台北市、新北市、高雄市为例 [J]. 语言文字应用，2015 (4).

[230] 林焕新. 提升国家通用语言文字普及程度和质量 [N]. 中国教育报，2022-01-08 (01).

[231] 林芝市教育局教研室. 林芝市教育局开展 2023 年农牧民国家通用语言文字培训 [J]. 西藏教育，2023 (2).

[232] 凌鹊，徐琼. 高质量且公平：印度高等教育发展行动研究 [J]. 高教发展与评估，2023 (2).

[233] 刘宝俊. 加拿大的语言冲突和多元文化主义进程 [G] //中南民族学院民族研究所民族学系. 南方民族研究论丛（第 4 辑）. 北京：民族出版社，1999.

[234] 刘丹青. 语言库藏类型学构想 [J]. 当代语言学，2011 (4).

[235] 刘福根. 澳大利亚语言规划简述 [J]. 语文建设，1999 (5).

[236] 刘国辉，张卫国. 中国城市劳动力市场中的"语言经济学"：外语能力的工资效应研究 [J]. 山东大学学报（哲学社会科学版），2016 (2).

[237] 刘海红，刘玉红. 全面加强国家通用语言文字教育 铸牢中华民族共同体意识 [N]. 西藏日报，2021-06-29 (09).

[238] 刘海涛. 欧洲联盟语言状况及语言政策 [G] //王辉，周玉忠. 语言规划与语言政策：理论与国别研究（续），北京：中国社会科学出版社，2015.

[239] 刘红婴. 当代语言立法价值取向探旨 [J]. 语言文字应用，2009 (1).

[240] 刘宏伟，郭进，房佳美. 把握研究热点 提升应急语言服务能力 [N]. 中国应急管理报，2022-09-06 (7).

[241] 刘洪东. 法语全球推广和传播研究 [M]. 济南：山东大学出版

社，2014.

[242] 刘洪东. 法语国际传播政策与实践研究 ［D］. 济南：山东大学，2022.

[243] 刘华. 民族法学 ［M］. 昆明：云南大学出版社，2015.

[244] 刘金林，马静. 铸牢中华民族共同体意识视域下广西中越边境地区普通话高质量推广普及研究：语言与国家治理系列研究之七 ［J］. 广西民族大学学报（哲学社会科学版），2021（6）.

[245] 刘利，等. "ChatGPT 来了：国际中文教育的新机遇与新挑战"大家谈（上）［J］. 语言教学与研究，2023（3）.

[246] 刘连芳，等. 壮、蒙古、维、哈、柯、朝语信息处理研究进展 ［J］. 广西科学院学报，2018（1）.

[247] 刘汝山，王美玲. 全球化趋势与世界语言问题 ［J］. 中国海洋大学学报（社会科学版），2007（6）.

[248] 刘上扶. 东盟各国语言纵横谈 ［M］. 南宁：广西教育出版社，2009.

[249] 刘天亮. 给濒危语言更广阔的世界（环球走笔）［N］. 人民日报，2019-02-22（16）.

[250] 刘卫民，付涛. 教育信息化提升国家通用语言文字教学质量的历史进程、向度与路径 ［J］ 中国电化教育，2023（6）.

[251] 刘晓波，战菊. 澳大利亚语言政策的发展变迁及其动机分析 ［J］. 东北师大学报（哲学社会科学版），2013（6）.

[252] 刘亚玲. 法国语言政策研究：单语制与多样性悖论 ［D］. 上海：上海外国语大学，2018.

[253] 刘义兵，吴桐. 民族地区推普工作高质量发展的背景审度、内涵确证和实践路径：基于共同富裕的目标指向 ［J］. 西北民族大学学报（哲学社会科学版），2022（3）.

[254] 刘泽海. 东南亚国家语言教育政策发展研究 ［M］. 北京：社会科学文献出版社，2018.

[255] 刘长珍. 从单语主义到多语主义的转变：印度语言政策研究 ［D］. 北京：北京外国语大学，2015.

［256］龙从军，安波. 中国少数民族语言文字信息处理的进展［J］. 暨南学报（哲学社会科学版），2022（9）.

［257］卢军. 柬埔寨《国家高棉语政策》［G］//国家语言文字工作委员会. 语言生活皮书：世界语言生活状况报告（2021）. 北京：商务印书馆，2021.

［258］卢诒常. 海南岛苗族的语言及其系属［J］. 民族语文，1987（3）.

［259］陆露，唐贤清. 同源异境视野下汉语方言比较研究的新探索［J］. 南京师大学报（社会科学版），2022（2）.

［260］栾婷. 法国在全球推广法语的政策与措施分析［J］. 首都经济贸易大学学报，2014（5）.

［261］罗朝猛. 寻变：与域外教育面对面［M］. 福州：福建教育出版社，2017.

［262］罗骥，余金枝. 民族语文活态保护与双语和谐乡村建设研究：云南马关县都龙镇个案调查研究［M］. 北京：中国社会科学出版社，2015.

［263］罗珊珊，等. 开放的平台 共赢的舞台［N］. 人民日报，2022-11-05（006）.

［264］罗豫元. 美国双语教育实施失败的因素分析［J］. 比较教育研究，2007（1）.

［265］骆毅. 台湾《标准行书范本》出版 10 周年［J］. 语文建设，1990（6）.

［266］吕叔湘. 汉语语法论文集（增订本）　［G］. 北京：商务印书馆，1984.

［267］马晓京. 旅游商品化与长阳土家族廪君神话的复活［J］. 中南民族大学学报（人文社会科学版），2007（2）.

［268］马云霞. 语言在国际交往中的经济价值研究：以英汉两种语言为例［D］. 武汉：武汉理工大学，2012.

［269］马重奇，林玉山. 海峡两岸语言及辞书研究［M］. 福州：福建人民出版社，2013.

[270] 麦耘. 粤方言的音韵特征：兼谈方言区分的一些问题 [J]. 方言，2011 (4).

[271] 满在江，谢妍，艾佳. 巴基斯坦的语言与民族关系探析 [J]. 徐州师范大学学报（哲学社会科学版），2011 (3).

[272] 茅亩. 拯救"濒危语言"需要更多制度配套 [N]. 北京青年报，2022-05-26 (A02).

[273] 梅颖，赵蓉晖. 乌克兰语言冲突升温 [G] //教育部语言文字信息管理司. 语言生活皮书：中国语言生活状况报告（2014）. 北京：商务印书馆，2014.

[274] 孟照海. 美国双语教育法的历史演变 [J]. 民族教育研究，2007 (1).

[275] 敏春芳，肖雁云. 西北地区语言接触研究：现状、问题与对策 [J]. 兰州大学学报（社会科学版），2023 (1).

[276] 《苗族简史》编写组. 苗族简史 [M]. 贵阳：贵州民族出版社，1985.

[277] 牟宜武. 全球化时代背景下的日本外语教育战略：培养日本国民的英语交际能力 [J]. 外语教学理论与实践，2016 (2).

[278] 诺曼·费尔克劳. 语言与全球化 [M]. 田海龙，译. 北京：商务印书馆，2020.

[279] 欧金昌，梁素娟. 语言扶贫扶出的"魔力" [N]. 中国教育报，2019-11-19 (06).

[280] 彭茹. 中越边境泗邦屯壮族的语言生活 [J]. 贵州民族研究，2016 (7).

[281] 彭枭. 民粹主义浪潮下中东欧国家俄裔的身份分析：以拉脱维亚和爱沙尼亚为例 [J]. 世界民族，2022 (2).

[282] 普通话普及情况调查项目组. 广西普通话普及情况调查分析 [J]. 语言文字应用，2012 (1).

[283] 普学旺，龙珊. 清代彝文抄本《董永记》整理与研究 [J]. 民族文学研究，2018 (2).

[284] 秦广强. 进京农民工的语言能力与城市融入：基于适应性区群抽样数据的分析 [J]. 语言文字应用，2014（3）.

[285] 青觉，吴鹏. 国家通用语言文字教育：多民族国家认同建构的基础性工程 [J]. 贵州民族研究，2020（9）.

[286] 屈哨兵. 粤港澳大湾区建设中的语言问题 [J]. 语言战略研究，2020（1）.

[287] 屈哨兵. 语言生活皮书：粤港澳大湾区语言生活状况报告（2021）[G]. 北京：商务印书馆，2021.

[288] 屈哨兵. 语言服务聚焦新时代 [J]. 语言战略研究，2022（5）.

[289] 屈哨兵. 语言文化交流合作助力港澳发展 [N]. 光明日报，2022-07-26（12）.

[290] 屈哨兵，王海兰. 数字经济发展中的四大基本语言服务能力建设 [J]. 广州大学学报（社会科学版），2023（5）.

[291] 任霄云. 英国：加大语言教学投资 [N]. 中国教育报，2023-01-12（09）.

[292] 尚红娟. 台湾地区公民教育发展中"文化认同"变迁之研究 1945—2008 [M]. 上海：上海人民出版社，2014.

[293] 尚军. 企业因外语"短腿"痛失商机，欧盟出台计划力攻语言关 [N]. 解放日报，2007-02-25（4）.

[294] 邵敬敏. 汉语语法的动态研究 [M]. 北京：商务印书馆，2013.

[295] 什维策尔. 现代社会语言学 [M]. 卫志强，译. 北京：北京大学出版社，1987.

[296] 沈海英. 多国语言政策比较研究 [M]. 昆明：云南人民出版社，2014.

[297] 沈兼士. 右文说在训诂学上之沿革及其推阐 [G]//沈兼士学术论文集. 北京：中华书局，1986.

[298] 沈敏. 新时代汉语国际传播的湖南对策 [J]. 湖南社会科学，2021（2）.

[299] 沈骑. "一带一路"倡议下国家外语能力建设的战略转型 [J]. 云南

师范大学学报（哲学社会科学学版），2015（5）.

［300］沈骑．"一带一路"建设中的语言安全战略［J］．语言战略研究，2016（2）.

［301］沈骑．全球化3.0时代的外语学习：从"独尊英语"走向多语互补［N］．文汇报，2017-08-04（06）.

［302］沈骑，夏天．"一带一路"语言战略规划的基本问题［J］．新疆师范大学学报（哲学社会科学版），2018（1）.

［303］沈骑，赵丹．中国共产党百年历程中的语言文字规划观［J］．浙江大学学报（人文社会科学版），2022（10）.

［304］盛炎．澳门语言现状与语言规划［J］．方言，1999（4）.

［305］施白蒂．澳门编年史（二十世纪）：1900—1949［M］．金国平，译．澳门：澳门基金会，1999.

［306］施其生．论"有"字句［J］．语言研究，1996（1）.

［307］石光树．从盘瓠神话看苗、瑶、畲三族的渊源关系［J］．中央民族学院学报，1982（3）.

［308］石生斌，文茜．湖南相声的当代困境与出路研究［G］//重庆市鼎耘文化传播有限公司．2022社会发展理论研讨会论文集（二），2022.

［309］石勇．台湾语言文字政策的意识形态之争［J］．世界知识，2009（18）.

［310］宋永培、端木黎明．中国文化语言学辞典［M］．成都：四川人民出版社，1993.

［311］苏金智．英语对香港语言使用的影响［J］．中国语文，1997（3）.

［312］苏新春．普通话与方言的关系：合在社会与源流，分在层次与功能［N］．语言文字周报，2005-05-11（001）.

［313］苏新春．台湾语言文字问题对策研究．厦门：厦门大学出版社，2016.

［314］苏新春，郭光明．20世纪中期以来两岸语言政策走势与特点［J］．语言文字应用，2018（03）.

［315］苏新春．国家通用语言文字推广普及快速推进、成效突出［J］．中国

民族教育，2023（6）．

[316] 孙宏开，胡增益，黄行．中国的语言［M］．北京：商务印书馆，2007．

[317] 孙宏开．关于语言身份的识别问题［J］．语言科学，2013（5）．

[318] 孙宏开．中国少数民族语言状况及其对策研究：以云南中缅边境上的阿侬等语言为例［G］//中国语言战略（第1期）．南京：南京大学出版社，2016（1）．

[319] 孙宏开．阿侬语的二十年变迁：由濒危走向严重濒危［J］．语言战略研究，2017（4）．

[320] 孙宏开．语言是特殊的非物质文化遗产［J］．语言战略研究，2021（5）．

[321] 孙汝建．汉语的性别歧视与性别差异［M］．武汉：华中科技大学出版社，2010．

[322] 孙维张．汉语社会语言学［M］．贵阳：贵州人民出版社，1991．

[323] 唐若水．英伦的口音与外表"歧视"［J］．世界知识，1997（2）．

[324] 唐贤清，陈丽．程度补语"煞"的历时来源及跨方言考察［J］．理论月刊，2011（2）．

[325] 唐作藩．普通话语音史话［M］．北京：商务印书馆，2018．

[326] 滕星．教育人类学通论［M］．北京：商务印书馆，2017．

[327] 滕延江，王立非．应急语言服务团能力提升培训：现状、内容与路径［J］．山东外语教学，2023（1）．

[328] 田立新．以史为鉴开创未来 推动中华优秀语言文化传承发展［N］．中国教育报，2021-08-19（01）．

[329] 田鹏．欧盟官方语言政策［G］//教育部语言文字信息管理司．世界语言生活报告（2016）．北京：商务印书馆，2016．

[330] 田添畅彦．在海南回辉话里可见到的汉语语法的影响［G］//邵敬敏．21世纪汉语方言语法新探：第三届汉语方言语法国际研讨会论文集．广州：暨南大学出版社，2008．

[331] 田小琳．香港的中文教育政策［J］．北京观察，2006（8）．

［332］田小琳. 香港中文教育政策述评 ［J］. 云南师范大学学报（对外汉语教学与研究版），2008（2）.

［333］田小琳. 港式中文及其特点 ［J］. 暨南大学华文学院学报，2008（3）.

［334］田小琳. 香港语言生活研究论集 ［M］. 北京：人民教育出版社，2012.

［335］田小琳. 三论香港地区的语言文字规范问题 ［J］. 中国语文通讯，2021（1）.

［336］脱慧洁. 西藏山南农牧民使用学习国家通用语言文字的现状及建议 ［J］. 西藏民族大学学报（哲学社会科学版），2023（2）.

［337］王春辉. 论语言与国家治理 ［J］. 云南师范大学学报（哲学社会科学版），2020（3）.

［338］王春辉. 普及与提高并重，推普助力乡村振兴 ［N］. 光明日报，2021-09-19（05）.

［339］王聪. 香港回归20年来的语文教育政策新进展 ［J］. 当代教育理论与实践，2018（1）.

［340］王德春. 论双语社会香港的语言问题 ［J］. 外国语（上海外国语大学学报），1997（3）.

［341］王锋. 从白语的发展看语言接触的两种形式 ［G］//大理民族文化研究论丛（第八辑）. 北京：民族出版社，2012.

［342］王锋，张云霞，杨伟林. 中华民族全书 中国白族 ［M］. 银川：宁夏人民出版社，2012.

［343］王国安. 世界汉语教学百科辞典 ［M］. 北京：汉语大词典出版社，1990.

［344］王海兰，崔萌，尼玛次仁. "三区三州"地区普通话能力的收入效应研究：以西藏自治区波密县的调查为例 ［J］. 云南师范大学学报（哲学社会科学版），2019（4）.

［345］王海兰. 语言多样性与经济发展的互动关系分析 ［J］. 制度经济学研究，2017（4）.

［346］王海兰. 深化语言扶贫 助力脱贫攻坚［N］. 中国社会科学报，2018-09-11（003）.

［347］王海兰，李宇明. 试论粤港澳大湾区的应急语言服务需求［G］//语言政策与规划研究（第十四辑）. 北京：外语教学与研究出版社，2021（2）.

［348］王海兰. 试论语言数据的经济属性［J］. 语言战略研究，2022（4）.

［349］王辉. 基于语言规划观的澳大利亚语言政策模型构建及启示［J］. 北华大学学报（社会科学版），2012（6）.

［350］王辉. 非洲的语言多样性与中非合作［N］. 光明日报，2018-09-24（08）.

［351］王辉，陈阳. 基于大数据的"一带一路"沿线国家孔子学院分布研究［J］. 云南师范大学学报（对外汉语教学与研究版），2019（1）.

［352］王辉，夏金铃. 高校"一带一路"非通用语人才培养与市场需求调查研究［J］. 外语电化教学，2019（1）.

［353］王辉. 我国突发公共事件应急语言服务实践及建议［J］. 浙江师范大学学报（社会科学版），2020（4）.

［354］王辉. 新冠疫情影响下的国际中文教育：问题与对策［J］. 语言教学与研究，2021（4）.

［355］王辉，周智婉. 中文的世界性正在增强［N］. 人民日报海外版，2023-12-20（11）.

［356］王加林，戈军. 语言政策与身份建构：基于回归后香港施政报告的研究［J］. 社会科学家，2012（1）.

［357］王家鲲. 当代英语发展的某些趋势［J］. 解放军外国语学院学报，1999（6）.

［358］王建华. 网络语言治理：功能、问题、框架与任务［J］. 浙江社会科学，2022（8）.

［359］王建莉. 推广使用国家通用语言文字 铸牢中华民族共同体意识［N］. 光明日报，2021-05-10（08）.

［360］王建勤. 美国"关键语言"战略与我国国家安全语言战略［J］. 云南

师范大学学报（哲学社会科学版），2010（2）.

[361] 王建勤. 语言问题安全化与国家安全对策研究 [J]. 语言教学与研究，2011（6）.

[362] 王建勤. 美国国防语言战略与中国国防语言的现状与对策 [G] //王辉，周玉忠. 语言规划与语言政策：理论与国别研究（续）. 北京：中国社会科学出版社，2015.

[363] 王瑾. 幼儿园传统节日教育传承中华优秀传统文化策略研究：以"华夏三亲启蒙教育"项目的探索为例 [J]. 当代教育理论与实践，2020（1）.

[364] 王晋军，黄兴亚. 生态语言学视域下独龙族语言能力研究 [J]. 云南师范大学学报（哲学社会科学版），2020（6）.

[365] 王立非. "战疫"应急语言服务报告 [M]. 北京：对外经济贸易大学出版社，2020.

[366] 王立非. "应急语言服务研究"专题 [J]. 山东外语教学，2023（1）.

[367] 王莉宁. 中国语言资源保护工程的实施策略与方法 [J]. 语言文字应用，2015（4）.

[368] 王莉宁.《中国语言文化典藏》出版 [G] //国家语言文字工作委员会. 语言生活皮书：中国语言生活状况报告（2018）. 北京：商务印书馆，2018.

[369] 王莉宁，康健侨. 中国方言文化保护的现状与思考 [J]. 语言战略研究，2022（4）.

[370] 王宁，等. "粤港澳大湾区的语言生活"多人谈 [J]. 语言战略研究，2020（1）.

[371] 王平. 台当局把小学生当"小白鼠" [N]. 人民日报海外版，2016-12-14（04）.

[372] 王巧灵，刘玲. 民族瑰宝 熠熠生辉：评《汉族题材云南少数民族古籍译注》丛书 [J]. 今日民族，2019（9）.

[373] 王巧明，郭春霞. 现代汉语课程思政元素的挖掘与应用研究 [J]. 凯里学院学报，2022（2）.

［374］王群生. 白俄罗斯的语言政策和"国语"之争［J］. 语文建设，1995（9）.

［375］王世凯. 语言政策理论与实践［M］. 北京：中国社会科学出版社，2015.

［376］王世凯. 新编现代汉语教程（下）［M］. 上海：上海交通大学出版社，2016.

［377］王树瑛. 试论汉语方言的价值与保护策略［J］. 东南学术，2017（4）.

［378］王双成. 青海少数民族语言对当地汉语的影响：从"风搅雪花儿"说起［J］. 青海师范大学学报（哲学社会科学版），2004（4）.

［379］王双成. 藏语名词的指称及其对周边语言的影响［J］. 民族语文，2016（3）.

［380］王涛. 巴西的语言政策简况［G］//王辉，周玉忠. 语言规划与语言政策：理论与国别研究（续）. 北京：中国社会科学出版社，2015.

［381］王文斌. 外语教育能力建设是提升国际传播力的基本前提［J］. 语言战略研究，2022（6）.

［382］王文俊. 民族语言学视角下的希伯来语复兴原因探析［G］//西南边疆民族研究（第18辑）. 昆明：云南大学出版社，2015.

［383］王曦. "一带一路"视域下的闽南方言资源开发［J］. 泉州师范学院学报，2016（5）.

［384］王曦. "一带一路"视域下方言资源价值发掘：以闽南方言为例［J］. 东南学术，2017（4）.

［385］王许童心，管秀兰，赵惠霞. 对外汉语教学架设传播中华优秀文化的桥梁［N］. 中国教育报，2019-09-27（07）.

［386］王毅. 贯彻对外关系法，为新时代中国特色大国外交提供坚强法治保障［N］. 人民日报，2023-6-29（06）.

［387］王玉红. 澳大利亚的语言政策及汉语生态：以新南威尔士州为例［J］. 华中学术，2018（3）.

［388］王玉英，刘鑫媛. 21世纪中国文化海外传播下的国家形象［J］. 沈

阳大学学报（社会科学版），2019（1）.

[389] 王远新. 民族交往的语言表现：新疆汉语方言中的维吾尔语借词使用研究 [J]. 民族语文，2021（4）.

[390] 王越，吕美嘉. 语言软实力发展新模式与路径创新 [J]. 东北师大学报（哲学社会科学版），2011（5）.

[391] 王中奎，宁波. 澳大利亚"亚洲优先"战略及其在语言政策方面的体现 [J]. 外国中小学教育，2018（8）.

[392] 威廉·冯·洪堡特. 论人类语言结构的差异及其对人类精神发展的影响 [M]. 姚小平，译. 北京：商务印书馆，1999.

[393] 魏丹. 语言立法与语言政策 [J]. 语言文字应用，2005（4）.

[394] 魏晖. "一带一路"与语言互通 [J]. 云南师范大学学报（哲学社会科学版），2015（4）.

[395] 魏晖. 语言文化交流与国家文化软实力 [J]. 文化软实力研究，2019（1）.

[396] 魏琳. 澳门回归以来的语言状况 [G] //屈哨兵. 语言生活白皮书：粤港澳大湾区语言生活状况报告（2021），北京：商务印书馆，2021.

[397] 魏琳. 毛南族的多语能力与语言和谐 [J]. 广州大学学报（社会科学版），2021（3）.

[398] 魏媛媛. 坦桑尼亚国语的困境 [G] //教育部语言文字信息管理司. 语言生活皮书：世界语言生活报告（2016）. 北京：商务印书馆，2016.

[399] 温昌衍，温美姬. 方言避讳语浅析 [J]. 嘉应大学学报（哲学社会科学），2000（2）.

[400] 文秋芳. 国家外语能力现状 [G] //国家语言文字工作委员会. 语言生活皮书：中国语言生活状况报告（2012）. 北京：商务印书馆，2012.

[401] 文秋芳，张天伟. 美国国家外语能力建设模式分析 [J]. 外语教学与研究，2013（6）.

[402] 文秋芳，张天伟. 国外语言资源管理的经验与启示 [J]. 新疆师范大

学学报（哲学社会科学版），2014（6）.

[403] 文秋芳. 国家语言治理能力建设 70 年：回顾与展望［J］. 云南师范大学学报（哲学社会科学版），2019（5）.

[404] 文秋芳. 对"国家语言能力"的再解读：兼述中国国家语言能力 70 年的建设与发展［J］. 新疆师范大学学报（哲学社会科学版），2019（5）.

[405] 文秋芳，杨佳. 提升国家语言能力，助推两个共同体建设［J］. 语言文字应用，2020（4）.

[406] 文秋芳，杨佳. 新中国国家语言能力研究［M］. 北京：外语教学与研究出版社，2021.

[407] 吴福光. 港澳教育评析［M］. 广州：中山大学出版社，1992.

[408] 吴福祥. 汉语伴随介词语法化的类型学研究：兼论 SVO 型语言中伴随介词的两种演化模式［J］. 2003（1）.

[409] 吴福祥. 汉语历史语法研究的目标［J］. 古汉语研究，2005（2）.

[410] 吴平，何永安. 澳门公务员普通话使用情况调查分析［J］. 河北大学学报（哲学社会科学版），2017（2）.

[411] 吴文侃，杨汉清. 比较教育学（修订本）［M］. 北京：人民教育出版社，1999.

[412] 吴晓芳，林晓峰. 台湾 70 年语言政策演变与语言使用现实及其政治影响［J］. 云南师范大学学报（哲学社会科学版），2017（1）.

[413] 吴雪青. 浙江省广播电视方言类节目的理性审视［J］. 浙江传媒学院学报，2008（6）.

[414] 吴应辉. 国际中文教育新动态、新领域与新方法［J］. 河南大学学报（社会科学版），2022（2）.

[415] 吴应辉. 新时代国际中文教育服务强国战略八大功能与实现路径［J］. 云南师范大学学报（哲学社会科学版），2022（3）.

[416] 吴勇毅. 新时期海外华文教育面临的形势及主要变化［J］. 浙江师范大学学报（社会科学版），2010（2）.

[417] 吴勇毅. 国际中文教育"十四五"展望［J］. 国际汉语教学研究，

2020 (4).

[418] 吴月. 我国普通话普及率超过 80% [N]. 人民日报, 2020-09-15 (12).

[419] 吴志良, 汤开建, 金国平. 澳门编年史（第 5 卷）：民国时期 1912—1949 [M]. 广州：广东人民出版社, 2009.

[420] 习近平. 在首都各界纪念现行宪法公布施行 30 周年大会上的讲话 [J]. 中国宪法年刊, 2013 (0).

[421] 习近平. 在全国民族团结进步表彰大会上的讲话 [N]. 人民日报, 2019-09-28 (02).

[422] 习近平向 2021 年世界互联网大会乌镇峰会致贺信 [N]. 人民日报, 2021-09-27 (01).

[423] 席红英. 呼伦贝尔市蒙古族日常生活领域语言生活调查研究 [D]. 呼和浩特：内蒙古大学, 2020.

[424] 夏春平. 香港文化色彩 [M]. 北京：龙门书局, 1997.

[425] 夏历. 在京农民工语言状况研究 [D]. 中国传媒大学, 2007.

[426] 谢俊英. 澳门公众服务领域语言态度调查分析 [J]. 语言文字应用, 2015 (2).

[427] 邢福义. 现代汉语语法研究的两个"三角" [J]. 云梦学刊, 2009 (1).

[428] 邢欣. "一带一路"需求下的国际汉语教育 [N]. 光明日报, 2016-10-16 (07).

[429] 熊正辉, 张振兴. 中国语言地图集（第 2 版）·汉语方言卷 [M]. 北京：商务印书馆, 2012.

[430] 徐朝红, 吴福祥. 从类同副词到并列连词：中古译经中虚词"亦"的语义演变 [J]. 中国语文, 2015 (1).

[431] 徐海娜. 在理论与实践之间：人类命运共同体理论暨"一带一路"推进思路会议综述 [J]. 当代世界, 2016 (4).

[432] 徐杰, 周荐. 澳门语言研究三十年：程祥徽教授澳门从研从教三十周年文集 [M]. 澳门：澳门大学出版中心, 2012.

[433] 徐静，吕杰. 多语教育带来良好的社会回报：基于加拿大语言能力调查 [J]. 世界教育信息，2015 (4).

[434] 徐真华. 香港、澳门语言生态重建的使命与机遇 [J]. 学术研究，2022 (1).

[435] 徐壮. 语言文化交流合作增进港澳台同胞认同感 [N]. 人民日报海外版，2022-06-29 (04).

[436] 许嘉璐. 关于语言文字规范问题的若干思考 [J]. 语言文字应用，1998 (4).

[437] 许晋，王枫，姜德军. 元代语言文字政策与多语种出版的繁盛 [J]. 编辑之友，2013 (10).

[438] 许静荣，李宇明. 法国语言政策研究 [J]. 语言文字应用，2020 (2).

[439] 许其潮. 从语言经济学角度看我国的外语教育 [J]. 外语与外语教学，1998 (8).

[440] 许其潮. 语言经济学：一门新兴的边缘学科 [J]. 外国语，1999 (4).

[441] 许亚冷. 泉州方言程度副词研究 [D]. 福州：福建师范大学，2010.

[442] 许长安. 台湾的语文政策及其论争 [J]. 现代语文，2006 (4).

[443] 许长安. 台湾的语文政策沿革及语文使用现状 [G] //马庆株. 语文现代化论丛（第七辑）. 北京：中央广播电视大学出版社，2008.

[444] 许长安. 台湾语文政策概述 [M]. 北京：商务印书馆，2011.

[445] 许长安. 台湾语文观察 [M]. 北京：九州出版社，2015.

[446] 许长安. 台湾四百年语文政策沿革及语文使用现状 [G] //苏新春. 台湾语言文字问题对策研究. 厦门：厦门大学出版社，2016.

[447] 闫晓敏，黄愉强. 云南少数民族语言文化资源的开发和语言文化产业化发展研究 [J]. 中国高新技术企业，2010 (9).

[448] 言岚. 方言的产生及其地域文化性透视：以湖南方言研究为例 [J]. 理论月刊，2009 (11).

[449] 言实，周祥. 新时代语言文字事业的新使命 [J]. 语言战略研究，

2020 (6).

[450] 阎喜. 澳门的语言生活 [N]. 中国社会科学报, 2017-02-07 (03).

[451] 杨东东, 杨柳. 上海自贸区语言文字应用信息化平台建设 [J]. 科教文汇, 2016 (12) 上.

[452] 杨尔弘, 刘鹏远, 韩林涛, 饶高琦. 语言智能那些事儿 [M] //郭熙. 中国语言生活状况报告 (2018). 北京：商务印书馆, 2018.

[453] 杨茜. "一带一路"下商务贸易人才语言能力提升探索：评《中国—东盟自由贸易区语言产业与经济发展互动研究》 [J]. 国际贸易, 2022 (9).

[454] 杨书俊. 发展语言产业 助力产业调整 [N]. 中国社会科学报, 2015-07-28 (003).

[455] 杨晓燕. 非洲法语国家语言状况及语言政策 [G] //张永宏, 詹世明. 非洲法语国家：发展与合作. 北京：社会科学文献出版社, 2020.

[456] 杨洋, 晏丽. "一带一路"沿线国家语言状况探析：问题与对策 [J]. 社会科学前沿, 2022 (7).

[457] 杨亦鸣. 提升语言能力 服务国家战略 [N]. 中国教育报, 2016-10-18 (10).

[458] 杨亦鸣. 推普助力乡村振兴的三个着力点 [N]. 光明日报, 2023-05-07 (05).

[459] 姚茂雪. 现代化背景下民族语言传承问题研究：以三穗县寨头村为例 [J]. 汉字文化, 2022 (14).

[460] 姚申. 汉语能否成为国际学术研究与交流的通行语言 [N]. 中华读书报, 2012-11-07 (5).

[461] 叶桂平. 港澳特区深入衔接国家重大区域发展战略的思考 [J]. 人民论坛, 2023 (7).

[462] 叶萍. 语言政策对菲律宾经济文化的影响 [J]. 东南亚纵横, 2010 (4).

[463] 叶莎. 瑞士语言政策：从四语走向多语 [G] //教育部语言文字信息

管理司. 语言生活皮书：世界语言生活报告（2016）. 北京：商务印书馆，2016.

[464] 叶竹钧. 论香港普通话科师资培训的方法与策略［J］. 教育评论，2010（3）.

[465] 银晴，田静，苏新春. 语言何以助力乡村振兴［J］. 语言战略研究，2022（1）.

[466] 鄞江. 元代官方使用的语言文字［J］. 内蒙古社会科学，1982（4）.

[467] 鄞益奋. 澳门特区语言政策的政策体系析评［G］//中国语言战略（第2期）. 南京：南京大学出版社，2019.

[468] 尹海良. 对世界汉语热和汉语国际推广工作的认识与思考［J］. 前沿，2009（2）.

[469] 尹世超. 哈尔滨方言词典［M］. 南京：江苏教育出版社，1997.

[470] 尹悦. 韩国多举措规范外文译写［G］//国家语言文字工作委员会. 语言生活皮书：世界语言生活状况报告（2018）. 北京：商务印书馆，2018.

[471] 游汝杰. 方言和普通话的社会功能与和谐发展［J］. 修辞学习，2006（6）.

[472] 游汝杰. 汉语方言学导论（修订本）［M］. 上海：上海教育出版社，2018.

[473] 余春红，傅荣. 从纷争走向多元：一项关于比利时"语言之争"的质性研究［J］. 外国语文，2019（4）：90.

[474] 余江英. 自贸区语言服务能力的现代化建设［N］. 光明日报，2023-07-30（06）.

[475] 俞永虎. 民族地区教师国家通用语言文字教学与科研能力提升策略［J］. 中国民族教育，2022（10）.

[476] 俞永虎. 民族地区中小学校推广普及国家通用语言文字的实践路径研究［J］. 中国民族教育，2023（4）.

[477] 俞正樑. 全球化时代的国际关系（第三版）［M］. 上海：复旦大学出版社，2000.

[478] 宇晓. 十七世纪荷兰、西班牙传教士在台湾高山族地区的活动及其影响 [J]. 中央民族学院学报，1989 (04).

[479] 语言文字工作机构队伍建设 [G] //国家语言文字工作委员会. 语言生活皮书：中国语言文字事业发展报告（2020）. 北京：商务印书馆，2020.

[480] 袁芳，魏行. 语言接触与西北方言否定语序的演变 [J]. 语言科学，2023 (2).

[481] 袁玥. 文"话"香江：半饮咖啡半品茶 [N]. 人民日报海外版，2009-04-09 (07).

[482] 袁钟瑞. 新中国推广普通话 70 年 [J]. 汉字文化，2020 (1).

[483] 约瑟夫·奈. 软实力 [M]. 马娟娟，译. 北京：中信出版社，2013.

[484] 曾婧. 日本第二外语教育情况研究：以德语为例 [G] //语言与文化研究（第二十三辑）. 北京：中国华侨出版社，2022 (2).

[485] 曾薇，刘上扶. 澳门的多语现象与语言政策 [J]. 东南亚纵横，2010 (1).

[486] 詹伯慧. 汉语方言及方言调查 [M]. 武汉：湖北教育出版社，1991.

[487] 詹伯慧. 略论方言、共同语与双语制问题 [G] //詹伯慧. 漫步语坛的第三个脚印 汉语方言与语言应用论集. 广州：暨南大学出版社，2003.

[488] 詹伯慧. 粤语是绝对不会沦陷的：对出现"废粤推普"风波的一些思考 [J]. 学术研究，2011 (3).

[489] 詹霞，葛囡囡. 德国国家语言能力研究 [M]. 北京：外语教学与研究出版社，2023.

[490] 占俊英. 品牌名称修辞的经济价值分析 [J]. 湖南科技大学学报（社会科学版），2014 (2)

[491] 占俊英. 论修辞艺术在广告标语中的经济价值 [J]. 湖北社会科学，2014 (11).

[492] 张桂菊. 澳门回归后"三文四语"教育现状研究 [J]. 比较教育研究，2009 (11).

［493］张桂菊. 澳门语言状况与语言政策［J］. 语言文字应用，2010（3）.

［494］张国治，邵蒙蒙. 家庭语言政策调查研究：以山东济宁为例［J］. 语言文字应用，2018（1）.

［495］张佳琛. 荷兰国家语言能力研究［M］. 北京：外语教学与研究出版社，2023.

［496］张洁. 语言文字工作七十年［J］. 中国语文，2019（3）.

［497］张璟玮. 澳门回归后的语言生活［G］//国家语言文字工作委员会. 语言生活皮书：中国语言生活状况报告（2020）. 北京：商务印书馆，2020.

［498］张璟玮. 澳门青年语言态度调查［J］. 语言战略研究，2020（1）.

［499］张凯，薛嗣媛，周建设. 语言智能技术发展与语言数据治理技术模式构建［J］. 语言战略与研究，2022（4）.

［500］张黎. 法国在撒哈拉以南法语非洲的文化政策研究（1960—2022年）［D］. 北京：北京外国语大学，2023.

［501］张梅. 全球化时代多民族地区的语言竞争与语言和谐［J］. 中央民族大学学报（哲学社会科学版），2011（4）.

［502］张平. 我国台湾地区外语政策的动向、特点及思考［J］. 武陵学刊，2018（3）.

［503］张强，王仁法，杨亦鸣. 从语言能力到国家语言能力：兼论当前我国国家语言能力建设的主要任务［J］. 语言科学，2023（6）：582.

［504］张日培. 提升国家语言治理能力［N］. 语言文字周报，2017-01-18（001）.

［505］张日培. 新中国语言文字事业的历程与成就［J］. 语言战略研究，2020（6）.

［506］张天伟. 美国国家语言服务团案例分析［J］. 语言战略研究，2016（5）.

［507］张天伟. 我国国家通用语国际拓展能力现状与发展路径研究［J］. 语言文字应用，2020（1）.

［508］张挺，于桂英，魏晖. 当代语言文字信息化建设的思考［J］. 语言文

字应用，2010（1）.

[509] 张卫国，等．"语言与乡村振兴"多人谈［J］．语言战略研究，2022
（1）.

[510] 张卫国．论语言的经济效应：理论、经验与启示［J］．上海交通大学
学报（哲学社会科学版），2022（6）.

[511] 张为，林清霞．台湾网民简化字使用情况调查分析［J］．闽南师范大
学学报（哲学社会科学版），2022（3）.

[512] 张鑫．论绿春哈尼族和谐双语生活的特点及成因［J］．民族翻译，
2013（4）.

[513] 张耀军．"一带一路"语言安全面临的现实挑战及治理路径［J］．人
民论坛·学术前沿，2023（7）.

[514] 张颖，戴曼纯．英国语言教育从单语主义到多语愿景的政策转型与
实践［J］．外语界，2023（3）.

[515] 张媛媛，张斌华．语言景观中的澳门多语状况［J］．语言文字应用，
2016（1）.

[516] 张赟芳．我国语言文字事业取得跨越式发展［N］．中国教育报，
2022-07-01（05）.

[517] 张治国．语言安全分类及中国情况分析［J］．云南师范大学学报（哲
学社会科学版），2018（3）.

[518] 张治国．政治家的语言生活和语言治理：以新加坡李光耀为例［J］．
陕西师范大学学报（哲学社会科学版），2020（5）.

[519] 张治国，刘振．柬埔寨语言生态及语言政策研究［G］//语言政策与
规划研究（第十五辑）．北京：外语教学与研究出版社，2022（1）.

[520] 章新胜．加强汉语的国际传播 促进多样文化的共同发展［J］．求是，
2005（16）.

[521] 赵阿平，何学娟．满语、赫哲语濒危原因对比探析［J］．满语研究，
2007（1）.

[522] 赵婀娜，吴月．筑牢国家发展的语言文字基石［N］．人民日报，
2020-10-13（12）.

[523] 赵杰. 官话迁徙与京腔移植 [J]. 北京社会科学，1990（3）.

[524] 赵沁平. 营造和谐语言生活为构建社会主义和谐社会做贡献 [N]. 语言文字周报，2007-04-04（001）.

[525] 赵世举. 语言与国家 [M]. 北京：商务印书馆，2015.

[526] 赵世举. "一带一路"建设的语言需求及服务对策 [J]. 云南师范大学学报（哲学社会科学版），2015（4）.

[527] 赵世举. 国家软实力建设亟待研究和应对的重要语言问题 [J]. 文化软实力研究，2016（2）.

[528] 赵世举. 数智化社会国家语言能力建设的新课题 [J]. 语言科学，2023（6）.

[529] 赵晓霞. 致敬国际中文教师和志愿者：三尺讲台 桃李天下 [N]. 人民日报海外版，2022-05-06（11）.

[530] 赵学清，刘键. 香港语言景观中的语言使用状况 [G] //国家语言文字工作委员会. 语言生活皮书：中国语言生活状况报告（2021）. 北京：商务印书馆，2021.

[531] 赵元任. 语言问题 [M]. 北京：商务印书馆，1980.

[532] 赵元任. 赵元任语言学论文选 [M]. 叶蜚声，译. 北京：中国社会科学出版社，1985.

[533] 郑天祥，等. 澳门人口 [M]. 澳门：澳门基金会，1994.

[534] 郑燕，王瑞雪. 基于铸牢中华民族共同体意识的国家通用语言文字推广与普及 [J]. 中国民族教育，2022（10）.

[535] 中国翻译协会. 2022 中国翻译及语言服务行业发展报告 [R]. 2022-04-01.

[536] 中国翻译协会. 2023 中国翻译及语言服务行业发展报告 [R]. 2023-04-03.

[537] 中国互联网络信息中心. 第 51 次中国互联网络发展状况统计报告 [R]. 北京：中国互联网络信息中心，2023.

[538] "中国语言生活状况报告"课题组. 中国语言生活状况报告（2005）上 [G]. 北京：商务印书馆，2006.

[539] "中国语言生活状况报告"课题组. 中国语言生活状况报告（2006）上 [G]. 北京：商务印书馆，2007.

[540] 中国语言文字使用情况调查领导小组办公室. 中国语言文字使用情况调查资料 [R]. 北京：语文出版社，2006.

[541] 钟南. 试论语言文字对民族关系的影响 [J]. 中南民族学院学报（哲学社会科学版），1995（5）.

[542] 周贝，肖向一，刘群. 杭州市区学龄前儿童家庭语言规划状况调查：以父母学历大专以上背景的家庭为对象 [J]. 湖北科技学院学报，2018（1）.

[543] 周大军，等. "国防语言"多人谈 [J]. 语言战略研究，2022（6）.

[544] 周建设. 语言智能，在未来教育中扮演什么角色 [N]. 光明日报，2019-03-02（12）

[545] 周美伶. 语言资源的旅游开发初探 [D]. 武汉：华中师范大学，2016.

[546] 周庆生. 语言和谐思想刍议 [J]. 语言文字应用，2005（3）.

[547] 周庆生. 印度语言政策与语言文化 [J]. 中国社会科学院研究生院学报，2010（6）.

[548] 周庆生. 中国"主体多样"语言政策的发展 [J]. 新疆师范大学学报（哲学社会科学版），2013（2）.

[549] 周庆生. 中国语言政策研究七十年 [J]. 新疆师范大学学报（哲学社会科学版），2019（6）.

[550] 周有光. 从"华语热"谈起 [J]. 群言，2006（2）.

[551] 周有光. 周有光语言学论文集 [G]. 北京：商务印书馆，2004.

[552] 周玉忠. 美国语言政策研究纵横谈 [J]. 宁夏师范学院学报（社会科学），2015（5）.

[553] 周长楫. 台湾闽南话 [G] //詹伯慧，张振兴. 汉语方言学大词典·上卷. 广州：广东教育出版社，2017.

[554] 朱德康. 少数民族语言资源的精准保护问题：基于"语保工程"活态数据库的考察 [J]. 民族语文，2021（3）.

[555] 祝新华，陈瑞端，温红博. 十年间香港大学生普通话水平的发展变化：基于香港理工大学的十年考试数据 [J]. 语言文字应用，2012 (S1).

[556] 庄初升. 濒危汉语方言与中国非物质文化遗产保护 [J]. 方言，2017 (2).

[557] 邹申，张文星，孔菊芳.《欧洲语言共同参考框架》在中国：研究现状与应用展望 [J]. 中国外语，2015 (3).

[558] C. A. 别洛夫. 俄罗斯国家语言的法规范和语言规范 [M]. 哈尔滨：黑龙江大学出版社，2019.

[559] EITEL E J. Europe in China：The History of Hongkong from the Beginning to the Year 1882 [M]. London：Luzac & Company；Hongkong：Kelly & Walsh, Ld. , 1895.

[560] GRIN, FANCOIS. English as economic value：facts and fallacies [J]. World Englishes，2001, 20 (1).

[561] LEVITT T. The globalization of markets [J]. Harvard Business Review，May/June, 1983.

[562] SCHIFFMAN H F. Linguistics Culture and Language Policy [M]. New York：Routledge，1996.

后　记

书稿终于要出版了，还想说几句话。

一、本书的思路形成过程与理论基础

书稿完成了，总要做点理论总结之类的事，但很忐忑，因为理论总结一般是大咖们的专利，我辈乡野之人是不敢的。但受夫子"吾日三省吾身"的流毒太深，这种弊病难改。

这几十年来，我与我的团队似乎形成了一个学术理念，"从本体走向应用、从文献走向田野、从象牙塔走向大时代"。就本体而言，我们提出了"普方古民外"立体研究法，这其实是"大语法观"，这在总序中已有阐释，不再赘述。但是就应用而言，我们还没有很好地总结，我们的理论基础究竟是什么呢？似乎可以称之为"大语言观"。

不忘初心，方得始终，这种"大语言观"当初是如何产生的呢？这可以追溯到 2007 年。2005 年以前，我的研究全部围绕汉语副词展开，硕士阶段为《唐代笔记小说双音节副词研究》、博士阶段为《〈朱子语类〉副词研究》、博士后阶段为《东汉三国佛教文献副词研究》，由于学界前辈的提携、同辈的支持，博士与博士后阶段的成果似乎产生了一点影响，但往后怎么办，我的副词还能"打"多久？我研究的"道路"在哪里？我常常在反思，也常有师长鞭策要超越自我，故而极度地彷徨。作为魏源的老乡，我得"睁眼看世界"，探索我的学术之路。于是经吴福祥先生推荐，冯胜利先生不弃，我来到哈佛大学做访问学者，想开开眼界，见见世面，也确实大致领略了美国语言学研究的现状。特别是经张美兰先生介绍，我认识了在肯尼迪政府学院做博士后的青年才俊徐晋先生，与他合租了房子。他是学经济学的，来自名门。每天晚上他从办公室回来就同我谈他的虚拟经济，也谈我的语言研究。当时他正在写《虚拟货币与虚拟银行学》，2008 年就出版了，前些年又在写他的《数字经济学》，超前意识可见一斑。他强烈鼓捣我搞交叉研究，尤其是与他的经济学交叉，搞语言经济学，我思考后否定了，因为我的老友兼老乡、山东大学黄少安先生与他的团队就在搞语言经济学，别去抢老朋友的饭碗了。由于我常去肯尼迪政府学院喝咖啡，于是冒出了语言政治学的想法，想从政治、经济、社会、文化、外交、国家安全等多个方面对语言学进行思考，很快形成了大纲，着手收集材料并写作。但是究竟名称为"政治语言学"还是"语言政治学"，一直在徘徊。名不正则言不顺，2021 年，才确定为"政治语言学"，因为所有研究都是围绕着语言学展开的，于是当年在《湖南师范大学学报》发表了《政治语言学：一门新兴交叉学科》一文，提出政治语言学是综合运用语言学和政治学的理论方法来研究与政治相关的语言问题的一门新兴的应用语言学分支学科，政治语言学研究的主要内容包括语言的政治功能、语言与精准扶贫、语言与民族团结、语言与国家统一、语言与软实力的提升、语言冲突与语言和谐、语言与国家战略等。然而，不久在向出版社提交选题与初稿时，由于种种原因，只能舍弃了这一题目，最后确定为《国家发展战略背景下的语言研究》。虽然书稿的名称不断在变化，但是，指导思想一直没有变，就是以交叉融合为手段，以服务国家战略为目标，展开语言研究。由于现在有不少以"大"命名者，如"大国工匠""大国经济"等，我们的语法本体研究为"普方古民外"立体研究法，也可称为"大语法观"，何不把这种语言应用研究的指导思想称为"大语言观"呢？只是一个名称而已，不一定完善，但能表达我们的心意。

　　"大语言观"指导下的语言应用研究，呈现出一种交叉、前沿的"语言＋"模式，将语言学与其他学科相结合，推动语言学研究在更广泛的社会背景下解决实际问题。"大语言观"重视个人语言能力、社会语言能力和国家语言能力的多维体系，特别是国家语言能力，作为国家战略的组成部分，语言不仅是国家内部沟通与治理的基础，也是国际交流和国家形象塑造的重要工具。它通过制定语言政策、推动语言标准化、维护语言多样性，以及培养符合国家需求的高端语言人才，从而帮助国家应对全球化、信息化的挑战，在国际事务中赢得话语权。"大语言观"为我们提供了一种全新的视角，使语言学不仅局限于纯粹的学术探讨，还能在社会发展、国家治理和全球化进程中发挥积极作用。

总之，"大语言观"的两大本质特征是：一是战略性，服务于国家发展战略；二是交叉性，与政治、经济、社会、文化、传播、信息等紧密联系。这体现了新时代哲学社会科学发展的方向，是"新文科"建设的必然要求，也是湖湘"经世致用"学风的具体体现。至此，从本体走向应用，从语法本体研究走向语言应用研究，从"大语法观"走向"大语言观"，团队的理论基础算是基本齐备了。

二、本书的主要特点

在写作本书的过程中，笔者最初的设想是在服务国家战略的背景下，力求使全书突出学术性与可读性，注重理论阐释和实证研究相结合，做到通俗易懂，深入浅出。本书主要贯彻以下三个目标：

1. 政策性。本书放眼全球，考察海内外的语言政策，挖掘其中成功经验，提出我们的对策建议。尽管经验总结可能有不全面、不到位的地方，但是我们的出发点是好的，都是为了新时代我国的语言治理，服务于我国的语言政策。

2. 学术性。主要体现在两个方面：一是对语言在政治、经济、社会、文化、传播、信息等领域的作用进行学理阐释，并力求深入、全面；二是讲求学术规范，做到事事有来历，严格加以标注。

3. 通俗性。本书通过大量的事实进行阐述，力求讲好语言的故事。

回过头来看，全书基本达到了以上三个目标。

三、本书的团队攻关历程

本书能够得以顺利完成并付梓出版，是团队集体智慧的结晶。本书2008年由我拟定整体框架，由于研究内容涉及语言与经济发展、语言与民族团结、语言与国家统一、语言与社会和谐、语言与国家软实力、语言与国家战略等多个议题，且论证过程中需要查阅大量国内外研究资料，内容多、范围广、工作量大，在资料整理、数据分析、内容编排、统稿校对等方面，团队成员都倾注了大量的时间与精力，并且，语言政策的与时俱进更增加了材料收集与写作的难度，经历了漫长的过程。任鹏波、郭靖云、雷雯、王芳、李洪乾、傅伟锋、梁姣程、姜礼立、于志建、唐巧娟、金鑫、王巧明、杨盼、程诗霞、吴秉承、彭茹、陆露、郭笑、游璐、赵姣、董鑫、邱雁等，为书稿的撰写，搜集整理了大量的素材和案例，参与了部分书稿的编写工作。从 2008 年 9 月拟定书稿框架到 2015 年 12 月初稿完成，再到 2024 年 9 月付梓出版，前后历时十六载，团队成员围绕书稿先后召开了二十余次修订会，数易其稿，沈敏、姜礼立、金鑫、王巧明、蒋协众、彭茹、陆露、黄舒娜、董鑫、阳旺、张小春、林海云、郭亚博、刘冰清、曾永兴、丁珊、葛泓、曾文斌、叶俊雄等为书稿的修订和完善付出了很多的努力。修订期间，语言政策的不断调整、统计数据的更新变化也为书稿提供了新的素材，团队成员又多次查阅资料，将最新的政策、数据更新到书稿之中。书稿完成后，姜礼立、张可心、金鑫、杨盼、程诗霞、董鑫、郭亚博、周艳、刘熠辉、李庆、潘婷婷、雷卫豪、曾永兴、卢超龙、刘思琪、曾文斌、叶俊雄、胡斯颖、莫宏伟等多次参与校对，大到语句篇章，小到标点符号，都不厌其烦地反复订正，保证了书稿的编校质量，特别是姜礼立，对书稿的写作与修订，付出了艰辛的劳动，对书稿目标的达成立下了汗马功劳，感谢团队成员在本书撰写修订过程中所付出的辛劳和努力。

总之，本书缘起于学术夜话，遵循于"大语言观"，能实现政策性、学术性、通俗性的目标，得益于团队合作。有人说"文章是自己的好"，这体现了一种自信，二十年以前，我也有过这种自信，但是经历的事情一多，再也找不到这种自信了，现在我常说的是"文章是改出来的"。书稿尽管历经十六载，修改几十遍，但"世易时移"，变化宜矣，如若不变，"向之寿民，今为殇子矣"。由于社会的发展、形势的变化、政策的调整，相关的内容也会随之发生变化，本书如有不当之处，只能期待以后修订了。十六年太长，但十六年又太短，惟有只争朝夕，方能无愧于时代！

唐贤清

2024 年 2 月 10 日